高等职业教育铁道工程技术专业“十四五”规划教材

工务管理

贾艳红　陈文帅◎主编
张连发◎主审

中国铁道出版社有限公司

2024年·北　京

内 容 简 介

本书分为两篇。第一篇为班组管理，主要讲述铁路班组管理的共性知识与管理基础理论，该篇是在总结班组长培训经验和充分调研的基础上编写的，同时还根据成人学习的规律融入了案例和一些管理心理学及领导科学知识。第二篇为工务施工组织管理，主要介绍铁路营业线施工安全管理、线路设备大修施工组织及安全措施等内容，该篇的每一部分内容均融入了实例，清晰明了、通俗易懂。

本书为相关专业高职高专、中等职业学校和职工培训的教材，也可供铁路运输管理部门及工务、大修等部门养护维修人员参考。

图书在版编目(CIP)数据

工务管理/贾艳红，陈文帅主编. —北京：中国铁道出版社有限公司，2021.5(2024.2 重印)

高等职业教育铁道工程技术专业"十四五"规划教材

ISBN 978-7-113-27739-0

Ⅰ.①工… Ⅱ.①贾… ②陈… Ⅲ.①铁路工程-高等职业教育-教材 Ⅳ.①U2

中国版本图书馆 CIP 数据核字(2021)第 027320 号

书　　名：工务管理
作　　者：贾艳红　陈文帅

策　　划：陈美玲
责任编辑：陈美玲　　　**编辑部电话**：(010)51873240　　　**电子邮箱**：992462528@qq.com
封面设计：崔丽芳
责任校对：孙　玫
责任印制：高春晓

出版发行：中国铁道出版社有限公司(100054，北京市西城区右安门西街 8 号)
网　　址：http://www.tdpress.com
印　　刷：三河市燕山印刷有限公司
版　　次：2021 年 5 月第 1 版　2024 年 2 月第 3 次印刷
开　　本：787 mm×1 092 mm 1/16　**印张**：20　**字数**：512 千
书　　号：ISBN 978-7-113-27739-0
定　　价：58.00 元

前言

铁路是国家战略性、先导性、关键性的重大基础设施，更是国民经济大动脉、重大民生工程和综合交通运输体系的骨干，在经济社会发展中的地位和作用至关重要。加快推进铁路建设既有利于当前，又有利于长远。随着我国《交通强国建设纲要》的实施，“交通强国 铁路先行”是十九大后中国铁路的神圣使命，也是铁路企业继续奋斗的目标。随着铁路企业化改革进程的逐步深入推进，工务管理部门作为铁路运输的基础部门，对其工作提出了更高、更新、更精准的要求。

近年来，高等职业教育为铁路养护、维修培养了大批高技能应用型人才。高等职业教育培养的人才踏实肯干、吃苦耐劳、技能上手快、业务基础扎实、一专多能，深受轨道交通行业的欢迎。为适应新时期铁路工务系统对工务管理的新要求，作者团队编写了《工务管理》，本书在编写过程中，紧贴生产一线，将新规范、新规章融入实例，校企合作、理论与实际结合，突出了其通俗性、实用性，并具有先进性。

本书分两部分内容，第一部分为班组管理。以提高工班长综合素质和管理水平为目的，讲述有关安全、技术、生产、设备工器具、成本、心理健康及身体健康管理的共性知识与管理基础理论，内容贴近现场一线，理论与实例相结合。第二部分为工务施工组织管理。限于篇幅，本部分只重点介绍铁路营业线施工安全管理及线路设备大修施工组织及安全措施，结合实例，突出其直观、通俗易懂等特点。

本书可作为铁道工程技术专业、高速铁路工程技术专业、城市轨道交通工程技术专业高职、中专学生的教材，也可作为铁路运输管理部门及工务、大修等部门养护维修人员的学习参考书。

本书由天津铁道职业技术学院贾艳红、河北轨道运输职业技术学院陈文帅主编，中国铁路北京局集团有限公司北京西工务段张连发主审。参加编写工作的有陈文帅（第一、三、十二章），贾艳红（第二、五、九章），天津铁道职业技术学院李雅琦（第四、十一章），天津铁道职业技术学院李丽敏（第六、八章），中国铁路沈阳局集团有限公司长春职工培训基地魏贤举（第七章）、彭宏山（第十章），中国铁路北京局集团有限公司丰台工务段徐海军（第十三章）。

在本书编写过程中，得到了中国铁路北京局集团有限公司、中国铁路沈阳局集团有限公司等许多企业人员的大力支持和帮助，在此谨向他们表示衷心的感谢。

由于编者水平有限，书中不妥之处在所难免，敬请读者批评指正。

编　者

2021 年 2 月

本书第2次印刷时，已将书中内容按照《国铁集团铁路营业线施工管理办法》(TG/QT 102—2021)全面修改。

目录

第一篇 班组管理

第二篇　工务施工组织管理

第一篇 班组管理

第一章 班组管理概论

第一节 班组管理概述

班组是企业在基层的劳动组织，是铁路运输企业的最基本的生产单元，一切安全生产、经营管理活动最终都要在最小的基层组织——班组中体现。随着铁路改革发展的据推进，班组管理职能也相应地发生着变化，原有的一些管理模式已经不能满足现代铁路班组的管理需要。铁路局集团公司应深入分析铁路新形势和新任务，突出“强基达标、提质增效”主题，奋力开创铁路改革新局面，通过进一步推广大数据管理，推进修程修制改革，规范集约化生产组织，加强班组管理，提高班组综合素质，优化生产力布局调整。

一、班组的概念

班组是指为共同完成某项生产和工作，由一定数量的操作或工作人员，在统一指挥、明确分工、紧密配合的基础上所组成的一个工作集体。班组是最基本的生产单元，是安全和质量现场控制的重要屏障，是提高经济效益的源头和基础，也是企业发展的基石。班组是企业最基层的劳动组织，是企业的基础，也是员工每天工作和学习时间相对较多的场所。

二、班组的性质和特点

（一）班组的性质

班组的性质是由其在企业中所处的地位及其特点决定的，其主要表现为：

1. 类同性。班组是根据企业内部的劳动分工与协作的需要，本着能完成独立的生产作业过程，便于进行经济核算和便于生产组织和管理的原则，进行划分的一种基本生产（工作）集体，也是在企业进行劳动分工的基础上根据产品或工艺要求，由若干相同或不同工种的工人及若干设备、工具、材料等有机结合在一起的最基层的生产和管理单元。

2. 基础性。班组是企业结构体系中的一个细胞，是企业整个生产流程的基础，是企业系统组织结构的一块基石。

3. 民主性。班组是企业现代化生产链条上的一个环节，是企业推进民主管理的基本环节。

4. 文化性。班组是企业培育"四有"(有理想、有责任、有激情、有技能)员工队伍的起燃点，是企业两个文明建设与企业文化建设的出发点和落脚点。

(二)班组的特点

1. 班组的规模小、成员少、结构简单。一个班组，少则几个人、十几个人，多则二三十人，其核心结构是班委会，通常由"一长五员"组成。"一长"指工长，"五员"指辅导员(政治、业务)、安全员、机修员、管理员、监督员。

2. 班组的工作细致、计划具体。班组一般是一人一岗、一事一议，工作细致而具体。只有细致而具体地将工作分配到每一名班组成员工身上，才能保证铁路运输生产作业落到实处、顺利进行。

3. 班组的管理实、任务繁重。班组直接处于运输安全生产第一线，既要保质保量按时完成所承担的繁重的运输生产任务，又要搞好班组安全管理、民主管理和思想政治工作。因此，班组管理应从实际出发，干实事、想实招、说实话、亮实数。指挥生产要求实，实行按劳分配要求实，做思想政治工作要求实。这样才能真正建立班组安全质量管控体系，形成自我管理、自我控制、互相监督、专人监控的全员联控机制。

4. 班组的工作环境差，相对艰苦。铁路运输生产具有点多线长、流动分散、全天候露天作业等工作特点。尽管现在条件不断在改善，但班组的工作环境、生活环境还是比较艰苦，有的甚至还十分恶劣，这要求铁路班组员工必须不怕艰难险阻，勇于克服一切困难，保质保量地完成生产任务。

三、班组在企业中的地位和作用

1. 班组是车间下设的一级组织，是企业最基层的生产单元。
2. 班组是搞好企业管理工作的基础。
3. 班组是企业实行民主管理的重要环节。
4. 班组是企业推进技术进步的重要力量。
5. 班组是企业提高职工技术水平的主要阵地。
6. 班组是企业精神文明建设的重要阵地。

四、铁路班组的主要任务

1. 完成上级下达的生产任务，提高生产效率和效益，实现安全生产和诚信服务目标。

2. 严格执行国家的政策、法规，严格落实《中华人民共和国安全生产法》和各项安全管理规章制度，强化安全生产理念，控制关键岗位，防范各类风险。

3. 坚持根据当日作业项目提出每日一题，经常开展有针对性的思想政治工作，使职工投入到铁路改革中去，发扬主人翁精神，自觉维护路风路誉，积极学习新知识，掌握新技术，不断提高班组成员自身素质，为企业培养"工匠"型人才。

4. 落实岗位经济责任制，开展经济核算、劳动竞赛、技术创新、合理化建议和"增收节支"活动，为大数据管理提供有力的保证。

5. 提出建立健全班组管理制度的意见和建议，按照"强基达标、提质增效"的要求，加强管理，提高班组综合素质。以集约化维修生产组织为主线，进一步优化生产力布局。

6. 抓好民主管理，维护职工基本权益，引导职工积极参与班组管理，提出合理化建议，开展健康有益的文体活动，积极参加社会公益活动，增强班组的凝聚力和战斗力。

五、管理与班组管理

（一）管理的概念

管理活动起源于人类的共同劳动。自古以来，只要存在共同劳动的地方就有管理活动在进行。但是，管理作为一门学科，则是近百年的事情。所谓“管理”，顾名思义是“管与理”，只有“管”不去“理”或只会“理”不去“管”，都不是真正的管理。因此作为管理者要研究怎样去“管住”“管好”，怎样去“理清”“理顺”，真正做到“既能管又会理”。目前，人们对“管理”这个词的理解也不尽相同，有人认为管理是一种劳动，有人认为管理就是决策，也有人认为管理就是怎样省钱，即用最少的钱办更多的事，或者用最少的钱办一样的事。把管理归纳为一个综合的概念是：管理就是社会组织中，为实现预期的目标，以人为中心进行的一种协调活动。

（二）班组管理

从企业内部来看，班组既是企业管理的基础，又是企业生产经营过程中不可缺少的重要环节。在社会化生产过程中，班组生产以共同劳动形式出现，需要不断的协调和合理的组织，这种班组内的生产协调与组织活动就是班组管理。班组管理是企业管理最基础的一个层次，各项专业管理必须落实到班组。

班组管理有狭义与广义之分。狭义的班组管理主要是指班组在生产经营过程中对物的管理，广义的班组管理则既包括对物的管理，又包括在生产经营过程中对人的管理，同时还包括对人与物的管理过程中的相互协调。铁路工务系统班组管理一般是指广义的班组管理。

（三）铁路班组管理的意义

随着国家“供给侧结构性改革的”深化，铁路提出了“强基达标、提质增效” 新思路，铁路班组工作环境和工作要求随之发生了很大变化，加强铁路班组管理是铁路运输企业完成运输生产与改革任务的重要保证，对铁路企业人员素质提高、管理升级、效益增加以及打造精品、精细管理有着十分重要的现实意义。

1. 加强铁路班组管理是铁路发展的保证。铁路要生存与发展，实现“装备精良、队伍精干、管理精细、资产优质、服务优良、业绩优异”的精品发展思路，除了靠高层决策以外，更重要的还取决于基层，取决于班组，尤其是班组工作质量。采用与时俱进的手段和方法，加强铁路班组管理，能提高班组生产质量，使铁路运输企业有更强的生命力与竞争力，在运输市场竞争中占据主动。

2. 加强铁路班组管理是实现运输安全的保证。在企业管理构架中，最基础的一层是班组管理，铁路运输安全各级目标，最终都必须展开到班组，由班组来保证目标的兑现。班组是维护运输安全的一道重要防线，加强班组管理，能确保运输安全持续稳定。从近年来发生的事故来分析，绝大部分都是因为班组管理薄弱、班组工作制度不落实、职工基本功不过硬、甚至是职工违章违纪造成的。

3. 加强铁路班组管理是完成生产任务的保证。在建设“美丽中国”大形势下，以“人民为中心”，完成运输生产任务是铁路企业的头等大事。班组在挖掘运输潜力、开展营销活动、提高服务质量、强化成本控制、节约成本支出、提高生产效率等方面都是直接的执行者。加强班组管理，激活班组细胞活力，充分调动每个班组的积极性和创造性，对完成繁重、艰巨的运输生产和建设任务起到举足轻重的保证作用。

4. 加强铁路班组管理是文明建设的保证。文明建设是社会主义建设的重要特征,班组是文明建设的重要阵地。班组通过政治业务学习、政策法规教育等,来提高职工政治素质,使职工树立远大理想,牢记“人民铁路为人民”的服务宗旨,发扬社会主义道德风尚。

(四)铁路班组管理的特点

铁路班组是铁路运输生产经营的基本要素之一。由于铁路点多线长、流动分散,运输组织高度集中、统一指挥,班组管理具有工作细、要求实、难度大、内容新的特点。

1. 工作细

一个铁路班组多则几十人,少则几人,但班组担负的任务繁多,而且具体全面。如生产管理、劳动管理、设备管理、工具材料管理、技术业务教育、职工安全、思想政治工作等都要落实到班组管理中,正所谓“麻雀虽小,五脏俱全”。因此,班组管理工作必须做细、做实,考虑到方方面面。如果班组管理工作不细,便会导致生产数据统计不准确、规章制度执行不严格、工艺把关不严密、人力分配不均衡、利益分配不均衡等问题的发生,影响生产质量与劳动效率,使维修养护不达标,服务质量不到位,安全卡控不落实,设备故障、事故频发,严重影响铁路企业形象。

2. 要求实

各项生产与管理工作到了班组这层才算落到了实处。班组管理是执行上级政策、决策的最后一级,必须实实在在去做,来不得半点虚假,否则会导致生产任务完不成,产品质量不合格,甚至发生安全质量事故。铁路运输产品要实现其“安全、准确、迅速、便利、经济、舒适”的质量特性,必须经过许多相关班组实实在在的工作,只有每个班组把工作做实,才能最后体现运输产品的质量特性。

3. 难度大

企业的生产任务指标往往要分解到班组,再通过班组分解到岗位、落实到人,在具体实施过程中要考虑人、机、料、法、环等因素对完成任务的影响。铁路班组在管理过程中要综合考虑到生产、安全、思想、教育、考核、激励等方方面面的管理职能,特别要考虑人的主观因素影响,管理难度十分大,这对工班长的管理思路、管理水平、工作经验与工作效率是个严峻考验。

4. 内容新

班组管理既包括对物的管理,又包括对人的管理,因此班组管理必须与时俱进。新人员的进入,新设备的使用,新标准的制订,新工艺新技术的应用以及国际先进管理标准、管理理念、管理模式的引进,都会对铁路班组管理形式、管理重点、管理要求等带来很大变化。必须不断适应新的变化,充实班组管理新内容,才能使铁路班组管理既有思路,又有套路;既千头万绪,又有条不紊。

(五)铁路班组管理主要环节

班组管理的具体环节有不少,在不同阶段或不同时期,班组管理主要环节有所区别。针对铁路班组管理的特点,班组管理应注重抓好作业过程管理、协调与沟通、基础管理三个环节。

1. 作业过程管理

所谓作业过程管理是指班组在生产过程中对作业全过程进行监视、控制、检查、检验并采取纠正、预防措施,确保所生产产品符合产品质量要求。铁路班组的生产任务,一般是由上级布置为主,每个生产任务的生产条件与生产要求各不相同,要保证生产质量,必须对生产过程进行密切关注,加强作业过程管理,在生产过程中通过监视、测量、检验等手段来发现质量问题,并不断加以解决。因此,抓好作业过程控制是铁路班组管理的关键环节。

2. 协调与沟通

班组管理,实际上更注重对人的管理,而对人的管理关键在于对人心的管理。要提高铁路班组管理效果，必须充分调动班组成员的积极性与主动性，开展“以人为本”的自控型班组管理，注重班组内部的协调与沟通。

每个班组由多名职工组成，每位职工的文化素养、技术业务能力、业余爱好、脾气性格、家庭背景等各不相同。在铁路运输生产的某项任务、某个问题、某个观点、某个方案等方面常常会有不一致意见，甚至出现冲突，都需要通过协调与沟通来解决。因此，抓好协调与沟通是铁路班组管理的重要环节。

3. 基础管理

在铁路运输生产实践中，各类生产数据要记录，生产过程要能追溯，这就要求做好生产记录、综合管理台账和管理制度等基础工作。同时，基础工作经梳理、归类、总结分析后又变为指导现场生产的理论，相辅相成。班组基础管理既是班组管理的重要内容，又是提高班组管理水平的有效措施，因此，抓好基础管理是铁路班组管理的重要环节。是铁路“用心经营，精细管理”的具体体现。班组基础管理主要是：

(1)建立健全各项管理制度。

(2)执行标准化作业。

(3)按照定额组织生产。

(4)建立各类原始数据记录和台账，搞好统计分析与数据上报，提供决策依据。

(5)开展岗位练兵，提高业务素质。

(六)班组管理原则

1. 适应转化的原则

班组管理应在提高职工素质上狠下功夫。其中，人们观念的转化尤为重要。人们价值观念是处理个人与集体、创造与索取(个人与社会)、人和物三方面关系的基础。要十分重视每个人能力的发挥，更主要是发挥创造能力、专业技术能力、合理交往能力、实践操作能力和相互合作能力。

2. 稳而有序的原则

稳而有序、协调一致才能实现动态平衡。稳定是前提、是基础。班组建设的过程就是不断改革的过程，要建立班组秩序，必然会遇到新情况、新问题、新矛盾，一定要认真对待及时解决。各工种、岗位之间的结合是有组织的、协调一致的，激励和制约关系是公开、公正、公平的。

3. 严而有格的原则

铁路运输必须要有严格的制度，严明的纪律，严肃的作风，严格的要求。严，讲的是认真；格，指的是法规制度。在制度面前，人人平等，一视同仁，没有例外。

让职工学会服从，需要管理者抓好业务培训工作，让职工完全、彻底地掌握本工种业务的基础知识、基本动作、岗位专业基本功。各项作业标准都是作业人员在操作、动作、用语方面的规范，要组织大家进行认真训练。

有指挥就必须有服从，但强制性的手段，会使职工心理失衡，产生消极、对立情绪。因此，要有一套“依靠人”的办法，依靠人的自觉性、责任感、职业道德等方面的文化素质，形成一个自觉服从、自觉遵守的群众基础。

4. 激励表扬原则

用激励的方法，激发人的内在潜力，开发人的能力，充分发挥人的积极性、主动性和创造性。使每个人都切实地感到力有所用，才有所展，劳有所得，功有所奖。

(1)目标激励。把大、中、小(国家、集体、局、站段、班组、个人)和远、中、近结合起来，形成一个目标体系，使职工养成纪录工作成果的习惯，让每个人明白自己的工作成果有多大的“贡献率”,激发职工自觉主动地为完成任务而尽力。

(2)榜样激励。榜样是一面旗帜,容易引起人们在感情上的共鸣,说服力强。树立的先进典型,要实事求是。运用身边的典型事例更具有感染力。

(3)关怀激励。使职工感到温暖、自豪、增强其主人翁责任感,要做到政治上关怀,生活上关心,工作上支持、尊重、爱护、信任职工。

(4)数据激励。用数据说话,有可比性、有说服力,能评价一个人工作的态度和贡献的大小,激发职工的“成就感”“被信任感”“自豪感”,激励每一个人的进取心。

(七)班组管理的内容

1. 安全管理。加强对职工安全风险卡的落实与监督,提高班组安全风险管理意识,搞好安全风险点的卡控,确保安全运输安全生产。

2. 生产管理。根据上级下达的生产任务,做好班组生产计划,实现均衡生产,努力完成生产任务,针对生产难点、工作重点,组织开展攻关活动。

3. 设备管理。严格设备、工具、备品管理,认真落实设备保养、维修和日常检查责任制度,确保设备始终处于良好状态。

4. 劳动管理。严格执行劳动纪律、作业纪律,严格落实操作规程、设备保养制度和作业标准,充分利用工时,合理安排劳力,按定额、定员组织生产,严格考勤考绩管理,做到奖勤罚懒,激励先进,不断提高劳动效率,做好职工劳动保护工作。

5. 现场管理。生产工具、材料、合格品、不合格品、待加工修理产品需定置有序存放,实行定置管理,做到生产现场物品存放有序、环境整洁。

6. 成本管理。严格成本预算定额管理,积极开展修旧利废、段制品加工工作,加强用工用料成本核算,节约能源、材料,降低成本支出,不断提高班组经济效益。

7. 培训学习管理。落实职工的政治和业务学习制度,提高学习质量,不断提高职工素质。

8. 民主管理。不断加强班组民主管理工作,完善落实班组民主管理制度,维护职工的合法权益。

9. 质量管理。增强质量意识,搞好质量控制,严格质量检查、验收制度,不断提高生产和工作质量。

(八)班组管理方法

管理方法是指实现管理职能,保证管理过程顺利进行和达到管理目的的手段。管理方法是管理主体作用管理活动客体的桥梁,一般企业管理基本方法有:

1. 综合方法。综合运用行政、法律、经济、教育等各种管理方法。

2. 系统方法。按照事物本身的系统性把研究的对象放在系统的形式中加以考察的方法。

3. 优化方法。它是指按照一定的准则,从解决生产经营管理问题的各种方案中选择最佳方案,以求得最佳解决效果的方法。

在铁路班组管理过程中,要统筹考虑综合方法、系统方法与优化方法,使班组管理更有针对性和实效性。以下介绍两种铁路班组管理的方法。

1. 整章建制

规章制度是用文字形式对企业生产、经营、技术等活动所制订的各种条例、规则、程序、办法等的总称。在班组管理中,规章制度是严肃的、无情的,却往往是最直接、最有效的。对铁路企业来说,规章制度更加不可缺少,一般铁路班组根据生产实际和专业特点要求建立健全各项规章制度,其基本制度包括:考勤、交接班制度;安全生产责任制;安全生产和质量定期分析制度;政治和业务学习制度;设备验收制度;设备、工具产品修、管、用制度;思想政治工作和民主管理制度;班组考核制度;班前预想、班中联防和班后总结制度。

从铁路运输企业生产实际来看,铁路点多线长,要完成旅客和货物的位移或者要完成运输过程中的服务产品,仅仅靠一个班组、一个部门或一个单位是完不成的,这就要求在生产过程中发挥铁路运输企业的整体功能,实行高效集中、联动作业。管理工作要步调一致,必须用作业标准、操作规范、规章制度等来约束,以确保运输服务产品的高质量。整章建制是铁路班组制度管理的基本条件,这些制度看似无情,但只要建立时考虑全面,处理时有情操作,正确运用好刚性管理手段,一样能得到职工认可。

2. 团队建设

铁路班组要应对繁重的运输任务和复杂的技术要求,必须用“1 + 1 > 2”的团队法则来强化班组建设。通过“以人为本”的管理,来培育职工的共同价值观;通过学习型组织的创建,来教育引导职工发扬集体主义精神,弘扬爱岗敬业精神;通过团队建设,营造铁路班组内部和谐团结的工作氛围,使班组成员具有崭新的精神风貌,积极参与生产与管理,心往一处想,劲往一处使,使班组管理实现从“硬”管理到 “软”管理的飞跃。

第二节 班 组 长

班组是铁路运输企业的基本组成单位,一切安全生产、经营管理活动最终都要在最小的基层组织——班组中体现。

班组长作为班组的核心,是基层管理活动的践行者和基层作业的直接参与者,在职工队伍中起到承上启下的重要作用,其综合素质的高低直接影响着班组的整体素质。提升班组长的综合素质,发挥班组长的重要作用,从而确保企业安全生产,职工和谐稳定。

一、班组长角色认知

(一)班组长定义

班组长是基层单位劳资部门下令任命的班组负责人,是企业内部生产服务班组的班长、组长、工长、生产作业组长、副组长等最基层的一级组织管理人员。班组长是班组日常工作的组织者,是生产一线的指挥者,是班组生产作业的带头人,是班组的核心。

(二)班组长的作用和地位

1. 班组长的作用

班组中的领导者就是班组长,班组长是班组生产管理的直接指挥者和组织者,也是企业中最基层的负责人;班组长影响着决策的实施,影响着企业目标的最终实现。班组长的重要作用体现在以下四个方面。

(1)生产指挥者。班组长作为企业最基层的组织者和管理者,既要直接参加劳动,完成自己的计划,又要指挥全班组的生产,完成全班组的任务;既要带头遵章守纪,又要严格考核,搞好班组管理。因而,班组长是企业价值和利润的创造者。

(2)管理组织者。班组长作为基层的一级管理者,是一线任务的具体组织者和执行者;通过管理充分发挥全班组人员的团队协作精神,产生“1+1>2”的效应,最终做到按质、按量、如期、安全地完成上级下达的各项生产计划指标。

(3)团队领导者。在实际工作中,上级的决策如果没有班组长的有力支持和密切配合,没有得力的班组长来组织开展工作，就很难落实。所以，班组长既是领导者，也是直接的生产者。

(4)关系协调者。班组长既是承上启下的桥梁，又是职工联系领导的纽带。

2. 班组长角色的定位

班组长要做好角色定位，才能打牢管理基础。班组长具有双重角色：既代表领导者一方，又代表工人一方；既是安全生产的指挥员和组织者，又是安全生产的监督者和落实规章制度的责任人。班组长是"兵头将尾"。"兵头"反映的是班组长的职责与权利，指班组长是班组说了算的"头儿"，影响着决策的实施，要带领班组成员完成生产任务；"将尾"反映的是班组长的实际地位，指班组长是管理指令的最终执行者，要承担的是最基层的管理责任和指挥责任。班组长既是领导与职工沟通的桥梁，又是职工联系领导的纽带，起着承上启下的作用。人们经常用"职位不高，责任不小，权力不大，任务不轻"这十六个字来概括班组长的特点。

担任"兵头将尾"双重角色的班组长，在面对不同的管理层级和内、外部关系人员时，应采取不同的角色定位。

(1)面对班组成员——应站在代表管理者的立场，做好监督管理工作。对现场的班组长来说，应对班组生产(运营)状态和生产(服务)活动进行领导和指挥。这项管理工作是代表企业的管理者实施的，所以要体现管理者的意志。班组长代表管理者实施监督管理，目的是使班组现场活动朝着良好方向发展。

(2)面对中层管理者——应站在下属的立场，接受指令，同时汇报工作。班组长是中层管理者的下属，要做到明确领导的指令和下达任务的目标，同时重视向中层管理者汇报工作。一般来说，接受的指令是生产指令，而汇报是把工作状态和工作结果定期反映给上级，如工作现场组织以及生产任务完成情况，班组安全形势与班组创新活动及方案，对有能力的人员进行加薪和调岗的建议等等。适时汇报可对上级工作起到辅助作用。

(3)面对高层管理者——应站在下级以及班组成员的立场上，在服从领导的同时，主动提供基层的信息。班组长面对高层管理者必须按照上级指示和命令行事，与此同时，也要站在基层班组管理者的立场上开展工作。高层领导在其工作岗位上不一定掌握最准确最实时的基层信息，对于工作现场的实际情况，进行基层管理的班组长比上级了解的更清楚、更详细。所以班组长主动提供信息、陈述意见、协助高层管理者做出恰当的判断至关重要。

(4)面对同级人员——应站在合作的立场，做好协同合作。在企业中，班组长面对本部门的同级人员或其他部门的同级人员，以及相关班组长或相关职能部门的工作人员时，要加强沟通、互通有无、协调合作、采长补短。

(5)面对外部关系人员——应站在企业的立场，做好企业的宣传者。班组长在直接面对外部关系人员时需要及时转换自身角色，树立强烈的主人翁意识，注意维护企业利益与形象，在企业的立场上考虑问题，做好各项服务工作。

3. 班组长角色把握

作为基层管理者的班组长，在岗位上面对不同的管理层级和内、外部关系人员，应采取不同的角色定位和工作态度。班组长只有具备了适时进行角色成功转换的能力与素质，才能切实提高管理绩效，成为一名优秀班组长是强化班组管理的主内因和原动力。班组长的职业道德和综合素养直接影响和制约着班组管理水平的提升。为了有效规范和促进班组管理，班组长应着力塑造好自己的多面角色，准确把握好自己的不同角色。

(1)班组长应是安全生产的"掌舵手"

作为一家之主的班组长务必牢固树立安全第一的思想，时刻注意带头克服安全意识疲劳问题，将安全“盯在眼里、刻在心上，挂在嘴边、握在手中”，对安全风险关键项点和安全风险卡控办法了如指掌，当好舵手，确保本班组安全生产零事故。在日常工作中，要有针对性地发现和分析班组管理中存在的各类问题和安全隐患，并严谨地按照类型、程度和性质等要素进行分类，全面消除各类不安全因素，班前提示安全、班中检查安全、班后总结安全。带领班组成员将安全内化于心、固化于制、外化于行，使班组安全有序可控。

(2)班组长应是完成任务的“领头雁”

班组长是班组的领导者和核心。作为领头雁，自身就是班组的精神和形象代表，一方面要用自己的人格魅力用真诚去打动每一位成员，带领班组齐心协力完成班组生产任务，时时处处以身作则、率先垂范、身体力行，当好开路先锋，并做到对生产任务心中有数、胸有成竹；另一方面，班组长作为领头雁，要有卓越非凡的团结能力，注意团结雁群的每一个个体，挖掘个个大雁的发光点，使班组拥有统一的目标、统一的思想、统一的规则、统一的行动、统一的声音，一定要避免班组长单打独斗或“各吹各的号，各唱各的调”带来的弊端。

(3)班组长应是上级领导的“放心人”

班组长是一线的直接指挥官，承担着确保组织一线生产高效运转的重任。班组长要能根据上级领导的战略思路准确把握组织目标和生产任务，想领导之所想，想领导之未想，为领导做好细化分析，制订周密的生产计划并予以推进实施。要能及时向领导提出合理化建议并不断创新，做人做事让上级领导放心满意。

(4)班组长应是班组成员的“主心骨”

班组长在班组成员的心目中就是直接的领导者，就是可以依靠的“小家长”。班组长要关心班组成员的冷暖，做帮助他们的热心人，关爱他们的暖心人，了解他们的有心人，开导他们的贴心人。班组长要站在置业、理家的角度去看待和思考“管家”问题，既要通盘考虑从大处着眼，又要注重细节从小处着手，将职工个人问题和班组管理实际统筹兼顾起来，将困扰职工身心的问题巧妙处理好。

(5)班组长应是解决困难的“及时雨”

班组长对班组成员在安全生产中遇到的难题要能够迅速处置，在基础管理中遇到的问题要能够及时化解，这样班组成员在遇到难题时自然会首先想到班组长，班组长在组员中的威信也会自然提升。绝对不能碰到困难就“踢足球”或“绕道走”，而要及时找准问题切入点，把大困难化成小困难，进而把小困难转化为促进安全生产和班组建设的有利因素。

(6)班组长应是按标作业的“典范者”

打铁还需自身硬。班组长必须技能一流，严格按标作业，当好表率，展现个人魅力，正确影响下属。无论遇到什么情况都严格执行班组学标、达标、对标，坚决杜绝简化作业，落实标准一点儿也不能差，差一点儿也不行。对不按标作业的职工，要晓之以理、动之以情的劝诫。要敢抓敢管、奖罚分明，要致力于引导本班组所有职工形成人人落实标准化作业，个个为安全生产作贡献的良好氛围。

(7)班组长应是自己下属的“教练员”

班组长自己技能过硬远远不够，还必须担当好教练员角色，在工作中给予下属必要的训练与指导，实现强将手下无弱兵。班组长辅导下属的过程是“授人以渔”的过程，而不仅仅是“授人以鱼”。要注重挖掘学员的潜能，使其主动解决问题。对班组成员不明了分析问题的视角，不清晰解决问题的方法，不能胜任的实践技能，班组长作为教练员和训练者，要在提供指导意见的基础上，引导班组成员自己分析、自己动手，最后练就本领、独当一面。

(8)班组长应是各种信息的“枢纽站”

班组长要有的放矢地实施有效管理,准确把握上级的管理要求和精神,眼观六路、耳听八方,避免出现隔山打牛或隔靴搔痒的局面;要发挥好信息枢纽作用,及时、准确地将上级精神和要求、安全形势和动向、管理思路和方略等内容原汁原味地传达下去,让班组全员知情、了解总体形势,并结合班组实际自我定位,更好地做好管理工作。同时,也要将班组的经验和问题及时向上级主管部门反馈,以取得上级组织的帮助和有效指导。

(9)班组长应是班组颜面的“美容师”

路风即铁路班组工作的颜面,班组长必须具备即时“美容护肤”的意识和素养,着力从精神文明建设层面入手,树立以人为本、服务至上的思想,注意创新工作方法,努力塑造班组良好形象,营造浓厚的班组文化氛围,进而为企业发展壮大创造更大空间和更优环境。

4. 班组长角色修炼

(1)角色与职业精神修炼

明确个人角色是班组长成就优秀的第一步。这也是班组长区别于普通职工的最大不同。现实中,很多班组长不明确自己的角色所在,把自身等同于一线职工,工作上勤勤恳恳、兢兢业业,却看不到绩效,原因就在于缺乏角色转换。班组长的角色价值不仅在于自身拥有超强的业务能力和吃苦精神,更在于如何通过有效管理、协调、激励和督导带领班组职工实现最大化的组织绩效。从这个意义上而言,班组长是一个领导组织者而非冲锋陷阵者,是一个主动管理者而非被动等待者,是一个激励支持者而非冷眼旁观者。作为基层管理者,班组长在强化个人角色定位的同时,还需强化职业素养和职业精神,坚持高标准、严要求,担当班组成员的引导者和楷模,以职业化精神影响人、带动人。唯此,才能满足岗位的要求,完成迈向优秀班组长的第一步。

(2)管理技能修炼

作为班组的管理者,班组长的职责之一就是带动和激活班组的活力,使其工作高效、顺畅、和谐。对现代优秀班组长而言,执行力、团队领导力、协调沟通力及激励能力是现代班组长的基本胜任力要求。要确保基层班组工作的高效、顺畅,核心便是班组长个人管理技能的综合提升。加强班组长执行力、领导力的建设,同时强化班组长的核心管理技能,从工作管理、质量管理、绩效管理、士气管理、现场管理、例会管理、人员管理、沟通技巧等方面加以提升和训练。只有班组长加以修炼,拥有较强管理技能和实践技巧,基层工作才能焕发生机,才能确保企业目标的实现。

(3)高效执行与解决问题能力修炼

在生产一线,各种未知的问题无处不在,多种安全风险无处不在。如何组织大家积极主动地发挥才智、群策群力攻克难关?如何确保安全防患于未然?如何在问题出现后迅速反应、马上行动?如何能在工作中持续改善与创新?如何将现有问题变成未来有效的经验?……这些都是摆在班组长面前需要解决的问题。工欲善其事,必先利其器。高效执行与高效解决问题能力是班组长不可或缺的能力组成。

俗话说“基础不牢,地动山摇”。班组作为企业组织的末端细胞,必须要具有高凝聚力和向心力,保持均衡和稳固。班组如何稳、固、牢?组织如何充满活力,汇聚人心?需要的就是组织文化与组织氛围的建设,就是把班组建设成为职工的精神家园。人作为独立的个体,其价值需要置身于群体中被遵从和认可。只有置身群体,其价值才会最大化显现。班组是个人价值显现的最直接的载体,它不仅仅是一个职工的工作场所,更应该成为心有所依,情有所托的精神居所。营造和谐融洽的班组氛围,为每个班组成员搭建创造价值、传播价值、共享价值的组织平台是班组长的核心职责所在,也是班组长能力塑造与修炼的最高层次。

（三）班组长在生产管理中的职责

班组长综合素质的高低决定着企业的决策能否顺利地实施。因此，班组长是否尽职尽责对企业来说至关重要。班组长在生产管理中的职责主要包括以下几方面。

1. 日常管理

人员的调配、排班、考勤、员工的情绪管理、班组台账的整理以及班组建设等都属于日常管理。

2. 安全管理职责

班组长是本班组安全第一责任人。班组长的安全管理职责包括标准化现场作业、人员管理、操作质量、材料管理、设备维护、危险点的控制等。

3. 凝聚团结班组成员

班组长是团队的带头人，应引导职工树立爱岗敬业的精神，激发职工的积极性和创造性，用鼓舞人心的共同愿景，将职工的个人能力转变成一股向上的合力，凝聚在一起，快乐地去完成每一项工作。

4. 辅助上级

班组长应及时、准确地向上级反映工作中的实际情况，提出自己的建议，做好上级领导的参谋助手。如果仅停留在人员调配和生产安排上，就没有充分发挥出班组长的桥梁和推动作用。

（四）班组长管理中应避免的错位表现

调查表明，因角色错位、角色缺位、角色模糊、“劲使错了地方”而导致80%的班组长超过50%的工作“毫无价值”或“价值缩水”，班组长应避免以下几种错位表现。

1. 角色错位

（1）民意代表：当上级的想法与“民意”不一致的，不是认真解释协调，而是“勇敢地”站了出来，以代表“民意”、代表“群众”自居，与上级“抗争”，好像就自己是职工利益的“化身”，而上级领导是“死对头”。

（2）班组领主：时间长了，就有一种错觉，认为在“一亩三分地”里，想干什么就干什么，上级“水泼不进、针插不进”，有什么制度、目标、举措想推行，自己不同意就行不通。

（3）一般人：常常把自己错位成“一般人”，整天得过且过、口无遮掩、牢骚满腹，忽视了一名班组长的行为导向作用，给企业带来了无法估量的负面影响。

2. 向下错位

生产技术型的班组长往往都是业务尖子，但缺乏人际关系的协调能力。如果只懂技术，不懂管理，必将造成对谁都不放心，什么事情都要亲力亲为、大包大揽、大事小事一把抓，结果，自己整天忙得焦头烂额，越忙越觉得下面的人不得力。最后，反而出力不讨好，职工们倒认为班组长不相信人、干涉过多、无法干活。因此，班组长加强人际关系方面的学习是非常必要的。

3. 角色模糊

作为班组长，在职工面前想扮演“老好人”，耳根软、心肠软、手软，谁都不想得罪，不敢坚持原则、好坏不分、是非不明，不敢直面不良行为、歪风邪气。结果，越是好心，团队表现却越糟，出现了“比慢”“比少”“比傻”“比差”等现象。对待班组成员常常是称兄道弟，像哥们一样，在工作中自然也容易义气、感情用事，缺乏原则性。以上表现说明班组长实际上早已把自己混同于非正式的小团体的小头目，没有发挥应有的作用。

4. 角色混乱

工作方式个性化，往往变来变去，搞得职工无所适从。不遵守规则、不信守承诺，想怎样就怎样，想指挥谁就指挥谁，以自己的判断取代别人的判断。情绪化严重，高兴时什么都可以，不高兴时什么都不可以。

5. 案例分析

案例一：任劳任怨的刘力

刘力是电务段的技术骨干，为人老实厚道，多次在电务段的技能比武中名列前茅。维修班老班长退休后，车间领导任命刘力为维修班班长。刘力好钻研，机械、电工方面的技术问题很少能难得倒他。担任班长后，刘力更加任劳任怨。不管是设备检修还是运行的维护，每天从早忙到晚，手脚不得闲。刘力还有个特点就是不爱与人交往，私下里和领导、班组成员几乎没有什么来往。班组成员身体不舒服，家里有什么事，情绪有什么波动，他也没有时间注意到。班会时也只是简短几句布置一下任务。他认为班长最重要的是以身作则，带头完成各项工作任务；再说，每天班上有那么多活要做，把精力用在鸡毛蒜皮的人际关系上，实属不应该。

刘力是个称职的班长吗？他的问题在哪儿？

案例分析：

刘力不是个称职的班长，倒是个地道的劳模。虽然班组长作为生产最前线的指挥员，有危险、有困难应该冲在最前面。但作为一名基层管理者，班组长绝不能忽视自己的管理职责，应该组织调动班组成员共同完成工作，而不应该只是自己埋头做业务。否则，即使有三头六臂，也不见得能完成班组工作任务。

类型分析：劳动模范型——一般能踏踏实实、勤勤恳恳，但却不适合担任领导工作。因此，对这部分人如果不进行管理能力方面的培训是很难胜任领导工作的。

案例二：不管事的李强

李强是运转车间三班的班组长，是大家公认的老好人，他常挂在嘴边的话是"自己做好自己的事"。他谁都不愿得罪，哪怕是有人工作失误，他也很少批评，认为那是他自己的事。大家有意见反映到他那，他总是无可奈何地说"我芝麻大点儿官，哪管得了那么多"。车间给的任务他总是能对付就对付，实在对付不了就敷衍了事。久而久之，大家都各自为政，班组一盘散沙，矛盾不断。

你认为这样的班组长还能继续任用吗？

案例分析：

李强是个极不称职的班组长，这样的班组长就是不被撤换也干不下去了。班组长的特点是"职位不高，决策不少；工作繁杂，责任不小"。作为班组长一定要认清自己的角色定位，不能把自己等同于一般群众。要明确自己的责任，履行好自己职责，要有很强的责任心和使命感，在工作中要敢管、善管，要有一定的领导力。

类型分析：大撒把型——班组长本身不是很乐意担任这一职务，所以上任后往往采取无为而治的做法，在工作中往往表现为得过且过，对工作没有责任心。所以，这样的班组长实际上完全是徒有虚名的，在班组成员中势必不会有任何威信。

二、班组长应具备的基本素质

管理者要有一定的权威，只有职务没有权威的班组长，对群众没有感召力。但是，这种权威不仅靠领导授予或聘用（职务性权威），更重要的是由班组长个人的素质决定（非职务性权威）的。

（一）思想政治素质

班组长的思想政治素质主要包括思想意识、思想工作方法和思想修养。

思想意识指班组长应具有的符合时代精神的观念意识和思维方法，具有开拓、创新和奉献精神，树立竞争观念、信息观念、系统观念等，强化科学、民主、法制、文明意识。

思想工作方法指班组长对事物的分析、认识的方法。

思想修养指品德、情操、意志力、自我控制能力等方面的修养。

班组长只有具备了较高的思想政治素质，才有可能在工作中做到坚持原则、发扬民主、吃苦在前、享受在后；才能有较强的事业心和责任感，也只有这样，班组长才能在职工中树立起威信，才能有号召力和影响力。

（二）技术业务素质

班组长的技术业务素质指完成班组生产和工作任务必须具备的专业知识的掌握程度。班组长要通晓本班组各工种的基础知识，熟练掌握基本技能；要熟悉本班组的技术标准、工艺规程和检验方法；对生产过程中出现的一般性技术质量问题有处理能力；对本班组的设备、工具和材料，要知道性能，会使用、会保养；对新设备、新技术、新工艺和新材料要有较好的吸收消化能力。

（三）管理素质

班组长的管理素质指班组长所具有的管理方面基本知识的能力，是当好班组长的基本条件。班组长应有主动的管理意识、清晰的管理思路和管理目标；能根据上级下达的任务和目标，班组的具体情况，对目标、任务进行分解、落实，并按时完成各项工作任务和经济技术指标；能教育、监督班组成员严格执行各项管理制度，懂得一定的现代化科学管理方法，善于实现人、机、物的有机结合，提高劳动效率，减轻劳动强度；有全面质量管理意识，能运用全面质量管理的手段和方法控制并解决本班组生产过程中出现的问题；有一定的班组核算和经济活动分析能力；正确贯彻按劳分配原则，调动班组人员的积极性；有一定的观察分析本班组人员思想状况、动态的能力，会运用谈心、家访等多种方式、方法，做好思想政治工作；有一定表达、写作能力，按时召开班组会，按要求总结工作，写出工作总结。要掌握班组各种原始记录统计、整理、分析的技能，能够及时填写各种生产记录和各项报表，做到准时汇总上报。

（四）文化素质

班组长的文化知识水平决定着在管理方面发展的潜力。班组长应通过各种途径进一步学习，努力掌握更多的科学文化，并注意把学到的知识灵活地应用到生产和管理实践中去。只有这样才能不断地提高自己分析问题、解决问题的能力。要掌握一定的计算机及相关文字处理软件的应用技巧，能够适应现代化信息发展的需要。

（五）身体素质

班组长的身体素质非常重要，身体健康、精力充沛是当好班组长的最起码的条件。

（六）“五匠”素质

(1)“铁匠”的身板。俗话说：“打铁先得自身硬”，班组长虽然是“芝麻绿豆官”，却是班组的“脊梁”。这就要求班组长在思想、道德、业务上都应该首先过硬。

(2)“木匠”的尺度。常言道：“没有规矩不成方圆”。班组长成天和组员打交道，常常处于各种矛盾之中，只有像木匠那样，把好管理尺度，严格执行规章制度，才能让全体组员心悦诚服。

(3)“瓦匠”的慧眼。班组长除了自己带头工作，还要仔细了解和准确掌握每个组员的个性和优点，以便做到使每一个人都能扬长避短、各得其所、人尽其才。

(4)“篾匠”的巧手。篾匠有一句行话：“编筐织箩，全在收口”。其实班组工作也需要班组长运用那双能够“收口”的巧手，把全班组的人心拢到一处。

(5)“缝纫匠”的精神。班组长应该具备乐于为他人做“嫁衣”的奉献精神，见困难就上，见荣誉就让。有了这样的精神和素质，班组长就不愁没有威信，一个班组就不会没有凝聚力。

三、班组长应具备的能力

(一)实际操作技能和解决问题的能力

班组长一般是技术比较拔尖的,能解决本班组在生产、安全中出现的各种问题;能熟知上级规定的要求、标准、命令;能了解相关班组关键岗位的技术要求,同时,有强烈的安全意识。

(二)管理指挥能力

班组长要敢于管理和善于管理,敢于管理就要批评人,善于管理就要讲求管理方法。班组长在批评班组成员时,要视每个人的素质和犯错误的次数情况,采取不同的方式。对个人素质较高和初犯错误的同志,要通过引导,帮助其认识错误和改正错误,尽量避免在公开或人多的场合进行批评;对个人素质低和屡教不改的,视其违章违纪和所犯错误的性质不同,在适当的场合进行批评。千万不可不分场合、指名道姓地大声训斥,或是抓住一点,攻其全部。这样的结果只能使班组成员产生抵触情绪,使工作更加被动。当然,当发现危及人身安全和行车安全的苗头时应及时、坚决地予以制止,直至停止其工作。需要公开提出批评时,也要注意方式方法。出言要谨慎,切不可感情用事或情绪化。常言道:"敲鼓听声,说话听音"。若能在开玩笑、聊天之间,把需要严肃对待的问题解决好,也是一种艺术。

(三)组织能力及解决问题的能力

班组长要具备较强的组织能力,重视加强班组职工团队意识的培育。通过民主管理、文化陶冶和有效的思想政治工作,把广大职工组织起来,把力量凝聚起来,才能形成合力,把班组建设成心往一处想、劲往一处使的坚强集体,发挥全体职工的能力,同心协力使班组的运作达到"1+1>2"的效应。班组长还要学会掌握事物发展规律,未雨绸缪、稳重干练,善于抓住主要矛盾,妥善解决。有能力在授权内处理好各种突发事情。

(四)沟通协调班组内外关系的能力

班组长是上下沟通的承上启下者。能准确传达上级的命令要求,同时也有能力反映本班组在生产、安全、管理中出现的问题,并适时提出整改建议。另外,班组的人和事都是和周围有联系的,因此需要有全局意识,能够与兄弟班组沟通,将问题解决在下面,不把矛盾上交。因此,班组长应该具备较强的讲话、倾听、洽谈、疏通以及说服力等相关能力。由于班组职工的技术等级、实际操作能力、文化水平、年龄等因素,人与人的工作能力、业务水平不尽相同,合理地搭配和调剂班组结构,协调人与人之间的关系,将职工进行优化组合协调起来,以求相互取长补短,相得益彰。这样,才能充分调动全班人员的积极性和创造性,提高整个班组人力资源的使用效率和效益。

(五)指导能力

为了能够顺利地开展日常生产工作,班组长还要能够给自己的职工传授必要的专业知识和技能,指出职工在工作过程中的不足之处,并且给他们提出改善的措施和建议。这就要求班组长要具备不断学习的能力,带头学习业务技术,做到"干什么会什么,缺什么补什么"。同时,组织全组人员加强业务技能学习,形成浓厚的学习氛围,最终使班组整体素质大大提高。

(六)创新能力

班组长不能墨守成规,要带领班组成员广泛运用新技术、新工艺和新的管理方法。能总结先进的操作方法和工艺技术,积极向技术部门提出整改建议。要善于创造性地开展各项工作,思路有创意,工作有新招。

(七)激励能力

班组长要想让自己的职工充分地发挥自己的才干去努力工作,就要努力把职工"要我去做才去做”的思想变成“我要主动去做”,实现这种转变最佳的方法就是不断激励自己的职工。假如班组长能够运用激励的方式而不是命令的方式去安排职工工作,职工便能够体会到自己在生产中的重要性和工作的成就感。优秀的管理者不但要善于激励自己的职工,还要善于不断地自我激励。

(八)倾听能力

大部分的班组长都会遇到这样的事情,经常会有职工因为自己的待遇不公等问题找到班组长去评理。这时,班组长要学会认真倾听员工的倾诉,当他们倾诉完后,心情就会得到平静,甚至你并不用做出任何的决定就能够解决问题。因此,倾听对于班组长来讲非常重要。

善于倾听有两个作用,首先,能够让他人感觉到班组长非常谦虚;其次,班组长能够从职工的倾诉中了解到更多的信息,便于制订解决问题的办法。每个人都会希望受到其他人的重视和尊重,并且也都有表达自己意见的愿望。因此,善于倾听的人自然会受到人们的尊重。

(九)控制情绪能力

一个优秀的班组长应该具有较强的情绪控制能力,在领导情绪非常糟糕的情况下,很少有下属敢去向他汇报工作,因为职工害怕领导的坏情绪会影响到对自己工作的评价。从某种意义上来讲,班组长的情绪已经不再是自己的私事了,它会直接影响下属及其他部门的职工。同时坏情绪还会影响自己对事物的判断和决策能力,因此,管理者还应该能够有效控制自己的情绪。

四、班组长的工作方法和技巧

(一)班组长的工作方法

1. 立足岗位树威信

在班组中班组长不一定是各方面能力都突出的人,但一定要是班组里面最有威信的人。班组长通过树立威信使职工紧密团结在自己周围,创造出班组独特的管理方式,班组工作才可以有条不紊的进行。但威信既不能上级给,也不能靠别人吹,班组长树立威信要做到以下几点。

(1)以身作则,率先垂范

班组长要技术过硬,业务能力过强,有端正的工作态度,良好的工作习惯,敢于迎难而上的工作精神,以身作则给职工起表率作用,这样才能赢得职工的信服从而树立威信。

班组长要在技术业务能力上做表率。班组长必须带头提高自身素质,以此来提升班组整体素质。班组长要带头认真钻研专业知识,掌握新材料、新设备、新技能、新工艺等知识,给职工营造良好的学习氛围,并对职工的日常工作给予建设性的意见,有针对性的开展班组培训,承担起为下属创造学习机会的责任,提高职工的技术业务能力。

班组长要在工作态度上做表率。班组长要有端正、严谨、负责、务实的工作作风,并充分发挥主动、协作的工作精神,具有较高的纪律性和责任感,通过言传身教将自身良好的工作态度传递给班组内的每一名职工,带动全体职工敬业爱岗、团结协作,使各项工作开展起来井井有条。

班组长要在工作习惯上做表率。班组长要对需要办理完毕的工作列一个清单,哪些是立即要去办的,哪些是需要一些具体时间和与职工共同处理的。有了轻重缓急,班组长还需要去合理的安排时间和工作期限,全力解决好工作中遇到的问题,保证每一项工作都按时完成,避免出现不必要的差错。班组长工作不分主次,会导致职工工作手忙脚乱,进而失去职工的信任,不利于班组长威信的树立。

班组长要在面对困难时做表率。不做“没办法”的人,克服思想上的畏难情绪,遇到困难认真思考,寻求解决问题的途径,利用心理暗示“我行”“我能”“我一定有办法”来激励自己,即便是没能成功解决问题，也要积极的分析原因，而非为失败找借口；对待工作更多的是找到思路，不要片面的强调困难的程度，抓住重点，不断探索好的方法，开阔自己的思路，使这项工作能够更加圆满。

(2)了解职工，知人善用

班组长要使班组的整体作用得到发挥，而非仅靠个人努力。有些班组长任何事情都习惯于亲力亲为，没有从业务骨干的角色转变过来，总是把任何事都抓在手中，不放心或者不会把工作分给班组职工去做，这说明班组长不信任职工的能力。这使得职工在生产中遇到困难时总是推给班组长去干，自己没干过不会干也不敢干。

班组长布置工作时要保证每项工作都要由会干的人去干，能充分发挥每位职工的强项。对那种富有独创精神的人，要布置高难度的工作，不要把那些单调、重复和琐碎的工作布置给他，切实将每个人的能力发挥到最佳。班组长要鼓励自己的职工大胆工作，职工能感受到领导对自己的信任，会更负责任的工作，能更有效地提高领导者的威信。即便职工在工作中出现了失误，不要一味责怪自己的职工，要首先承认他们的劳动价值，分析问题产生的原因，避免今后犯类似的错误，不要因一时的过失而彻底否认职工，打击其工作热情，导致职工做事缩手缩脚。只要真心实意地帮他改正失误，职工就会感激你，并更加积极地投入工作。

班组长要有容人之量，不要嫉贤妒能。当职工做出较好的成绩时，应该真诚地鼓励和赞许他们，并交给他们更重要的工作，这样他们才能做出更大的成绩。

(3)用好权利发挥魅力

班组长开展工作不仅依靠权力，还要靠领导者的个人魅力。领导者所掌握的权力带有一定的强迫性，而个人魅力则是由领导者自身素质和行为所形成的。二者的合理有机结合对班组长树立威信有着明显的效果。过度运用权力只能是口服，而非心服，看起来职工俯首帖耳，实际上内心深处是否定和拒绝的，有损职工工作积极性。个人魅力则会使职工发自内心的敬佩班组长，使职工自觉跟随班组长做好每项工作。

在工作中，班组长要负起管理责任，行使好管理权力。不要把私人感情在工作中滥用，要清楚自己在做什么，并且知道为什么要这样做。班组长必须在制度框架内正确行使好自己的决策权、指挥权、激励权和处置权，树立好自己的权威。当然，行使权力要斟酌再三，权力只有使用得当才能让职工心悦诚服。

管理的艺术不在于发指示、下命令，而在于如何唤醒、激励、鼓舞职工为工作目标去奋斗。尽量不用命令的口气来压职工，这一点很重要。职工都有自己的思想与自尊，命令的口气能让他们完成工作，但不一定是做好工作。受尊重是人类较高层次的需要，商量的语气意味着对职工的尊重，关心他的感受。只有赢得职工的心，才能让大家真正地行动起来。

班组的事情不单是班组长的事，而应是大家的事。当班组取得成绩时，班组长要与大家一起分享；当班组遇到困难和问题时，班组长要让大家都参与进来，群策群力解决问题，特别是在与职工利益相关的事情上与他们商量，依靠职工、尊重职工，维护职工的权利和利益就会激发职工的自豪感和责任感，调动职工参与班组建设的积极性。班组长的威信是靠实打实的领导方法和让所有人为之信服的个人魅力来实现的。

2. 营造氛围促和谐

良好的班组氛围能让职工自觉各尽所能，也更能调动起职工的积极性，让他们愿意参与到班组的日常管理工作中。良好的氛围能减少一些消极情绪和心理的产生。进而使班组长组织、安排工作时，变得容易和高效。班组长处理好人际关系、协调好职工关系、做好职工的思想工作，适当加入一些管理理念，营造一个和谐的班组氛围应从以下几方面着手：

(1)树立目标实现价值

帮助职工树立职业目标,实现职工个人价值。班组长要从大局出发关注企业文化,发掘本班组及班组内各岗位的意义,引导职工感受到其工作岗位的重要性和存在价值,明确职工岗位在企业整体运转中的作用。把职工的付出同实现个人价值和为企业增效联系起来,激励职工树立自己的职业目标,帮助职工进行职业发展规划,激发职工工作热情,关心职工的成长,随时纠正职工在成长道路上偏离的方向,也要让他们认识到自己的错误,能够更快地实现其个人理想。职工在工作中犯错误是难免的,但班组长要想方设法让职工尽量减少错误,走正确的路,做正确的事,营造积极向上的班组氛围。

(2)公平处事以诚待人

职工能够谅解班组长在工作能力、文化水平等方面的缺点和不足,但无法容班组长处事不公平。班组中琐事繁多,很多事情都会涉及到职工的切身利益,若不能公平处理这些事情,势必给班组长带来极大的负面影响。班组长要做到在制度面前人人平等,在对待职工的同等事宜上,切不可有所偏私,要公平处事,否则会降低职工对班组长的信任度,甚至是从内心排斥班组长,导致班组凝聚力下降,最终导致执行力下降。班组长公平处事的同时要做到以诚待人,这样能够拉近与职工之间的距离,切忌做事摆官架,说话打官腔,要营造融洽的班组氛围。

(3)关心职工凝聚力量

在日常班组管理工作中,班组长要主动从思想、生活、学习、身体等多方面关心职工,针对职工存在问题,寻找解决对策,例如对于有自卑心理的职工,班组长可以通过关心职工寻找、发现和捕捉他们身上的长处,因势利导,帮助其重新认识自己、塑造自己,鼓励职工自己的问题自己解决,敢于去承担责任。

班组长与职工不仅仅只存在工作中的上下级关系,在日常生活工作中也应当有情感上交流,情感的力量可以消除隔阂,增强向心力和凝聚力,与职工建立良好的感情基础,使职工动之以衷、感知以行,营造团结的班组氛围。

(4)善用语言加强沟通

尽量不用命令的口气来压职工,这一点很重要。职工都有自己的思想与自尊,命令的口气能让下属完成工作,但不一定是做好工作。多用一些委婉的语言布置工作,例如:“你可能第一次做这样的工作,不过……”。在任何情况下,都不要看低职工,不说轻视的话语,而应把职工当作合作伙伴,切忌出现颐指气使的现象。只有赢得职工的心,才能让职工真正地行动起来。

人与人的沟通,最重要的是相互理解、相互尊重。而实现相互理解、相互尊重就是要学会商量。尊重他人、尊重他人的选择是正确行事的前提。管理的艺术不在于发指示、下命令,而在于如何唤醒、激励、鼓舞下属为工作目标去奋斗。受尊重是人类较高层次的需要,商量的语气意味着对职工的尊重,关心他的感受。

3. 奖惩结合促激励

班组长要真正把制度执行到位,保证每一项制度都能起到有效的作用,应合理的运用奖励和处罚等激励手段。对于经常受到表扬的职工要及时指出他的不足,予以鞭策和警示,避免职工产生自傲心理;对于落后职工不应一味进行批评处罚,也要对其优点适当给予肯定。在班组管理中把奖励和处罚相结合有助于班组长更好的管理班组。

班组长要采用各种激励手段来调动职工的积极性和创造性。当职工取得成绩时,要及时给予肯定甚至奖励;当职工手头上的活干得漂亮时,要及时给予赞美;当职工有了新的发明创造、做了好事时,要及时给予表扬;多给职工表现自我的机会,如开会时多让职工发言,班组长讲话时多引用部下的观点等，都能起到意想不到的激励效果。

4. 班组管理要民主

班组管理要民主切记不搞“一言堂”。班组长考虑问题有局限性，个人决定有一定的片面性，班组管理要综合职工的意见才能保证做出决策的合理性和有效性。在班组管理中班组长要充分调动职工参与管理的积极性，为职工搭建平台，把班组管理工作落到实处。

(1)鼓励职工提意见

班组管理要广开言路，鼓励职工多发表意见和建议。当职工的意见与班组长的观点相悖时，班组长要积极反思，善于抓住职工意见的闪光点。班组长切忌板起脸来听意见，甚至对职工意见大加抨击，这会使班组长走向孤立，再向职工征求意见建议时，职工不愿意也不敢阐述自己的观点，这对班组管理工作的开展是极为不利的。

(2)集思广益搭平台

班组管理过程中，班组长要为职工搭建建言献策的平台。有时职工并不是对班组决策没有意见，而是缺少表达的途径。班组长可以采用意见箱、建立网络班组群、班组会等多样的形式，就一些班组管理问题征询大家的意见。

(3)民主管理求实效

民主管理若流于形式，会大大打击职工参与管理的积极性。特别是最后形成的决议要能体现出职工有价值的意见。当职工意见未被采纳时，班组长也应及时向职工说明未被采纳的原因。

5. 接受检查有准备

检查不是目的，但却是促进工作提高的一种手段。接受上级检查是班组工作的一项重要内容，有些班组长因无经验，接受检查时不知所措、无法应对，形成被动局面。那么，怎样接受上级领导的检查呢？班组长应该从以下几方面着手：

(1)摆正心态正确对待

班组长一定要正确对待检查工作，把检查看成是自己查漏补缺促进工作的一个机会。面对检查人员保持一个良好的心态，悉心听取意见建议，按部就班地做好接待工作。

(2)清楚内容明确分工

检查部门根据工作分工差异，检查重点也各有侧重。班组长一定要理解检查的程序和内容，做到有的放矢才能更好的配合检查部门尽快完成检查工作。

一般上级检查工作有着固定的程序，内容则包括基础台账资料、人员管理情况以及现场设备情况等等。在日常管理工作中，班组长要有意识的做好工作分工，确保上级检查时能有专人负责解释和陪同。

(3)做实工作全员覆盖

班组工作重在平时，临时突击干工作是不可取的。只有把工作做实才是应对上级检查的万全之策，例如在日常工作过程中，完成好生产任务的基础上，要保证台账资料保存完整、业务学习有详细记录等。班组长只有平时带领职工把日常工作做实做细，面对检查的时候说话才能有底气。

班组长在检查前应召开迎检会，使全班组职工对检查内容有一个完整的了解。确保在检查中每名职工都能应对突发状况，顺利通过上级的检查。

(4)主动汇报巧用数据

检查过程中，班组长要学会主动汇报工作。特别是班组的一些特色工作以及获得的成绩要及时反馈给检查人员，也可以反映班组面临的一些问题和困难，争取政策的支持。汇报过程中，尽量引用事实和数据说明问题。任何情况下，事实和数据是最有说服力，也是最直观的，能让检查人员清晰明了的了解具体情况。

(二)班组长的管理技巧

1. 有效沟通的技巧

(1)沟通的定义

为了设定的目标,把信息、思想和情感在个人或群体间传递,并达成共同协议的过程。

(2)有效沟通的定律

①黄金定律:想怎样被对待,就怎样对待别人。

②白金定律:以别人喜欢的方式去对待他们。

(3)有效沟通的技巧

①了解对方;②基于事实;③尊重对方;④言辞适切;⑤正视差异;⑥寻求共同点;⑦注意倾听。

(4)倾听的技巧

苏格拉底曾说过:上帝赋予我们一张嘴巴、两只耳朵,也就是让我们多听少说。人们在与他人沟通时又往往会陷入听的陷阱,主要表现是个人主观投射、急于评价和反应、忽视非语言的含义。倾听的技巧有以下几点:

①用目光接触;②展现赞许性的点头和恰当的面部表情;③避免分心的举动;④提问;⑤复述;⑥避免打断;⑦不要急于下结论;⑧设身处地从对方角度来着想。

(5)向上级汇报的技巧

①了解上下级之间的差异

包括出发点的差异、评价的差异、表达的差异、信息的差异。

②汇报应注意的要点

a. 客观、准确、简明扼要的陈述事实;b. 针对原目标和计划;c. 从上级的角度看问题;d. 尊重上司的评价,不要争论;e. 补充事实。

(6)与班组成员的沟通技巧

为了加强与职工的沟通,提倡了解、理解、谅解和和解。了解是前提,一个人理解之后能够谅解,谅解之后才能和解。班组长应该做到"两容":容人、容事,即对各种性格的人都要包容,各种事都要拿得起放得下。

与班组成员的沟通要掌握几个要点:①坚持原则;②开诚布公;③承认他人的观点;④主动。

2. 运用表扬激励的技巧

心理学研究表明,每个人都有渴望被人表扬、赞美和肯定的心理。在实际工作中,班组长如果能善于运用"表扬",对激发班组一线职工的积极性,尤其是对"后进职工"的转化,会起到事半功倍的效果。

(1)赞美的话常说

作为班组长应学会用欣赏的眼光来看待自己的班组成员,用赞美的口气来肯定本班职工,用表扬的方式来激励他们,要善于给他们戴"高帽"。比如职工在某项安全工作中取得进步时,不妨说上句"你的工作很出色",布置任务时多用"相信你一定能胜任这项工作的"等鼓励的话,向他人介绍本班职工时不妨用"这是我们班的骨干力量""这是我们班的秀才"等夸奖之类的话。简言之,就是不轻易放过任何表扬班组成员的机会。

(2)发挥间接表扬的作用

这里所说的"间接表扬",是指在当事人不在场的情况下进行的"背后表扬"。这种表扬方式有时比当面表扬具有更大的促进作用和良好效果。一般来说,背后的表扬,无论是在公开场合的会议上，还是在私下场合的小范围内，基本上都能传达到被表扬者本人那里。这除了能起到表扬的一般作用外，还能使被表扬者感受到领导表扬他的诚意是实事求是的，因而更能增强表扬的力度和后续效果。

(3)表扬要适度地反复进行

班组长在夸奖职工时要注意两点。一是表扬要及时。应使被表扬者能够再接再厉做出更大地贡献，也能使大家有新鲜感。时过境迁再进行表扬，被表扬者便会失去热情，群众的印象也会淡漠，其作用当然也会大打折扣。所以，要把对职工的表扬与肯定融入到日常的工作中去，随时随地给他们以赞扬。二是表扬要适度。既不能过分给班组成员戴"高帽"(有极力讨好下属之嫌)，也不能一句夸奖的话也没有(有高高在上之弊端)，最好要适度、恰当、实事求是，让人易于接受。

(4)不经意的肯定也是一种表扬

班组中每个职工都有自己的长处，班组长要善于发现、挖掘他们身上的闪光点，并虚心学习他们的长处。用放大镜来看待职工的优点，以便通过向他们学习来弥补自己的缺陷。面对某方面能力超过自己的职工，班组长在工作中不妨大度地说些"这方面你比我熟悉""请你发表高见""谈谈你的想法"之类的话，使职工感到班组长非常在乎自己，使其不知不觉中感受到肯定的力量。

3. 批评手段运用的技巧

批评是一种负激励行为，一般被批评者是非常"在乎"的。如果运用得当，可达到预期的目的，否则，其负面效应有可能大于正面效应，因此，班组长在批评下属时要十分注意谱好批评"三部曲"。

(1)批评前要三思

一思为何批评，注意把握批评的实质内涵。批，是对下属在工作中的错误或缺点予以指出、纠正；评，是对所批的事情进行评论、评判。批是评的载体，评是批的实质，二者是因果关系，是辩证的统一。因此，班组长在实施批评时，不能简单地批评了事，把批评完全等同于否定。而应以"批"为切入点，以"评"为落脚点，不能重批轻评，而要重评轻批。

二思哪里批评，注意场合与效果的关系。同样一件违反规程的事情，批评的场合不同，其效果截然不同。选择哪种场合，要视批评对象错误的性质和程度而定。一般来说，性质较为严重，造成未遂事故，在本班组、甚至本车间影响较大，或者这个未遂事故是习惯性违章的恶果，带有普遍性，班组长宜进行公开批评，以达到防止事故发展的目的。反之，则应采取不公开批评方式，以达到既纠正错误，又防止伤害被批评者的自尊心的目的。

三思如何批评，注意不同情况的不同处理。一是注意不同的层次。对于班组成员中有一定文化素养和理解能力的人，由于对问题的认识较为容易，宜点到为止。否则，应评透道理，加深其对问题的认识。二是注意班组成员中不同的性格。对于豪爽型、直性子，由于对絮叨式的批评较为反感，宜于言简意赅，速战速决。对于其他性格，则应绕绕弯子，采取迂回战术，使其对问题的认识有一个逐步深化的过程。三是注意不同的环境。当事人不在，一般不宜进行批评，否则，听批评者误认为随便乱批，并有可能引发误传和麻烦，达不到批评的初衷和效果。

(2)批评时要三忌

一忌粗暴，情况不清，事实不明。对班组出现问题的前因后果，当事者的是非曲直，班组长如不能做到心中有数、了如指掌，便不分青红皂白，一顿胡批乱评，被批评者不但难以接受，反而会产生逆反心理，甚至反感顶撞。

二忌野蛮，开门见山，闷棍在先。班组长遇到问题或受到上级的批评、过问，不到场研究，不讲究方式方法，对下属劈头盖脸开口便这错那错，一顿挖苦指责或讥讽嘲笑，这种伤下属心、毁下属面的工作批评方式，实难令对方接受，达不到批评的效果。

三忌偏差。如果因为某一职工的一次错误而翻出所有陈年老账，轻者可能冲淡对眼前问题的批评，达不到预期效果，重者形成成见，造成班组长和成员的隔阂，引出信任危机。

(3)批评后要三防

一要防止偏激。在实施批评后，下属因为对这一问题的认识角度不同，达不到认识上的统一，鉴于班组长的地位，不便进行争辩，虽口服而心不服，尽管批评结束，但未能真正解决思想上的问题，反而越想越觉得委屈、压抑。这就要求班组长有必要做好过细的思想工作，进行认识上的引导，防止偏激情绪的产生或激化。

二要防止情绪低落。受到批评的下属，尤其受到批评次数多的下属，往往容易产生自卑情绪，破罐子破摔，振作不起精神。对这样的班组成员，很有必要用好辩证法，适时追加肯定分量，重在鼓励，帮助其正确认识自我，使其看到自己在缺点错误的伴随中仍然有不少长处、优点，树立起信心，鼓起全身心投入安全工作的勇气。

三要防止产生鸿沟。实施批评后往往会因为这样那样的原因在被批评者心中形成逆反心理，拉大班组长与成员之间的距离。因而，班组长在批评时，不但要适时进行思想疏导，还要身体力行，摒弃唯我是从、唯我独尊的上位心理，用实际行动在工作、生活、学习上关心、体贴下属，使他们感到班组长可亲、可敬，从而防止产生鸿沟。

4. 班组讨论的技巧

班组讨论要讲究技巧，确保讨论的实效性。班组中经常会召开班组讨论会，商讨如何完成工作任务或如何改进工作方法等问题，但有些班组经常会把讨论流于形式或者班组长把讨论会变成了自己的意见宣讲会，为避免此类情况发生，在班组讨论的过程中应注意以下几点。

(1)明确讨论议题

班组长在阐述议题时要简明扼要，议题要小而具体，要把议题阐述清楚，使职工不致产生模糊或误解。同时一次的讨论议题不要过多，否则讨论效果会大打折扣。

(2)避免冷场

班组长要学会调节讨论节奏，避免冷场。班组长在开讨论会之前要提前透露讨论主题，留给职工思考的时间，对敢讲真话的职工要鼓励，班组长在讲话时最好先不要表明自己的立场，防止职工顺杆爬，听不到反对的声音，得不到价值的意见。同时，班组长要学会主持讨论，学会引导，避免讨论会变成了聊天会，达不到实际效果。

(3)处理好不同意见

班组长要善于处理好不同意见。既然是讨论会就会出现不同的观点，就事论事避免讨论变成了争吵，善于调节气氛，让大家充分阐述自己的观点，当出现理解偏差时要及时纠正。

(4)善于归纳总结

总结时要表达上级的意图和个人的见解，把职工分散的意见条理化、系统化，使职工觉得自己有价值的意见被吸收或是肯定。

5. 当众讲话的技巧

班组长经常要组织和参与班组现场会、班组总结会或汇报工作等，这时班组长通常要做简要发言，总结过去、展望未来。班组长讲话时要避免主次不明，中心意思表达不突出，要做到语速平稳、抑扬有度，特别是眼神要坚定，展示自己的自信，尽量不要有小动作。这里，班组长不妨试一试以下讲话万能公式：感谢(过去)—希望(现在)—祝愿(将来)。

第三节　班组团队建设

团队建设就是有计划有组织地增强团队成员之间的沟通交流，增进彼此间的了解与信赖，对团队目标认同更统一明确，在工作中分工合作更为默契，完成团队工作更为高效快捷，围绕这一目标所从事的所有工作都称为团队建设。团队建设是企业真正的核心竞争力。一个高效、团结、协作的班组团队对确保企业安全生产和提高企业绩效至关重要。

一、团队的概念与特征

1. 团队的概念

团队是指为了实现某一共同目标由相互协作的个体所组成的正式群体。也就是说，团队是由一些具有共同信念的人为达到共同目的而组织起来的，各成员通过沟通与交流保持目标、方法、手段的高度一致，从而能够充分发挥各成员的主观能动性，运用集体智慧将整个团队的人力、物力、财力集中于某一方向，形成比原组织具有更强战斗力的工作群体。

2. 团队的特征

无论哪种类型的团队，要想协调好内外关系、顺利地开展工作，使团队成员之间相互信任、相互帮助、相互影响、相互理解，优化工作环境，提高工作效率，都必须具备以下的特征：

(1)共同的团队目标

确立团队的使命愿景与共同目标，是团队存在的基础，也是团队凝聚力的精神之源和根本意义。团队的每个成员可以有不同的目的、不同的个性，但作为一个整体，必须有共同的奋斗目标。团队成员要将个人目标与团队目标紧密地结合，并将个人目标升华到团队目标，个人服从团队、局部服从整体，并且愿意为团队的工作目标做出承诺，尽最大努力发挥自己的潜能，正所谓“上下同欲者胜”。

(2)彼此的团结协作

团结协作是管理和建设团队的关键。团队由具备不同知识、不同技能、不同性格的成员组成，通过团队成员的合理分工、年龄互补、能力优势互补和成员之间相互信任、相互配合、团结一致的默契的合作关系与科学有效的团队管理，保证整个团队的高效运作。团队的工作表现就是在当团队作为一个团队运作的时候。团队协作并不要求团队成员牺牲自我；相反，挥洒个性、表现特长才能保证团队成员实现共赢，完成个人不能完成的团队目标任务。

(3)出色的团队领导

出色的团队领导者和强有力的指令落实是实现目标的有力手段。团队的成功靠的是全体成员的齐心协力，而步调一致则是团队获得成功的必要保证；团队成员分工不同、职责各异、局部目标相互依托而又互存矛盾。因此，通过正确的领导及强有力的指令把整个团队行为统一在大目标下，为团队指明发展方向，鼓舞和激励团队成员的自信心，帮助他们更充分地发挥自己的潜力，是顺利实现团队目标的有力保证。

(4)必要的相关技能

人是构成团队最核心的力量。一个优秀的团队必然是高素质的团队，必定是由一群有能力有技术的成员组成。他们具备实现团队目标所必需的技能和素质，具备完成团队要求的工作能力和处理群体内部关系的高超技巧。同时，团队成员还需不断充电更新，学习新技术新技能，随着团队环境的变化而不断进行调整。团队成员的技能应该是相互补充的，不同知识、技能和经验的人在一起高效协作，形成角色互补，从而达到整个团队的有效组合。

(5)良好的团队环境

从内部条件看，团队应拥有一个合理的基础结构，可以支持并强化成员的行为，以取得高绩效的成果。从外部条件看，企业应当给团队提供完成工作所必需的各种资源，倡导优秀的文化氛围，培养职工的参与意识和自主性。

二、如何建设一流团队

作为团队领导，要着力改变传统的管理方式，切实提高团队的综合能力，重点培育团队精神，才能更加有效地开展团队工作，将自己所带的团队建设成一流的高效能团队。具体应从以下几个方面着手：

1. 建设一流团队要治“本”，转变团队的管理方式

(1)培养团队的责任能力。责任感和团队意识是建设一流团队的基础与前提。责任是最基本的职业精神，责任是做人做事的底线。没有做不好的工作，只有不负责任的人，责任承载着能力。在团队中要培养团队成员的责任力，工作中遇到问题，要多从自己身上找原因，而不是互相推诿、逃避责任。要明确团队中除了领导者要负责之外，每一个团队的成员也都必须负责，一起相互作用，强调共同担责。

(2)建立团队的信任能力。信任是团队开展工作、发挥作用的基础。一方面是指团队领导要充分信任团队成员，在团队中善于授权，鼓励成员创新性地解决问题；而不是什么事情都认为自己最能而亲力亲为；另一方面是指团队成员之间相互高度信任与包容，只有建立相互信任关系，提高团队成员的信任能力，才会发挥积极协同效应，带来“1＋1＞2”的绩效。

(3)提高团队的沟通能力。在团队中要建立充分的沟通渠道，塑造平等顺畅的沟通环境和积极、正面、共鸣的沟通氛围，鼓励成员进行充分沟通交流，激发思维的碰撞与技术的创新。高效的团队必定沟通良好。一方面通过交流信息、看法、经验，能够促进团队成员共同进步，指导团队成员的行动；另一方面团队成员能迅速、准确地了解彼此的想法和意见，消除误解，达成共识，从而高效协作。

2. 建设一流团队要强“根”，提高团队的综合能力

(1)执行能力。团队执行能力是当上级下达指令或要求后，迅速做出反应，将其贯彻或者执行下去的能力。一个团队的执行能力，直接决定企业的生命。无论怎样好的经营、管理策略，假如执行不力，都是废纸。执行能力也折射出团队领导者的统筹能力和团队成员的整体作战能力。

(2)学习能力。学习能力是提高团队素质、确保较强攻坚能力的基础要素，是一个团队创造能力、自我超越能力和系统思考能力的综合体现，是企业发展的源动力。只有不断地加强学习，在最大程度上提高每一个成员的单兵作战能力，才能在综合上提高整个团队的实力，打造一支能够打硬仗，素质过硬的高效能团队。

(3)绩效能力。要工作就要有效率和效果，绩效能力反映了团队成员对团队的贡献能力。建立有效的绩效管理机制，提高团队绩效能力，对整个团队出色完成工作有着很强的推动作用。

(4)和谐能力。和谐融洽是衡量团队凝聚力、战斗力的一个重要标准，团队和谐的核心是团结力。提升团队团结力的根本方法是提高团队成员的道德水平，树立正确的价值观观念，心往一处想，劲儿往一处使。

3. 建设一流团队要塑“魂”，培育团队的文化精神

团队的文化精神简称团队精神，是指团队的成员为了团队的利益和目标而相互协作、尽心

尽力的意愿和作风，是团队所有成员都认可的一种集体意识，被称为一流团队的灵魂。团队精神的核心是合作协同，目的是最大发挥团队的潜在能量。团队精神尊重每个成员的兴趣和成就，要求团队的每一个成员都以提升自身素质和实现团队目标为己任。团队精神是团队所有成员价值观与理想信念的基石，是凝聚团队、促进团队进步的内在力量。良好的团队精神，来自正确的管理文化，没有良好的从业心态和自我牺牲的精神，就不会有坚实的团队精神。培养良好的团队精神包含四个层面的内容：

(1)大局意识。团队精神提倡个性张扬，但个性必须与团队相一致，团队每个成员，都必须有整体意识、全局观念，一切考虑团队的需要。团队的每个成员都要互相帮助、互相照顾、互相配合，为集体确定的目标而努力奋斗。工作中出现了问题，遇到了难处，团队每个成员都要主动地想办法帮着解决，任何时候、任何事情都不能只考虑自己的需要而不关注别人的感受。要把团队的成绩和自己的荣辱紧紧地联系在一起，在团队发展中成为受益者。

(2)协作意识。协同合作是团队精神的核心。对于一个团队的队长来说，需要有团队组织能力。对于队员来说，不仅要个人能力，还需要在不同的位置上各尽所能，发挥团队精神、互补互助以共同发挥最大潜力，这就是团队协作能力。团队协作能力对于一个团队至关重要，团队的根本功能或作用即在于提高团队整体的业务表现，只有协同合作的团队，才能使团队的工作业绩超过成员个人的业绩，团队业绩大于各部分之和。团队的所有工作成效最终会在一个点上得到检验，这就是协作精神。

(3)归属意识。团队精神表现为团队强烈的归属感和一体性，每个团队成员都能强烈地感受到自己是团队当中的一分子，把个人工作和团队目标联系在一起，对团队表现出一种忠诚，对团队的业绩表现出一种荣誉感，对团队的成功表现出一种骄傲，对团队的困境表现出一种忧虑。要提高团队的凝聚力，就要确立一个目标，树立主动服务的思想，建立系统科学的管理制度，经常沟通和协调，强化激励，形成利益共同体。

(4)团队士气。团队士气是团队精神的一个重要方面。拿破仑曾说过："一支军队的实力四分之三靠的是士气"。为团队目标而奋斗的精神状态对团队的业绩非常重要。团队建设要始终关注职工士气的高低，以提高工作效率。一是要采取措施让职工的行为与团队的目标一致。如果团队成员赞同，拥护团队目标，并认为自己的要求和愿望在目标中有所体现，职工的士气就会高涨。二是利益分配要合理。每位职工进行工作都与利益有关系——无论是物质的还是精神的，只有在公平、合理、同工同酬和论功行赏的情形下人们的积极性才会提高，士气才会高昂。三是要充分发挥职工的特长，让职工对工作产生兴趣。职工对工作热爱、充满兴趣，士气就高。因此，团队的管理者应该根据职工的智力、能力、才能、兴趣以及技术特长来安排工作，把适当的人员安排在适当的位置上。四是实行民主管理。团队内部的管理方式，特别是团队的管理层的领导方式对职工的积极性影响很大。管理层作风民主、广开言路、乐于接纳意见、办事公道、遇事能与大家商量、善于体谅和关怀下属，这时士气就会非常高昂。而独断专行、压抑成员想法和意见的管理者就会降低团队成员的士气。五是营造和谐的内部环境。团队内人际关系和谐、互相赞许、认同、信任、体谅，这时凝聚力就会很强。六是要进行良好的沟通。管理层和下属之间、下属之间、同事之间的沟通如果受阻，就会使职工或团队成员出现不满的情绪。

三、团队建设"四戒"

1. 戒"团队利益高于一切"

在一个团队里过分推崇和强调"团队利益高于一切"，可能会导致两方面的弊端。一方面是极易滋生小团体主义。团队利益对其成员而言是整体利益，而对整个企业来说，又是局部利益。过分强调团队利益，处处从维护团队自身利益的角度出发常常会打破企业内部固有的利益均衡，侵害其他团队乃至企业整体的利益，从而造成团队与团队，团队与企业之间的价值目标错位。另一方面，过分强调团队利益容易导致个体的应得利益被忽视和践踏。如果一味只强调团队利益，就会出现“假维护团队利益之名，行损害个体利益之实”的情况。目前不可否认的是，在团队内部，利益驱动仍是推动团队运转的一个重要机制。作为团队的组成部分，如果个体的应得利益长期被漠视甚至侵害，那么他们的积极性和创造性无疑会遭受重创，从而影响到整个团队的竞争力和战斗力的发挥，团队的总体利益也会因此受损。团队的价值是由团队全体成员共同创造的，团队个体的应得利益应该也必须得到维护，否则团队原有的凝聚力就会分化成离心力。所以，不恰当地过分强调团队利益，反而会导致团队利益的完全丧失。

2. 戒“团队本身搞内耗”

团队精神在很大程度上是为了适应竞争的需要而出现并不断强化的。这里提及的竞争，往往很自然地被我们理解为与外部的竞争。事实上，团队内部同样也需要有竞争。如果一个团队内部没有竞争，在开始的时候，团队成员也许会凭着一股激情努力工作，但时间一长，他发现无论是干多干少、干好干坏，结果都是一样的，每一个成员都享受同等的待遇，那么他的热情就会减退，在失望、消沉后最终也会选择消极混日子，这其实就是一种披上团队外衣的大锅饭，是极低效能的内耗。通过引入竞争机制，实行赏勤罚懒、赏优罚劣，打破这种看似平等实为压制的利益格局，团队成员的主动性、创造性才会得到充分的发挥，团队才能长期保持活力。同时在团队内部引入竞争机制，有利于团队结构的进一步优化。一方面可以在内部形成“学、赶、超”的积极氛围，推动每个成员不断自我提高；另一方面，通过竞争的筛选，可以发现哪些人更能适应某项工作，从而实现团队结构的最优配置，激发出团队的最大潜能。

3. 戒“团队内部皆兄弟”

纪律是胜利的保证，只有做到令行禁止，团队才会战无不胜，否则充其量只是一群乌合之众，稍有挫折就会作鸟兽散。过于追求团队的亲和力和人情味，认为“团队之内皆兄弟”，极易导致了管理制度的不完善，或虽有制度但执行不力，形同虚设。严明的纪律不仅是维护团队整体利益的需要，在保护团队成员的根本利益方面也有着积极的意义。比如说，某个成员没能按期保质地完成某项工作或者是违反了某项具体的规定，但他并没有受到相应的处罚，或是处罚根本无关痛痒。从表面上看，这个团队非常具有亲和力，而事实上，对问题的纵容或失之以宽会使这个成员产生一种“其实也没有什么大不了”的错觉，久而久之，贻患无穷。如果他从一开始就受到严明纪律的约束，及时纠正错误的认识，那么对团队对他个人都是有益的。指出谁是团队里最差的成员并不残忍，真正残忍的是对成员存在的问题视而不见、文过饰非，一味充当老好人。宽是害，严是爱。对于这一点，每一个时刻直面竞争的团队都要有足够的清醒认识。

4. 戒“牺牲小我、换取大我”

很多人认为，建设团队就是要求团队的每个成员都要牺牲小我、换取大我、放弃个性、追求趋同，否则就有违团队精神，就是个人主义在作祟。诚然，团队建设的核心在于协同合作，强调团队合力，注重整体优势，远离个人英雄主义，但追求趋同的结果必然导致团队成员的个性创造和个性发挥被扭曲和湮没。而没有个性，就意味着没有创造，这样的团队只有简单复制功能，而不具备持续创新能力。其实团队不仅仅是人的集合，更是能量的结合。团队精神的实质不是要团队成员牺牲自我去完成一项工作，而是要充分利用和发挥团队所有成员的个体优势去做好这项工作。

四、如何将班组打造成为优秀团队

将自己的班组建设成为一个具有发展潜力和竞争实力的优秀团队，其实就是以构建一流高效能团队的方法，充分调动班组成员的积极性、主动性、创造性，使班组能够形成和谐的人际交往环境和良好的工作氛围，从而科学、优质、高效、低耗、均衡、安全地组织生产，保质、保量地完成工作任务。班组长必须做到以下几点：

1. 认清目标，明确责任

在工作前必须认清“我们要做什么”和“我要做什么”，使班组的每一个成员都能明确任务、明确责任、明确工作的发展方向，对整个班组的工作都做到心中有数。每个人要清楚自己的职责和权力范围，清楚谁该干什么、谁在做什么、谁有权做什么。这样目标和责任明确了，在完成任务的过程中班组成员自然而然地会投入到工作中，激发个人不断进取的力量，形成一体的意向力。

2. 积极沟通，解决冲突

班组在生产中难免会产生冲突和矛盾。班组长作为班组这个家庭的家长，班组长要及时沟通，注重自己处理冲突的技巧。冲突解决得当还能带来生产效率的提高，开拓思维、消除隔阂，通过发现对方的不同观点激发出集体智慧，有利于积极解决工作中的疑难杂症，使班组达到更好的决策水平。

3. 制度约束，高度自律

没有规矩，不成方圆。只有军纪严明的军队才能百战不殆。一个优秀班组必须建立自己的规则，这个规则是告诉班组成员该做什么，不该做什么。制订严格而科学的制度，有利于班组成员培养良好的工作习惯，规范大家的行为，使班组的每一个成员都自觉遵守纪律、自发地工作，从班组的利益出发，自觉维护班组的声誉。

4. 任人唯贤，发挥特长

班组成员各有特点、各有所长，在布置工作时，应注意将个人的特点与职务的布置和工作的筹划联系起来、和谐一致，发挥个人特长、扬长避短，既能为班组服务、为他人服务，也能促使班组尽早实现目标，完成任务。

5. 适当分权，合理分工

在团队中并无主管与部属之分，个人能力是有局限性的，必须依靠集体的力量。班组长必须学会将合适的班组成员配备在合适的岗位上，让他们尽其所能地完成班组的共同目标。权利的适当下分，有助于提升个人的责任感，班组成员可能既是某个项目的负责人，又是其他工作的参与者，既需要他人的帮助，又需要帮助他人，这样，工作之间相互配合，权限之间相互制约，充分调动班组成员的积极性，工作自然可顺利开展。为此，班组长一方面要不断培养班组成员的各种工作能力，栽培、扶植班组骨干力量，另一方面要学会适当放权。

6. 采用激励，鼓舞士气

按照班组成员不同的需求，根据工作的实际情况，采用不同的激励手段，使班组成员在班组工作中更杰出，对班组工作更投入，士气更高涨。激励班组需从满足班组成员需求出发，按照马斯洛需求层次理论和期望理论，可采取如下激励方法：不断认可；真诚赞美；给予荣誉和头衔；特别指导；适度授权；开展活动；树立榜样；呈现新的目标和愿景；传递激情等等。

第二章

班组安全管理

第一节　安全心理学

人类的生产生活是在一种复杂的人—机—环系统中进行的，而人是安全生产过程中最活跃、最难控制的因素，也是各企业安全管理体系的主体。人的因素在企业的安全管理中，处于核心和主体地位。美国安全工程学家海因里希曾经调查 75 000 件工伤事故，发现其中的 98%是可以预防的，在可预防的工伤事故中，以人的不安全行为为主要原因占 89.8%，而以物体的不稳定状态为主要原因的仅占 10.2%，反映出人的不安全行为在事故发生比例中，占据了非常大的比重，如图 2-1 所示。所以，要搞好企业的安全生产，防止问题、事故的发生，必须及时的矫正影响安全的不良心理状态，纠正职工的各种违章违纪的行为，这就要求我们学习、研究并运用安全心理学的相关知识，深度探索人在工作状态下的安全心理，查找不稳定心理状态的诱因，从而在源头上减少人的不安全行为，进而减少事故的发生。

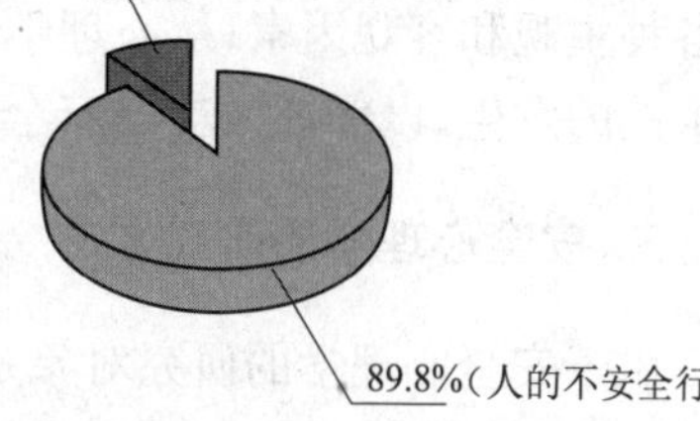

图 2-1　不安全行为比例图

一、安全心理学概念

安全心理学是为防止事故发生，保证安全生产，减少人身伤害的角度进行研究人心理活动规律的一门应用性科学。它研究的对象是劳动生产中的职工，研究的核心内容是职工的心理活动、个性心理、作业负荷、物理环境与社会环境等因素与事故之间的关系；研究的目的是解释、预测和调控人的行为。安全心理学的提出、发展、运用是现实安全生产工作的需要，对铁路交通运输工作尤为重要。

安全心理学的研究对象具体有以下几个方面：

(1)人的安全行为规律的分析和认识；

(2)安全需要对安全行为的作用；

(3)注意在安全中的作用；

(4)个体差异与安全行为；

(5)导致事故的心理因素分析；

(6)事故的心理因素分析；

(7)挫折、群体等与安全行为关系；

(8)劳动过程中安全意识的规律；

(9)安全行为的激励。

在研究这些问题时,首先要研究人心理过程的特点以及这些特点对劳动者个人的作用,其次还必须考虑个性心理以及个人生活因素等情况。必须指出的是,虽然安全心理学在探讨事故原因和防止工伤事故中具有重要作用,但在安全科学领域中,它只属于"软件"范畴,不能越俎代庖,取代劳动安全"硬件"方面的工作,尤其是安全措施方面的工作,如防火、防暴的技术措施,设备的安全装置等。做好安全工作,若不从落实组织措施,加强企业管理,改善设备情况,改进工艺流程,改善作业环境条件,加强职工培训等方面去考虑,空谈安全心理学是没有任何意义的。

二、安全心理学的任务

安全心理学的研究任务,就是用心理学的原理、规律和方法解决劳动生产过程中与人的心理活动有关的安全问题。其任务是减少生产中的伤亡事故;从心理学的角度研究事故的原因,研究人在劳动过程中的心理活动的规律和心理状态,探讨人的行为特征、心理过程,个性心理和安全的关系;发现和分析不安全因素,事故隐患与人的心理活动的关联以及导致不安全行为的各种主观和客观因素;从心理学的角度提出有效的安全教育措施,组织措施和技术措施,预防事故的发生,以保证人员的安全和生产顺利进行。

三、安全心理学的研究方法

由于安全心理学的研究对象是有思想、有感情的人。这就决定了它的研究方法有其自身特点。它既不能像物理、化学、生物学等自然科学那样,可以借助望远镜、显微镜、天平、化学试剂等工具做些实验,也不可能在完全和严格控制的环境中进行。安全心理学所采取的主要是进行社会调查的方法,通过调查、实验、观察、了解和掌握各种各样情况变化,从人的外在行为方式及行为结果中,加以综合分析,概括出原理原则,再放到实践中去验证,在社会实践中经受检验,并在社会实践中得到发展。

(一)观察法

通过人的感官在自然的、不加控制的环境中观察他人的行为,并把结果按时间顺序作系统的记录,分析行为是否得当,是否存在不安全的因素的研究方法。

(二)谈话法

通过面对面个别或集体交谈的形式,听取他们的意见,观察其态度、表情等行为,直接了解他人行为及心理状态的方法。应用前事先要有周密计划,确定谈话的主题,谈话过程中要注意引导,把握谈话的内容和方向。这种方法简单易行,能迅速取得第一手资料。目前这种方法应用得相当广泛。

(三)问卷法

根据事先设计好的表格、问卷、量表等,由被测试者自行选择答案的一种方法。一般有三种问卷形式:是与否式、选择式和等级排列式。这种方法要求问题明确,能使被测试者理解和把握。调查表收回后,要运用统计学的方法对其数据作处理。但不足之处是,它不可能获得问卷以外的信息,同时也受被调查对象是否合作以及理解程度的影响,不如访谈法那样可以自如确切地表达自己的意见。

(四)测验法

采用标准化的量表和精密的测量仪器来测量被测试者有关心理品质和行为的研究方法。

如常有的智力测试、人格测验、特种能力测验等。这是一种较复杂的方法，需由受过专门训练的人员主持测验。

四、安全心理学的作用

1. 可以为工程技术设计、制造部门提供设计、制造施工机械、施工器具及防护用品的依据；

2. 可以为生产环境的改善提供具体指导；

3. 可以为安全部门制订更加科学合理的法规、条例制度、办法提供参考依据，进而提高安全管理水平；

4. 可以为安全教育提供理论依据，用更加有效的方法手段来进行各类教育、培训活动；

5. 可以在分析事故时提供深层次的解释，进而找到预防事故的措施和方法。

五、典型心理过程与安全

心理过程是由认识过程、情绪过程和意志过程所构成。而人在安全生产过程中，心理过程四种较为常见的心理现象，包括感觉、知觉，情绪、情感，记忆、思维和注意。每一种心理现象都影响着我们的现场作业安全，如图 2-2 所示。

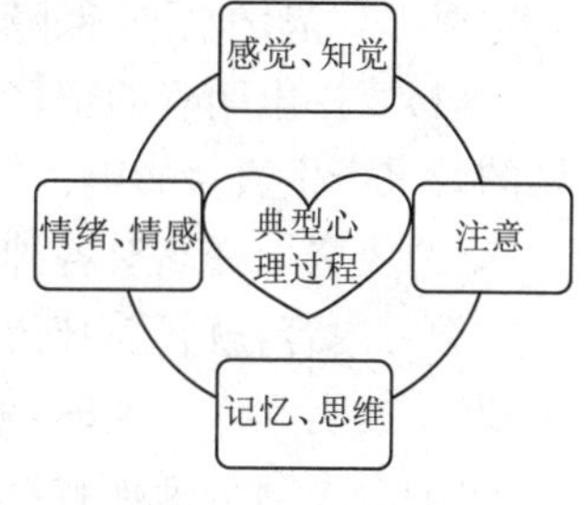

图 2-2　四种典型心理过程

(一)感觉、知觉与安全

在铁路安全生产过程中，有时需要将感觉、知觉所获得的信息加以融合，形成对机车车辆等设备运行状况的综合评价。如乘务员在后室巡检过程中，要充分调动起眼睛、鼻子和耳朵等器官，要对设备发生的一丁点的异状、异味、异响等提前感知，防范问题发生或问题的进一步扩大。但需要指出的是，有时我们的感觉、知觉会出现错觉，而这种错觉对于安全生产有着直接的影响，因此，感知觉的敏锐和准确性是非常重要的。实际生产中，由于工作环境的影响，作业职工的视觉、知觉等敏感度都会降低，而这也大大的影响了各工种信息间交流传达的清晰度和准确度，甚至于出现失误，存在潜在的安全事故风险。提高感觉、知觉的准确性，可以从以下几个方面提升：(1)培养良好的观察力；(2)必须养成良好的生活作息习惯；(3)保持积极而稳定的情绪状态；(4)严格执行职业挑选的制度；(5)注意休息，消除疲劳，保持充沛体力。

(二)情绪、情感与安全

情绪和情感是指人在现实活动中对客观事物所产生的主观体验，包括喜、怒、哀、乐等情绪情感，以及在此基础之上形成的其他心理表现。比如人在工作顺利时对自己的能力、工作业绩会产生肯定的态度，这种态度能带给人轻松和愉快的情感；相反，当一个人遭受挫折或出现失败的时候，则会使人感到懊恼、焦虑。对美好事物的爱慕、对丑恶现象的憎恶都是由于人对客观事物不同态度而产生的一种情绪情感。

客观事物与人的需要之间的关系造成了人好、恶态度的不同。只有与人的需要发生关系的事物，才有可能引起人的关注并产生一定的态度和评价，进而引发相应的情绪、情感体验。当事物满足人的需要时，就会引起人们积极、肯定的态度，并能够使人产生喜悦、满意、趋向等积极的、肯定的内心体验；当事物不能够满足人的需要时，就会引起人们否定的态度以及内心体验。从这个角度上说，情绪和情感是人的大脑对于客观事物与事物需要之间关系的一种反映。

情绪和情感除了影响人的工作、生活和学习效率外，还对人的身心健康有着非常大的影响。恐惧和紧张常作为危险因素而导致灾难和疾病，使人遭遇不幸。我国医学关于病因问题有内伤七情的论述，特别强调内脏疾患与七情失调的密切关系。在古代医学名著《黄帝内经》中明确指出“喜伤心、怒伤肝、忧伤肺、思伤脾、恐伤肾”。在疾病治疗方面，焦虑、压抑、恐惧、悲观的情绪会导致病情的加重，甚至死亡；而乐观、自信、积极的情绪则有助于战胜疾病，恢复身体健康。

人在生产生活中，几乎所有的行为都会受情绪、情感的影响。当情绪和情感处于积极的状态时，思维敏捷、感知快速、动作可靠，能保证系统的正常运转。当情绪、情感处于消极的状态时，感知觉、思维能力和反应机能就不能够正常的发挥，极容易造成差错增多，事故发生的可能性也就会增大。因此，积极的情绪和情感是保证作业安全的充分必要条件，而消极的情绪和情感状态所产生的自满、侥幸、麻痹、烦闷、惰性和好奇等心理倾向，是作业人员出现差错（如主观臆测、辨认不清楚、理解不到位、判断失误等）并引发事故的重要原因。

作业人员在实际生产过程中，要学会控制和调节紧张焦虑、抑郁冷漠和冲动敌对等负面情感，防范其对安全生产造成负面影响。

（三）记忆、思维与安全

要提高记忆水平、保障安全，可以从以下六个方面加强：

(1)要提出明确的记忆的任务，随时抽查。记忆有没有明确目的、任务是否得当，都会对记忆的效果产生直接影响。

(2)要努力提高对各种知识或事物记忆的积极性。从记忆的规律来看，凡是与人的需要有关的学习内容，就容易被记住；凡是能激起人积极情感的事物，就能够比较长久的保留在脑海中；凡是能引起人兴趣的，就记得快、记得准、记得久。

(3)要不断加强理解，丰富知识和经验。理解是记忆的基础，在记忆过程中，多动脑筋、多琢磨，记忆效果就好，不能只是机械重复的记忆，因为这样不但效果不会令人满意而且容易遗忘。

(4)要树立记忆的信念。科学表明，一个人只要大脑正常，那么他的记忆潜力就是无穷无尽的。要增强记忆的信心，自觉运用科学的记忆规律，挖掘自己的记忆潜力，才能事半功倍。

(5)要注意用脑卫生。虽然说脑子越用越灵光，但是，如果无休止的让大脑处于紧张的活动状态，不仅会使人心神恍惚、身心疲惫，而且会损伤身体健康，因此在学习记忆时要注意劳逸结合、有张有弛。

(6)合理组织复习。复习要及时进行，因为所学的知识一开始忘得既快又多，所以要及时组织温习记忆过的知识，而不要等到忘得差不多了再从头学起。在多次复习之后，便形成了长久记忆，这种记忆在之后的很长时间，甚至终身都是难以忘记的，能随时回忆、表达出来的。

日本学者保坂荣之介在《如何增强记忆力注意力》一书中，提出了一些提高记忆力应注意的要点，如在记忆之前，首先要静下心来使精神放松，然后再开始记忆；尽量使脑细胞始终保持良好的兴奋状态；关键在于要对记忆的内容有信心，时刻提醒自己“我能记住”；要努力对记忆的对象产生兴趣，兴趣会成为增强记忆力的促进剂；强烈的需要可以促进记忆的水平；俗话说人逢喜事记忆强，在记忆时应注意调控自己的心境；细致入微的观察有助于记忆；边想边记效果好；在不断的运用记忆方法后会形成适合自己的记忆方法，而这种方法也是记忆效率比较高的方式。

那么，我们要如何进一步提高思维的准确性呢？（图 2-3）

(1)要培养思维的组织性。思维有组织性的人,条理是清楚的、思路是清晰的,严守着考虑的问题和原则,不混乱、不游离,善于一步一步的进行思考,每一步的目的和要求都是非常明确的。

(2)要培养思维的批判性。要善于冷静的思考问题,不盲信、不轻信、不迷信,要能够形成自己的主见,利用收集到的各类信息调节自身思维以及行为方式,形成属于自己的思维的独特的视角。

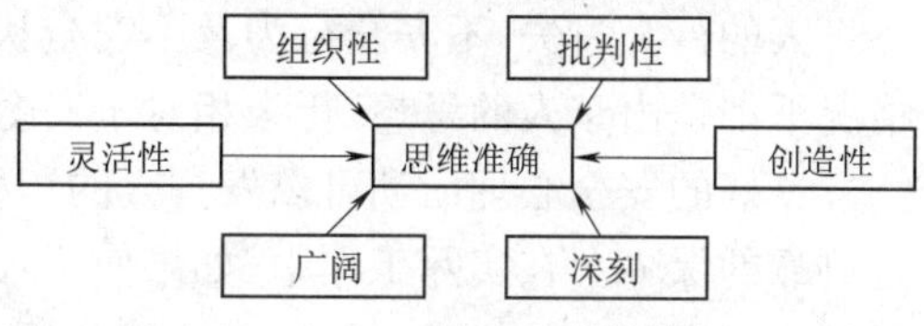

图 2-3　提高思维准确的方式

(3)要培养思维的深刻性和广阔性。思维深刻、广阔的人,对问题总是能够全面考虑,穷问深追,对事物不断的进行深入分析,并能在简单而普遍的、众所熟悉的事物中发现重大的问题;思维不广阔、不深刻的人,对问题的考虑难以全面,对事物的认识也是浅尝辄止,对重大问题没有意识或者熟视无睹,对调查来的情况,也是不深不透、若暗若明。

(4)要努力培养思维的灵活性。思维缺乏灵活性的人,不善于分析发生的问题,而是沿用以往习惯化的处置方式,死套法则、盲目照搬公理解决问题。而具有灵活性思维的人则能根据不同条件和情况灵活的运用经验和知识。

(5)思维的创造性是智力的高级表现,也是人类思维的高级形态,是人们在解决问题的过程中所表现出来的独有的智力品质。没有创造,就没有发现、发明、革新等实践活动,没有创造,也就没有职业生涯的未来。

(四)注意与安全

平时人们常说的“精神集中”“聚精会神”“专心致志”等词汇都是指注意的意思。它和人的心理过程是紧密联系的,是心理活动的一种特性。例如,学生在上课认真听讲时,如果他的注意力集中于教师的授课内容,那么,他就会旁若无人,而这也正是表现出了他认知活动的指向性和集中性。注意的种类主要分为三种:

(1)无意注意。主要指没有既定的目的,也不需要任何意志的努力,就自发的产生的注意。

(2)有意注意。是指有预定目的的,在必要的时候还需要做出一些意志努力的注意。

(3)有意后的注意。是产生在有意注意后的一种与自觉的目的和任务相联系在一起的,但是又不需要做意志努力的注意。它是一种特殊形式上的注意,是在对任务、活动的意义有了深刻的理解,逐步掌握其活动规律,并对活动有直接兴趣后所产生的注意。我们铁路企业要努力通过加强对职工的业务能力、文化素质、职业道德职业责任等方面的培训,以及职工自身的主观努力,自觉地、逐步地、不需要意志努力把注意集中在工作任务上。

我们在实际安全生产工作中,注意的运用是十分广泛的。乘务员在值乘过程中,需要对前方线路、接触网等做到精神瞭望,需要对机车运行状态随时注意监测;施工现场的防护人员要随时注意监听电台,注意和驻站人员联系,确保施工现场的安全,及时提醒作业人员下道避车;横越线路时所要求的“一站、二看、三指、四通过”就是注意在铁路行业良好的运用,通过指认,大大的减少了路内伤亡事故。要积极、努力的来培养良好的注意品质。通过个人的努力和实际锻炼,使得我们的注意具有一定的稳定和广度性。

六、影响安全生产的心理和行为

人的行为是受人的内在生理、心理和环境因素相互作用影响的。分析人的不安全行为表现时,分清是生理还是心理的原因、是主观还是客观的原因十分必要。通过研究、分析人的不安全心理和行为,人的行为实质等,进一步通过管理、教育、监督、检查等手段来控制、调整、激励人的安全行为，避免和克服不安全行为，最终达到铁路安全生产的目的。

（一）影响安全的心理

人的行为过失、不安全行为及不安全状态，都可以直接导致事故的发生，这些因素大多数情况下都是由于人的思想、行为相对于安全规程及安全状态发生了偏差造成的。

良好的安全心理活动可以发挥人的积极性、主动性、创造性，可以为提高安全效果提供稳定可靠的保障。在实际工作中，如果使工人保持良好的心理状态，班组的安全就会在很长一段时间内呈现稳定的势头。我们在事故分析中，总结出了容易发生事故的 9 种心理状态：

1. 省能心理

人类在同大自然长期斗争和生活中养成了一种心理习惯，总是希望以最小能量获得最大效果。工作中有了这种心理，就会产生简化作业程序的违章行为，贪图眼前的少许利益，往往失去的是更大的利益，这是在安全生产上造成事故的典型心理因素之一。

2. 侥幸心理

在研究分析事故案例中可以发现，明知故犯的操作占有相当的比例。有的违章人员不是不懂操作规程，也不是技术水平低，在他们看来“违章不一定出事，出事不一定伤人，伤人不一定是我”。这实际上是把事故的偶然性绝对化了，有的时候由于偶然的原因侥幸能避免灾祸，但现实生产中妄图通过偶然的因素取得成功或避免灾害，往往事与愿违。“下不为例”却又屡屡再犯，“凭经验办事”等这些行为都是事故的毒苗。

3. 逆反心理

逆反心理的行为表现一般有两种：一种是明着故意和安全操作规程或有关制度对着干；还有一种是隐蔽的抵触行为，阳奉阴违。

某些条件下，个别人在好胜心、好奇心、求知欲、偏见、对抗情绪等心理状态下，产生与常态心理相对抗的心理状态，去做不该做的事情，即逆反心理。逆反心理通常是在受到处罚或思想上带有某种偏见时产生的，有了逆反心理，会引起心理上的不快，产生与领导或规章制度的抵触和对抗情绪。

当前社会竞争日趋激烈，铁路企业职工工作压力较大，职工心理问题日益增多，深入做好心理训练，疏导和调试工作，不断增强职工的适应能力、承受能力、自控能力和化解能力，使职工遇到困难事知道如何解决，心中的不满有倾诉的对象，而不是朝着泄愤、报复方向发展，这是铁路企业安全稳定持续发展的保障。

4. 轻视心理

在一些管理者潜意识中价值观还是见物不见人，没有真正形成“以人为本”的价值理念。对待安全往往满足于表面化和形式化。具体表现有三种现象：“亡羊补牢”现象，对安全生产工作平时不重视，把安全工作停留在口头上、文件里，事故隐患不及时排除，直至发生事故才悔之晚矣；“愚民政策”现象，有的单位出了事故欺上瞒下、大事化小、小事化了，极尽内部“摆平”。“归于外因”现象，出了事故不是从主观上找原因，而是怨天尤人，归因于外部，没有找出真正原因，就敷衍了事，总结定论。

5. 盲目自信与麻痹心理

盲目自信心理表现为：认为这是经常干的工作，不知干过多少次，自己很有把握，不会有危险等。

麻痹心理指由于经验的影响，或者认为作业太简单，因而对危险视而不见的心理过程。

盲目自信和麻痹心理常常是联系在一起的，即因自信而麻痹。在这样的心理状态支配下，作业者往往心不在焉，凭经验、印象，习惯进行操作，作业时漫不经心，没有意识到操作方法有错误，在作业过程中，也没有注意到出现异常情况。当突然出现与预料相反的客观条件变化时，由于没有心理准备，原有定势遭到破坏，因此往往表现为惊慌失措，手忙脚乱，未能采取有力措施，最终造成事故。

例如：2000 年 6 月 14 日 17 时 15 分，A 市开往 B 市的××次行包快运专列运行至某下行线某区间 K644＋352 处，机后 8—18 位脱轨颠覆，此次事故造成车辆报废 6 辆，大破 2 辆、中破 3 辆，损坏轨枕 350 m，混凝土轨枕 568 根，直接经济损失 214 万，构成重大行车事故。经调查，某局工务大修段违章抽换轨枕，在没有限速条件下，连续四根新换轨枕无道砟、无道钉、无垫板，致使线路稳定性遭到破坏。造成该事故的原因如下：

个别干部盲目抢时间、赶进度，职工凭经验办事，新聘任人员对自己要求不严、违章指挥，既无卡控措施又无安全保障，在线路不具备放行车辆条件下盲目放行列车，导致事故发生。

6. 从众心理

从众心理是人在社会群体中产生的一种人际关系的心理反应。一方面是人在思维上的惰性，不愿进行思考，希望能从别人那里直接获得答案或者结果。另一方面是人在心理上存在惯性，他们习惯听从和执行别人的命令，而不是自己去思考、发挥和随机应变。当他们独立面对问题时，往往找不到思考和判断的立足点，同时他们对自己也缺乏信心，因而不能及时处理设备隐患，造成事故的发生。

7. 情绪心理

情绪是影响行为的重要因素，不良的情绪状态(如情绪烦躁、过度的情绪低落或高涨)是导致行为失误、引起事故发生的极其重要的因素。该情绪状态主要受社会、家庭环境等客观条件的影响，诸如：家庭矛盾、家庭成员患病或死亡、经济压力、人际关系紧张以及额外惊喜等，从而导致不安全行为的自然发生。

管理者在安全生产管理中要善于了解职工的精神状态，做到："一准、二清、三看、四必知、五必谈、六必访"。

(1)"一准"

"以人为本"的安全管理主题不移位。

(2)"二清"

清楚职工的职业愿景，清楚职工努力发展方向。

(3)"三看"

班前看情绪，班中看表现，班后看贡献。

(4)"四必知"

员工的家庭情况必知，员工的思想状况必知，员工的基本素质必知，员工的成长阻力必知。

(5)"五必谈"

员工产生思想情绪时必谈，员工受到批评处分时必谈，员工岗位职务变动时必谈，员工与同事发生纠纷必谈，员工取得突出成绩时必谈。

(6)"六必访"

员工情绪低落时必访，员工父母去世时必访，员工重病住院时必访，员工生活困难时必访，员工家庭不和时必访，员工职业厌倦时必访。

进一步加强员工的思想政治工作，坚持以人为本，深化服务式管理，密切联系员工，急员工所急，想员工所想，达到引导人、鼓舞人、鞭策人与尊重人、理解人、关心人并重的教育目的。

8. 好奇乱动,无意酿祸

有的刚进厂的新工人,看到什么都新鲜,乱动乱摸,致使一些设备处于不正常、不安全状态;也有的老工人串岗到其他岗位,无意乱动,其结果都是危及本人,甚至殃及他人。

9. 工作枯燥,厌倦心烦

铁路一线工人的工作往往是重复操作,容易产生心理疲劳,久而久之便会形成厌倦心理。工作中警惕性不高,有些危险没能及时意识到造成的伤亡不在少数。如某电工进行变压器避雷实验,当天已完成7台,在进行第8台测试时,由于心理疲劳,违章操作,导致触电死亡。

(二)影响安全的行为

1. 人的行为失误概念

人的不安全行为是导致许多事故的直接原因,在安全生产中研究不安全行为的发生原因及预防措施具有重要意义。

人失误是指人的行为的结果偏离了规定的目标,或超出了可接受的界限,并产生了不良的影响。发生的原因有两个方面的问题,由于工作条件设计不当,以及由于人的不恰当行为引起的人失误。

2. 人失误的分类

(1)按人失误原因,将人失误分为三类。

①随机失误。由于人的行为、动作的随机性质引起的人失误。例如,操作时用力的大小、精确度的变化、操作的时间差等。随机失误往往是不可预测、不能重复的。

②系统失误。由于系统设计方面的问题或人的不正常状态引起的失误。系统失误主要与工作条件有关,在类似的条件下失误可能发生或重复发生。

③偶发失误。偶发失误是一些偶然的过失行为,它往往是事先难以预料的意外行为。

有时对人失误的分类也不是很严格的,同样的人失误在不同的场合可能属于不同的类别。例如,坐在控制台前的两名操作工人,为了扑打一只虫子而触动了控制台上的启动按钮,造成了设备误运转,属于偶发失误。但如果控制室里蚊子很多,又无有效的灭蚊措施,该操作工人的失误应属于系统失误。

(2)按人失误表现形式,将人失误分为三类。

①遗漏或遗忘。

②做错。其中又可分为几种情况:弄错、调整错误、弄颠倒、没按要求操作、没按规定时间操作、无意识的动作、不能操作。

③进行规定以外的动作。

3. 从心理学角度看人失误的原因

认知心理学认为,"感觉(信息输入)→判断(信息加工处理)→行为(反应)"构成了人体的信息处理系统,所谓不安全行为就是由于信息输入失误导致判断失误而引起的误操作。按照"感觉→判断→行为"的过程,可对产生不安全行为的典型因素作如下的分类。

(1)感觉(信息输入)过程失误,如没看见或看错、没听见或听错信号,产生的原因主要有:

①信号缺乏足够的诱引效应

即信号缺乏吸引操作者的注意转移的效应。为确保及时发现信号,仅依赖操作者的感觉是不够的,关键在于信号必须具备较高的诱引效应,以期有效地引起操作者的注意。

②认知的滞后效应

人对输入信息的认知能力,总有一个传递滞后时间。如在理想状况下,看清一个信号需

0.3 s,听清一个声音约需 1 s,若工作环境由于其他因素干扰,这个时间还要长些。若信息呈现时间太短、速度太快或信息不为操作者所熟悉,均可能造成认知的滞后效应。因此,在有些人—机系统中,常设置信号导前量(预警信号),以补偿滞后效应。

③判别失误

判别是大脑将当前的感知表象的信息和记忆中信息加以比较的过程。若信号显示方式不够鲜明,缺乏特色,则操作者的印象(部分长时记忆和工作记忆)不深,再次呈现则有可能出现判别失误。

④知觉能力缺陷

由于操作者感觉通道有缺陷,如近视、色盲、听力障碍,不能全面感知知觉对象的本质特征。

⑤信息歪曲和遗漏

若信息量过大,超过人的感觉通道的限定容量,则有可能产生遗漏、歪曲、过滤或不予接收现象。输入信息显示不完整或混乱,特别是噪声干扰。在这种情况下,人们对信息的感知将以简单化、对称化和主观同化为原则,对信息进行自动的增补修正,其感知图像成为主观化和简单化后的假象。此外,在人的动机、观念、态度、习惯、兴趣、联想等主观因素的综合作用和影响,也会将信息同化改造为与主观期望相符合的形式再表现出来。如小道消息的传播,越传越走样,就是一个典型的例子。

⑥错觉

错觉对客观事物不正确的知觉,它不同于幻觉。它是在客观事物刺激作用下的一种对刺激的主观歪曲的知觉。错觉产生的原因往往是由环境、事物特征、生理、心理等多种因素引起的,如环境照明、眩光、对比、物体的特征、视觉惰性等都可引起错觉。

(2)判断(信息加工处理)过程失误

正确的判断,来自全面的感知客观事物,以及在此基础上的积极思维。除感知过程失误外,判断过程产生失误的原因如下。

①遗忘和记忆错误

常表现为:没有想起来、暂时记忆消失、过程中断的遗忘,在作业时,突然因外界干扰,如接听电话、别人召唤、外环境的吸引等使作业中断,等到继续作业时忘记了应注意的安全问题。

②联络、确认不充分

常见有如下情况:联络信息的方式与判断的方法不完善、联络信息实施的不明确、联络信息表达的内容不全面、信息的接收者没有充分确认信息而错误领会了所表达的内容。

③分析推理失误

多因受主观经验及心理定势影响,或出现危险事件所造成的紧张状态所致。在紧张状态下,人的推理活动受到一定抑制,理智成分减弱,本能反应增加。有效的措施是加强危险状态下安全操作技能训练。

④决策失误

主要表现为延误做出决定时间和决定缺乏灵活性。这在很大程度取决于个体的个性心理特征及意志的品质。因此,对一些决策水平要求较高的岗位,必须通过职业选拔,选择合适的人才。

(3)行为(反应)过程失误

常见的行为过程失误的原因主要如下。

①习惯动作与作业方法要求不符

习惯动作是长期在生产劳动过程中形成的一种动力定型,它本质上是一种具有高度稳定性和自动化的行为模式。从心理学的观点来看，无论基于什么原因，要想改变这种行为模式，都必然有意识地和下意识地受到反抗，尤其是紧急情况下，操作者往往就会用习惯动作代替规定的作业方法。减少这类失误的措施是机器设备的操作方法必须与人的习惯动作相符。

②由于反射行为而忘记了危险

因为反射(特别是无条件反射)是仅仅通过知觉，无需经过判断的瞬间行为，即使事先对这一不安全因素有所认识，但在反射发出的瞬间，脑中却忘记了这件事，以致置身于危险之中。反射行为造成的危害的情况很多，特别是在危险场所，以不自然姿势作业时，一旦偶然的恢复自然状态，这一瞬间极易危及人身安全。如有一埋头伏案设计的电器工程师忽然想起要测一下变电站电机的相应尺寸，于是没换工作服而又穿着长袖衫到低矮的变电间屈身蹲下去实测，头上有高压线，正当测量时，右手衣袖脱卷，他下意识地举起右手企图用左手卷上右衣袖，结果右手指尖触及电线而触电死亡。因此，对进入危险场所必须有足够的安全措施，以避免反射行为造成伤害。

③操作方向和调整失误

操作方向失误主要原因有：有些机器设备没有操作方向显示(如风机旋转方向)，或设计与人体的习惯方向相反。操作调整失误的原因主要是，由于技术不熟练或操作困难，特别是当意识水平低下或疲劳时这种失误更易发生。

④工具或作业对象选择错误

常见的原因有：工具的形状与配置有缺陷，如形状相同但性能不同的工具乱摆乱放，记错了操作对象的位置、搞错开关的控制方向。如有一井下巷道装岩机司机，要“前进”却按了“后退”的按钮，致使装岩机后退将其挤压于岩壁而致死。此外工作中误选工具、阀门及其他用品等行为也屡见不鲜。

⑤疲劳状态下行为失误

人在疲劳时由于对信息输入的方向性、选择性、过滤性、性能低下，所以会导致输出时的程序干扰，行为缺乏准确性。

⑥异常状态下行为失误

人在异常状态下特别是发生意外事故生命攸关之际，由于过度紧张，注意力只集中于眼前能看见的事物，丧失了对输入信息的方向选择性能和过滤性能，造成惊慌失措，结果导致错误行为。如井下火灾或爆炸、高层建筑失火、高炉事故等事故，缺乏经验的人，常会无目的的到处奔跑或挤向安全出口，拥挤不堪，使灾害扩大，故应平时进行实况演习和自救训练。此外，如睡眠之后，处于朦胧状态，也容易出现错误动作。高空作业、井下作业由于分辨不出方向或方位发生错误行为。低速和超低速运转机器，易使人麻痹，发生异常时，直接伸手到机器中检查，致使被转轮卷入等。

七、安全心理与行为控制

人是生产活动中最活跃、最重要的因素，人也是操作设备、改变环境的主体。铁路生产安全管理，主要是对人、设备和自然环境的安全防护的管理；其中，对人的管理是核心。在安全生产中人的因素是主导、管理因素是关键、物的因素是基础、环境因素是条件。避免事故的关键在于提高人的安全意识。

1. 加强职业道德建设、进一步强化职工“安全第一，预防为主”的思想理念

铁路安全管理实质上是对职工安全生产积极性和创造性保护，同时也是对不安全的人和事进行制约和限制，人与人、人与事之间关系要结合安全文化建设，通过多种渠道、多种形式使干部职工牢固树立“安全高于一切”“安全是最大的效益”“安全第一，预防为主”的思想，引导教

育职工正确处理安全与效益的关系，从而增强职工安全意识和遵章守纪的自觉性。

各级领导干部要深入车间班组，与一线职工面对面、心交心，摸清职工思想上影响安全的不利因素，及时消除事故隐患。作为车间、班组管理人员，要担当职工的“心理医生”，及时掌握各个时期职工的思想动态。同时，要加强职工的思想教育和引导，使职工树立正确的人生观、价值观，正确认识安全生产规律，这是预防事故、保证安全、杜绝“三违”的思想基础。

2. 运用安全文化手段，营造“大安全”的氛围

要在铁路企业内部营造人人讲安全、事事讲安全的环境和氛围，建立职工共同的安全需求和价值取向，使每名职工都在这个“安全文化场”中工作，都受到“场”力的吸引，将自己的行为自然地用安全文化进行规范。营造浓厚的安全文化氛围，要注重抓好三个环节：一是日常性的安全文化活动要以班组为单位开展。班组是企业的细胞，班组的安全文化活动搞得好，才能增强企业整体的安全文化活力。二是安全文化建设要与铁路企业的日常工作相结合。安全文化是一门艺术，生产劳动也是一门艺术，生产的过程就是保安全的过程，就是艺术创造的过程，明白了这个道理，日常的生产生活就不是枯燥无味的，而是充满挑战、充满乐趣的。三是安全文化建设要用发展的眼光，面向未来、着眼持久。营造一种氛围是短期的，而保持并发展这种氛围则是长期的，安全文化建设要克服短期行为和功利主义的影响。

3. 加强安全文化教育，提高职工安全素质

安全文化建设的实践之一就是要提高全员的安全文化素质。不同的对象对其安全文化的内容和要求是不一样的，不同的对象需要采取不同的安全文化建设，如管理、宣传、教育等方式。人的行为受心理、生理等内部因素的支配和作用，也受人文环境和物态环境等外部因素影响和作用，因此人的行为表现有其动态性和可塑性。这样，对于行为的控制和管理就需要动态、变化的方式与之相适应，要靠艺术、形象、美感的技巧才能达到理想的效果。因此，安全文化活动需要定期与非定期相结合；安全教育在必要的重复基础上，需要艺术的动态结合；安全管理要从简单的监督检查变为艺术的激励和启发等。

4. 以安全心理学为指导，创新安全管理机制

先进科学的管理理念，要有与之相适应的管理机制和具体的管理方法作保证。铁路现有的规章、制度已经很完善，但涉及操作规程方面的较多，依据心理学知识，注重“以人为本”对人员的管理方法、规程、措施还很欠缺。人有趋利避害的本能，规章制度在有外界监督的情况下能够得到较好的履行，那么在单独作业、无人监控时如何保证其安全？许多现实的问题需要我们做更加深入、更加细致、更加科学的分析。如果工作中能够让职工充分认识到作业中存在的危险性及后果的严重性，职工就会相应地提高安全意识，就能够提高自我约束、自我防范的能力。努力激发职工安全自保的本能意识，增强在无人监控的情况下的自我安全保障能力，变“要我安全”为“我要安全”。

5. 建立自我调节管理机制

自我调节就是自我控制，做到自觉遵守安全操作规程和劳动纪律，保证安全生产。从心理学的角度来分析，人的精神状态与工作效率成正比。但是，精神状态与安全状态不一定是正比的关系。精神状态的高潮期或低潮期属情绪不稳定时期，最容易发生差错或失误，属事故多发期。精神状态处于精神稳定期，这时能力发挥最稳定，工作起来有条不紊，不易发生事故。据此，要努力提高职工的个人修养，学会自我调节精神状态，要有自制力。人逢喜事容易冲动，要告诫自己保持冷静、淡然的心态，汲取乐极生悲的教训；遇到困难和挫折打击时不要气馁，要有广阔的胸怀，宠辱不惊，努力摆脱激情的不利影响；工作压力大或精神状态欠佳的时候，要合理

安排工作，劳逸结合；业余时间多参加文娱、体育健身活动，或找知心朋友、同事、领导倾诉，沟通思想释放压力，进行自我调节。

6. 建立相互调节、相互制约管理机制

相互调节、相互制约就是要相互提醒、相互帮助、相互制约、共同搞好安全生产工作。人际关系之间的相互理解、默契和支持，会对双方心理状态产生重大的影响。稳定的心理状态与人的安全行为紧密相关。因此，相互调节、相互制约对安全生产起着重要的作用。相互调节、相互制约分群众调节和制约，领导调节和制约，组织调节和制约。

群众调节和制约。就是人与人之间要形成良好的人际关系，相互关心、相互爱护、相互帮助、相互提醒。常言说，拉拉袖子牵牵手，看到违章现象时要立即制止和纠正。在现实生活中，因一句话、一挥手而避免和防止了事故发生的事例是不胜枚举的。相互调节、制约就能使我们的周围形成人人、事事、处处讲安全的良好氛围。

领导调节和制约。就领导个人而言，一方面要以身作则，遵纪守法率先垂范，决不违章指挥；另一方面要敢抓敢管，认真组织好本单位的安全生产工作，坚决贯彻执行上级有关安全生产的指示精神，严格落实安全生产责任，建立健全安全生产规章、制度、操作规程。

组织调节和制约。就是单位要做好安全宣传教育、培训工作，增强全员安全生产意识，提高职工安全素质，尤其要做好安全心理素质和自我保护能力的提高。根据铁路工种繁多、流动分散、点多线长的特点，可以分层次、分专业、分对象、分期分批进行培训。既抓全员教育，又突出抓重点对象的安全教育，形成人人懂安全、人人要安全的安全文化环境。

7. 建立事故分析管理机制

运输安全的事后管理即运输事故发生后的安全管理工作，它是运输安全系统管理中不可缺少的重要组成部分，是一项政策性、权威性、技术性和后效性很强的工作。

规章制度是用血的教训写成的。认识和把握事故的运动规律、挖掘事故信息资源、实事求是地分析事故、有效利用事故信息资源、建立健全事故档案；日后工作中吸取教训，遵章守纪、标准作业，这是安全生产制胜的法宝。加大对作业现场的监控和违章违纪的考核力度，不给偷懒者任何可乘之机。同时，采取班前提醒、班中督促、班后教育也是十分必要的。

8. 重视职工身心健康，确保安全生产

我们常常提出希望通过培训来提高职工的素质，但往往强调他们的思想素质、技术素质和身体素质，而忽视了他们的心理素质。虽然思想素质、技术素质、身体素质不可少，但它们都要受心理素质的制约，必须重视心理素质的培养。从事生产的劳动者产生的各种心理过程都带有个人的特点，相同的客观事物作用在不同的操作者身上会引起不同的反应。反应不同，人的行动自然也不一样。因此，相同类型和环境的作业中，有的人很少发生事故，而有的操作者就容易发生事故，这是值得管理者深思的问题。

职工安全心理和安全态度的形成，不是自发产生的，可以说是一个自觉学习的过程。对职工进行安全心理培训，就是要运用心理学这个手段，建立职工安全心理模型，形成安全心理定势、提高安全心理容量，从而使职工在生产中能够根据客观情况的变化做出适应性的反应，用心理指导行为达到安全生产的目的。

职工安全心理培训是一个新内容、新任务。培训工作要采取逐步展开的方式，内容从简到繁，方式由易到难，做到经常化、渐进式，有计划、有步骤、有程序的进行。通过培训，使职工自觉地控制心理活动，指导好自己的工作行为，保障安全生产的正常进行。

9. 心理调适机制

心理调适就是采取一定的手段将容易引发事故的不良心理状态，调节到有利于操作安全的心理状态。

做好情绪控制和调节工作。情绪对安全的影响极大，发挥情绪对安全的积极作用，避免其不利影响，引导职工学会控制自己的情绪，做到胜不骄、败不馁，遇到高兴的事情，要平心静气，不能忘乎所以；遇到不顺心的事，要不为逆境所困，拿得起、放得下，及时解脱。只有保持良好的心理状态，才能具有充沛的精力、旺盛的斗志，才能减少工作中的失误，保证安全生产。

操作人员的性格调节。人的性格与安全生产有着极为密切的关系，无论技术多么好的操作人员，如果性格不好，马马虎虎，也会发生事故，因此加强职工自我修养十分必要。工作中随着立场和观点的变化，性格也会随之发生变化，引导职工增强和巩固好的性格，改造和丢弃不良性格，使自己不断进步，做一个有崇高理想、高尚情操和优良作风的操作人员，这是管理中十分重要的问题。实践证明，很大一部分不安全行为是由职工思想麻痹、注意力不集中、判断不准确等心理因素造成的。因此，从研究职工的情感、态度、意志、精神状态、注意力等个性心理特征出发，建立相应的心理调试机制，及时发现职工心理异常，加强异常心理预防。适时进行相关安全心理教育、安全心理矫正、安全思想教育，培养职工积极的安全心理，使其不断提高自我保护意识，养成良好的自觉安全行为习惯十分必要。

心理调试方法包括：安全心理讲座、谈心、观看安全教育录像片、安全知识竞赛、安全主题演讲会、安全板报、事故预想、危险点分析等。

10. 激励与安全生产

安全行为的激励是进行安全管理的基本方法之一，根据安全行为激励的原理，可把激励的方法分为两种：

(1)外部激励。所谓外部激励就是通过外部力量来激发人的安全行为的积极性和主动性，如设安全奖、改善劳动卫生条件，开展“安全竞赛”等手段和活动。严格、科学的安全监察、监督、检查也是一种外部激励的手段。

(2)内部激励。内部激励是通过增强安全意识、素质、能力、信心和抱负等来起作用。内部激励的方式很多，如更新安全知识、培训安全技能、强化观念和情感、理想培养、建立安全远大目标等等。

外部激励与内部激励，都能激发人的安全行为。但内部激励更具有推动力和持久力。前者虽然可以激发人的安全行为，但在许多情况下不是建立在内心自愿的基础上，一但物质刺激取消后，又会回复到原来的安全行为水平上。而内部激励发挥作用后，可使人的安全行为建立在自觉、自愿的基础上，能对自己的安全行为进行自我指导、自我控制、自我实现。从安全管理的方法上讲，两种方法都是必要的。作为一个安全管理人员，应积极创造条件，形成人的内部激励的环境，同时也应有外部的鼓励和奖励，充分地调动每个领导和职工的安全行为的自觉性和主动性。

安全管理机制的管理对象是人和物，而对物的管理最终也是对人的管理。激励是安全管理的“高线”，它使职工明确努力的方向和达到目标的途径；约束是管理的“基线”，它是职工基本的行为准则。建立符合安全文化要求的激励机制和约束机制，要从人的行为特性出发，利用现代管理理念，逐步把管理和被管理的关系转变为契约关系、责任关系、效益关系，形成一个奖罚公开、标准公平、考核公正、彼此双赢的氛围。

总之，在企业的生产经营活动中，人是最宝贵、最活跃的生产力，各级领导、安全技术人员、特别是操作者要学习安全心理学知识，掌握心理活动规律，在事故发生前调节和控制操作者的心理和行为，将事故消灭在萌芽状态。这无疑会对安全生产将起到积极的作用。班组管理工作坚持以人为本，注重研究和掌握职工生理和心理状态及其变化趋势，自觉地将实情、亲情、真情和深情融为一体,使职工始终有一个好的心情和心境,才能充分调动职工确保安全生产的积极性,为构建和谐企业,推进和谐铁路建设作出应有的贡献。

第二节 安全风险管理

一、安全风险管理的起源及其发展

自从有了人类活动,便有了风险,风险一直伴随着人类社会的发展。虽然几千年前人类就认识到了风险的存在,但一直到18世纪,"风险"一词才被提出来研究。到了19世纪,随着工业革命的展开,企业风险管理的思想开始萌芽。1931年,美国管理协会保险部首先提出风险管理的概念。1932年,美国几家大公司成立纽约保险经纪协会,定期讨论有关风险管理的理论与实践,该协会的成立标志着风险管理学科的兴起。第二次世界大战以后,随着第三次工业革命的迅猛发展,新技术、新材料在企业中的广泛应用,企业间竞争加剧,面临的风险日益凸显,进行风险管理的要求与日俱增。1963年和1964年,美国先后出版了《企业的风险管理》和《风险管理与保险》等专著,正式拉开了风险管理学系统研究的序幕。20世纪70年代初期,风险管理的理念和方法从欧美发达国家传入亚洲,20世纪80年代后期传入我国。虽然我国对风险管理的研究起步较晚,但近些年来发展势头很猛。特别是2006年6月,我国发布了《中央企业全面风险管理指引》,标志着我国拥有了自己的全面风险管理指导性文件,也标志着我国进入了风险管理理论研究与应用的新阶段。从世界上其他国家的实践看,目前,安全风险管理已被广泛应用于铁路、石油、电力、核工业、航空航天等众多领域。其中,在铁路安全管理实务上,承认运输活动具有安全风险并制订相关运输安全法制化的规则,以强制运输主体进行风险管理,已经成为美国、英国等一些发达国家的主流做法。交通运输安全风险管理报告已经被美国、英国等发达国家作为法定营运审查文件。也就是说,实施安全风险管理,已经是包括铁路在内的交通运输业的营运条件,安全风险管理在铁路及各种交通运输中具有极其重要的地位和作用。

在2011年年底召开的全国铁路工作会议上,原铁道部党组作出了全面推行安全风险管理的工作部署。其指导思想和主要内容是,通过实施安全风险管理,增强安全风险的防范意识,构建安全风险的防控体系,达到强化安全基础、最大限度减少或消除安全风险、确保铁路安全的目的。全面推行安全风险管理,对于做好新形势下的铁路安全工作,深入推进铁路科学发展、安全发展意义重大。

二、安全风险管理的概念

(一)风险的概念

风险广泛存在于社会生产、生活之中。一般来说,风险就是指危险、危害事件发生的可能性与后果严重程度的综合度量。如果用定量模型表示即为:风险=风险发生的可能性×风险事故发生的损失程度。

而安全生产风险又有广义和狭义之分。广义上讲,与安全有关的风险都称为安全生产风险。狭义的安全生产风险则表示,在未来的或一定的时间内,人们为了确保安全生产可能付出的代价,包括由于采用安全技术措施投入的人力、物力、财力等安全生产支出可能获得的安全生产收益,或者没有适当的安全生产投入可能付出的人身伤害、财产损失、环境破坏和社会影响等代价。

基于上述定义,人们常用风险率、风险程度、个人风险、社会风险、事故次数、伤害人数、伤害概率和财产损失等风险判别指标来表示风险的存在及其大小。以风险程度指标为例,风险可以分为极显著、显著、轻微、不显著等四种情况。风险管理的过程，就是针对不同情况的风险，采取相应的预防措施和控制措施，从而使风险降低，达到可以接受的程度。

（二）风险管理的概念

所谓风险管理，就是指为了降低风险可能导致的事故，减少事故造成的损失所进行的风险因子识别、危险源分析、隐患判别、风险评价、制订并实施相应风险对策与措施的全过程。从宏观角度而言，风险管理的对象是存在于系统中的人、物和环境，以及由它们所构成的系统。而从微观角度而言，风险管理的对象就是指风险因子、危险源、隐患和事故。

1. 风险因子。风险因子是指以一定的状态、形式存在的物或物质。风险因子自身具有中性的属性，但从事故的不期望角度而言，它又表现为风险性。安全风险管理就是要对不期望的、能导致事故的风险因子进行识别和控制。

2. 危险源。危险源是指系统中客观存在的、具有潜在能量和物质释放危险的、在一定的触发因素作用下可转化为隐患、事故的根源或状态。从风险管理的角度而言，危险源具有理论上可以减少，但实际上只能加以控制的特性。从防范事故的角度而言，危险源表现为风险性。危险源是否变成隐患，进而引发事故，往往取决于人们的行为。

3. 隐患。隐患是指超出了人们设定的安全界限的状态或行为，如超标、“两违”现象等，是直接导致事故发生的根源。隐患能否导致事故，主要取决于它所处的环境和状态。由于人们设定界限的不同，隐患既可能被划定为隐患，也可能被划定为危险源。正是从这个意义上讲，隐患是完全可以被消除的。

4. 事故。按照系统论的观点，事故是指系统的发展、变化违背人们的意愿，发生了人们不期望的后果。如造成人员死亡、伤害、职业病、财产损失或其他损失的意外或偶发事件。事故是由一种危险因素或几种危险因素相互作用导致的，这些危险因素是事故的外在原因或直接原因。事故具有理论上可以减少，实际上也是可以减少的特性。

（三）风险、危险源、事故的关系

根据危险源、风险、事故的定义和特征，不难看出这三者之间的关系：危险源是风险后果产生的根本原因，危险源的存在导致风险的存在，危险源的潜在性导致了风险的不确定性和潜在性。而造成事故发生的直接原因是风险的实际发生，即潜在的风险变成了实际的事故，风险的不确定性又导致了事故的随机性和潜在性。因此可以说，危险源、风险与事故之间存在因果关系，预防事故发生首先必须研究风险，而研究风险又必须以研究危险源为起点。

（四）铁路安全风险管理的概念

在铁路系统全面推行安全风险管理，就是要结合铁路安全工作实际，通过风险识别、风险研判和规避风险、转移风险、驾驭风险、监控风险等一系列活动来防范和消除风险，形成一种科学的管理方法。重点是要抓好风险识别、风险评价和风险控制等要素。所谓风险识别，就是对系统中尚未发生的潜在的以及客观存在的各种风险进行全面的、连续的识别和归类；所谓风险评价，就是对系统中的风险因素能造成多大的伤害和损失，以及能否接受进行评估；所谓风险控制，就是对不能接受的伤害和损失采取安全预防措施，以达到消除、降低危害的目的。风险识别、风险评价和风险控制在推行铁路安全风险管理的过程中是不可分割的有机整体，它们既相互联系，又相互作用。风险识别和风险评价是基础，风险控制是核心。

三、铁路安全风险管理与传统安全管理的联系和区别

在长期的安全生产实践中，铁路积累和形成了许多安全管理理念和方法，为实施安全风险

管理创造了条件，提供了基础。铁路安全风险管理与传统安全管理从管理目标上讲，都是坚持安全发展，着力于实现铁路安全持续稳定；从管理理念上讲，都是强调安全第一、预防为主、综合治理，强调树立责任意识、问题意识和风险意识，牢固树立"三个共识"；从管理内容上讲，都是强化超前防范、风险控制，抓好过程控制和安全风险应急处置，着力于构建安全管理的专业技术管理和保障机制。

安全风险管理与传统安全管理既有联系也有区别。在安全管理模式上，传统安全管理侧重问题分析，而安全风险管理则更强调问题的超前防范；在安全管理对象上，传统安全管理主要是事故和隐患管理，而安全风险管理则更加强调对问题项点的管理；在安全管理特点上，传统安全管理虽然也强调超前管理、标本兼治，但主要采取的仍然是经验型管理，而安全风险管理则更加重视安全隐患问题的辨识，分级管理、预警预控；传统安全管理注重各级领导干部的安全包保、监督检查和考核，而安全风险管理则更加强调安全的全员参与和持续改进；传统安全管理比较重视责任追究，而安全风险管理则更加强调责任在事前的风险评估、事中的风险防范和事后的风险危害的控制上。

由此可见，安全风险管理的推广和应用，是在传统安全管理基础上的升华，是对传统安全管理中合理成分的发展，从而实现安全管理的科学化、系统化、标准化和规范化。推行安全风险管理，既不能与现有安全管理相割裂，更不能脱离现有安全管理另起炉灶，必须把风险管理建立在现有安全管理基础上，引入风险意识，加强风险掌控，优化工作思路，促进现有安全管理更加理性和科学。

四、安全风险管理的主要内容

安全风险管理从风险管理的角度分析了事故的形成机理，揭示了事故的内在规律和本质根源。它由风险识别、评估、控制等环节组成。其中风险识别和评估是风险管理的基础，风险控制是风险管理的关键和目的。安全风险管理工作流程图如图 2-4 所示。

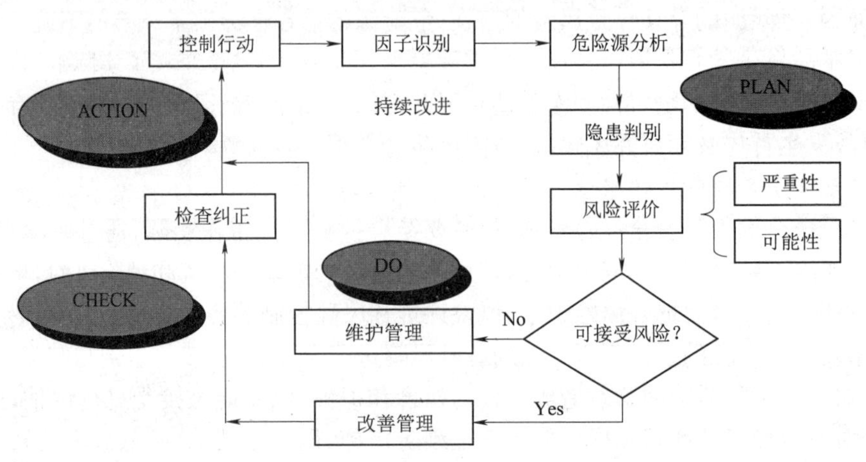

图 2-4　安全风险管理工作流程图

(一)风险识别

风险识别是风险管理的第一步，即识别实施过程中可能遇到(面临的、潜在的)的所有风险因子和风险源，对它们的特性进行判断、归类，并鉴定风险性质。风险识别的目的是减少结构的不确定性，亦即发现引起风险的主要因素，并对其影响后果作出定性的估计。该步骤需要明确两个问题：通过系统分析对不期望的、能导致事故的风险因子进行识别，以明确风险来自何方（确定风险源），并对风险因子进行分类，对风险源进行初步量化。

风险识别是风险管理的基础，应是一项持续性、反复作业的过程和工作。因为风险具有可变性、不确定性，任何条件和环境的变化都可能会改变原有风险的性质并产生新的风险。对风险的识别不仅要通过感性认识和经验进行判断，更重要的是必须依靠对各种客观统计资料和风险记录进行分析、归纳和整理，从而发现各种风险的特征及规律。

铁路运输企业所面临的事故风险主要是旅客运输安全事故（包括旅客在车站和旅行途中发生的人身和财产事故）、货物运输安全事故（包括货物在车站和运输途中的损坏、丢失、被盗、腐坏、污染、湿损等）、人身安全事故、行车安全事故、设备安全事故、火灾事故、路外伤亡事故七大类事故风险，分析这些事故存在和可能发生的原因是风险识别的重点工作，这个工作就是通常的铁路运输企业危险源的辨识。因此，危险源辨识是铁路运输企业安全风险管理的第一步工作。

（二）风险分析和评价

风险分析和评价是在对风险进行识别的基础上，对识别出的风险采用定性分析和定量分析相结合的方法，估计风险发生的概率、风险范围、风险严重程度（大小）、变化幅度、分布情况、持续时间和频度，从而找到影响安全的主要风险源和关键风险因素，确定风险区域、风险排序和可接受的风险基准。在分析和评价风险时，既要考虑风险所致损失的大小，又要考虑风险发生的概率，由此衡量风险的严重性。

风险分析和评价的目的是将各种数据转化成可为决策者提供决策支持的信息，进而对各风险事件后果进行评价，确定其严重程度并排序。在确定风险评价准则和风险决策准则后，可从决策角度评定风险的影响，计算出风险对决策准则影响的度量，由此确定可否接受风险，或者选择控制风险的方法，降低或转移风险。在分析和评价风险损失的严重性时应注意风险损失的相对性，即在分析和评估风险损失时，不仅要正确估计损失的绝对量，而且要估计组织对可能发生的损失的承受力。风险影响与损失发生的持续时间、频度密切相关，这些因素对安全生产的影响至关重要。

（三）风险控制

通过对风险识别、估计和评价，把风险发生的概率、损失严重程度以及其他因素综合起来考虑，就可得出发生各种风险的可能性及其危害程度，再与公认的安全指标相比较，就可确定危险等级，从而决定采取什么样的控制措施以及控制措施应采取到什么程度。有效的风险控制，可以从改变风险后果的性质、风险发生的概率和风险后果大小三个方面提出多种控制策略。

风险控制是风险管理中最为关键的环节，其具体又可分为事前控制、事中控制和事后控制三个小环节。事前控制的主要工作任务是在风险识别和评估的基础上，针对风险产生原因——危险源，制订合理的管理标准和管理措施，使得风险管理“有法可依”。事中控制主要是对危险源的监测过程，事实上也就是管理标准和管理措施贯彻落实的过程，同时也是对前面工作进行跟进审核的过程。事后控制是在对危险源监测的基础上，通过采集到的危险源动态信息，分析其风险状态，对已出现的风险进行预警、控制，达到预防事故发生的目的。

铁路运输企业安全风险管理是系统性工程，以“安全第一、预防为主、综合治理”的思路，构建安全风险控制体系，加强对安全风险的全面分析、科学研判，科学制订管控措施，达到防范和降低安全风险的目的。

（四）安全风险控制对策的实施

针对不同风险，按照设备质量标准和职工作业标准，分系统、分层次制订控制风险和消除风险的措施，如制订并实施预防计划、灾难计划、应急计划、损失控制计划等，并按照"逐级负责、专业负责、分工负责、岗位负责"的要求，把风险责任和风险措施落到各层级、各专业、各工种、各岗位，实现对现场作业的有效控制。

（五）安全风险监控

风险监控就是通过对风险识别、估计、评价、处理全过程的监视和控制，从而保证风险管理能实现预期的目标。监控风险实际上是监控生产活动的进展和环境，即情况的变化。在风险监控过程中，及时发现那些新出现的以及预先制订的策略或措施不见效或性质随着时间的推延而发生变化的风险，然后及时反馈，并根据对生产活动的影响程度，重新进行风险识别、估计、评价和处理，同时还应对每一风险事件制订成败标准和判据。

由于风险具有复杂性、变动性、突发性、超前性等特点，风险监控应该围绕风险的基本问题，制订科学的风险监控标准，采用系统的管理方法，建立有效的风险预警系统，做好应急计划，实施高效的风险监控。

风险监控应是一个连续的过程，它的任务是根据整个（风险）管理过程规定的衡量标准，全面跟踪并评价风险处理活动的执行情况。有效的风险监控工作可以指出风险处理活动有无不正常之处，使管理部门有充裕的时间采取纠正措施。同时，建立一套管理指标体系，使之能以明确易懂的形式提供准确、及时而关系密切的风险信息，是进行风险监控的关键所在。

铁路管理系统随着路网规模的逐步扩大，技术的提高、设备的更新等因素的影响，反映在实际管理过程中的信息也越来越多，原来不确定的因素也逐渐清晰。因此，应及时或是定期地进行监控：辨识是否有新的风险因素产生；各类风险的风险发生率、损失程度是否有变化；风险应对措施是否适宜，实施是否有效等。并在此基础上针对发现的问题，及时采取措施，如变更风险应对的一些措施，这样才能确保风险管理的充分性、适宜性和实效性。使安全风险管理的工作流程的执行处于不断的监控状态，以实践结果评价决策效果。

五、铁路安全风险管理的实施方法

（一）加强安全风险过程控制

实行安全风险管理，基础是要加强对安全风险的研判。要突出风险辨识、风险分析、风险评价，加强对高风险环节和岗位的掌控，及时发现并准确研判安全风险，实施对安全风险的科学管控和有效处理，强化过程控制，防止事故的发生。一是全面掌控生产过程中的安全风险。要在原有的安全监督管理信息系统基础上健全综合分析平台，完善涵盖风险管理基本流程和内部控制系统各环节的风险管理信息系统。要确保信息数据和风险量化值的一致性、准确性、及时性、可用性和完整性，确保各层级能够及时全面掌握生产过程中本单位、本部门的风险控制点。针对不同风险，按照设备质量标准和职工作业标准，分系统、分层次制订控制风险和消除风险的措施，并按照"逐级负责、专业负责、分工负责、岗位负责"的要求，把风险责任和风险措施落到各层级、各专业、各工种、各岗位，实现对现场作业的有效控制。二是加强"全员、全方位、全过程、全时段"的安全风险管理。铁路是大联动机，其运输生产过程是由车、机、工、电、辆等多工种、多环节协作完成，具有设备众多、种类繁多、布局纵横、职工岗位独立分散等特点，为了实现各工种、各环节的协同动作，必须做到严格有效的过程控制。全面推行安全风险管理，涉及安全管理的上上下下、方方面面，只有将安全风险管理责任落实到每一个人、每一个岗位、每一台设备、每一个作业环节，才能实现安全生产管理的全过程控制。三是把安全生产标准化建设作为实现安全风险全过程控制的重要手段。各铁路运输企业要广泛开展安全生产达标建设，实行安全标准化管理，按标准指挥生产，按标准生产作业，减少或避免不安全的行为。四是加强重点安全风险的过程控制。按照中国国家铁路集团有限公司（简称“国铁集团”）确定的9个安全风险控制重点，结合实际，研究制订本单位、本职能部门安全风险的判断标准或判断机制；确定风险控制重点，制订风险管理策略和跨职能部门的重大风险管理解决方案，并抓好安全风险的日常监控。尤其要强化高铁安全风险和客车安全风险的过程控制，确保安全万无一失。

（二）加强安全风险管理基础建设

安全风险管理的首要环节是从源头上化解和降低风险。实现安全风险的预先控制、超前防范，安全基础建设尤其关键。一是明晰和落实安全管理责任。完善铁路安全监管体制，建立权责明晰、运转高效、落实到位的铁路安全管理新体制。强化政府安全监管，加大铁路总公司对铁路运输企业安全生产的监管力度，形成权责明确、监管有力、协调顺畅的安全监管格局。确立铁路运输企业市场主体地位，落实铁路局安全主体责任，严格落实各级安全生产责任制。各专业管理部门要切实加强专业管理。二是全面提升设备质量。加强物资采购管理，建立公开透明的物资采购机制。规范铁路专用设备准入管理，健全铁路产品技术标准，引入第三方认证，确保设备质量可靠。严格落实新线验收标准和开通运营条件，实行新建铁路开通运营“六不准”，坚决把工程质量隐患解决在运营之前。完善设备检修技术标准和作业流程，加强日常检查监测和养护维修，确保设备运行稳定可靠。三是加强人员管理。加强重点岗位人员的准入管理，认真落实高铁主要行车工种和关键专业技术位人员的任职资格条件，严格人员选拔与任用，优化主要行车工种队伍结构和劳动组织。加大相关人员培训力度，切实提高培训质量，全面提升职工队伍素质。四是加强安全生产法制建设。加大安全执法力度，净化铁路安全环境。加强规章制度建设，规范规章制度管理，尽快完善以高铁为重点的技术标准和作业规程，形成科学严密、规范有效的安全管理制度体系。

（三）有效处置和消化安全风险

实行安全风险管理，目的是要消除风险。由此，必须根据风险因素不同层次与类别确定风险偏好和风险承受度，并据此确定风险的预警线及相应采取的对策。一是有效处置和消化安全风险。对各类安全风险实行分类管理，科学制订管控措施，实行闭环管理，实现良性循环。以高铁和客车安全为重点，突出高风险环节和关键岗位的管理，坚持把客车安全作为铁路安全的重中之重，把加强安全管理作为安全各项工作的重中之重，把抓落实作为加强安全管理的重中之重，确保各项安全措施不折不扣地落到实处，保证高铁和客车的绝对安全。二是搞好安全风险应急处置。完善和规范安全问题快速报告制度，完善问题快速响应制度，建立问题快速阻断制度。完善应急救援处置预案，明确处置流程、处置措施和职责分工，做到简明实用、便于操作。同时要完善国铁集团、铁路局、站段三级应急救援网络，健全应急救援设施，加强应急救援培训和演练，做到应急有备、响应及时、处置高效，规范有序地做好事故调查处理等工作。及时准确权威地发布相关信息，正确引导舆论。三是建立健全安全风险管理考核机制。有序推行安全风险管理，开展好考核评估工作，对安全风险管控实行有效的监督，提高安全风险管理的效能。

（四）大力加强安全文化建设

推行安全风险管理，前提是增强安全风险意识。文化的力量对意识的作用是巨大的，要通过加强安全文化建设，“安全是铁路工作的生命线、是铁路的‘饭碗工程’”“没有安全就没有一切”等安全理念，成为广大干部职工的共同安全价值观，成为广大干部职工的自觉行动。一是利用各种教育手段，广泛开展安全风险意识、安全责任意识和安全发展理念教育，引导干部职工把确保人民生命财产安全作为天职，牢固树立起“安全生产大如天”的安全价值观。把安全风险意识根植于思想深处，贯穿到运输生产的全过程，增强干部职工加强安全风险控制的内在动力。二是适应高速、普速铁路安全工作的不同要求，细化岗位作业标准、工作流程，完善安全规章和安全风险管理制度，形成规范和固化职工安全作业行为的管理机制和安全防范体系。三是立足铁路安全生产实践，注重培养职工的良好作业习惯。坚持把岗位安全立功竞赛、案例警示宣传、安全法规教育渗透到安全生产各岗位、全过程。四是大力选树、宣传生产一线安全先进典型，正面激励，示范引导，鼓励职工自觉遵章守纪、坚持标准化作业。五是加强安全文化环境建设，在职工作业场所推行安全格言、安全寄语和安全承诺揭挂，设置和规范安全标志、标识，潜移默化、感染熏陶，不断激发干部职工保安全的工作热情和干劲。

六、铁路运输部门安全重点控制内容

铁路运输生产任务是由车、机、工、电、辆等部门联合协作、共同完成的，但各部门都有各自的关键作业环节和危险部位。因此，必须突出重点、抓住关键，落实好标准化作业，实现安全重点控制。一般来说各部门具体关键环节的控制是：

1. 运输部门的安全重点控制。无联锁条件下的接发列车；穿越正线的调车作业；接发列车，错办进路；危险品运输；车辆溜逸；冲突、挤岔、脱线惯性事故；“闭路、进路、信号”三关；列车尾部安全监控装置等。

2. 机务部门的安全重点控制。司机待乘出勤；库内检查；始发站的技术作业；瞭望确认信号，呼唤应答；管好、用好机车安全行车装置“三大件”；列车“两冒”及超速；机车制动；轮对限度尺寸及表面质量；接触网零部件等。

3. 工务部门的安全重点控制。钢轨断裂，线路胀轨，冲撞机具；道口看守；施工、维修作业违章；小半径曲线列车脱轨；作业登记防护；架空线路施工；防洪；盲目放行列车；轨道车运行等。

4. 电务部门的安全重点控制。设备维修留下隐患，造成信号设备联锁失效；设备失修以及封连线、手摇把的管理；轨道电路造成死区间；代替行车人员按压按钮扳动或转换道岔；未登记要点作业等。

5. 车辆部门的安全重点控制。燃轴、切轴；技术不良车编入列车；红外线漏探；制动梁脱落；轮对踏面擦伤和剥离；大型部件裂损；列车分离；轮轴、钩尾框探伤；脱轨器误动作等。

6. 客运部门的安全重点控制。旅客运输安全；站车消防；“二炉一灶电”管理；防“三品”上车；列车火灾、爆炸事故；超计划售票，严重超员压弹簧，钩差超限，影响列车正点运行；行包偏载、超载等。

7. 货运部门的安全重点控制。货物装载偏重、超重、集重、超限、超载以及加固不牢；危险品存放安全；装卸安全；降低危险货物运输条件；手推调车安全；使用定检逾期车辆；车辆溜逸等。

8. 路外安全的重点控制。道口看守、自设非法道口及侵入铁路线路限界的人员伤亡等。

9. 施工部门的安全重点控制。工程施工质量；材料、机具侵入铁路限界以及冒险放行列车；施工防护、机具、车辆轮对上道绝缘状况；三不动，三不离等。

10. 劳动安全卫生的安全重点控制。违章蛮干；冻、轧、溺水、触电、中暑、中毒、粉尘危害；高空深水作业；高温、高湿、低温作业；放射性物质、高频电磁波、微波、紫外线、红外线、激光、噪声、振动对人体的伤害及女工保护等。

11. 防火防爆的安全重点控制。包括易燃、易爆物品的管理、运输安全以及工作场所、施工操作过程发生的火灾、爆炸事故等。

12. 季节性的安全重点控制。冬季防寒，春季防线路病害，夏季防洪，高温防暑等。

铁路作为国民经济大动脉、国家重要基础设施和大众化交通工具，在社会经济发展中起到至关重要的作用，根本的前提和基础是确保安全。通过实施安全风险管理，增强安全风险的防范意识，构建安全风险的防控体系，达到强化安全基础、最大限度减少或消除安全风险、确保铁路安全的目的。全面推行安全风险管理，对于做好新形势下的铁路安全工作，深入推进铁路科学发展、安全发展意义重大。

第三节　班组安全管理

班组是企业最基层的组织，是控制事故的前沿阵地，是企业安全管理的基础。根据安全原理，事故相关的人、机、环境、管理四要素中，“人因”是最重要的。根据大量工伤事故案例分析表明：90%以上的事故发生在班组，80%以上的事故是由于违章指挥、违章作业和事故隐患没能及时发现和消除等人为因素造成的。因此，班组是企业事故的发源地，安全管理就要从源头抓起，从源头上治理了事故，才能从根本上预防和消除企业各类事故的发生。

一、班组安全管理原则

1. 以人为本的原则

以人为本的安全管理包括两方面：一是铁路运输服务关系千百万旅客生命安全，确保安全是重中之重；二是要把安全管理的压力和职工的主人翁地位统一起来，注意关心职工的正当权益和合理诉求，尽可能满足他们合理的物质需要。

2. 抓生产必须管安全的原则

抓生产必须同时管安全，体现了安全与生产的辩证关系以及安全生产的重要性。企业要达到安全生产的目的，必须坚持“五同时”，即在计划、布置、检查、总结、评比生产的同时，必须要有安全生产的内容。企业的生产、技术、物资、财务以及党、政、工、团等部门的工作范围内，都必须有保证安全生产的工作内容。

3. 防微杜渐的原则

从生产实践来看，小事故发生的频率大大高于大事故、重大事故、特大事故。“抓小”就是不放过任何小事故和事故苗头，防患于未然，其目的在于防止大事故的发生。对已发生的事故，要如实报告，按照“四不放过”的原则(即事故原因分析不清不放过；事故责任者未受到处理不放过；群众没有受到教育不放过；没有采取切实可行的防范措施不放过)，分析原因，吸取教训，制订整改措施，防止事故再次发生。

4. 各负其责的原则

铁路车、机、工、电、辆等部门的班组，在安全管理上都有明确的分工，在运输生产中都有自己定位，彼此互相衔接、联合协作，才能保证铁路运输秩序正常和安全运行。

二、班组安全管理责任制

安全生产责任制是铁路运输作业中一项最基本的安全制度，是铁路管理规章制度的重要组成部分。建立了这种制度，安全生产、劳动保护工作才能做到事事有人管、层层有人负责，保证铁路运输生产安全。

有了安全生产责任制，在发生行车、人身伤亡事故后，就能较清楚地进行调查分析，弄清从管理到操作各方面的责任，并对分析事故原因，吸取教训、制订预防措施、避免类似事故的重复发生起到重要作用。

班组是安全管理的第一现场，班组长是第一责任人，班组全体成员是安全生产的主体，要保证生产安全，必须建立健全班组安全生产责任制，班组长安全生产责任制、作业岗位人员安全生产责任制。

（一）班组长安全生产责任制

1. 全面负责本班组的安全生产，是安全生产法律法规和规章制度的直接执行者，对本班组安全生产工作负直接领导责任。

2. 贯彻执行本单位对安全生产的规定和要求，督促本班组成员遵守有关安全生产规章制度和安全操作规程，切实做到不违章指挥、不违章作业，遵守劳动纪律。

3. 加强对本班组成员的安全生产教育，组织班组成员学习安全技术和安全规章，提高职工安全生产素质。

4. 抓好标准化作业，纠正违章作业、盲目乱干现象，避免简化作业。

5. 督促班组成员按规定穿戴及使用劳动保护用品，严禁不按规定穿戴防护用品的人员上岗作业。

6. 认真检查班组设备质量，做到及时发现病害，消灭病害，确保班组安全生产。

7. 组织班前班后安全生产分析会，并根据生产任务，结合班组每个成员的特点（包括生理上、心理上）安排工作，对新职、新岗人员重点进行安全教育和指导。

8. 本班组发生事故，要负责保护好事故现场并要及时向领导汇报，积极参加事故的调查分析，参加制订防范整改措施，组织本班组成员贯彻执行。

（二）作业岗位人员安全生产责任制

1. 对本岗位的安全生产负直接责任。

2. 切实执行安全技术规则和各项规章制度，严格遵守作业纪律和劳动纪律。

3. 自觉接受安全生产教育和培训，努力学习技术业务知识，掌握安全操作技能，增强工作责任心。特种作业人员必须接受专门培训，经考试合格取得操作资格证书后方可上岗。

4. 爱护和正确使用机械设备、工具，按规定正确使用防护用品。

5. 发现机械、设备、设施等不安全因素时，要立即采取措施并及时向上级报告。

6. 新职工上岗必须经过安全教育和考试，合格后方可上岗。在学习、实习或临时工作期间，应在操作熟练的职工监护指导下作业，严禁单独作业。

三、班组安全教育

班组安全教育的内容主要有安全思想教育和安全生产技术教育、安全生产制度教育三个方面。

1. 强化职工安全意识

安全思想教育是对班组成员进行安全生产方针、政策、法令和法规的教育（尤其要抓好《中华人民共和国安全生产法》的宣传教育），提高班组成员对安全生产重要性的认识。

2. 安全技术教育的内容

安全技术教育是对班组成员进行安全知识、技术业务的教育，要求班组成员必须掌握安全的基本知识，熟悉设备的基本特点和性能，熟练地运用安全操作技术。加强对从业人员的安全教育培训，提高从业人员对作业风险的辨识、控制、应急处置和避险自救能力，提高从业人员安全意识和综合安全素质，是防止产生不安全行为，减少人为失误的重要途径。但目前大部分班组长及职工的安全管理经验、安全知识是靠师带徒的方式或平时工作中的摸索、积累去了解、感悟出来的。当然，经验很重要，但每个人的经历都有一定的局限性，必然存在安全知识的盲区，所以，必须对班组长进行系统性的安全管理和安全技术的教育，以期提高他们的安全管理水平，达到班组安全的目标。

(1)了解本岗位的任务和作用、生产特点、生产设备、安全设施(包括有毒、有害情况及危险岗位或处所)。

(2)学习本岗位安全规章制度、安全操作规程以及工种、岗位之间衔接配合的安全规章、规定、作业纪律和劳动纪律。

(3)了解本岗位个人防护用品用具的性能和使用方法。

(4)了解本岗位、同岗位典型伤亡事故发生的经过和教训。班组安全教育应注意安全作业的基本功和经验积累的训练，并结合班组生产活动，针对当时的生产特点和潜在的事故因素，进行"预防为主"的教育，特别要注意抓好班前安全教育。班前安全教育主要是针对当班时的具体情况、生产形式、工作条件、环境因素等，讲解安全注意事项。

3. 安全生产教育的主要形式

安全生产教育的主要形式有三级教育、经常性教育、特殊工种的专门培训教育等形式。

(1)三级教育。在工业企业所有伤亡事故中，由于新职工缺乏安全知识而产生的事故发生率一般为50%左右，所以对新入路职工、来站段实习人员和调动工作的职工，要实行站段教育、车间教育、班组教育的三级教育，确保新职工掌握必要的安全知识和技能。

班组安全教育包括：介绍本班组安全生产情况；工作性质和职责范围；各种防护及保险装置作用；容易发生事故的设备和操作注意事项(危险源)；有关事故案例。

(2)经常性教育。经常性教育是指贯穿于整个生产活动中的教育，如安全教育活动日；工作中的"三预想"(工作前预想工作中可能出现的问题；工作中预想出现问题的解决方法；工作后预想工作全过程有无漏洞。)教育；学习事故通报；事故现场教育，坚持"四不放过"原则(事故原因分析不清不放过；事故责任者没受到处罚不放过；群众没有受到教育不放过；没有防范措施不放过)等。

在冬季和暑期作业条件变化前，以除雪安全防护、防暑降温、防护用品使用和机动车驾驶等为重点，对有关人员进行有针对性的季节性安全培训教育。

(3)特殊工种的专门培训教育。组织从事电工作业、金属焊接和切割作业、起重机械(含电梯)作业、企业内机动车辆驾驶、登高架设作业、锅炉作业、压力容器操作、制冷作业、爆破作业、采掘作业、危险物品作业等人员参加特种作业和特种设备作业安全技术培训机构组织的培训和考核，通过培训使他们掌握本工种的理论及实际操作技能，持证上岗。对营业线作业安全防护员、机动车驾驶员等与伤亡事故密切相关的人员，要进行重点安全培训教育。

四、班组安全检查

1. 查思想，就是查班组成员对安全的认识，安全第一的思想牢不牢固。

2. 查制度，就是查安全生产责任制度、安全教育的执行情况，有无违章作业，查劳动纪律、作业纪律的执行情况。

3. 查管理，就是查安全的计划、教育、考核、奖惩等工作是否认真进行。

4. 查隐患，就是查生产中存在的各种不安全因素。

5. 查现场，主要是查看操作者是否遵守作业标准；是否有责任心；身体健康状况；技能是否熟练、能否胜任工作；查机械设备运行是否正常，有无异常现象或故障；人、物、场所的组合或结合是否达到定置管理要求的整洁、文明、有序；查班组作业人员是否穿戴或正确穿戴个人防护用品。

五、班组劳动保护

劳动保护主要包括劳动保护管理、安全技术和劳动卫生三个方面。

(一)劳动保护管理

劳动保护管理是指国家主管部门、产业主管部门和企业行政，为加强劳动保护所颁布的政策、法规，企业为贯彻国家劳动保护方针、政策、法规所采取的一系列管理措施。它主要包括：劳动保护立法(如有关安全管理、安全技术、工业卫生、工作时间和休息时间、女工特殊保护等方面的法律、规程、标准和条例等的制订)；对劳动保护方针、政策、法规的贯彻实施所进行的监察和监督；职工伤亡事故和职业病的报告、登记、调查、分析、处理；开展伤亡事故的研究及事故的预测预防工作；建立和健全安全管理机构和安全生产责任制，建立安全管理台账，制订安全技术措施计划并组织实施，组织安全生产和工业卫生检查；个人劳动保护用品和防暑用品的发放和管理；劳动保护经费的提取和使用；劳动保护方面的宣传教育和科学研究等。

(二)安全技术

采取各种安全技术是劳动保护的一项重要的基础工作。

安全技术是指为了防止工伤、火灾、爆炸等事故的发生，创造良好的劳动安全条件而采取的各种技术措施。如推广安全操作方法；消除危险的工艺措施；对机械设备或重要工作场所安装安全防护装置和联锁声光报警信号等措施，统称为安全技术。

班组对上级已经推广或在本班组设置的安全技术装备的使用，负有十分重要的落实和保持维护的责任。

(三)劳动卫生

劳动卫生也叫工业卫生或职业卫生，是指为保护劳动者的身体健康，预防和治疗职业病和职业性危害，在技术上、设备上、法律上、教育上、组织制度上和医疗卫生上所采取的一整套措施。

铁路班组的劳动保护，主要要在防止班组成员人身伤亡事故的发生上下功夫。

六、班组长安全管理

班组是安全管理的第一现场，班组长作为安全管理的第一责任人，要保证生产安全，班组长首先要掌握一套科学的安全管理方法。

(一)班组长做好班组安全管理的方法

1. 树立正确科学安全管理观；

2. 建立“全员、全过程、全方位”安全管理网络；做到安全工作人人有责、事事有人管，班组的整个流程、每个环节和每件事都可控、在控；

3. 抓好班组生产现场安全管理；

4. 辨识控制危险源，消除习惯性违章。

(二)班组长安全教育一强化职工安全意识，树立正确科学安全观

铁路运输企业当前推行的安全风险管理，前提就是要增强职工的安全风险意识。把安全

风险意识根植于思想深处，贯穿到运输生产的全过程，增强职工加强安全风险控制的内在动力。班组全体成员是安全生产的主体，只有他们重视安全了，“安全是铁路工作的生命线，是铁路的‘饭碗工程’，安全不好是最大的失职，没有安全就没有一切”等安全理念，成为职工的共同安全价值观，成为职工的自觉行动，班组安全才有保障。铁路运输企业的所有班组都能在生产过程中实现安全，那么整个企业也就安全了。

【案例一】“4 · 28”××铁路特大交通安全事故

2008 年 4 月 28 日 4 时 41 分，××开往××的 T××次旅客列车运行至××境内××铁路××至××区间脱线，第 9 节至 17 节车厢在铁路弯道处脱轨，冲向上行线路基外侧。此时，正常运行的××至××的××次旅客列车刹车不及、最终以 70 km/h 的速度与脱轨车辆发生撞击，机车(内燃机车编号 DF1-0400)和第 1 至 5 节车厢脱轨，72 人死亡，416 人受伤。

【案例分析】

××铁路局 2008 年 4 月 23 日印发了《关于实行××线施工调整列车运行图的通知》，此通知自 28 日 0:00 分开始实施，其中含该事故区段限速 80 km/h 的行车内容。这一重要文件从发布到实施仅有 4 天时间，却只在××铁路局局内网上发布，对外局及相关单位以普通信件的方式传递，而且把发生事故机务段作为了抄送单位。

这一文件发布后，在没有确认有关单位是否收到的情况下，2008 年 4 月 26 日××局又发布了一个调度命令，取消了多处限速命令，其中包括事故发生区段。

××局列车调度员在接到有关列车司机反映现场临时限速与运行监控器数据不符时，2008 年 4 月 28 日 4 时 02 分××局补发了该段限速 80 km/h 的调度命令，但该命令没有发给 T××次机车乘务员，漏发了调度命令。而××站值班员对最新临时限速命令未与 T××次司机进行确认，也未认真执行车机联控。与此同时，机车乘务员没有认真瞭望，失去了防止事故发生的最后时机。

事故调查组认为，××铁路特大交通事故是一起典型的人为责任事故，××铁路局在这次事故中暴露出两点突出问题：一是用文件代替限速调度指令；二是漏发临时限速指令，从而造成事发列车(××开往××的 T××次旅客列车)在限速 80 km/h 的路段上实际时速居然达到了 131 km/h，超速 51 km，这充分暴露了一些铁路运营企业安全生产认识不到位、领导不到位、责任不到位、隐患排查治理不到位和监督管理不到位的严重问题；反映了基层安全意识薄弱，现场管理存在严重漏洞。

一线班组，特别是班组长，心存侥幸心理，认为身边没有发生过事故，就想当然地认为很安全，觉得事故离自己很远。因此，对生产过程中存在的习惯性违章，明知故犯，见怪不怪，满不在乎，任由安全隐患滋长，最终导致事故的发生。

研究表明：班组安全教育的重点是要让职工入心入脑：每名职工个人一点小的失误，就是酿成大事故的引线；有安全不一定有一切，但没有安全就没有一切。只有每名职工的安全意识入心入脑，职工才能自发主动认真学习规章、掌握安全技术标准；才能一丝不苟地执行规章，标准化作业；只有职工安全意识由被动转变为主动，他才会努力纠正个人的不安全行为，生产安全才有保障。

(三)班组长生产现场管理——安全巡检“四三二一”

安全生产检查是生产经营单位安全生产管理的重要内容，其工作重点是辨识安全生产管理工作存在的漏洞和死角，检查生产现场安全防护设施、作业环境是否存在不安全状态，现场作业人员的行为是否符合安全规范，以及设备、系统运行状况是否符合现场规程的要求等。通过安全检查，不断堵塞管理漏洞，改善劳动作业环境，规范作业人员的行为，保证设备系统的安全可靠运行，实现安全生产的目的。

班组长安全检查主要是日常检查，检修过程中还可能对直接作业进行检查。检查可按"四查、三掌握、二抓、一严"的原则进行。

1."四查"

查安全意识强不强；查安全制度、安全操作规程执行好不好；查设备、设施运行状况好不好，安全措施、安全防护是否到位，查物料使用是否有隐患；查作业环境、作业现场是否符合要求。

2."三掌握"

掌握本班组个人家庭情况、本班组人员近期精神状况和思想倾向、本班组人员个性特点等。

3."二抓"

抓安全生产责任制落实与否；抓隐患整改是否落实。

4."一严"

严格安全生产奖惩考核。

检查注意点：点名时观察情绪，注意情绪低落者，防止事故；

交接时观察程序：程序混乱，留下事故隐患；

工作中观察人机：人的不安全行为、物的不安全状态；

完工后观察结果：工艺稳，质量好，无隐患，现场清；

全过程观察控制：质量、产量、隐患、设备、人员。

(四)班组长安全管理的重点

1. 辨识控制危险源

危险源是指可能导致从业人员伤亡和职业病的潜在不安全因素。

根据不同类型的作业，确定班组危险源，即容易造成从业人员伤亡的关键处所、关键岗位和关键作业环节。

危险源的特性：具有理论上可以减少，但实际上只能加以控制。

从防范事故的角度而言，危险源表现为风险性。危险源是否变成隐患，进而引发事故，往往取决于人们的行为。

2. 消除习惯性违章

(1)习惯性违章的表现

①固守旧有的不良工作传统和作业习惯，违反安全工作规程的行为；

②违反安全生产客观规律，随心所欲，盲目采用长期沿袭下来的作业方法的行为；

③在大多数职工身上经常表现出来的违章行为。

(2)习惯性违章特征

顽固性：习惯性行为方式，惯性安全心理；

丧失警觉性：习以为常，不以为然；

有传染力：很强的影响力和破坏力，危害整个班组；

事故必然性：习惯性违章行为越多，发生事故的几率越大。

(3)习惯性违章的种类

按照违章行为主体的不同，习惯性违章可分为指挥性违章和作业性违章。

① 指挥性违章

工作负责人在调度指挥时不顾主客观条件，强令作业人员冒险作业。表现在：不认真按照安全生产责任制有关规定履行职责；不按规定对新职工、换岗职工进行安全教育；不及时批转、传达、贯彻上级有关安全精神；新建、扩建、改建项目不执行“三同时”；对已发出停止使用通知单的设施擅自安排使用；生产管理混乱，影响安全生产；对已发现的隐患不认真整改，仍冒险作业；对已发生的事故不按“四不放过”的原则采取必要措施。

【案例二】××工务段××线天窗外违章作业

2010年3月23日14时30分，××工务段××线路车间副主任带领8名职工，做××线K73＋150处换轨准备工作。14时40分，施工前发现线下待换钢轨比线上重伤钢轨长出45 mm，如果不调整线上轨缝，新轨换不上。车间副主任在天窗命令没有下达的情况下，擅自决定调整轨缝处理。当现场松开K73＋200处一侧接头螺栓时，轨缝突然拉开45 mm。15时02分，现场防护员接到××驻站联络员通知下行来车。此刻，拉开的轨缝已来不及恢复，于15时10分，线路经紧急处理后以20 km/h速度放行列车，停车4 min，构成行车一般C类事故。

【案例分析】

现场施工负责人违章指挥，不执行天窗修制度，心存侥幸、盲目抢活，随意扩大作业范围。

②作业性违章

作业人员或操作人员在作业现场或岗位的作为性违章或不作为行为。表现在：不按操作规程进行作业和交接；擅自离岗，工作期间从事与本职工作无关活动；不按规定佩戴劳动防护用品；无特种作业工种证进行作业；发现设备故障不报告，擅自拆卸；监护人离开现场时，没有按规定停止作业。

【案例三】列车刮道尺事故

2009年1月12日，在××上行线K1146 km处(××工务段负责)发生列车刮道尺事故。

【案例分析】

工务现场作业时，现场防护员在作业人员下道避车后必须确认线上是否遗落料具和料具摆放是否侵限；否则，将引发列车刮碰事故。这次事故就是现场防护员在作业人员下道避车后，未进行确认造成的。

(4)反习惯性违章班组是重点

习惯性违章的受害者多是操作者，而班组聚集了操作者；大部分违章发生在班组；职工对安全生产不够重视，那些不良的作业传统和工作习惯就不会改变，安全生产上紧下松。因此班组长抓好本班的安全管理，反习惯性违章就是重点。

【案例五】××工务段××线人身伤害

2012年8月22日6时50分，××工务段保养班代班长于××，在工区职工换作业服期间简单布置完施工任务后，便组织职工前往××下行线K912＋880处，利用“天窗”进行撤板捣固作业，当日天窗修作业时间6时32分起至7时22分止。7时10分左右，9名作业人员带着工具材料到达作业地点，当时防护员在××下行线K912＋300处，在现场防护员不在作业现场的情况下，于××便带领职工开始上道作业。7时33分，邻线上行货物列车通过作业地点，于××等8人(一名作业人员去K912处取威克镐)没有下道也没有停止作业，使用起道机、威克镐、电动扳手在K912 km880 m附近进行撤板捣鼓作业。同时，本线下行货物列车驶进，作业人员没有及时发现，4名来不及下道的职工被通过的货物列车撞上，造成3名职工当场死亡，1名职工重伤，构成人身伤害较大事故。

【案例分析】

一是现场不设防护就上道作业;二是现场负责人严重违章作业;三是驻站联络员没有尽职尽责;四是邻线列车通过时不停止作业;五是天窗内不作业天窗外干活;六是现场防护措施完全丧失;七是班前安全预想流于形式;八是车间干部管理失责失职;九是劳动安全管理极度弱化。

(5)班组反习惯性违章的措施

①开好班前、班后会;②搞好每周安全日活动;③实行标准化作业;④搞好安全教育;⑤搞好危险源控制;⑥搞好生产现场管理;⑦进行事故演练。

(五)班组长事故紧急处理

【案例六】××班组人身重伤事故

某段某车间甲班发生了一起重伤事故,当时张班长不在现场,等他赶来后看到小赵躺在地上、不能动弹,赶紧将伤者送到医院。当天事故调查组来了,让张班长把情况汇报一下,张班长把自己看到的说完后,只说了一句"可能是自己不小心"。事故调查组对张班长的工作很不满意,可张班长认为自己当时不在现场,再说从来没有出过这种事,根本不知道该怎么做。

【案例分析】

张班长缺乏责任感。在生产中,班组发生事故时,班组长可能在现场,也可能不在。即使在现场,也不可能目睹事故的整个过程和细节,但班组长应积极的查找原因,了解和掌握真实的情况,配合调查组工作,不能等待事故调查组问到自己时,什么也不清楚。

班组长在事故发生后的紧急处理方法:

1. 紧急控制事故现场

事故往往具有突发性,因此班组长在发生事故时,一定要保持头脑清醒,有事故应急预案的,按照事故应急预案处理;无应急预案的,首先切断有关动力源,采取紧急措施,尽快终止事故;抢救伤亡人员,对伤亡人员进行紧急救护;及时呼救援助,防止事故扩大和减少损失;事故终止后,要保护好现场,供调查分析。

2. 调查事故时间、地点、人员、人数、经过、结果等。

班组长要配合事故调查组,调查作业现场的作业人员和在场的知情者,弄清事故经过。

3. 配合调查组分析事故原因,确定事故的主要责任者和直接责任者。

4. 结合事故原因,查找事故隐患和漏洞,制订整改措施。

第四节 班组人身安全管理

人身安全管理属于劳动安全管理的范畴。加强人身安全工作,就是要不断总结经验,掌握客观规律,采取各种措施,防止人身伤亡事故的发生,保护职工在生产过程中的安全、健康,提高劳动生产率,促进运输生产任务的完成。

铁路上线作业人员在施工和维修作业中,由于安全防护措施不到位、盲目穿越线路、下道避车不及时或避车安全距离不够、在站场与线路上行走时侵入限界、未按规定执行作业安全标准等原因,极易造成人身伤害,给铁路运输生产带来极大的安全隐患。班组长要加强班组成员人身安全日常教育,自觉遵守并严格执行防止机车车辆人身伤害安全措施、铁路电气化区段人身作业安全措施、避车安全措施、单岗单人作业人身安全防控措施等相关规定,切实提高人身安全自保意识。

一、人身伤亡事故分类

（一）事故分类

《铁路企业职工伤亡事故处理规则》将伤亡事故分为物体打击、提升或车辆伤害、机械伤害、起重伤害、触电、淹溺、灼烫、火灾、高处坠落、坍塌、冒顶片帮、透水、爆破、火药爆炸、瓦斯煤尘爆炸、其他爆炸、煤与瓦斯突发、中毒和窒息和其他伤害共19类。

（二）伤害程度和伤亡事故等级分类

按伤害程度分为轻伤、重伤、死亡。

按伤亡事故等级分为轻伤事故、重伤事故、死亡事故、重大死亡事故、特大事故、急性中毒事故。

二、职工伤亡事故的报告和处理

职工在工作时间生产区域中所发生的和生产有关的伤亡事故均需统计上报、分析和处理。上报的职工伤亡事故报表要求真实准确、内容完整、报送及时。及时分析发生事故的原因，吸取教训，采取防范措施，做到"四不放过"，即事故的原因未查明不放过，责任人未处理不放过，整改措施未落实不放过，有关人员未受到教育不放过，并且要及时抢救伤员，处理善后工作。

三、防止机车车辆人身伤害安全措施

机车车辆伤害是铁路运输生产过程中的主要伤害之一。从业人员在上线作业前、作业中和作业后，由于违反预防机车车辆伤害的安全规定、未按规定采取安全防护措施等原因，是造成机车车辆伤害的直接原因。

1. 所有从业人员（含劳务工、临时工）每半年必须经单位、车间、班组三级专门安全教育培训，并经考试合格后，方准上岗。

2. 从业人员上岗前必须充分休息好，严禁班前、班中饮酒。严禁脱岗、串岗、私自替班或换班。对视听不良、行动不便的人员，严禁单人作业和使用重点工、机具及担任防护员等工作。

3. 生产作业班组于班前，必须结合天气情况、作业处所、环境条件的变化和工作重点任务，对人身安全关键项点进行周密的安全预想，并制订有效的联防措施，在作业过程中抓好落实。

4. 从业人员上线作业时必须精力集中、严守两纪，认真执行安全检查确认制度和呼唤应答制度，不准打闹、玩笑、阅读书报、接打手机和做与本岗工作无关的事情。

5. 所有从业人员必须会正确佩戴、使用劳动防护用品和工具。

6. 从业人员上岗前必须按规定穿戴劳动防护服装和携带必要的人身安全防护备品。禁止穿凉鞋、高跟鞋、塑料底鞋和带钉子的鞋上岗作业，未穿戴劳动防护服装和携带人身安全防护用品的不准上岗作业。

7. 上线作业应首先设好安全防护，未设防护严禁作业。

各系统根据本工种需要必须单人上线时，严格落实各铁路局集团有限公司单岗单人上线作业安全防控管理规范规定，制订具体防护措施和检查、作业办法。

8. 所有上线作业人员，应统一着装带有夜间反光标志的防护坎肩或带有夜间反光标志的工作服。防护员及上线作业人员，在作业前要按规定将防护坎肩穿在所有衣物的最外层，并不得被其他衣物遮盖。

9. 劳务工、临时工上线作业必须由正式路工带领，并按规定做好防护后方准作业。

10. 新上岗、转岗、调岗和提改职人员必须进行单位、车间、班组三级安全教育培训，并经逐级考试鉴定合格后，方准上岗。学徒工、实习人员参加作业前，必须签订师徒合同，严格落实人身安全互控措施，严禁师徒分离，否则不得单独顶岗作业。

11. 直达特快、特快、快速列车、特快行邮专列等运行速度在 120 km/h 以上的列车到达作业点前 10 min，本线及邻线作业人员下道，必须距钢轨头部外侧 2.5 m 以上的安全处所避车。

12. 从业人员上下工、交接班步行往返作业现场时，必须按规定的安全路线行走，并做到同去同归。沿线路行走时，严禁走道心、枕木头和侵入限界；遇特殊情况必须在线路上行走时，应设专人防护；区间应在路肩或路旁集中走行；在双线区间应面向列车方向行走；通过桥梁、隧道有列车开来时，要进入避车台或避车洞避车。

13. 横越铁路线路时，应"手比、眼看、口呼"，必须执行"一站、二看、三通过"制度，并注意机车、车辆动态及脚下有无障碍物等。横越线路时不准脚踏钢轨面、道岔连接杆、尖轨、可动心轨辙叉等处所。严禁扒乘机车、车辆和以车代步；严禁钻车、跳车和来车时抢越线路；严禁作业人员由车底下、车钩上传递工具。遇天气不良时，更应注意来往的机车、车辆。

14. 横越有机车、车辆停留的线路时，必须先确认机车、车辆暂不移动，然后在距该机车、车辆 10 m 以外绕行。穿越车辆空挡时，首先确认车辆暂无移动后，再从两车组之间空档处迅速穿越，穿越两车组间空挡的间距不得小于 10 m，并要注意脚下有无障碍物及邻线机车、车辆动态。严禁在运行中的机车、车辆前面抢越线路。

15. 遇必须横越列车、车辆时，严禁钻车，应先确认列车、车辆暂不移动，应从车门处、通过台或由车钩上越过，要抓紧蹬稳，不要踢开提钩杆或踢闭折角塞门，并注意邻线有无机车、车辆运行。

16. 施工作业单位在站场施工作业时，线路两旁不得有任何妨碍其他作业人员人身安全的物件。完工后，必须将施工场所恢复到原有完整平坦状态。

17. 严禁在钢轨上、轨枕头、道床边坡上、车底下、道心、车端部、站台边等处所站立、坐卧、避风、雨、雪或乘凉。

18. 使用列车接近报警装置和无线对讲机进行施工作业的单位，要制订呼唤应答程序和呼唤用语。

19. 施工单位在站内或区间线路上作业时，必须按规定设驻站联络员、现场防护员和安全检查员。新职人员不准担任现场防护员和联络员。

20. 现场防护员、联络员和安全检查员必须按规定头戴黄色工作帽，身着防护服，佩戴臂章等标志，并随身携带防护用品及通信工具，站在便于瞭望的地点认真防护，严禁与作业人员闲谈或做与防护无关的事情，严禁防护员参与作业。天气不良或瞭望困难时应增设防护员、联络员。在施工作业地点变动时，必须及时通知防护人员跟踪防护，严禁超出防护范围作业。

21. 恶劣天气禁止上道作业；作业中遇有降雾、暴风雨(雪)、扬沙等恶劣天气影响瞭望或瞭望距离不足时，应停止线路上施工作业，现场防护员要立即组织作业人员下道。因除雪除冰、设备故障、事故抢修等特殊情况必须作业时，应采取增设防护员等特殊安全防护措施，保证在来车前人员和机具按规定距离及时下道。

22. 现场防护员与驻站联络员在联系中断情况下或进路信号辨认不清时，视为有列车接近，作业人员必须及时下道避车。

23. 在线路上进行人员密集的大型施工作业时，邻线来车必须实行拉设安全警示绳、安设扩音器广播等措施进行安全防护。下道避车时应实行拉绳防护。

24. 在桥梁上、隧道内作业时，必须按规定设置防护人员，列车接近时必须按规定下道，迅速撤离桥隧或进入避车台(洞)等安全处所。

25. 线路施工作业和提速区段的巡检人员上道作业前,必须按规定设好防护,加强瞭望,发现来车时必须立即下道,严格执行单线、双线、多线避车制,禁止跨线避车(避车人员必须在线路同一侧集中列队避车,禁止上下行两侧避车),避车人员要站在路肩上避车,面向列车,观察列车运行状态,避免物体堕落或绳索伤人。

26. 所有上线作业人员下道避车时,施工作业负责人、施工作业安全员和防护员,必须认真履行安全监控防护职责,认真落实安全防护措施,及时组织将作业机具、材料撤出线路,并按规定放置、堆码牢固,不得侵入限界,两线间不得停留人员和放置机具、材料。

27. 轨道车、机械检修、作业车等自轮运转车辆在封锁线路上作业时,各施工单位应按照规定做好防护。车下有人员作业时,应在作业地点的两端分别设置防护人员。多单位的机械作业车辆在同一线路上作业时,应保持足够的安全距离。

28. 轨道车、机械检修、作业车等自轮运转车辆,在施工地段动车前必须鸣笛,确认周围作业人员全部处于安全位置后方可动车。作业后连挂时,要执行一度停车制度,并严格控制连挂速度。

四、铁路电气化区段人身作业安全措施

电气化铁路牵引供电设备带有高压电,因此与非电气化铁路相比,电气化铁路对人身安全和作业安全提出了更高的要求。为防止电气化铁路区段发生触电伤亡事故,从业人员应严格遵守铁路电气化区段人身作业安全的各项规定,采取正确的防范措施,有效保障作业人员的人身安全。

1. 所有接触网设备,自第一次受电开始,在未办理停电接地手续之前,均按有电对待。新建电气化铁路接触网送电,应提前 15 d 用书面通知有关单位。路内外有关单位接到通知后,要通过多种形式进行广泛宣传和安全培训教育。电气化铁路上的施工和作业,均须按带电要求办理各项手续。

2. 电气化区段各单位每半年应当组织从业人员进行电气化作业人身安全措施的专门学习培训和考试,考试合格后方准在电气化区段作业,考试成绩 90 分以上为合格,并将考试成绩填记在"铁路(高速铁路)岗位培训合格证书"。非电气化区段调入电气化区段的作业人员必须进行安全培训,并经考试合格后方准上岗。

3. 天桥、跨线桥靠近或跨越牵引供电设备的地方,需设置防护栅网,栅网由所附属结构的产权或工程建设单位负责安设。防护栅网安设"高压危险"标志,警示标志由供电设备管理单位制作安装。

4. 站内和行人较多的地段,牵引供电设备支柱在距轨面 2.5 m 高处均要设白底黑字"高压危险"并有红色闪电符号的警示标志。

5. 电气化铁路区段车站风雨棚、跨线桥、隧道等构建物应安装牢固,状态良好,不得脱落。距牵引供电设备 2 m 范围内不得出现漏水、悬挂冰凌等现象。附挂在跨线桥、渠上的管路,以及通信、照明等线缆,须设专门固定设施,且安装可靠,不得脱落。

6. 电力线路、光电缆、管路等跨越电气化铁路施工时,须在接触网停电并做好安全防护措施后进行。

7. 在电气化区段,除牵引供电专业人员按规定作业外,任何人员及所携带的物件(如长杆、导线等)、作业工器具等与接触网设备、牵引变电设备和电力机车的带电部分,必须保持2 m以上的距离;与回流线、架空地线、保护线保持 1 m 以上距离,距离不足时,牵引供电设备需停电。禁止通过任何物体,如棒条、导线、水流等与上述设备相接触(接触网间接带电作业除外)。

8. 电气化铁路区段，具有升降、伸缩、移动平台等功能的机械设备进行施工、装卸等作业时，作业范围与牵引供电设备高压带电部分须保持 2 m 以上的距离，与回流线、架空地线、保护线保持 1 m 以上距离，距离不足时，牵引供电设备需停电。

9. 在距牵引供电设备高压带电部分 2 m 以外，与回流线、架空地线、保护线 1 m 以外，临近铁路营业线作业时，牵引供电设备可不停电，但须按照铁路营业线施工安全管理有关规定执行。

10. 乘坐轨道作业车时，严禁将长大料具高举挥动。作业人员持长大物体通过电气化铁路时，必须使其保持水平状态通过。

11. 电气化区段接触网设备未停电并办理安全防护措施前，禁止任何人员攀登到各种机车车辆(机车、动车及各种车辆)顶部或车辆装载的货物上进行任何作业，严禁翻越车顶通过线路。

12. 电气化区段上水、保洁、施工等作业，不得将水管向供电线路方向喷射，站车保洁不得采用向车体上部喷水方式洗刷车体。

13. 牵引供电设备故障时，与牵引供电设备相连接的支柱、接地引下线、综合接地线等可能出现高电压，未采取安全措施前，禁止与其接触，并保持安全距离。

14. 牵引供电设备支柱及各部接地线损坏，回流吸上线与钢轨或扼流变压器连接脱落时，禁止非专业人员与之接触。

15. 严禁向接触网上抛挂绳索等物体，发现接触网断线及其部件损坏，或发现吊挂在接触网上的外来飘落物线头、绳索、塑料布或脱落搭接等异物，均视为带电，不得与之接触，应立即通知附近车站和供电部门，在牵引供电设备检修人员到达未采取措施以前，任何人员均应距已断线索或异物处所 10 m 以外。

16. 距牵引供电设备支柱及牵引供电设备带电部分 5 m 范围以内具备接入综合接地条件的金属结构应纳入综合接地系统；不能接入综合接地系统的金属结构需装设接地装置，接地电阻一般不大于 10 Ω。

17. 遇雨雪等天气不良情况下，禁止靠近接触网设备部件等；禁止使用带金属的雨伞等物在接触网下作业。

五、普速铁路避车安全措施

安全避车是避免被运行中的机车车辆碰撞而受到伤害的重要环节。铁路作业人员在上线作业中以及在站场或线路上行走、横越时，应严格遵守下道避车以及在站场、线路行走的各项规定，及时到安全地点下道避车，严禁侵入机车车辆限界，确保避车安全。

(一)基本要求

作业人员应熟悉管内的线桥设备情况和各种信号显示方法，并注意瞭望，来车时及时下道避车。

步行上下工时，区间应在路肩或路旁集中走行；在双线区间，应面迎列车方向走行；通过桥梁、道口或横越线路时，应"手比、眼看、口呼"，做到"一停、二看、三通过"，严禁来车时抢越。必须走道心时，应设置专人防护。进路信号辨认不清时，应及时下道避车。

(二)正线作业人员避车规定

1. 距钢轨头部外侧距离不小于 2 m，设有避车台(洞)的桥梁(隧道)应进入避车台(洞)避车。

2. 本线来车按下列距离下道完毕：

(1)v_{max}≤60 km/h 时，不小于 500 m；

(2)60 km/h<v_{max}≤120 km/h 时，不小于 800 m；

(3)120 km/h$<v_{max}\leqslant$160 km/h 时,不小于 1 400 m;

(4)160 km/h$<v_{max}<$200 km/h 时,不小于 2 000 m。

3. 邻线(线间距小于 6.5 m)来车下道规定:

(1)本线不封锁时:

①邻线速度 $v_{max}\leqslant$60 km/h 时,本线可不下道;

②60 km/h<邻线 $v_{max}\leqslant$120 km/h 时,来车可不下道,但本线必须停止作业;

③邻线 $v_{max}>$120 km/h 时,下道距离不小于 1 400 m;

④瞭望条件不良,邻线来车时本线必须下道。

(2)本线封锁时:

①邻线 $v_{max}\leqslant$120 km/h 时,本线可不下道;

②120 km/h<邻线 $v_{max}\leqslant$160 km/h 时,本线可不下道,但本线必须停止作业;

③邻线 $v_{max}>$160 km/h 时,本线必须下道,距离不小于 2 000 m。

(三)站内其他线路作业人员避车规定

在站内其他线路作业,躲避本线列车时,下道距离不少于 500 m,与本线相邻的正线来车时,按本条第一项和第三项办理,与本线相邻的其他站线来车时可不下道,但必须停止作业。列车进路不明时必须下道避车。

(四)普速铁路和高速铁路并行地段,普速铁路作业避车规定

普速铁路和高速铁路并行地段,普速铁路作业、进出防护栅栏门必须严格执行高速铁路登销记制度。

普速铁路和高速铁路并行,但未设物理隔离且天窗不同步地段,所有作业必须纳入天窗。普速铁路本线与相邻高速铁路线间距不足 6.5 m 地段,普速铁路作业而相邻高速铁路行车时,相邻高速铁路列车需限速 160 km/h 及以下,相邻高速铁路来车,本线可不下道。作业和避车严禁侵入高速铁路建筑限界。如作业需侵入高速铁路建筑限界,相邻高速铁路也必须同时封锁。

普速铁路与高速铁路垂直天窗相同时段,在设好防护、确认高速铁路无路用列车通过时,可以跨越高速铁路进出,但要制订相应的安全措施,具体办法由铁路局规定。

(五)人员下道避车注意事项

1. 速度小于 120 km/h 区段,瞭望条件大于 2 000 m 以上时,钢轨探伤仪、轨道检查仪作业,邻线来车可不下道。

2. 人员下道避车时应面向列车认真瞭望,防止列车上的抛落、坠落物或绳索伤人。

3. 人员下道避车的同时,必须将作业机具、材料移出线路,并放置、堆码牢固,不得侵入建筑限界;两线间距离小于 6.5 m 不得停留人员和放置机具、材料。

4. 严禁作业人员跳车、钻车、扒车和由车底下、车钩上传递工具材料。休息时不准坐在钢轨、轨枕头及道床边坡上。绕行停留车辆时其距离应不少于 5 m,并注意车辆动态和邻线上开来的列车。

5. 遇有降雾、暴风雨(雪)、扬沙等恶劣天气影响瞭望时,应停止线上作业和上道检查,必须作业时,应采取特殊安全措施,保证来车之前按规定的距离及时下道。

6. 线路 $v_{max}>$120 km/h 的区段,巡道、巡守人员应在路肩上行走,并注意察看线路状态。

六、高速铁路避车安全措施

(一)基本要求

作业人员应熟悉管内的线桥设备情况和各种信号显示方法,并注意瞭望和其他警示信号,

来车时及时下道避车。

上道前和跨越线路时应严格遵守“一停、二看、三通过”和“手比、眼看、口呼”的规定，严禁抢越。铁路局集团公司应制订具体落实办法。

严禁作业人员跳车、钻车、扒车和由车底下、车钩上传递工具材料。休息时严禁坐在钢轨、轨枕头及道床边坡上。绕行停留车辆时其距离应不少于 5 m，并注意车辆动态和邻线上开来的列车。

(二)正线作业人员避车规定

1. 距钢轨头部外侧不小于 2 m。

2. 本线来车避车：

(1)不得在两线间避车。

(2)垂直天窗邻线开行路用列车或 V 形天窗，应在本线一侧的路肩、桥梁作业通道、隧道救援通道避车。

(3)垂直天窗邻线不开行路用列车，可在本线一侧的路肩、桥梁作业通道、隧道救援通道或邻线避车。

(4)下道距离不小于 800 m。

3. 本线封锁，邻线(线间距小于 6.5 m)来车时本线可不下道。

(三)站内其他线路作业人员避车规定

1. 距钢轨头部外侧不小于 2 m；

2. 在站内其他线路检查或作业，躲避本线列车时，下道距离不少于 500 m；

3. 与本线相邻的正线来车时，检查或作业人员避车下道距离不小于 800 m；与本线相邻的其他站线来车时可不下道，但必须停止作业。列车进路不明时必须下道避车。

(四)人员下道避车注意事项

人员下道避车时应面向列车认真瞭望，防止列车上的抛落、坠落物伤人。

人员下道避车的同时，必须将作业机具、材料移出线路，放置、堆码牢固，不得侵入限界。两线间不得放置机具、材料。

七、单岗、单人作业人身安全防控措施

为有效预防机车车辆人身伤害事故，单岗单人上线作业人员上线作业时应严格遵守人身安全防控管理规范的各项规定，做好安全预想和人身安全互控措施，针对关键项点做到有效防范，确保单岗单人上线作业人员的人身安全。

1. 单位、车间、班组要对单岗单人作业的人身安全风险全面辨识排查，并制订具体的人身作业安全标准规范和预案(明确作业流程每道工序的安全动作、安全位置和禁止行为等)。加强日常安全教育和培训，不断提高干部职工人身安全自保意识和素质。

2. 上线作业前工班长要针对生产任务所涉及的危险环境处所、设备设施、机具和不良天气等情况，开展有针对性的人身安全预想和提示，并制订人身安全卡控办法，明确互控对象、落实责任人，做到安全交底提问人人清楚，并做好安全签认记录后，方准组织上线作业。

3. 单岗单人作业，作业人员要按规定携带防撞轧“列车接近无线语音报警接收机”，熟知人身作业安全走行路径，明确互控责任人和呼唤应答标准用语，并做好记录，杜绝人身“三违”的发生。

4. 单岗单人作业人员，要熟知列车运行时刻，未设专人防护，禁止上道作业；作业中禁止接打手机(有特殊规定的除外)；不按规定正确佩戴使用劳动防护用品、用具的，禁止上岗作业；对安全性能不良的劳动防护用品、用具和设备设施、机具禁止使用，防止人身伤害事故的发生。

5. 单位、车间、班组应采取上岗前察问和定期分析的方法，及时掌控单岗单人作业人员的身体健康状况和情绪变化、工作态度、安全素质、遵章守纪等情况，要健全安全卡控制度，有针对性地采取安全防范对策。不得安排患有严重高血压、心脏病等职业禁忌症疾病的人员，从事单岗单人作业。不得安排“三新人员”、劳务工和实习人员等从事单岗单人作业。

6. 作业人员班前须充分休息，保持精力充沛。班前、班中严禁饮酒，上岗前按规定正确佩戴劳动防护用品、用具。

7. 对单岗单人作业人员如巡检人员、防护员等，工班长要在班前当面向其讲明人身安全注意事项，并对其着装、携带劳动安全防护用品和工具等进行全面检查，双方做好签认记录，对不符合规定要求的，要及时进行防控纠正，严防不良机具伤人事故的发生。

8. 进行上线设备巡视检查和应急故障处理，严禁单人在未设人身安全防护和无人互控情况下上线作业；群体上线作业禁止无人防护单人横过相邻线路和离开作业现场，遇有特殊情况必须安排专人同行防护、同去同归。

9. 单岗单人作业的危险环境处所，使用的危险设施、设备，要按规定设置安全警示标志(牌)。如必须横过的线路桥梁、隧道，临近的电气设施设备、动力设备旋转部位等，要提高人身安全自警防范意识。

10. 作业人员于班前要按规定对工作场地进行安全检查确认，并进行安全预想预测，针对预想预测的人身危险因素采取安全防范措施后，方准作业。

11. 上线作业防护员必须第一时间到现场，及时正确地按标准做好人身安全防护，收工后必须最后撤离现场，严禁防护员和作业负责人、安全员提前离开现场。

12. 上线作业人员遇必须横越铁路线路时，必须认真执行“一站、二看、三通过”的人身安全制度(一站：需有停顿动作；二看：面对所要横过的线路用手左右指看，确认机车车辆运行状态及脚下是否有无障碍物；三通过：确认安全条件具备后，方准通过)；顺着线路行走时，严禁侵入机车车辆限界；严禁在道心或枕木头上行走；严禁在运行的机车车辆前抢行。

第五节　事故调查和处理

事故的调查和处理，一般指行车、人身等事故的调查和处理。按照各类事故的处理权限，班组无权对事故进行调查和处理，但班组在事故的调查处理过程中却能起到十分重要的作用，各种原始资料、事故现场的人证、物证、环境条件等第一手资料大部分都由班组提供。

一、行车事故及分类

铁路机车车辆在运行过程中发生冲突、脱轨、火灾、爆炸等影响铁路正常行车的事故，包括影响铁路正常行车的相关作业过程中发生的事故；或者铁路机车车辆在运行过程中与行人、机动车、非机动车、牲畜及其他障碍物相撞的事故，均为铁路交通事故(以下简称事故)。

《铁路交通事故应急救援和调查处理条例(国务院令 501 号)》(以下简称《条例》)根据事故造成的人员伤亡、直接经济损失、列车脱轨辆数、中断铁路行车时间等，将事故等级分为特别重大事故、重大事故、较大事故和一般事故四个等级。

(一)特别重大事故构成条件

有下列情形之一的，为特别重大事故：

1. 造成 30 人以上死亡，或者 100 人以上重伤(包括急性工业中毒，下同)，或者 1 亿元以上直接经济损失的；

2. 繁忙干线客运列车脱轨 18 辆以上并中断铁路行车 48 h 以上的；

3. 繁忙干线货运列车脱轨 60 辆以上并中断铁路行车 48 h 以上的。

（二）重大事故构成条件

有下列情形之一的，为重大事故：

1. 造成 10 人以上 30 人以下死亡，或者 50 人以上 100 人以下重伤，或者 5 000 万元以上 1 亿元以下直接经济损失的；

2. 客运列车脱轨 18 辆以上的；

3. 货运列车脱轨 60 辆以上的；

4. 客运列车脱轨 2 辆以上 18 辆以下，并中断繁忙干线铁路行车 24 h 以上或者中断其他线路铁路行车 48 h 以上的；

5. 货运列车脱轨 6 辆以上 60 辆以下，并中断繁忙干线铁路行车 24 h 以上或者中断其他线路铁路行车 48 h 以上的。

（三）较大事故构成条件

有下列情形之一的，为较大事故：

1. 造成 3 人以上 10 人以下死亡，或者 10 人以上 50 人以下重伤，或者 1 000 万元以上 5 000万元以下直接经济损失的；

2. 客运列车脱轨 2 辆以上 18 辆以下的；

3. 货运列车脱轨 6 辆以上 60 辆以下的；

4. 中断繁忙干线铁路行车 6 h 以上的；

5. 中断其他线路铁路行车 10 h 以上的。

（四）一般事故构成条件

造成 3 人以下死亡，或者 10 人以下重伤，或者 1 000 万元以下直接经济损失的，为一般事故。

除上述规定，国务院铁路主管部门对一般事故的其他情形作出补充规定如下：

一般事故分为：一般 A 类事故、一般 B 类事故、一般 C 类事故、一般 D 类事故。

1. 有下列情形之一，未构成较大以上事故的，为一般 A 类事故。

A1. 造成 2 人死亡。

A2. 造成 5 人以上 10 人以下重伤。

A3. 造成 500 万元以上 1 000 万元以下直接经济损失。

A4. 列车及调车作业中发生冲突、脱轨、火灾、爆炸、相撞，造成下列后果之一的：

A4.1 繁忙干线双线之一线或单线行车中断 3 h 以上 6 h 以下，双线行车中断 2 h 以上 6 h 以下；

A4.2 其他线路双线之一线或单线行车中断 6 h 以上 10 h 以下，双线行车中断 3 h 以上 10 h 以下；

A4.3 客运列车耽误本列 4 h 以上；

A4.4 客运列车脱轨 1 辆；

A4.5 客运列车中途摘车 2 辆以上；

A4.6 客车报废 1 辆或大破 2 辆以上；

A4.7 机车大破 1 台以上；

A4.8 动车组中破 1 辆以上；

A4.9 货运列车脱轨 4 辆以上 6 辆以下。

2. 有下列情形之一,未构成一般 A 类以上事故的,为一般 B 类事故。

B1. 造成 1 人死亡。

B2. 造成 5 人以下重伤。

B3. 造成 100 万元以上 500 万元以下直接经济损失。

B4. 列车及调车作业中发生冲突、脱轨、火灾、爆炸、相撞,造成下列后果之一的:

B4.1 繁忙干线行车中断 1 h 以上;

B4.2 其他线路行车中断 2 h 以上;

B4.3 客运列车耽误本列 1 h 以上;

B4.4 客运列车中途摘车 1 辆;

B4.5 客车大破 1 辆;

B4.6 机车中破 1 台;

B4.7 货运列车脱轨 2 辆以上 4 辆以下。

3. 有下列情形之一,未构成一般 B 类以上事故的,为一般 C 类事故。

C1. 列车冲突。

C2. 货运列车脱轨。

C3. 列车火灾。

C4. 列车爆炸。

C5. 列车相撞。

C6. 向占用区间发出列车。

C7. 向占用线接入列车。

C8. 未准备好进路接、发列车。

C9. 未办或错办闭塞发出列车。

C10. 列车冒进信号或越过警冲标。

C11. 机车车辆溜入区间或站内。

C12. 列车中机车车辆断轴,车轮崩裂,制动梁、下拉杆、交叉杆等部件脱落。

C13. 列车运行中碰撞轻型车辆、小车、施工机械、机具、防护栅栏等设备设施或路料坍体、落石。

C14. 接触网接触线断线、倒杆或塌网。

C15. 关闭折角塞门发出列车或运行中关闭折角塞门。

C16. 列车运行中刮坏行车设备设施。

C17. 列车运行中设备设施装载货物(包括行包、邮件)装载加固材料(或装置)超限(含按超限货物办理超过批准尺寸的)或坠落。

C18. 装载超限货物的车辆按装载普通货物的车辆编入列车。

C19. 电力机车、动车组带电进入停电区。

C20. 错误向停电区段的接触网供电。

C21. 电气化区段攀爬车顶耽误列车。

C22. 客运列车分离。

C23. 发生冲突、脱轨的机车车辆未按规定检查鉴定编入列车。

C24. 无调度命令施工,超范围施工,超范围维修作业。

C25. 漏发、错发、漏传、错传调度命令导致列车超速运行。

4. 有下列情形之一,未构成一般C类以上事故的,为一般D类事故。

D1. 调车冲突。

D2. 调车脱轨。

D3. 挤道岔。

D4. 调车相撞。

D5. 错办或未及时办理信号致使列车停车。

D6. 错办行车凭证发车或耽误列车。

D7. 调车作业碰轧脱轨器、防护信号,或未撤防护信号动车。

D8. 货运列车分离。

D9. 施工、检修清扫设备耽误列车

D10. 作业人员违反劳动纪律、作业纪律耽误列。

D11. 滥用紧急制动阀耽误列车。

D12. 擅自发车、开车、停车、错办通过或在区间乘降所错误通过。

D13. 列车拉铁鞋开车。

D14. 漏发、错发、漏传、错传调度命令耽误列车。

D15. 错误操纵、使用行车设备耽误列车。

D16. 使用轻型车辆、小车及施工机械耽误列车。

D17. 应安装列尾装置而未安装发出列车。

D18. 行包、邮件装卸作业耽误列车。

D19. 电力机车、动车组错误进入无接触网线路。

D20. 列车上工作人员往外抛掷物体造成人员伤害或设备损坏。

D21. 行车设备故障耽误本列客运列车1 h以上,或耽误本列货运列车2 h以上;固定设备故障延时影响正常行车2 h以上(仅指正线)。

5. 原铁道部(现中国国家铁路局集团有限公司)可对影响行车安全的其他情形,列入一般事故。

二、事故调查处理

特别重大事故由国务院或者国务院授权的部门组织事故调查组进行调查。重大事故由国务院铁路主管部门组织事故调查组进行调查。较大事故和一般事故由事故发生地铁路管理机构组织事故调查组进行调查;国务院铁路主管部门认为必要时,可以组织事故调查组对较大事故和一般事故进行调查。

根据事故的具体情况,事故调查组由有关人民政府、公安机关、安全生产监督管理部门、监察机关等单位派人组成,并应当邀请人民检察院派人参加。事故调查组认为必要时,可以聘请有关专家参与事故调查。

三、行车事故报告

1. 事故发生后,事故现场的铁路运输企业工作人员或者其他人员应当立即向邻近铁路车站、列车调度员、公安机关或者相关单位负责人报告。有关单位和人员接到报告后,应立即将事故情况向企业负责人和事故发生地安全监管办安全监察值班人员报告,安全监管办安全监察值班人员按规定向安全监管办负责人报告。

2. 事故报告的主要内容。

(1)事故发生的时间、地点、区间(线名、公里、米)、线路条件、事故相关单位和人员。

(2)发生事故的列车种类、车次、机车型号、部位、牵引辆数、吨数、计长及运行速度

(3)旅客人数,伤亡人数、性别、年龄以及救助情况,是否涉及境外人员伤亡。

(4)货物品名、装载情况,易燃、易爆等危险货物情况。

(5)机车车辆脱轨辆数、线路设备损坏程度等情况。

(6)对铁路行车的影响情况。

(7)事故原因的初步判断,事故发生后采取的措施及事故控制情况。

(8)应当立即报告的其他情况。

3. 事故报告后,人员伤亡、脱轨辆数、设备损坏等情况发生变化时,应及时补报。

四、事故责任判定

1. 事故责任分为全部责任、主要责任、重要责任、次要责任和同等责任。

2. 因设备管理不善造成的事故,定设备管理单位责任。

3. 因产品质量不良造成事故,定产品供应商或制造、检修单位责任;应采用经行政许可或强制认证的产品而采用其他产品的,追究采用单位责任;采购不合格或不达标产品的,追究采购单位责任。

4. 自然灾害原因导致的事故,因防范措施不到位,定责任事故。确属不可抗力原因导致的事故,定非责任事故。

5. 营业线施工中发生责任事故,属工程建设、设计、监理、施工等原因造成的,定上述相关单位责任;同时追究设备管理单位责任。

已经竣工验收的设备,因质量问题发生责任事故,确属工程建设、设计、施工、监理等单位责任的,定上述相关单位责任;属设备管理不善的,定设备管理单位责任。

6. 因临时租(借)用其他单位的设备设施、人员,发生事故,定使用单位责任。

产权单位委托其他单位维修设备设施,因维修质量不良造成事故,定维修单位责任;产权单位管理不善的,追究其同等责任。

7. 事故涉及两个以上单位管理的相关设备,设备质量均未超过临修或技术限度时,按事故因果关系进行推断,确定责任单位。

8. 铁路作业人员在从事与行车相关的作业过程中,不论作业人员是否在其本职岗位,由于违反操作规程、作业纪律,或铁路运输生产设备设施、劳动条件、作业环境不良,或安全管理不善等造成伤亡,定责任事故。具体情形按以下规定办理。

(1)乘务人员及其他作业人员在企业内候班室、外地公寓、客车宿营车等处候班、间休期间,因违章违纪、设备设施不良等造成伤亡,定有关单位责任。

(2)作业人员在疏导道口、引导或帮助旅客上下车维持站车秩序过程中被列车撞轧而伤亡的,定作业人员所在单位责任。

(3)事故发生过程中,作业人员在避险或进行事故抢险时因违章作业再次发生伤亡,应按同一件事故定责;事故过程已终止,在事故救援、抢修、复旧及处理中又发生事故导致伤亡的,按另一件事故定责。

(4)铁路运输企业所属临管铁路发生的责任伤亡事故,定该企业责任事故。

(5)作业人员在工作或间歇时间擅自动用铁路运输设备设施、工具等导致伤亡的,定该作

业人员所在单位责任事故，同时追究设备设施配属（或管理）单位的责任。

（6）作业人员因患有职业禁忌症而导致行为失控，造成伤亡的，定该作业人员所在单位责任。

（7）两个及以上铁路运输企业在交叉作业中发生伤亡，定主要责任单位事故；若各方责任均等，定伤亡人员所在单位责任，同时追究其他相关单位责任。若各方责任均等且均有人员伤亡，分别定责任事故。

9. 作业人员发生伤亡，经二级以上医院、急救中心诊断或经法医验、解剖，证明系因脑溢血、心肌梗死、猝死等突发性疾病所致，并按事故处理权限得到事故调查组确认的，不定责任事故。医院等级不够的，需经法医进行尸表检验或尸体解剖鉴定。法医尸检或解剖鉴定报告结论不确定的，定责任事故。

10. 作业人员伤亡事故原因不清，或公安机关已立案但尚无明确结论的，定责任事故。暂时不能确定事故性质、责任的，按待定办理。

若跨年度仍不能确定或处理时间超过法定期限的，定伤亡人员所在单位责任。在年度统计截止前，该事故已查清并作出与原处理决定相反结论的，可向原处理部门申请更正。

11. 铁路机车车辆与行人、机动车、非机动车、牲畜及其他障碍物相撞造成事故，按以下规定判定责任。

（1）事故当事人违章通过平交道口或者人行过道，或者在铁路线路上行走、坐卧造成人身伤亡，定事故当事人责任。

（2）事故当事人逃逸或者有证据证明当事人故意破坏、伪造现场、毁坏证据，定事故当事人责任。

（3）事故当事人违反国家法律法规，有明显过失的，按过错的严重程度，分别承担责任。

五、法律责任

1. 铁路运输企业及其职工违反法律、行政法规的规定，造成事故的，由国铁集团或者安全监管办依法追究行政责任。构成犯罪的，依法追究刑事责任。

2. 铁路运输企业及其职工迟报、漏报、瞒报、谎报事故的，对单位，由国铁集团或安全监管办处 10 万元以上 50 万元以下的罚款；对个人，由国铁集团或安全监管办处 4 000 元以上 2 万元以下的罚款；属于国家工作人员的，依法给予处分；构成犯罪的，依法追究刑事责任。

3. 安全监管办迟报、漏报、瞒报、谎报事故的，由铁路总公司对直接负责的主管人员和其他直接责任人员依法给予处分；构成犯罪的，依法追究刑事责任。

4. 干扰、阻碍事故调查处理的，对单位，由国铁集团或安全监管办处 4 万元以上 20 万元以下的罚款；对个人，由国铁集团或安全监管办处 2 000 元以上 1 万元以下的罚款；情节严重的，对单位，由国铁集团或安全监管办处 20 万元以上 100 万元以下的罚款；对个人，由国铁集团或安全监管办处 1 万元以上 5 万元以下的罚款；属于国家工作人员的，依法给予处分；构成违反治安管理行为的，由公安机关依法给予治安管理处罚；构成犯罪的，依法追究刑事责任。

5. 在事故调查中，调查人员索贿受贿、借机打击报复或不负责任，致使调查工作有重大疏漏的，由组成事故调查组的机关给予处分，构成犯罪的，依法追究刑事责任。

第三章

班组生产管理

第一节　班组生产管理概述

班组生产管理是指在企业整个生产经营活动中，由班组自身所进行的计划、组织、指挥、协调、控制、激励等管理活动。班组生产管理的职能在于对班组中的人、财、物合理组织、有效利用，以达到企业和车间所规定的目标和要求。

一、班组生产管理的概念

班组生产管理是指根据站段、车间下达的生产计划，对班组的生产活动进行计划、组织、指挥、协调和控制，合理地组织班组生产，充分发挥班组全体人员和设备的能力，保质保量、均衡、安全地完成生产任务，实现最佳的经济效益。

班组生产管理是对班组生产活动全过程所进行的管理，是班组最基本的日常管理活动。班组生产管理既是企业组织生产活动不可缺少的管理环节，也是企业生产管理工作的基础部分。搞好班组的生产管理，对保证完成班组的生产任务和实现企业的生产目标，都具有极为重要的作用。

二、班组生产管理的任务

班组生产管理的任务，概括说是，指在班组运输生产活动中，以尽可能少的投入，取得尽可能多的产出，即取得最佳的经济效果。具体来说，主要包括：

1. 提供优质的铁路运输服务。不论是生产班组还是服务班组，都必须牢固树立质量第一、为旅客和货主服务的观点，保证生产出高质量的铁路运输产品。

2. 合理组织劳动力。严格按定额定员组织生产，加强思想政治工作，充分发挥班组成员的主动性和积极性。

3. 合理利用各种资源。积极开展班组经济核算，减少物资和能源消耗，降低产品或生产成本。

4. 搞好安全生产。铁路班组特别是行车主要班组，要贯彻“安全第一，预防为主”的方针，落实安全生产技术措施和劳动保护措施，不断改善班组生产的环境和条件，杜绝行车、人身和设备等事故的发生。

5. 实现班组生产目标。必须保证完成车间下达的任务，实现班组的生产目标，包括产品品种、质量、数量、速度、效率、成本、安全等重要指标，实现运输生产过程的安全、优质、低耗、高效。

三、班组生产管理的内容

班组生产管理一般包括准备、计划、组织、控制四个方面的内容。

1. 准备

班组生产作业的准备主要是指工艺技术准备、人力准备、物资能源准备和机器设备准备。这些准备既是班组进行正常生产活动的基本前提,又是完成班组生产计划的必要保证。

2. 计划

班组生产作业的计划是指生产计划和生产作业计划。通过编制与执行生产计划和生产作业计划,充分合理地利用班组的生产能力和各种条件,实现均衡有节奏地生产,按时保质保量地生产出规定的产品或下道工序满意的产品。

3. 组织

班组生产作业的组织是指班组生产过程组织与劳动过程组织的统一。生产过程组织就是合理地组织产品生产过程的各个阶段、各个工序在时间和空间上的衔接协调。劳动过程组织则是正确处理班组成员之间的关系,以及班组与班组之间,班组成员与劳动工具、劳动对象的关系。班组的生产组织具有相对的稳定性,但也要根据单位的要求和班组的发展需要做出相应的调整。

4. 控制

班组生产作业的控制是指对生产全过程实行全面控制。从范围上来看,控制包括班组生产组织、生产准备和生产过程的各个方面;从内容上来看,控制包括生产进度、产品质量、原材料消耗、生产费用、库存等方面的控制。生产控制是班组生产管理的一项重要职能,它是班组完善生产组织,实现生产计划,提高产品质量,降低生产消耗和产品成本的重要手段。

四、班组生产管理的要求

1. 计划性。按照站段、车间下达的生产计划来制订班组的实施计划,保证按计划完成班组运输生产任务,满足企业运输生产全过程的需要。

2. 经济性。在班组组织生产时,努力降低生产消耗,尽最大努力提高班组生产的经济效益。

3. 均衡性。在产品的生产过程中,按照生产作业计划的进度和要求,各个生产环节和工序在相等的时间内,完成相等或递增的工作任务,均衡实现生产。

4. 时效性。在运输生产过程中,对各种原材料、成品和半成品,都应按必要的品种、规格、时间和数量来供应,以避免占用过多的物资和资金。

5. 安全性。在班组的生产过程中,必须保证每个成员的安全,防止各类事故的发生,切实做到安全促进生产、生产必须安全。

五、班组生产管理的步骤

1. 计划、目标、标准的拟定和检查。这项工作基本上就是班组计划与目标制订过程的主要工作。班组生产的全过程管理都要以班组的计划与目标为依据。

2. 将检查后的计划和目标明确具体地分配下达到班组的各个工作岗位和操作人员,同时提示有关的技术操作标准。

3. 对生产作业过程进行检查测定,并将检查测定结果与计划、目标等指标及要求进行比较，找出偏差及薄弱环节。

4. 对发生的偏差及时研究采取更正措施，使其恢复到正常状态，或重新修订计划与目标，使其更符合实际状况。

生产前的管理是生产全过程管理的首要环节。生产前的管理一方面是管理执行生产计划前，条件不具备、准备工作没有做好的生产任务，不要立即投入生产作业；另一方面是管理计划外或计划不切实际的不予生产，防止生产的盲目性。

生产过程中的管理是生产全过程管理的中心环节，是保证生产按计划执行，保证良好的生产秩序和经济效果的根本手段。

第二节 班组生产作业过程管理

工长做好检查、计划、作业、验收四项基本工作，是工区建立科学养修秩序，保证年度目标、月生产任务和设备状态、作业质量、养修投入三大控制顺利实现，以及搞好工区生产管理的关键。

一、线路检查

线路设备检查是线路维修工作的主要环节。它是获得线路设备状态信息、掌握线路设备变化规律、编制维修作业计划和分析设备病害的主要依据，线路工长必须亲力亲为，认真做好检查工作。

(一)线路检查制度

检查工区应有计划地对线路车间管辖线路设备进行月度周期性检查和重点病害的调查、复核，线路工区参加月度周期性检查。轨道几何尺寸以仪器检查为主，人工主要进行轨道结构检查。

1. 正线线路检查。

轨道检查车每月检查的正线：无砟轨道、混凝土枕线路轨道结构及几何状态每季检查不少于1次(轨道结构未检查的月份，当月设备巡检不少于1次)；轨道检查车未检查的月份，线路轨道结构及几何状态当月检查不少于1次。木枕线路轨道结构及几何状态每月检查不少于1次，轨道结构薄弱地段、重点地段应增加检查次数。

轨道检查车每季检查的正线：线路轨道结构及几何状态每月检查不少于1次。

2. 正线道岔、调节器检查。

正线混凝土枕道岔、混凝土枕或明桥面调节器轨道结构及几何状态每月检查不少于1次，正线木枕道岔、有砟木枕调节器轨道结构及几何状态每月检查不少于2次。

3. 站线线路和道岔检查。

一般每6个月不少于1次，其中到发线、客车径路道岔检查比照正线道岔检查周期，具体由铁路局集团公司规定。

4. 曲线正矢检查。

正线、到发线、客车径路曲线及岔后连接曲线正矢检查每季不少于1次，其他线路曲线正矢检查每6个月不少于1次。

5. 无缝线路位移观测。

每6个月不少于1次，原则上春、秋季各1次，进行影响无缝线路稳定的作业后，应及时进行观测。发现固定区观测桩处累计位移量大于 10 mm 时(不含长轨条两端观测桩),应及时上报工务段查明原因,采取相应措施。

6. 对严重线路病害地段和薄弱处所,应加强检查。

重点检查时,下列地段必须全部检查。

(1)薄弱处所:小半径曲线、绝缘接头、异型接头、长大坡道、无缝线路缓冲区、焊缝。

(2)关键部位:道岔、道口、桥上线路、隧道内线路。

(3)病害地段:伤损设备、翻浆冒泥、水害、基床下沉地段。

(4)作业地段:施工作业处所及最近一次养护作业地段。

对所有的检查结果应认真做好记录。

线路工长每月上旬设备检查日期一般为 5 日至 10 日,下旬检查日期一般为 20 日至 25 日,遇节假日则应提前或滞后两天。其他站线的线路和道岔在上旬检查,若设备数量较多,可在上、下旬分别检查,但周期必须一致。当月 15 日前有轨检车检查的线路上旬可不检查,15 日及以后轨检车检查的线路下旬可不检查。如当月有两次轨检车时,下旬必须进行次设备检查。线路工区工长不能按时检查时,由车间指定的代理工长或车间技术员代检。具体办法可执行各铁路局相关规定,每月的 1 日至月底或每月的 20 日至下个月的 20 日为一个养护月度

(二)线路设备检查方法

1. 现场划撬方法

各单位可能各有规定,但大多表达的意思基本一样,例如以下几种表达方法:

(1)高低、水平划撬:><。

(2)改道划撬:>↑↓<。

(3)拨道划撬:→顺轨枕纵向划。

(4)轨枕或零配件失效标记:在相应的设备上打×。

(5)重捣划撬:>+<。

(6)轻捣划撬:>-<。

(7)离缝划撬:︽或︾。

2. 检查要求

(1)确定基准股

①水平:单线直线地段以里程递增方向(复线直线地段以列车运行方向)左股为基准股,曲线地段下股为基准股;单开道岔以内直导曲线下股为基准股。另一股高于基准股为“+”,低于基准股为“-”。

②高低、方向:直线地段以高低(方向)好的一股,单开道岔以外直股为基准股。

(2)记录簿填写

①线路:轨距水平统一填写与标准值的偏差。曲线五大桩位置、轨距加宽、设计超高及顺坡率必须在检查记录簿相应位置标出。直线进入曲线后,按里程方向在轨号栏内用“▽”符号和“ZH、HY、YH、HZ”标出直缓、缓圆、圆缓、缓直点的位置,同时将曲线半径、超高及超高顺坡率、轨距加宽填写在相应表头栏内;遇有道岔应将“道岔”填写在对应轨号栏内。

②曲线:每条曲线起始页必须填全曲线要素;曲线正矢填写实际检查值。

③道岔:道岔类型栏必须填写钢轨质量、辙叉号数、道岔种类(分为普通、AT、提速、特种等),过渡型道岔统一命名为“普通型”,如 P60-1/12(AT)、P50-1/9 普通,并注明是正线、到发线、其他站线、专用线等;导曲线支距栏应按测点顺序填写实测值与设计值的偏差;辙叉部分的

查照间隔、护背距离填写实测值后两位数；护背轮缘槽宽填写在“查照间隔—水平”栏，翼轨轮缘槽宽填写在“护背距离—水平”栏。

④无缝线路位移观测：单线上测点顺里程递增（双线上顺列车运行）方向编号；顺编号方向分左、右股。各测点顺编号方向位移为“+”，逆编号方向位移为“−”。

⑤检查记录簿应使用铁路局集团公司统一格式，做到检查项目齐全，不漏填、漏记，记录数据真实可靠，填写应清晰、规范，禁止涂改；如写错用斜杠“/”划掉，重新记录正确检查值。

(3)检查密度

①正线道岔直股1根轨枕检查1道尺，曲股按规定检查，并动态观测，用油漆在轨枕面上标注观测结果。

②正线线路（含客车到发线）周期性检查时，直线每6根轨枕一检查，圆曲线每3根轨枕一检查，缓和由线每2根轨枕一检查；检查数据用油漆在轨枕面上标注；每次下道尺处不应与上次检查下道尺处重复。重点检查时，直线每隔3根轨枕一检查，圆曲线每2根轨枕一检查，缓和曲线每1根轨枕一检查，并用油漆在轨枕面上标注，做好记录。

③其他线路及道岔，线路每25 m检查8处，用油漆在轨枕面上标注，并做好记录。道岔按《普速铁路线路修理规则》标准检查。

④正线曲线正矢：工区每季检查不少于一遍，每月不少于1/3；600 m及以下半径曲线每月检查一遍，并做好记录。

⑤站线曲线正矢：驼峰上下曲线及不大于180 m半径曲线每月检查一遍；半径大于180 m小于350 m曲线每季度检查一遍；半径不小于350 m曲线每半年检查一遍。

⑥每月徒步区间线路检查不少于一遍，岔区巡视每周不少于一遍。

3. 线路检查方法与分析

(1)线路、道岔的前后高低和直线轨检查：由工长全面目测，凭经验判断是否超过临时补修的容许偏差。高低用10 m弦不定点检查，划高低撬时，应注意前后水平及三角坑的超限情况，该合并的要合并，以避免混乱。其超限值记录在检查记录簿的高低一栏内，并与轨距、水平超限处所相对应，以便和水平、三角坑进行对照分析。直线方向，用10 m弦不定点检查。

(2)曲线轨向检查：用20 m弦检查中央点正矢值，除缓和曲线应定点检查外，圆曲线部分可不定点检查；道岔导曲线方向采用支距法检查，按支距点标记的位置进行；岔后连接曲线和个别较短的曲线方向用10 m弦定点或不定点检查正矢值；曲线检查时要注意观看是否存在接头支嘴、反弯或“鹅头”的数值，在曲线头或尾部的轨底上注明。

(3)道岔检查。从尖轨接头轨距顺坡终点开始至辙叉跟端止，各项轨道几何尺寸均应按规定定点检查。道岔连接曲线按线路检查要求记录在线路（曲线）检查记录簿上。

(4)线路工长在月度检查时，应对线路、道岔设备的结构状态以及设备不良处所同时进行检查，并将病害情况记录在检查记录簿的其他记录栏内。如零配件松动缺损；接头支嘴、低扣；接头坍塌或坍砟；道岔动程；转辙部位竖切不密、顶铁不靠；岔心、尖轨、基本轨侧面肥边；轨枕空吊；钢轨和夹板伤损；连续瞎缝和大轨缝；侧沟淤塞和路肩冲刷；严重的线路病害；道口基础设施、标志等。对设备其他状态的检查，还应结合季节性工作特点及实际需要进行。设备检查时，每季度第一个月使用白色油漆显示、第二个月使用粉红色油漆显示、第三个月使用黄色油漆显示；销记用红色油漆显示。

(5)勾画与分析。轨道几何尺寸超临修时画“×”，超计划维修时画“○”，曲线正矢连续及最大最小值差、三角坑超限时用波浪线勾画。在分析时，同一偏差数据不能重复使用，后面的超限分析不能使用前面超限范围内的数据。三角坑与水平同时超限时，超限级别相同时(同时超计划维修或超临时补修)，只分析三角坑、不分析水平，超限级别不同时，如水平超临时补修，三角坑超计划维修，只分析水平、不分析三角坑；消除时一并整修达标。相邻点和隔点三角坑同时超限时，超限级别相同时(同时超计划维修或超临时补修)，只分析相邻点三角坑；超限级别不同时，如相邻点三角坑超计划维修而隔点三角坑超临时补修，分析隔点超临时补修三角坑；消除时一并整修达标。

二、生产作业计划

线路车间、重点维修车间应根据工务段下达的年、月维修计划和各项技术指标，编制月、周、日维修计划。其主要内容包括：

1. 维修主要项目、数量、地点、材料和人工数。
2. 工作量调查、设备检查、验收的人工数。
3. 日常巡检的主要内容、材料和人工数。
4. 临时补修人工数。
5. 天窗计划。

线路工区按照车间下达的月、周作业计划，负责日计划的编制和实施。

(一)月计划

月计划是班组生产活动的准则，必须认真编制，并按计划组织实施。

1. 月计划编制的主要依据

(1)工务段下达批准的年、月维修计划和各项技术指标，重点病害整治及单项工作任务。

(2)线路工区月末设备检查发现的计划维修工作量和因设备变化预测下半月发生的临时补修工作量。

(3)本月需要安排解决的季节性工作和计划维修工作。

(4)可能发生的病事假和非生产工时。

2. 月计划编制原则

(1)必须正确处理计划维修和临时补修的关系。线路工区在编制月计划时，必须保证有足够的工时能及时消灭超过临时补修容许偏差的不良处所和其他危及行车安全的隐患。在此前提下，按照季节特点和设备变化规律安排计划维修工作。

(2)月计划要保证完成工务段下达的维修和重点工作任务。

(3)在编制月计划时，应同时考虑工作量与劳力、材料供应的关系，发现问题要及时调整。

3. 月生产计划内容

(1)计划维修的线路延长米道岔组数，主要作业项目和数量，使用材料和人工数。

(2)计划维修主要作业项目和数量，使用材料和人工数。

(3)临时补修使用人工数。

(4)由巡守人员负责计划维修的项目和数量。

(5)作业防护、设备检查、工作量调查、验收的人工数。

(6)天窗计划。

4. 月生产计划编制方法

1)月调查统计表填写

工区上报维修任务经段审批后，需由工长亲自对维修任务工作量进行调查，调查项目要齐全，把设备病害分地点、项目、单位、数量统计填写月工作量调查表。线路维修需按轨号分类，道岔维修原则上按每根枕统计维修工作量，至少也要分转辙部分、连接部分和辙叉部分来统计工作量。

2)月计划及完成表编制

(1)计划维修任务填写项目及内容。

①作业项目及地点：按照计划维修月调查病害统计表，分维修准备作业项目、维修基本作业项目和整修作业项目步骤编制实施。

A. 计划维修准备作业项目：更换、方正轨枕、清挖翻浆、边坡清筛、更换伤损轨件、调整轨缝、更换、整正大胶垫、补充联结零件、螺栓扣件涂油等；

B. 计划维修基本作业项目：起道、捣固、拨道、改道、钢轨修理等；

C. 整修作业项目：复紧扣件、油刷标志、均匀石砟、除草、路肩整平、清理侧沟、整理道床等。

②单位及定额：按维修单项定额表中单位和定额规定填写。

③计划出勤、出工的人工(计划出勤人工)：

计划出勤人工＝当月工作天数×养路工现员×95％(除去病、事假等)

计划出工人工＝计划出勤人工×95％(除去开会、学习、出差、公休等)

④计划数量及工时：计划数量按各项月调查的数量填写，工时按各项定额与数量相乘填写。

单项养护作业工时＝单项养护作业的工作量×相应的工时定额(min)

⑤完成数量及工时：完成数量按维修各项当月实际完成总合计填写完成工时即各项当月工时总合计。

⑥每日累计进度：每日累计进度栏根据当日完成项目实际数量进行填写，累计完成量下面划斜线填实际完成量(即累计完成数量/当日实际完成数量)。

⑦维修合计用工统计。

A. 维修合计用工应在各维修项目后一栏进行合计，分维修用工计划合计和实际完成合计。

B. 维修计划合计用工数量填写：

维修计划用工数量＝维修计划工时之和÷净作业工时

净作业工时＝总工时(480分)－固定消费工时(准备作业时间＋工地行走时间＋避车时间)

因各线列车通过密度不同，各段(车间)应进行统计制订出工区净作业工时。

C. 维修合计完成数量及工时：按当月实际合计用工和合计工时填写。

(2)临时补修填写主要内容包括：超临修几何尺寸病害、动、轨检车Ⅲ级超限、周整治计划、添乘严重晃车处所和大幅值晃车处所等病害整治，以及临时更换影响行车的伤损轨件。临时补修不作计划，只登记每日实际工时及用工情况，月底汇总分析。

(3)其他用工包括设备检查、防护用工、线路巡查、安全环境整治、内勤等线下用工。

(4)合理调整计划人工。应出工总人工＝维修计划人工＋临时计划人工，但在编制计划中往往不可能一次达到上式要求，因此在各项人工计算后，必须进行适当调整，增加或减少某几项工作量，也可在“其他工”或“预留养护人工”项中做一些调整。

(5)用工分析：工区月底对计划维修和临时补修用工比例进行统计，便于分析工时利用率，是否按计划项目及数量全面完成，实际用工与计划用工对比衡量用工是否合理，维修用工与临时补修用工对比衡量二修比例是否需要调整。

5. 月生产计划具体要求

(1)月计划及完成表在每月全面检查结束后编制,车间主任于当月作业前对各工区月计划进行审批,并签署意见后生效。线路工区应提前3 d完成当月作业计划的编制。

(2)加强轨道结构养护工作,合理安排维修任务,确保重点病害整治,压缩非生产劳力投入。

(3)坚持“先严重、后一般”的原则,处理轨面超限和结构病害,合理安排进度,确保工作量与计划人工相符。

(4)对月计划工时的编制要求是:以班组全员出勤天数应出勤工时作为总计划工时,计划工时编制要留有余地,作为安排临时性任务和其他预留机动时间。

(5)作业计划应与记录、工作量调查基本一致。

(6)月计划中日完成栏应每日填写。

(7)每月计划完成后应汇总统计、分析、总结经验,以不断提高月计划编制的可行性兑现率。

(8)间接生产用工应按实际需要计划,非生产人工计划一般按10%的比例预留,完成按实际发生填写。

(二)周计划

普速铁路维修计划实行周计划。周计划是对月计划的细分,周计划编制的合理与否,直接影响月生产任务能否按时保质保量地完成。

1. 周计划编制原则

(1)按“先严重、后一般”的原则整治病害。

(2)提前编好下周的周计划,具体维修作业计划由设备管理单位向有关车务段(直属站)提报,由车务段(直属站)负责审核、编制后,报调度所安排实施。

(3)周计划要保证完成工务段下达的维修和重点工作任务。

(4)在编制周计划时,应同时考虑工作量与劳力、材料供应的关系,发现问题要及时调整。

2. 周计划编制内容

周作业计划编制分为周维修计划、周临修计划及其他重点工作。

(1)周维修计划安排对月度维修任务进行分劈;

(2)周临修计划主要安排周晃车整治计划、更换伤损设备

(3)其他重点工作主要安排段、车间下达重点工作任务、大型施工以及季节性工作。

3. 周计划编制依据

(1)工区月度全面检查与重点检查记录。

(2)车载信息、晃车信息、轨检车信息及探伤小车检查病害。

(3)上级安排的计划及提出的问题。

(4)工区月度计划。

(三)日计划

为了确保周计划的实现,日计划必须以周计划为依据,在当天作业下班后编制第二天的工作计划。日计划分天窗内作业和天窗外作业。日计划必须注明作业地点、项目、工作量和劳力分工(作业班人数、带班人、机械操作手、驻站防护、现场防护及远端或中间防护)、工时安排、材料消耗、主要作业机具、作业等级、盯控人员等,由段调度审批后下达作业命令号,未下达作业命令号的项目禁止开工。

日计划是完成周计划的基础也是每天工作的具体安排，必须做到项目清楚、数量准确，并提出相应的作业要求、质量要求和安全预想。当日作业完毕后，总结当日工作，并进行日评分，及时填写任务完成数量及用工情况。

1. 日计划编制原则

(1)按"轻重缓急"的原则整治设备病害。

(2)日计划应在当日上班点名前编制完毕，安全预想必须与当日作业项目密切相关。

(3)作业计划与检查记录、工作量调查合一(包括作业地点或轨号及病害数量)。

(4)在确保安全的前提下，合理减少人工与原材料消耗。

(5)日计划按实际作业日期填写。

2. 日计划编制依据

(1)周计划的作业项目和数量。日计划的作业项目和数量应与周计划的作业项目和数量相一致，时间安排也应基本相同，特殊情况有临时变更时，应注明原因。

(2)作业调查资料。临时补修以线路、道岔检查记录或动态检查公里小结报告为依据，不再单独组织作业调查，应于前一日作业完毕后，由作业工班长在次日作业区段组织调查。调查的作业项目、计量单位应与劳动定额一致。

(3)铁路工务维修劳动定额(包括铁路工务维修准备、终结和中断时间，线路维修单项作业工时定额)。

(4)线路工区次日可能参加作业的人数。

(5)天窗修作业项目。由于每日天窗时间较短，且天窗修作业项目有明确规定，日计划作业项目中要区分开天窗点内和天窗点外项目，工时计划也应该分别编制。

(6)临时发生的严重影响行车安全的设备病害。

3. 日计划编制步骤

(1)按周计划(月计划)计划维修、临时补修的比例，并考虑线路状态的变化情况，确定次日维修方式和作业地点。

(2)在次日作业地点进行工作量调查(临时补修可用静动态检测资料)，查清作业项目及其工作量。

(3)按作业地点、工作量和定额计算应消费工时(一般消费工时的内容涵盖点名、班前教育、安全预想、更换服装、准备料具、工地转移走行、班中小休、避车、生理自然需要时间、工具入库、班后收工总结等)。

(4)按可能上道作业人数提供工时，确定计划作业项目和工作量。

(5)按计划作业项目、工作量和人数计划携带的工具数量和材料消耗数量。

(四)班组计划管理实例

【案例】某铁路局集团公司某段某工区月、周、日计划的编制

1. 计划说明

随着列车速度的提高，铁路线路设备破坏加剧，线路养护维护的作业量不断增加；同时由于行车密度增加，铁路管理在不断的规范化、精细化，使可用于维修作业的时间越来越短，这使运输与线路养护维修的矛盾日益突出。由于起、拨、改、捣等日常作业必须在天窗内进行，因此尽量做到"少动道、动准道"，计划作业已经成为班组管理的重要环节之一。为获得大量轨道状态的真实信息和技术条件，来"动准道"必须通过一系列的检测手段来分析线路质量的劣化程度，准确的判断出线路修理地段，进行计划修理，计划分为月计划、周计划、日计划。

2. 制订月度计划的原则

(1)收集资料综合分析线路的劣化程度

①段下达的月度任务(单元修、补修)。

②每月轨检车动态检测资料。

③车载信息。

④各级领导添乘晃车处所。

车次:22906。

司机:×××。

添乘人员:×××。

时间:××××。

里程:×××。

峰值:××××。

项目等级:水平加速度、垂直加速度、人工感觉晃车。

(2)综合分析时设备等级的划分

综合分析时,把设备分为Ⅰ、Ⅱ、Ⅲ级三个等级。即:轨检车Ⅱ级分、车载Ⅲ级分、综合所有资料上都有问题的列为Ⅰ级。段下达的月度任务、车载Ⅱ级分、领导添乘、线检超计划维修得列为Ⅱ级。轨检车Ⅰ级分,列为Ⅲ级。Ⅰ、Ⅱ级作为重点每月必须完成,Ⅲ级在零时工作较多时也不必在意,主要保证线路质量均衡发展就可以。

(3)月计划的编制

按照每个天窗(90 min)完成60 m综合维修来编制月计划。

周期修:工区管内路基有病害地段纳入周期修范围内。

综合分析确定线路劣化较差地段后组织人员进行一个工作量调查。

月度作业计划表见表3-1。

表3-1　月度作业计划表

工　区		××工区			日　期	2014年1月
月生产任务		月度维修0(组)			计划天窗	0
计划补修点		4处			计划天窗	4个
工区其他作业项目		薄弱处所、处理超限、车间安排重点工作			计划天窗	17个
日期	作业依据	作业里程	主要作业项目	当日工作量	天窗申报时间(min)	天窗兑现时间(min)
	薄弱处所	××站2道	起、拨、改道	计划完成70 m	90	
	补修计划	K8+500—K9+000	起、拨、改道	计划完成70 m	90	
	处理超限	××站1.3号道岔	起、拨、改道	一组	90	

3. 制订周计划的原则

(1)根据月计划来制订周计划,按每个周5个工作日来申报计划,优先处理Ⅰ级应安排第一个周来处理,重点处理Ⅱ级应安排在第二、三两周来处理,Ⅰ、Ⅱ级完成后在来安排Ⅲ级的处理。

(2)在安排周计划时要充分考虑临处理重伤设备及季节性工作(防洪、防胀、防断)的干扰打乱计划,所以每周得工作不能安排的太满,要留余地。所以每周安排 4 d 来处理Ⅰ、Ⅱ 级,1 d来处理Ⅲ级,这样也不怕计划被打乱。编制时也要注意周期修地段,到周期后一定要做。

(3)周作业计划见表 3-2。

表 3-2　××车间 9 月 21—9 月 25 日 周作业计划

编号	班组	维修等级	线别	行别	作业项目	计划日期	作业地点(含站)里程	封锁时间(点外)	作业内容及影响范围	作业负责人	配合单位	作业依据	关键安全风险提示
1	××线路工区	Ⅱ	××线	单线	起拨改道	9 月 21 日	××～×× K47＋000—K49＋200	8:30—10:00 (90 min)	1. 起拨改道; 2. 计划完成 100 m; 3. 影响区间; 4. Ⅱ级维修		无	静态超限	严格按申报计划作业,保持3～5 min 通话制度,杜绝超范围、超温作业,作业人员穿好劳动保护用品,带齐照明设备,雷雨天注意人身安全卡控
…													
…													

4. 日计划的编制与完成

编制日计划的注意事项:编制时要综合考虑工区人员、机具、材料、天气、防护设置情况,合理安排,充分利用。日作业计划书见表 3-3。

表 3-3　日作业计划书

日作业计划书(单线)

日期:____年____月____日　　　　现场施工负责人:________________________

一、当日作业概况

1. 点内作业里程及项目:

____

____

2. 点外作业里程及项目:

____

____

二、作业依据

月度生产任务(　　)

补修计划(　　)

重点问题处理(　　)

其他(　　)作业理由:

续上表

三、主要工作量

点内：______

点外：______

______

四、作业相关基础数据

<table>
<tr><td colspan="2">工作量调查时间：______调查人：______</td></tr>
<tr><td rowspan="3">点内作业里程线路平面状况</td><td>锁定轨温情况：
单元轨条区段 1：______左股：____℃，右股：____℃。
单元轨条区段 2：______左股：____℃，右股：____℃。</td></tr>
<tr><td>直线地段：顺里程方向第 1 个坡度：______‰；第 2 个坡度：______‰；
变坡点里程：______</td></tr>
<tr><td>曲线地段：顺里程方向第 1 个坡度：______‰；第 2 个坡度：______‰；
变坡点里程：______曲线半径：______m；超高______mm；</td></tr>
<tr><td>主要机具材料</td><td>主要机具：______
______
______
所需材料：______
______
______</td></tr>
</table>

五、当日作业分工

1. 人员情况：工区人员______人；当日上道人数______

2. 现场作业人员分工：

驻站防护员：______工地防护员：______

中间联络员：______拦停防护员：______

其他人员分工：______

______

______

______

______

______

3. 未上道人员说明：______

六、当日作业安全卡控重点

______

______

______

______

______

______

七、每日一问

问题：______

回答人：______回答情况：______

续上表

八、当日作业小结
1. 当日工作量完成情况
点内：________________
点外：________________
2. 质量回检情况
几何尺寸：________________
____
轨道结构：________________
其他项目：________________
3. 当日作业安全及考核情况：________________
4. 天窗兑现情况
天窗批复时间：______时______分至______时______分，合计______分钟；
实际给点时间：______时______分至______时______分，合计______分钟。

三、作业控制

作业质量的好坏，既关系到设备状态的控制，又影响到月计划的兑现。工（班）长在作业中要运用科学的管理思想、管理方法和管理手段，对现场的各种生产要素，如人、机、料、法、环等，进行合理配置和优化组合，通过计划、组织、控制、协调、激励等管理职能，保证现场按预定的目标实现优质、高效、低能、均衡、安全、文明生产。

（一）人员控制

人在生产过程中起着决定性的作用。工（班）长要根据班组人员的特点（如业务的高低、体力的强弱、人与人关系的好坏等）进行合理分工和组合。在作业过程中要全面观察班组人员的工作状态，对作业质量、作业安全、作业效率进行全范围监控，对作业现场出现的不安全因素、违章违纪苗头要立即纠正和制止。

人员控制要点：

（1）人员的精神面貌和思想状态要好。

（2）作业前设好“三位一体”防护，未设好防护禁止上道作业。

（3）上下班集体列队行走路肩，严禁骑车上下班。

（4）生产中要按章办事，对标作业，严禁违章蛮干和盲干。

（5）接到防护员发出的来车信号时，要及时携带工具下道避车，做好接车准备，两线间严禁站人。

（6）休息时，要在带班人指定的安全地点范围内，严禁打闹、嬉戏。

（7）加强人员作业纪律，搞好自控、他控、互控，确保安全生产。

（8）全体人员要服从带班人指挥，协同作业，按时完成各项生产任务等。

（二）工、料、机具控制

工、料、机具是进行生产作业时必不可少的硬件条件，是搞好生产的物质基础，加强工、料、机具管理和合理使用，对于保证班组生产活动正常运行和提高经济效益具有十分重要的意义。因此，基层工（班）长一定要充分认识工、机具的特性和功用等情况，对工、料、机具实施妥善管理和有效的控制。

工、料、机具控制要点：

(1)按照生产需要和施工设计,制订本班组用料计划,提前做好准备工作。

(2)做好工、机具和材料的收、发、存的明细登记,做到账、卡、物相符合。

(3)做好工、机具和材料的验收、保管和保养工作,坚决杜绝工、机具和材料的丢失、损坏、锈蚀等事故发生。

(4)作业前,工班长要对使用的所有工、料、机具全面检查和清点,确保正常使用。

(5)对机具进行调试和各部螺栓进行紧固,确保性能良好,油料充足,不“带病”上道作业。

(6)暂时不用的工、料、机具要在路肩上堆放整齐、牢固,防止侵入限界。

(7)来车时,要及时携带工具下道,两线间严禁放置工、机具和材料。

(8)工、机具在作业中损坏时,要及时移出限界以外,下道修理。

(9)工班长要加强职工合理使用工、机具的技术监督,及时指出和制止不良的操作行为。

(10)收工时,要做到工完料尽场地清,及时回收旧料,清点工、机具入库登记等。

(三)方法控制

作业方法包括对作业程序和操作方法的选择与确定,好的作业程序和正确的操作方法会使作业起到事半功倍的效果。如果工(班)长执法不严、管理不到位,就会导致工序能力降低,作业混乱,甚至发生行车事故和人身安全事故。

作业方法控制要点如下:

(1)制订各项作业指导书、作业标准、作业规范,组织职工学法、知法懂法和用法。

(2)工班长要制订切实可行的作业方法,合理组织生产。

(3)严格按照作业程序办事,不简化作业过程。

(4)合理使用作业工具,严守操作规程。

(5)规范作业行为,坚持说标准话、干标准活、做标准事。

(6)工班长要加强作业程序和操作方法的执行和监督。

(7)严格控制“天窗修”作业内容,天窗点内的作业严禁在天窗点外完成。

(8)作业完毕后,工班长要组织质量验收,发现不符合标准的要及时返工,确保作业质量和安全。

(四)环境控制

作业环境是指工作时所处的一组条件,包括物理的、社会的、心理的和环境的因素。作业环境的不同,生产过程和工序也不相同,通常涉及生产现场的温度、湿度、噪声干扰、振动、照明、地形、设备、气候等,此外,人的作业情绪也都有直接的影响。同样一项工作,如果作业环境发生了变化,那么所要采取的作业方式和方法也不一样,如在站内作业与在区间作业、晴天作业与雨天作业、白天作业与夜晚作业等,其防护办法、作业条件以及作业方法是有区别的。

环境控制要点如下:

(1)无缝线路作业要在作业前、作业中和作业后测量轨温,做到作业不超温。

(2)遇有降雾、暴风雨(雪)、扬沙等恶劣天气影响瞭望时,应停止线上作业和上道检查,必须作业时,应采取特殊安全措施,保证来车之前按规定的距离及时下道。

(3)野外作业遇雷雨时,作业人员应放下手中的金属器具,迅速到安全处所躲避,严禁在大树下、电杆旁和涵洞内躲避。酷暑、严寒季节应采取措施,防止中暑、溺水、冻伤和煤气中毒。

(4)进行接触粉尘、有毒物品、易燃、易爆物品的作业,使用电器、机械,以及高空作业等,必须按规定使用劳动保护用品,严禁烟火。

(5)地形复杂,瞭望条件差时,应增派中间防护员,来车前及时通知人员下道等。

(6)晚上作业要带足照明设备,作业人员要穿带有反光条的防护服,作业工具要贴反光标志。

(7)加强班组整理、整顿、清扫、清洁和素养“5S”活动,保持良好的作业环境,提高作业效率。

四、作业验收

作业质量验收是确保作业质量和计划兑现率的重要一环。线路工区在日常作业完毕后,都要进行自检,确认各项质量达到标准。在月工作全部完成后,工区更要组织职工进行全面自验,确认各项质量达到标准后报线路车间,经线路车间初验达到标准后,逐项填写验收记录报工务段,由工务段验收评定质量。当月经常保养地段的作业项目由工区自验,车间验收,工务段抽验。

1. 对养护地段的主要作业坚持班组“自检、回检、抽检”三检制

(1)自检:由作业人员按作业技术标准,对当日作业处所进行自查,保证达标。

(2)回检:由作业工班长按作业技术标准,对当日作业地段全面检查。不合格的要返工,回检不合格处所的返工要做好记录。

(3)抽检:工长对当月作业地段的作业质量进行抽检,并做好质量抽检记录,作为作业有效率评定依据。

回检、抽检和返工结果均应在派工单上填写,并对已消灭的病害和超限处所由作业工班长在派工单上签认。

2. 月度生产任务验收

(1)坚持三级验收制度:工区自验、车间复验、段联验。车间复验必须在规定时间内完成,以评分验收表为准,车间未复验段不予联验,视为失格。

(2)各单位的维修项目、重点工作等属段指定性的生产计划,必须在当月全部完成。段验收组在规定时间内组织验收。

(3)验收评分表必须有验收组和受检单位参加人的签字。验收组对检查验收中发现的主要问题及时向被查单位发出问题整改通知书,限期整改,被查单位将整改情况于5日内向验收小组反馈信息(该通知书一式三份,一份验收组保留、一份给工区、一份给车间)。

(4)当月验收完后由质检科召开验收情况专题会议,各验收组汇报当月验收的主要问题,公布验收成绩,发布月度静态验收通报。

五、班组作业过程的日常管理

(一)班组生产过程管理主要应做好以下基础工作

1. 开好交接班会。利用交接班会,布置工作,安排计划,检查和掌握生产前准备、计划执行情况,对每个岗位的个人工作量、质量的效果等进行分析评比,并纳入经济责任制考核。

2. 检查生产进度。检查了解生产进度,掌握计划完成情况,及时协调处理问题,保证运输生产的连续性和均衡性。

3. 分析班组质量。按要求召开班组质量分析会,对本班组工作质量状况进行分析,运用典型事例对全班进行质量意识教育,对出现的质量问题坚持“四不放过”(原因不清不放过,没有改正措施不放过,责任者未受到处理不放过,职工没受到教育不放过),实行奖罚。

4. 做好信息工作。及时、准确、清晰地填写各种原始记录和报表,按程序要求进行信息传

递，保证原始记录有可追踪性。

5. 加强监督检查。监督检查职工“两纪一化”执行情况，严防行车、客货运、设备及员工人身伤亡事故的发生。

（二）班组长在日常生产作业过程中要做的具体工作

班组长在班组日常生产作业过程需做好上述五方面的基础工作。具体来说，班组长在日常生产作业过程中要做好班前计划、班中控制、班后总结。

1. 班前计划

1）班组长在生产准备中的任务

班组长在生产准备中要分解本班的日程计划并制订本班的生产计划。

（1）计划内时间和计划外时间的安排

在制订生产计划的时候，要按 8 h 计算。超过 8 h 的时间，为计划外时间，如果工作 10 h，那么计划外时间就是 2 h，这 2 h 的时间是面对临时增加的工作使用的。

（2）生产计划的分解

生产计划要根据工作的性质，根据车间、生产部门提供的信息进行分解。

①细化作业指导书。

作业指导书大多来自于技术部门或工艺部门，工程师们喜欢用术语来写作业指导书，因为专业术语很难懂，职工看不懂，所以要分解、细化。

班组长的一个重要职责就是要细化作业指导书，使它变得通俗易懂，要提倡用一加一等于二的方法来教会职工。

②培训职工。

作为一个合格的管理者，还必须是一个合格的培训者，要教会下级，因为这个工作是下级去做而不是管理者去做。且必须明白，管理者要实现的目标。

③预算工具、辅助材料、劳保用品等。

④生产所需设备、仪器等的安装、调试。

⑤人员岗位的安排和产能设定。

⑥物料、设备、工艺、资料异常的发现和反馈。

2）班前交接管理

（1）两不离开原则

①班后会议未开完不离开车间。

②事故分析会议未开完不离开车间。

（2）交班管理

①遵守“三不交”原则：接班者未到岗位不交班；接班者没签字不交班；事故没有处理完不交班。

②在交班前的一小时内不得任意改变负荷和工艺条件，生产中的异常情况应得到消除；班组长在交班前要注意检查设备是否运行正常、无损坏、无反常状况、清洁无尘；认真做好原始记录；搞好工作场地卫生清洁；接班者到岗后，交班人员应说清楚。

（3）接班管理

①遵守“三不接”原则：岗位检查不合格不接班；事故没有处理完不接班；交班者不在不接班。

②接班人员必须提前 30 min 到岗；到岗后检查生产、工艺指标、设备记录、消耗物品、工艺

器具和卫生等情况；提前 15 min 召开班前会；没有发现问题及时交接班，并在交接班记录上双方签字；接班者到后，交班人员要说明情况。

3)班前会管理

交接班时双方的值班班长、接班的全体职工必须参加，白班交接时要有一名车间领导参加；与会人员穿戴整齐；提前 15 min 点名；交班值班班长介绍上班的情况；各岗位汇报班前检查情况；接班班长安排工作；车间领导具体指示。

4)生产派工

生产派工是指当生产作业准备做好以后，根据安排好的作业顺序和进度，将生产作业任务分解到各个生产职工身上的过程。

在分配工作中班组长要做到合理分配工作任务和清晰明确地布置任务。

2. 班中控制

(1)班组长在作业过程中应把握的内容

①生产作业计划是否明确合理；

②计划调整对人员、设备及其他方面的影响；

③人员出勤及变动的状况，职工精神状况及士气；

④职工的工作技能；

⑤缺料、设备故障等引起的停产时间；

⑥不良品发生的原因及对策，不良品的善后处理；

⑦零部件、工具及生产辅料是否足够齐全；

⑧生产是否正常，能否完成生产计划；

⑨是否有加班事宜；

⑩工作方法是否合适，是否存在浪费，有无可改善之处。

(2)发挥班组“五大员”的作用

有条件的班组可根据需要设立班组“五大员”，即生产技术员、质量管理员、核算员、安全员、材料工具管理员。“五大员”作为班组骨干，要协助班组长做好班组管理工作。

在生产过程中经常会出现一些紧急问题，比如班组设备出现问题了，或者职工生病了等等，这个时候班组长就要协同“五大员”去解决突发性的事故。作为班组长，要会“弹钢琴”，充分发挥“五大员”的作用，做好协调工作。对班组成员既要分工明确，责任到人；又要充分调动“五大员”的工作积极性和主动性，借助他们的优势和力量，齐心协力，共同完成班组的各项任务。

(3)进度控制与横向协调

班组长在本班工作中要注意工作进度协调、设备协调、材料协调、任务协调、人员协调、工艺协调、品质协调、时间协调、产品协调。

3. 班后总结

(1)工作完成后的总结

班组长主持本班工作的总结，各岗位人员介绍本班情况，主要从人员投入、材料成本、品质问题、工艺问题、人均日产量、合格率几方面进行总结，并分析有无可改善之处。

班后总结的重点是：要提出要注意哪些问题，以后不再发生；或本班有哪几方面工作做得好，要持之以恒。也就是说通过班后会，总结上一个班次工作的经验教训、举一反三，不断规范工作行为；对遵章守纪的模范行为进行表扬、鼓励士气；对违章违纪的行为进行批评教育和考核;对在工作中发现的问题进行剖析,说出发生问题的原因,发生的时间、地点、车次、人员等,指出正确的处理方法,并制订防范措施,避免类似错误再次发生。

这里,我们提倡"海尔"企业的工作方法:日事日毕、日清日高!即每天的工作要每天完成,每一天要比前一天提高1%;坚持每天提高1%,70 d工作水平就可以提高一倍。

请大家记住:总结的重点在于提高——今后工作质量的提高。

(2)班后会管理

交班时全员都要参加,白班交班时有一名车间主管参加。

①岗位交班后准时召开班后会;

②各岗位人员介绍本班情况;

③值班班长进行综合发言;

④车间主管具体指示。

第三节　班组现场管理

现场管理是企业生产、管理水平的综合体现,结合铁路运输的特点,则是运输安全现场实际工作的基础管理。运用科学、系统的管理方法,对现场各管理要素进行优化组合,是确保安全生产,提高服务质量,挖掘运输效能的重要措施。

一、现场管理的概念及特性

现场管理是指运用科学的管理思想、管理方法和管理手段,对现场各生产要素进行合理配置、优化组合,通过计划、组织、指挥、控制、协调、激励等管理职能活动,保证现场能按企业预定的目标,实现安全、优质、高效地进行生产。

现场管理是企业管理的重要组成部分,但不能把它等同于企业管理。因为它具有明显的特性。

1. 基础性。现场管理是企业管理的基础性管理,企业各项基础工作的落脚点在现场、在班组。基础性体现了现场管理的重要性。基础不牢,企业管理效果就不会好。

2. 系统性。现场管理是企业管理的区域性子系统。因此,它的整体优化必须服从企业的整体优化要求班组保车间、车间保站段、站段保局,局部要服从整体。现场管理的系统性,决定了管理内容的综合性,要求现场人、事、物整体优化,为了一个目标,即安全、优质、低耗、高效地完成运输生产任务。

3. 群众性。现场生产活动是群体的联合劳动,要求职工必须群策群力、团结奋进、共创佳绩。同时,现场管理也要依靠群众,要充分发挥职工的积极性和创造性,实现民主管理和全员管理。

4. 开放性。现场是一个开放的系统,在系统内部及系统外部需要经常进行物质和信息交流,才能保证生产顺利进行。因此,现场管理要求实行公开性管理,以便于各类信息能够及时、准确地传递和反馈,做到人人心中有数。

5. 动态性。现场的一切生产活动都是动态的活动,即不断地进行投入、产出的动态转换。因此,现场管理要求对生产诸要素进行动态控制。同时,在现场管理方式方法上,要把一定条件下管理的稳定性同环境适应性有机地结合起来,即根据外部条件变化,相应地改变管理制度、管理办法,不断注入新的内容,不断进行改进和完善。

二、现场管理的基本要求

为加强现场管理，国家提出了六项基本要求，即环境整洁、纪律严明、设备完好、物流有序、信息准确、生产均衡。

1. 环境整洁

各种设备、物品实行规范管理，做到物各有位，摆放有序；站容清洁，站貌美观；线路外观整洁，路料定点堆码，各类标志清晰，线路绿化带成形；作业区域划分定置，工具备品摆放整齐，工作道路畅通；生产场所整洁，环保符合国家规定。创建和保持既符合作业要求，又适应人的生理、心理需求的文明整洁的生产环境。

2. 纪律严明

作业流程、操作规程、安全措施和管理制度齐全，并严格执行；职工、劳务人员实行持证上岗，劳保用品配备齐全，使用得当；行车人员着装整齐、佩戴标志，树立自律精神，认真履行职责；坚持标准化作业，遵章守纪、一丝不苟。

3. 设备完好

遵守设备操作、维护、检修规程；各类设备技术状态良好，运行正常；综合运用各种现代化管理方法，实现设备"管、用、修"一体化管理；行车设备和机械动力设备完好率达到规定要求，故障率及故障延时低于规定指标。

4. 物流有序

生产现场设备、机具、备用料实行定置管理、摆放有序；原材料、半成品、检修品实行定量管理、降低库存；严格按运输计划组织客、货流的输送和集散；严格执行运行图、列车编组计划和车站技术作业程序，及时编解列车；均衡组织车流，确保运输畅通。

5. 信息准确

各种原始记录、台账、报表，诸如运转日志、司机报单、技术作业表、列车预确报、班组生产记录、车机联控信息、设备状态测试记录、交接班本等要如实填记，做到规范、工整、准确、传递及时；运输作业过程中的指令信息要及时下达，执行情况要及时反馈；严格执行呼唤应答制，用语准确、呼答及时。

6. 生产均衡

按岗位定编设岗设人，优化人员配置；严格定岗定责，健全激励机制；严格按月、旬、日班计划均衡组织生产，保质、保量完成任务；正确处理安全与高效的关系，在确保安全的基础上，努力提高工效。

7. 目标明确

结合生产现场的实际，根据生产目的，确定管理须达到的目标，如无违章作业、列车安全正点、实现安全生产年等。

三、现场管理的基本内容——"四定"管理

"四定"管理主要是指在生产现场实施操作定序管理、物流定置管理、设备定质管理、环境定标管理。

1. 操作定序管理

针对生产的作业过程、构成要素及其组合，运用动作分析原理，对容易发生差错或影响作业效率和质量的作业程序、作业时分、薄弱环节等进行改善和优化，使操作者以信息为媒介，以

作业标准和作业程序为依据，实施控制和协调，达到现场作业的程序化、规范化，确保安全生产和作业质量有序可控。操作定序管理的主要工作是完善各项规章、规程、标准、制度、办法、措施、细则，实施标准化作业，有效地控制和协调关键岗位、关键工序、关键环节和结合部。

2. 物流定置管理

对生产现场的工具、备品、线上料、抢修设备等，按照作业流程的需要和作业人员的操作方便，划分放置区域，进行合理定置，优化生产环境。物流定置管理的实质是对生产现场物流的规范和优化。

3. 设备定质管理

以加强日常行车设备养修为重点，以控制设备质量为核心，以定期检查分析设备状态为手段，实施设备质量管理控制。建立设备质量"问题库"，及时销号、逐级把关，把设备质量责任制落实到每个职工个人，保证行车设备在使用中始终处于良好状态。

4. 环境定标管理

环境定标管理包含硬环境和软环境双重管理。硬环境定标管理是指改善和创造良好的现场作业条件、设备外观、站容站貌环境、服务质量环境，为安全生产奠定良好的基础。软环境定标管理是指加强现场劳动纪律，树立良好的岗位形象，抓好生活线和文化线建设，创造和谐融洽的工作氛围，改善人际关系，强化激励机制。

四、现场管理的基本步骤

1. 亲临现场。了解、掌握现场的第一手资料。

2. 检查现物。一有异常状况，马上现场详细检视现物，以认定问题所在。

3. 暂行处理。认定问题后，当场采取暂行处理措施，以保证作业的继续。

4. 深挖原因。技巧：连续追问 5 次"为什么"？据统计，若班组长能当场追问 5 次"为什么"，则 90%的现场问题都能立即得到解决。

5. 形成标准。一旦问题得以解决，新的作业程序和方法就必须予以标准化。

五、现场管理的基本方法——规范化工作法

（一）规范化工作法的基本内容

规范化工作法可概括为"三定""五按""五干""五检查"，又称"3555 工作法"。

"三定"：工作"定岗位""定职责""定报酬"。"三定"是规范化工作法的前提和基础。

"五按"：工作要"按程序""按路线""按时间""按标准""按指令"进行。

"五干"：要在规定的工作时间内，明确每个职工应该"干什么""怎么干""什么时间干""按什么路线干""干到什么程度"。

"五按"和"五干"共同构成了规范化工作法的主体。

"五检查"：由谁来检查、什么时间检查、检查什么项目、检查的标准是什么、检查的结果由谁来落实。"五检查"是规范工作法的最终效果检验的方法和手段。

实行规范化工作法，使每个岗位都要按照"五按"和"五干"的要求，编制作业流程和工作标准，以简明方式展示在不同的岗位上，成为进行工作、检查工作、评价工作质量的标准。

规范化工作法的核心内容是作业规范化，其实质就是标准化作业。

（二）作业标准化

1. 作业标准化的含义

所谓作业标准化就是指运输生产过程中，经常重复进行的、有规律性的作业活动，如接发

列车、调车作业、列车技术检查、货物装卸、机车车辆等运输设备检修等，都规定有严格的标准并要积极组织实施。这些标准包括作业程序、作业方法、时间要求和质量要求，以及其他应遵守的规定。作业标准化的目的是为了保证安全、准确、协调地完成各项作业，从而确保运输生产全过程的整体效果。

2. 如何坚持作业标准化

作业标准化对铁路运输生产而言，具有十分重要的意义和作用。因为铁路运输生产是一个动态的过程，运输产品的质量特性首要的是安全，而要确保安全，就必须坚持作业标准化，只有每个岗位、每个人、每项作业都严格遵守和执行作业标准，才能实现安全、正点、优质、高效的目的。

坚持作业标准化，要做到以下几点：

(1)思想上重视，认识上明确。班组每名职工都要充分认识坚持作业标准化是防止事故、安全生产的根本保证。要以主人翁的态度，按科学规律办事，严肃认真、一丝不苟地执行作业标准。

(2)业务上熟练，行动上规范。对作业标准的应知应会内容，要人人精通、个个熟练，既要知道是什么，又要清楚为什么。同时，要始终坚持执行作业标准化，养成习惯，真正做到“上标准岗、用标准语、干标准活、交标准班”。

(3)方法上得当，措施上得力。各部门、各工种、各班组在贯彻执行部标、局标、企业标准的过程中，应结合实际、突出重点，采取有效的方法、得力的措施，以确保能收到好的效果。

六、现场管理的基本方法 —— 5S 管理(5S 管理在第十一章详细介绍)

5S 管理是对现场的各种生产要素所处的状态，不断进行整理、整顿、清扫、清洁，从而提高素养的活动，是最具现场管理特色的最有效方法。因为整理(Seiri)、整顿(Seion)、清扫(Seiso)、清洁(Seiketsu)、素养(Seitsuke)五个词，在日语的罗马拼音中，均以“S”开头，所以简称为5S 管理。

1. 整理。对生产现场摆放的物品进行全面盘点，逐一确认。不用的物品，要及时清理出工作场所；少用及很少用的物品，改放在储存室里，需要用时再取；经常用的物品，保留在工作场所。

2. 整顿。对整理后留下的物品进行定置管理，即按工艺要求，将需用物品科学地“定置”在规定位置，并通过信息媒介物，如位置台账、定置图、定置牌、工序牌、各种卡、单、签等，将现场的人、物、场所有机地结合起来。

定置管理的核心是统一标准。一是统一信息媒介标准。信息名牌、定置栏线、工序记号、定置区域信息符号、定置物标注符号等，其内容表示如名称、数量、规格、类别、区域及责任人等，方法表示如文字、符号、数字、颜色等，都要规范统一。二是统一定置图绘制标准。三是统一容器、器具定置标准。四是统一定制物的放置标准。最终达到“有图必有物，有物必有区，有区必挂牌，有牌必分类；按图定置，按类存放，账图物一致”的目的。

3. 清扫。对整理、整顿后的现场设备、工具、物品、地面等，按标准进行清扫，并将清扫与设备的点检、保养结合起来。清扫标准包括清扫对象、方法、重点、要求、周期、时机、工具、负责人等。

4. 清洁。对整理、整顿、清扫后的生产现场状态进行保持，并借助标志线、标志牌、显示装置、信号灯、指示书、色彩标志等手段，使现场达到统一、简约、鲜明、实用、一目了然的目视管理要求。

5. 素养。通过整理、整顿、清扫、清洁活动的开展，逐步形成良好的作业习惯、行为规范和道德品质。为此，班组必须让职工参与制订需共同遵守的一般性规则和规定，如作业要点、卫生守则、文明守则、礼仪守则等，并将这些规则和规定可视化，即将其制订成管理手册、图表、卡片、标语、黑板报等。

整理、整顿是“治乱”、清扫、清洁是“治脏”；素养是“治差”。在 5S 活动中，核心是素养。

第四章

班组设备及工具管理

第一节 设备管理概述

"工欲善其事,必先利其器"。设备是从事生产活动的必要物质技术基础和手段。设备技术状态的好坏,直接影响生产及其质量。班组是设备的直接使用者和维修者,设备管理是班组管理的主要内容。

一、设备管理的概念

设备:企业中长期使用,在使用过程中,基本保持其实物状态,价值在一定限额以上的劳动资料和其他物质资料的总称。

广义的设备管理:是指通过设备的调查、研究、设计、制作、设置,经过运转、保全,到最后废弃的设备的全寿命周期中,以有效地运用设备提高企业生产线的活动。

狭义的设备管理:指设备的设置完成后的设备保全、维修活动。

二、设备管理的意义

设备管理的目的是取得最佳设备投资效果,就是说要充分发挥设备效率,并谋求设备寿命周期费用最经济。

有研究表明,一个人健康水平的70%取决于自我保健,如注意日常作息规律性(运动、休息、卫生),异常的早期发现处理,无不良嗜好等。而只30%取决于医生,如对病患的诊断水平、医治水平。同样的,设备管理既需要专业维修队伍的计划维修(定期检查、诊断、修理)和技术改造,也需要设备操作者的自主保全,如日常点检,基本条件的整备,异常的早期发现处理,操作条件的遵守等。

设备管理人员组成结构:

设备检查人员+维修人员+设备操作人员=完好设备

设备管理水平的高低:

1. 直接影响企业活动的均衡性;
2. 直接关系到企业产品的产量和质量;
3. 直接影响着产品制造成本的高低;
4. 关系到安全生产和环境保护;
5. 影响着企业生产资金的合理使用。

三、设备管理的目标任务

设备管理科学历经传统的事后维修阶段、计划预防维修阶段，现已发展到全面管理阶段，即建立以设备整个寿命周期为对象的生产维修系统，实行全员参加的设备管理。其目标是：以最少的管理费用和维修费用，保证设备在生产中始终处于最佳技术状态。其具体任务是：

1. 合理使用。减少设备磨损，延长使用寿命，充分发挥设备的效能。

2. 精心保养。保持设备精度，避免设备性能和效率的降低。

3. 适时检查。开展群众性的自检、互检和巡回检查活动。

4. 及时维修。对发现的设备隐患或损坏，操作者要配合维修人员进行及时修复，恢复其性能。

5. 更新改造。根据生产需要和可能，提出有计划、有步骤、有重点的设备更改建议。

6. 做好记录。包括设备运转记录、交接班记录、停工记录等原始记录。

第二节　班组设备管理

设备的使用是设备寿命周期中所占时间最长的环节。合理的使用设备可以减少设备的磨损，提高设备利用率，发挥设备效益。

一、设备的合理使用

合理使用设备是班组设备管理的首要任务。

(一) 负荷安排恰当。根据设备的性能、结构和技术特点，恰当安排设备负荷，避免设备效率的浪费或超负荷运转。

(二)工作环境良好。安装必要的防护、保安、防潮、防腐、取暖、降温装置，配备必要的测量、控制仪器、仪表，使设备处于整洁的工作环境和正常的生产秩序中。

(三)设备使用的“四懂”“四会”。

1.“四懂”：

懂设备的构造、性能；懂设备的操作规程；懂设备的安全使用常识；懂设备的技术状态检查、鉴定方法。

2.“四会”：

(1)会使用。熟悉设备性能，掌握操作规程，熟悉加工工艺，正确合理地使用设备。

(2)会保养。保持设备的内外清洁，熟练掌握一、二级保养内容和要求，按润滑图表正确加油，保持滑动导轨面无锈蚀、碰伤。

(3)会检查。设备开动前会检查操作机构、安全限位是否灵敏可靠，各导轨面润滑是否良好。设备开动后会检查运转声音有无异常，并能发现故障隐患。设备加工时，应会检查与加工工艺有关的精度，并能做简单的调整。

(4)会排除故障。通过设备的音响、温度运行情况等现象，及时发现设备异常状态，并能判断出原因和部位，采取适当措施，自己不能解决的故障，要迅速通知检修人员协同处理，排除故障。

(四)责任制度健全。设备使用执行“两定”(定人、定设备)、“三包”(包使用、包养修、包保管)制度。对在使用中造成的设备事故，实行“三不放过”(事故原因分析不清不放过，事故责任者和群众未受教育不放过,没有采取相应的防范措施不放过)。

二、设备的维护保养

班组设备的日常维护保养,贯彻预防为主的原则。

(一) 维护保养的内容

1. 整齐。工具、工件、附件放置整齐。

2. 清洁。设备内外清洁,无油污、不漏油、不漏电。

3. 润滑。按时加油、换油。

4. 安全。防护装置齐全,保险装置可靠,电器元件、导线绝缘,保护接地良好,线路管线完整,冷却装置正常。

(二) 维护保养的类别

1. 日常保养。由操作工人擦拭、清洁、润滑、紧固松动的部位,检查零部件的状况。

2. 一级保养。在专职人员的指导下,操作工人对设备进行全面的清洗、润滑、紧固,对部分零部件进行拆卸、清洗及部分调整。

3. 二级保养。操作工人协助专职维修人员,对设备进行部分解体检查、清洁、更换少数零件。

4. 三级保养。专职人员对设备主体部分进行解体检查和调整,更换已磨损的零件。

设备维护保养的内容和类别,根据设备的生产工艺、结构复杂程度和不同的行业、企业习惯来规定。

三、设备的适时检查

班组设备检查主要是对设备的运行情况、技术状况、工作精度、磨损程度进行检查和检验,以便及时发现隐患,提高修理质量。设备检查的方式有多种。

1. 按时间间隔分为日常检查与定期检查。日常检查是例行检查和交接班检查,由操作者结合日常保养进行。定期检查是计划检查,由操作者协助专职维修人员进行零部件的磨损、老化情况检查。

2. 按生产过程分为预防性和事后检查。一般而言,预防性检查适用于关键设备。事后检查适用于一般设备及有备用的设备。

3. 按检查内容分为性能检查、精度检查和完好状态检查。性能检查即对设备的各项功能进行检查。精度检查即对设备的各项工作精度进行检查。设备状态检查即用检测仪器、仪表等科学手段,对设备的磨损、老化、劣化、腐蚀的部位、程度等状况进行全面、准确的检查、诊断。

班组设备检查要坚持高标准、严要求,发现问题及时解决,不能及时解决的要限期解决或上报。

四、设备的及时维修

设备维修即对损坏的设备进行修复及更换磨损、老化、腐蚀的零部件,以恢复设备的功能。

(一) 设备维修的原则

1. 以预防为主。日常维护保养与计划检修并重。

2. 以生产为主。维修为生产服务,先维修再生产。

3. 专业维修与群众维护相结合。

4. 修旧利废与设备更新相结合。

（二）设备维修制度

1. 计划预修制。即有计划地进行预防维修。通过计算，确定设备检查、小修、中修、大修的次数和相应的工作定额，然后制订修理周期结构，编制修理计划。

2. 计划保修制。即有计划地进行三级保养和大修理。它在计划预修制的基础上，加入计划保养的内容。

3. 预知维修制。即以设备状态为基准的维修制，又称状态修，是当前最先进的维修制。它采用先进的设备状态检测和诊断技术，将定时修理改为定时诊断，根据设备的状态而不是时间长短，决定是否维修，既能避免定期维修造成的过剩维修，又能有效防止故障发生，从而降低修理成本。

五、设备的更新改造

（一）设备改造

设备改造，即用先进适用的科技成就，对在用设备的结构、性能等进行改革或改装。它包括如下两方面的内容：

1. 设备改装。即改变设备的功能、容量、功率、体积、形状，以增加产量或改变产品。

2. 技术改造。即通过技术革新和技术改进，提高设备的技术水平，从而提高生产质量和效率，降低消耗和成本。

（二）设备更新

设备更新，即以新的、较先进且较经济的设备更换原设备。设备更新有如下两种方式：

1. 原型更新。即当原设备严重磨损不能继续使用时，用同型号的新设备予以更换。其实质是对设备的有形磨损消耗进行补偿。

2. 新型更新。即当原设备因技术或经济原因不宜继续使用时，用结构更先进、技术更完善的新设备予以更换。其实质是对设备的无形磨损消耗进行补偿。

六、班组设备管理的主要指标

考核班组设备管理的主要指标有设备完好率、设备利用率、红旗设备率等。

1. 设备完好率

设备完好率＝主要生产设备完好台数/主要生产设备总台数×100％

完好设备为一、二级设备之和，应是符合设备完好标准的设备。

2. 设备利用率

设备利用率＝设备实际开动时间/日历计划开动时间×100％

日历计划开动时间为全年日历天数减去星期日、法定假日的天数，再乘以每天开动的班次、小时。

3. 设备有效利用率

设备有效利用率＝设备实际开动时间/(设备实际开动时间＋停用时间)×100％

停用时间为设备故障停机时间加上实际维修时间和维修准备时间。

4. 红旗设备率

红旗设备率＝红旗设备台数/主要生产设备台数 ×100％

红旗设备的评比条件是：

(1)完成任务好,做到优质、高产、安全、低耗;

(2)技术状态好,工作能力达到规定要求;

(3)清洁、润滑、紧固、调整、防腐好;

(4)零部件、附属装置、随机工具完整齐全;

(5)使用、维修记录齐全、准确。

七、班组长对设备管理的职责

1. 负责全班设备的正确使用,定期检查维修保养,贯彻设备三级保养制。

2. 经常对全班人员进行正确使用和爱护设备的宣传教育,严禁超速、超负荷运转和精机粗用等现象。

3. 组织班内设备维修保养的检查评比工作。

4. 发现设备事故隐患及时上报,参加事故分析,执行上级对事故的处理意见。

5. 做好设备有关指标的原始数据记录和统计工作。

6. 参加新设备和修理后设备的验收工作。

7. 对本班的技术改造收集意见,提出合理化建议。

第三节　班组工具管理

工具是企业生产不可缺少的生产资料。班组工具管理,是指对班组使用的各种工具进行领取、使用、保管、修复及报废等管理工作。

一、工具的存放、领用及保管

1. 工具的存放

班组应有配发工具记录,记录工具的型号、数量、名称、规格等,班组应设立工具室对配发工具进行存放,工具应按照一定的类别分别保管,各种工具要在其保管地点挂上标签,如图 4-1所示。班组应设工具管理员来具体负责工具的管理工作。

图 4-1　工具存放图

2. 工具的领取

职工使用工具时应办理使用手续,进行登记,并按要求及时归还和销记,如工具损坏或遗失,使用人需赔偿,并由班组长上报登记。

3. 工具的使用保管

工具的使用应按工艺要求，在工具强度、性能允许的范围内使用。在工具使用时应注意以下几点：

(1)严禁串规代用(如螺丝刀代凿子、钳子代榔头)。

(2)严禁专用工具代替通用工具。

(3)严禁精具粗用的现象发生，并在使用中注意保持精度和使用的条件。

(4)特殊场所使用的工具还应粘贴相应的反光标识。

(5)使用工具应做到轻用、轻拿、轻放，对刃口及关键部位做到不磕碰。

(6)工具使用后及时擦净、涂油，防止锈蚀和碰伤。长形工具为了防止变形要吊挂起来。精密工具还要注意恒温和防潮。

4. 工具的清点校验

由于工具使用的频繁性和作业地点的变更性，工具容易被遗忘在工作地点或作业人员互相误收，因此作业完毕后应对工具进行查对以保持账物相符。

二、工具的修复和报废

(一)工具的报废

工具报废的原因很多，归纳起来可分为自然损坏和过失损坏两种。

自然损坏属工具的正常报废现象。由于正常使用而磨损，失去精度或效能而又不能修复时，工具室可按工具报废标准或有关技术文件提出报废意见，经有关部门检查和鉴定，准予报废。对于量具报废需经计量部门检查鉴定，专用工具报废需由工具技术员、工艺员会同鉴定后，方可报废。

过失损坏属工具非正常报废现象。由于工具使用中，因材质、设计、工艺等因素造成非正常损坏，经鉴定认可，按正常报废处理，但必须追究责任，采取相应措施。由于操作人员工作不慎或违反操作规程，造成工具损坏或过早磨损，均属非正常损坏，如果损失严重可视为人为损坏的责任事故。

大型、精密、贵重的工具发生过失损坏而报废时，必须保护事故现场，由单位领导、工具部门技术人员、班组长及有关人员参加，分析事故原因，总结事故教训，制订防范措施。视事故情节轻重，对责任者还要给予经济处罚和行政处分。

(二)工具的丢失处理

由于操作人员责任心不强，造成工具丢失，应视情节轻重，在加强思想教育的同时，可予以适当赔偿，对于丢失的工具要及时补充，以免妨碍生产。

三、班组对工具使用的要求

1. 领用工具时，要认准规格型号，避免贻误生产或发生事故。首次使用时，应注意检验和试验。

2. 操作时应注意工艺规范，遵守工艺纪律。不可随意改变运用状态和超负荷使用。刀具、刃具等不得任意加大速度和吃力深度，以免造成磨损或发生事故。

3. 使用工具要注意润滑、冷却。

4. 对各种工具要爱护，防止过度磨损。

四、实例——某段班组工具管理制度

为了加强班组工具管理，遵照“低值易耗工具管理办法”制订班组工具管理制度如下：

1. 工区设工具管家账，责成专人管理，月初调整动态，月末坚持清点，做到账具清晰、相符；并月末向所在车间汇报工具管理情况。

2. 库容库貌：经常保持库容整洁，分类摆放合理、编号上架入座。

3. 保管：

(1)工具员负责班组整体工具管理工作。人人参加管理，做到全部工具实行专人、专具、专用专管，责任到人，常用工具编号上架，常见、常洁、常完好，工长不定时检查。库房备有防火防盗措施与器材。

(2)使用工具一般不准外借，特殊情况下班组申请，车间主任批准方可外借，必要时经段批准待借。做到借据齐全，班组长或工具员负责收还。

4. 出入库：工具出库专人负责，揭示牌有显示，入库对号上架有点收，损坏工具有记录。

5. 使用：使用工具把柄安装牢靠，经常保持良好使用状态，做到及时检修，不影响施工，确保工作中人身安全。每日现场用具坚持日检，防止丢失。

6. 领具：每月初由有权领料人：即工长或工具员（持车间主任、计工员印章）到段退旧领新；凡属增新报废工具也一并到段办理必要手续。月末按料库发放小票及时调整工区管家账。

7. 班组按工具定额配备齐全后，一般不准增加新工具，确属工作需要由班组提前 45 d 写出申请（无申请不增新），待段批准后方可增新。

8. 奖惩：工具管理列入标准化验收评比内容，月末给予管理有成绩者一次性加分奖励，对不负责任，给工具管理带来损失者，给予扣分惩罚。

9. 赔偿：损坏、丢失工具者按情节轻重酌情予以全部或部分赔款。如工长不及时上报或隐瞒不报，按验收标准扣工长的管理分。

10. 班组的使用工具做到有物有账，不准有账外工具及“黑仓库”，一旦发现扣工长当月管理分。

第五章 班组质量管理

第一节 质量管理概述

生产管理是过程管理，质量管理是结果管理。只有过程顺利、结果理想，“量”与“质”相统一，才能促进企业的健康、持续、和谐发展。质量是企业的生命。质量管理科学，历经事后把关的质量检验阶段、事先预防的统计质量管理阶段，已发展到全面质量管理阶段。班组长必须牢固树立“质量第一”的思想和全面质量管理的观念。

一、质量的概念

质量是质量管理中最基本的概念，根据国际标准化组织 ISO9000：2000《质量管理体系基础和术语》中定义：质量是指“一组固有特性满足要求的程度”。定义中概念可以描述产品和活动，也可以用来对过程、人员甚至组织进行描述。这个概念反映了质量概念的广泛包容性。定义中的“要求”既可以明确表述出来，也可以是隐含的、不言而喻的。定义中的“固有特性”是指事物本来就有的。质量特性包括功能、准确性、可靠性、安全性等。

二、服务质量的概念

服务就是为他人做工作。服务质量就是满足顾客需求，并且一次把事情做对。开展服务活动首先要确定服务对象，明确顾客需求，再把服务的需求转变为相应服务规范。如铁路运输中，“安全、准确、正点”等基本要求。

三、质量特性

（一）产品质量特性

1. 性能。它是产品满足使用目的所具备的技术特性，如钟表的走时准确等。
2. 寿命。它是产品使用的总时间，如灯泡使用的小时数。
3. 可靠性。它是产品完成规定功能的能力，如电视机平均无故障工作时间等。
4. 安全性。它是产品保证顾客的生命、财产不受损失的能力。
5. 经济性。它是产品的所有成本和费用。

（二）服务质量特性

1. 功能性。它是服务所发挥的效能和作用，它是服务质量中最基本的特性。
2. 时间性。它是服务的及时、准时和省时等。
3. 安全性。它是服务中顾客的生命财产不受伤害和损失。

4. 经济性。它是顾客为了得到不同服务所需费用的合理程度。

5. 舒适性。它是服务过程的舒适程度。

6. 文明性。它是服务过程中精神满足的程度。

四、质量管理的概念

ISO9000 族标准是国际标准化组织(ISO)在 1994 年提出的概念,是指“ISO/TC176 (国际标准化组织质量管理和质量保证技术委员会)制订的所有国际标准”。该族标准可帮助组织实施并有效运行质量管理体系,是质量管理体系通用的要求或指南。

(一)什么是质量管理?

根据国际标准化组织 ISO9000:2000《质量管理体系基础和术语》中定义:质量管理是指“在质量方面指挥和控制组织的协调活动”。通常包括制订质量方针和质量目标以及质量策划、质量控制、质量保证和质量改进。质量管理是组织全部管理职能的一个方面,也是全部管理工作的一个重要部分。质量管理的责任应由组织的最高管理者承担,但需要全员参与,各自承担岗位相应的义务和责任。质量管理通过以下各项活动来实现。

1. 质量策划。它是质量管理的一部分,致力于制订质量目标,并规定必要的运行过程和相关资源、以实现质量目标的活动。

2. 质量控制。它是质量管理的一部分,致力于满足质量要求。

3. 质量改进。它是质量管理的一部分,致力于增强满足质量要求的能力。

4. 质量保证。它是质量管理的一部分,致力于提供质量要求得到满足的信任。

(二)质量管理阶段

1. 质量检验阶段

主要是通过检验的方式来控制和保证产品质量。只是从成品中挑出废品、次品,实质上是一种“事后的把关”。

2. 统计质量控制阶段

重点是确保产品质量符合规范和标准。人们通过对工序进行分析,及时发现生产过程中的异常情况,确定产生缺陷的原因,迅速采取对策加以消除,使工序保持在稳定状态。从质量管理的指导思想,由以前的事后把关,转变为事前的积极预防;在方法上,广泛深入地应用了统计的思考方法和统计检验方法。

3. 全面质量管理阶段

是以质量为中心的,以全员参与为基础,综合的、全面的管理方式和管理理念。即全过程的质量管理,全员的质量管理,全企业的质量管理,多方法的质量管理。

4. 质量管理创新阶段

是以 ISO9000 质量标准、六西格玛管理、质量供应链管理和卓越绩效评价准则等质量文化、质量理念和质量方法为特征的创新阶段。

第二节 班组质量管理的内容

班组质量管理是企业质量管理的重要组成部分,是提高设备质量关键的一环。班组质量管理的基础工作主要包括质量责任制、质量教育、标准化作业和质量攻关等几个方面。

一、班组质量管理的含义

（一）班组质量管理的概念

班组质量管理是指为产品加工和服务提供过程的质量管理。通常又称产品生产和服务第一线的质量管理。其范围是从原材料投产到产品完成的所有制造加工过程，或者从服务开始到服务交付的所有服务提供过程。

（二）班组质量管理的意义

1. 培养职工逐步树立“强基达标、提质增效”意识。
2. 实施岗位质量考核机制，使职工养成规范操作的良好生产习惯。
3. 实施岗位风险管理，最大限度地避免生产事故。
4. 质量关口“前移”保证产品质量，提高工作效率。

二、班组长在班组质量管理中的作用、任务及必备意识

（一）班组长在班组质量管理中的作用

班组长是班组实施质量控制和质量改进的领导者和组织者。

（二）班组长在班组质量管理中的基本任务

1. 带领职工理解并实现班组的质量目标。
2. 熟悉本班组各岗位的操作规程，组织开展互帮互学活动。
3. 组织自检、互检和巡检，做好过程检验工作。
4. 落实质量控制点活动，实施或配合控制点管理。
5. 组织开展“5S”活动。
6. 组织本班组成员访问下工序活动。
7. 坚持开展质量改进活动。

（三）班组长在班组质量管理中的必备意识

1. 问题意识

班组长必须养成善于在生产现场发现问题的意识，只有这样才能防患于未然，保证生产的顺利进行。

2. 客观意识

现场的问题都是很具体的，哪里出现问题，造成了哪些影响，责任人是谁，问题的原因在哪里，班组长要留心找到明确的答案。事实胜于雄辩，要以深入调查挖掘出的事实为依据进行现场管理，而不能出了问题只是凭借主观想象来处理。

3. 时间意识

时间意识意味着及时、及早、即刻处理。

（1）及时——在现场要及时发现问题，迅速做出反应。关键在于建立快速的信息反馈机制，制订非正常作业预案，明确出现异常情况如何进行处理，在多长时间内必须汇报，汇报必须包括的内容等。

（2）及早——班组长在现场管理中要有防范意识，防患于未然，针对不同季节和环境，做好技能演练，班组全员参与。就像消防演习一样，定期或者不定期地模拟可能出现的问题，把解决的措施和步骤让职工练会练熟，形成习惯。

（3）即刻——班组长对出现的问题要迅速、正确地处理，不能拖延。

班组长要清楚地了解异常情况的处理方法，在平时的工作中，注意搜集积累不同的处理问题的方法，遇到突发事件才不致手足无措。

三、班组质量管理的内容

(一)建立健全责任制

建立健全严格的质量责任制是质量管理的一项重要的基础工作。要对班组和个人明确规定在质量工作中的具体任务、责任和权利，以便做到质量工作事事有人管，人人有责任、办事有标准、工作有检查、经济责任明确、功过分明，从上到下形成一个严密的、高效的质量管理责任体系。质量管理要求每个职工都处于自我控制状态，充分了解自己所应达到的目标，如质量标准、完成时间等。当实际与目标发生偏差时，能够自己控制和调节。这就是质量责任制的中心思想，也是使作业质量落到实处的根本保证。

建立质量责任制，要围绕工作质量的检测、控制和实现的全过程中的每个环节的质量要求来进行，做到条例化，还要尽可能在制度中明确规定有关工作质量的标准，并使之与职工收入挂钩，严格考核。概括起来，在建立质量责任制中，应注意以下几点：

1. 要分对象、分层次、分内容制订各类人员的质量责任制；
2. 内容全面、条理清晰，责任明确、奖罚分明；
3. 必须以质量责任制为主要内容，进行严格考核和奖励。

(二)加强员工质量教育，提高员工质量意识

质量教育工作是实行全面质量管理中一项根本性的基础工作，质量管理要“始于教育，终于教育，贯彻始终”。质量管理的教育工作包括两个方面的内容：

1. 做好质量管理的宣传和普及教育。工(班)长要充分利用早上点名布置工作、班组例行学习会等形式，对班组成员进行质量管理教育，只有使全体职工认识和了解质量标准、质量管理制度，才能够在工作中掌握作业标准，更好地运用到生产作业过程中。质量教育的办法很多，可以采取分层施教、因人施教、抓住重点、联系实际的教育方法。

2. 做好技术业务教育和培训。设备质量的好坏，反映出职工队伍的质量意识和技术水平，决定于工长的管理水平。“技术是质量的血液”，所以，工长必须把技术业务的培训教育当作提高质量管理知识的中心环节来抓。根据班组质量管理工作的需要，发挥班组成员之间的互教互帮作业，进行技术基础教育和操作技能的训练，通过这种教育形式，使班组全体职工基本掌握每项工作的作业条件、作业程序、作业标准、作业控制、检验方法等，使职工学有所获、学有所成、学有所用，从而提高班组职工的技术业务水平，以达到提高设备质量的目的。

(三)做好现场质量控制

现场质量控制是质量形成过程中的重要阶段，工作中要加强标准化作业，严格执行作业程序、作业标准、操作规程和检验方法。严格落实质量检查验收制度，对质量关键点实行重点控制，不断提高设备质量。工(班)长除了按计划完成当日的生产任务外，还要抓好现场作业质量，及时纠正职工在作业过程中的错误做法。例如，利用小型机械捣固时，有的职工为了省事，不扒枕盒道砟，直接进行捣固，这样就会出现以下几个问题：一是石砟容易捣在枕底口，列车碾压后，石砟弹出，线路又恢复到原状，作业质量差；二是枕盒道砟多，捣镐所受的阻力较大，石砟容易捣碎，污染道床；三是镐头容易将轨枕边打秃打破，使枕底石砟不能保持；四是作业人员吃力，石砟不容易捣进轨枕底；五是捣固使用的时间长，作业效率不高等。

第三节　班组质量管理的方法

一、标准化作业

坚持标准化作业是搞好设备质量管理的重要方法之一。工(班)长要带领班组全体职工加强标准化学习,统一思想认识,使全体职工都要树立"质量第一"的思想和为下道工序服务的观念,确保生产秩序正常,共同把好质量关。

1. 认识上明确。作业标准化就是作业科学化,按科学规律办事。规章制度、各级标准都是根据运输生产客观规律,经过调查研究,吸取经验教训制订出来的。坚持作业标准化是按科学规律办事,是提高设备质量和安全生产的保证。反之,不坚持作业标准化,就是违反科学规律,就会造成不安全因素,乃至严重影响作业安全与效率。认识上明确了,行动才能自觉。

2. 思想上重视。要树立严肃认真的态度,一丝不苟地执行作业标准。要以主人翁的态度对待作业标准化,变"要我执行"为"我要执行",克服"违标、违纪、违章和不一定出事故"的侥幸心理,绝不能"有人检查时标准化,无人检查时自由化,到了晚上不像话"。要从思想上重视,真正认识到坚持作业标准化是提高设备质量、防止事故和安全生产的根本保证这样,认识上明确了,思想上才能重视。

3. 业务上熟练。对作业标准的应知应会,要人人精通、个个熟练,包括程序标准、方法标准、时间标准及质量要求等,要使班组全体职工从道理上懂得"为什么这样规定";从内容上记准、记全;从操作执行上熟练掌握。应知应会是坚持作业标准化的先决条件,半懂不懂、半会不会,自然不能标准化,所以要在岗位达标、班组升级活动中,勤学苦练、深入钻研,采用示范表演、岗位练兵、技术比赛等方式,激励、提高职工技术业务水平。

4. 方法得当、措施得力。坚持作业标准化,目的是提高设备质量、保证安全生产。工长在贯彻执行标准化作业的过程中,要带头遵守各项规章制度,严格按照操作规程办事,结合班组实际情况,突出重点,采取有效方法确保设备质量的提高。

【案例】某段工区线路工标准化作业要求

(一)工长一日作业标准

1. 班前准备

(1)编制计划

根据设备动静态检查结果及日常调查线路病害情况,结合车间下达的月、周工作计划和工区的工作量调查编制工区日工作计划。需天窗内的作业项目,编制天窗计划按规定上报车间审批。

(2)工作预想

①针对次日作业项目、作业环境,对人员的分工、应使用的机具、工具、材料的种类、数量进行预想。

②针对次日作业项目中是否有易造成人身伤害或影响行车安全的各种可能进行预想,并针对各种可能制订预防措施。

③针对次日作业环境,对是否增加防护员及防护员应站位置,作业地点是否易造成安全隐患等进行预想,并针对各种可能制订防护方案和预防措施。

(3)布置任务

①早点名。按考勤进行集中点名,并检查职工出勤情况,根据计划布置生产任务,下达作

业任务单，有针对性地讲清作业中的安全注意事项，并明确作业互控、他控人员和内容，进行技术交底，并对个别职工进行抽问。

②检查机具备品。检查职工是否按规定佩带劳保用品，机具状态是否正常，防护员携带信号备品、通信工具是否安全良好。

2. 班中作业

(1)设备检查

每月按计划检查线路、道岔和其他线路设备。对段、车间、工区确定的关键地段、重点薄弱处所经常检查。

(2)作业检查

对当日作业进行监控和抽查，同时，对前一天和当日作业质量进行抽验，并做好记录。对未按作业标准进行作业的，予以纠正；对作业中违章行为，予以制止；对质量不合格的，要求返工。

(3)上道作业

按规定设好防护，利用天窗点作业时，要取得车站值班员准许，取得命令号后，方可作业。严禁天窗点内的工作在天窗点外进行。作业结束后，按作业验收标准进行质量回检，并调查次日工作量。

(4)收工

收工后对现场进行检查，避免工具、机具、材料遗漏现场或未按规定集中管理。回到工区后，工具、机具、材料按规定进行清点和摆放。

3. 班后总结

(1)由作业负责人总结当日安全生产情况及作业人员表现。

(2)总结现场抽检、回检情况，并结合作业负责人的总结，提出对职工当日考核意见。

(3)对当日工作进行全面总结，对下一步工作提出要求。

(4)传达上级指示精神，并组织学习(条件允许情况下，此项工作可放在点名后)。

(5)与班长研究次日工作，按规定填好各种表簿册。

4. 临时工作

对上级领导和段日常检查中发现的设备超限处所、重点安全隐患和其他影响行车安全的隐患，工长应立即做出工作安排，随时调整劳力，及时消除安全隐患，以确保行车和人身安全。

(二)线路工一日作业标准

1. 班前准备

(1)班前做到充分休息，严禁饮酒。

(2)按时参加点名，认真听取工长布置的生产任务，安全员对当日安全注意事项的补充。

(3)在出工前做到五个清楚，即清楚当日工作地点，清楚工作项目，清楚技术标准，清楚个人生产任务，清楚当日安全注意事项。

(4)作业人员要按规定穿好防护服，戴好劳动保护用品。

(5)出工。乘车前往作业地点，应做到料具放置稳固，人员坐好把牢，严禁在车中打闹；步行前往作业地点，应在路肩走行，作业人员应做到同去同归；在站内必须走道心时，应有防护员进行前后防护；横越线路、道口时应做到“一站、二看、三通过”。

2. 班中作业

(1)服从指挥，听到作业负责人下达的上、下道命令后，应立即携带料具上、下道。

(2)严格执行操作规程和单项作业标准，为下道做好充分准备。

(3)按分工进行作业，作业质量应达到作业负责人提出的质量回检要求。

(4)遇来车下道时，应携带工料具下道，并确认线路上无遗漏工料具。下道后工料具应按规定摆放在路肩上。避车时，站立成行，面向来车，防止车门或坠落物及绳索伤人，严禁在两线间避车。

来车时作业人员下道避车距离：$v_{max} \leqslant 120$ km/h 区段，必须在距离列车 800 m 以外下道完毕，距钢轨头部外侧距离一般应满足 2 m；120 km/h$< v_{max} \leqslant$160 km/h 区段，必须在距离列车 1 400 m 以外下道完毕，距钢轨头部外侧距离不小于 2.5 m；160 km/h$< v_{max} \leqslant$200 km/h 区段，必须在距离列车 2 000 m 以外下道完毕，距钢轨头部外侧距离不小于 3.0 m。

(5)站内作业严禁作业人员跳车、钻车、扒车和由车底下、车钩上传递工具材料。

(6)休息时，不准坐在钢轨、轨枕头及道床边坡上。

(7)收工。负责人宣布作业结束后，作业人员应整理好工料具，并清理作业现场。回到工区后，工料具入库应对号定位、分类堆码、不散不乱；使用和保管的工料具应做好检修保养，保持状态完好，为下次作业做准备。

3. 班后总结

(1)认真听取工班长、安全员、防护员当日工作总结，对上述人员未发现的问题进行补充。

(2)参与职工岗位达标考核，对工班长提出的考核结果发表个人意见。

(3)按班组内部管理分工做好本职工作。

(4)参加工区组织的各种学习和其他活动。

二、记名制管理

记名制管理就是在作业地点写上作业人的姓名及作业时间，根据设备质量状态对相关责任人按有关规定进行问责追究，确保设备质量的提高。其工作内容主要有以下方面：一是制订记名检、记名修、记名验工作制度，落实责任到人，做到谁检查、谁落实，谁修理、谁负责，谁验收谁确认，人人把关，层层设防。二是制订相关规章制度，强化工作职能。对工作质量好、作业效率高的责任人进行奖励，对工作质量差，作业效率低的责任人进行处罚，做到奖勤罚懒，有规可依、有章可循。三是规范作业标准，确保工作的实施。不管是检查、修理还是验收，都要在相应的作业地段用不同的油漆在钢轨底面或轨枕面写上相关的责任人和时间。在填写检查数据时，第一个月用白色油漆标记、第二个月用粉红色油漆标记、第三个月用黄色油漆标记，消灭病害用红色油漆标记等，以便在检查时更好地区别。

三、设备单元管理

为了摸索线路设备变化规律，规范线路设备质量监控管理，掌握设备质量动、静态变化情况，实现线路设备质量分级管理，将班组管内设备划分为若干个单元，采用图表、电子屏等方式，把设备动态和静态检查出的问题通过看板揭示出来，从而能够及时有针对性的安排检修计划，提高线路设备质量，确保线路设备质量处于有序可控状态，实现线路设备均衡提升。

【案例】以某局某工务段线路设备管理为例

(一)正线设备单元

1. 正线设备单元划分

正线设备单元分道岔单元、曲线单元、直线单元。直线单元以 200 m 为单位划分单元，划分后每个单元长度为 200 m 倍数，单元起终点为整偶数百米(特殊起点或工区分界不是整偶数百米除外)。道岔单元划分以车站每端单个行别岔区为一个单元，两头尽量向直线、曲线延伸。曲线单元尽量向两头直线延伸，每座桥、隧划分在一个完整单元内。道岔及曲线单元两端直线长度，在线路允许速度 $v_{max}\leqslant$120 km/h 时不小于 120 m，120 km/h$<v_{max}\leqslant$160 km/h 时不小于 130 m，160 km/h$<v_{max}\leqslant$200 km/h 时不小于 150 m。

2. 评价周期

每月 1 日至 30 日，汇总各项动态检测数据、徒步区间静态检查数据综合评价。

3. 评价项目及标准

表 5.1～表 5.5 为××铁路局集团公司依据相关规范，并结合本局的具体情况制定的线路设备评价标准。

(1)动态评价见表 5-1。

(2)静态评价见表 5-2、表 5-3。

表 5-1　动态评价项目及标准

类　型	评价项目	单　位	评价扣分
动检车	Ⅳ级超限	个	−100
动检车	Ⅲ级超限	个	−100
动检车	Ⅱ级超限	个	−2
动检车	Ⅰ级超限	个	−1
动检车	TQI 大于上年平均值	每增 1 扣分	−2
轨检车	Ⅳ级超限	个	−100
轨检车	Ⅲ级超限	个	−100
轨检车	Ⅱ级超限	个	−2
轨检车	Ⅰ级超限	个	−1
轨检车	TQI 大于上年平均值		−2
车载	Ⅲ级超限		−5
车载	重复Ⅱ级超限		−2
便携	Ⅲ级超限		−2
便携	Ⅱ级超限		−1
局督办	一条		−3
段督办	一条		−2

表 5-2　正线线路静态评价

类　型	评价项目	单　位	评价扣分标准
几何尺寸	经常保养标准	处	−2
钢轨	肥边	处	−2
	伤损达到轻伤标准		
	焊缝高、低塌		
	绝缘接头轨缝、肥边超限		
	钢轨硬弯		
	线路允许速度大于 160 km/h，焊缝距轨枕边不得小于 100 mm，其他线路，焊缝距轨枕边不得小于 40 mm		

续上表

类　型	评价项目	单　位	评价扣分标准
岔轨	失效	根	−2
	偏斜；空吊	根	−1
联结零件	锈蚀	百米	−5
	缺少	套	−1
	胶垫压溃；超垫；抽空	块	−1
	扣件压力不足12%	百米	−2
道床	翻浆冒泥	孔	−3
	砟肩不足	百米	−5
	道心缺砟	百米	−5
	杂草	百米	−1
线路标志	线路标志缺少	个	−0.5
	线路标志错误		
	线路标志不规范；不清晰		

表 5-3　正线道岔静态评价

类　型	评价项目	单　位	评价扣分标准
几何尺寸	高低；方向；漫塘；轨距；支距超经常保养标准	处	−2
	查照间隔、护背距离超限		−40
钢轨	肥边	处	−5
	伤损达到轻伤标准		
	焊缝高、低塌		
	绝缘接头轨缝、肥边超限		
	钢轨硬弯		
	接头错牙		
岔枕	失效	根	−2
	偏斜；空吊	根	−1
联结零件	锈蚀；缺少；改锚；扣件压力不足	套	−1
	胶垫压溃；超垫；抽空	块	−1
	滑床板折断、超槽	块	−1
	尖、基轨不密贴；尖轨、可动心轨与滑床板有间隙	处	−3
	尖轨与基本轨、可动心轨与翼轨高低关系不正确	处	−3
轨道加强设备	轨撑离缝、松动	块	−1
	轨距杆松动、损坏	根	−1
	尖轨爬行	组	−3
道床	翻浆冒泥	孔	−5
	砟肩不足	米	−2
	道心缺砟	米	−2
	杂草	米	−0.5
警冲标	警冲标损坏或不清晰	个	−1
标记	标记缺少、不清晰或错误	组	−5

4. 基础数据

(1)轨检车、动检车：每月部、局动轨检车检测数据，取动检车、轨检车检测数据各一次，无动检车的正线取两次轨检数据。

(2)便携式添乘仪：每月取考核车添乘数据，动车、直达车月中月底各1次，无动车正线取月中月底直达车各2次，无直达车正线取月中月底动车各2次。

(3)车载式晃车仪：按每月车载晃车仪重复Ⅱ级晃车数据。

(4)局、段督办信息：按局、段领导检查信息为主。

(5)静态评分主要是依据工区三全检查及工长、车间干部徒步区间检查。

5. 计算方法

(1)设备换算系数

直线系数1.0，曲线系数1.2，1/9、1/12道岔按150 m计算，1/18、1/30道岔按160 m计算。

(2)计算方法

单元静态评分总分÷单元换算长度＝静态折算整公里扣分

单元动态评分总分÷单元换算长度＝动态折算整公里扣分

(3)评分方法

各单元采取得分百分制，即100分－折算整公里扣分＝单元评价分；动、静态评分分别计算。

6. 评价管理

每月底分析评价各单元设备质量动、静态变化，为次月重点检查计划、生产计划和重点整治计划编制提供参考依据，合理安排相应修理级别。各设备单元采用公里百分制，按以下等级评价：Ⅰ级(85～100分)、Ⅱ级(84～60分)、Ⅲ级(＜60分)；在单元看板上对应表示颜色为绿色、黄色、红色。

(二)站线设备单元

落实设备检查制度，完善设备监控管理，有针对性制订检修计划，使站场设备质量动态变化达到目视效果。

1. 设备检查、评定落实

(1)车间设备检查：车间干部(计工员除外)按照设备检查计划及分工，每季共同检查设备不少于一遍；每半年必须结合线路检查全面检查曲线一遍；每月有计划组织线岔质量评定；检控小组配合检查、评定。

(2)工区设备检查：线路工长和班长每月共同检查管内到发线、站线、货物线、段管线、专用线及其他线路和道岔一遍，并每季度全面检查曲线一遍。

2. 设备单元划分

将道岔以组为单位划分成一个单元；将股道以两头曲线、中间直线段划分成三个单元；将其他线(指曲线较多线路，如走行线、联络线等)以曲线数量为单位划分成若干单元。单元划分时，应以道岔、曲线、直线为划分原则，可根据实际情况增减单元划分数量(如股道北头有两条曲线，建议增加一个曲线单元，图表中用“北1、北2”界定；如股道南北均无曲线，可以将该股道合并为一个直线单元)。

3. 设备单元等级管理

(1)评价等级。

Ⅰ级(85～100分)为放心设备、Ⅱ级(84～60分)为较放心设备、Ⅲ级(＜60分)为不放心设备；在单元看板上对应表示颜色为绿色、黄色、红色。

站场设备评价项目及标准见表 5-4、表 5-5。

表 5-4　一般站场道岔评分

类　型	评价项目	单　位	评价扣分标准
轨道几何尺寸	超临修标准(查照间隔、护背距离超限按超红线处理)	处	10
	超红线标准	处	41
钢轨	尖轨与基本轨不密贴	处	8
	轨缝大于构造轨缝或有连续 3 个及以上瞎缝,普通绝缘接头轨缝小于 6 mm	处	2
	尖轨岔心掉块	组	4
	轨端肥边大于 2 mm	处	1
岔枕	接头岔枕失效,其他处岔枕连续失效	处	2
联结零件	顶铁离缝大于 2 mm	处	6
	连杆、顶铁、间隔铁及护轨螺栓缺少	个	8
	接头螺栓缺少/松动	个	2/1
	其他螺栓缺少、松动	个	1
	垫板、道钉、胶垫、扣件缺少	个、块	1
	道钉浮离、扣压力不符合规定或弹条扣件中部前端下颚离缝大于 1 mm、轨距挡板前后离缝大于 2 mm 连续检查 50 个超过 12%的	每增 1%	1
轨道加强设备	轨辙和辙岔部分轨撑离缝大于 2 mm,其他部分轨撑或轨距杆损坏、松动	个、根	1
	防爬器、支撑缺损或失效	个	1
	尖轨相错量大于 20 mm	组	4
道床及外观	翻浆冒泥	孔	1
	肩宽不足,不饱满,有杂草	组	2
警冲标	损坏或不清晰/缺少或位置不对	处	4/41
标记	缺少、不清晰、错误	处	1
轨道框架	超红线	处	41

表 5-5　一般站场线路评分

类　型	评价项目	单　位	扣分标准
轨道几何尺寸	超临修标准	处	3
	超红线标准	处	41
钢轨	钢轨接头顶面或内侧面错牙超过 2 mm	处	1
	轨缝大于构造轨缝或有连续 3 个及以上瞎缝,普通绝缘接头轨缝小于 6 mm	处	2
	轨端肥边大于 2 mm	处	1
轨枕	钢轨接头或焊缝处轨枕失效,其他处轨枕连续失效,轨枕陷槽	处	2
联结零件	铁垫板、橡胶垫板、橡胶垫片道钉、扣件缺少	个	1
	连续检查 50 头道钉浮离或扣件前、后离缝大于 2 mm 超过 12%	每增 2%	1
	连续检查 50 个扣压力不符合规定或弹条扣件中部前端下颚离缝大于 1 mm 的超过 12%的	每增 1%	1
	接头螺栓缺少/松动的	个	1

续上表

类　型	评价项目	单　位	扣分标准
道床及外观	翻浆冒泥	孔	1
	肩宽不足,不饱满,有杂草	每20米	1
标记	线路标志缺少或不规范、不清晰或错误	处	1
轨道框架	超红线	处	41

(2)车间分级评价。

以车间干部(检控小组)检查评定数据为依据,每月及时评价,每季度评价所有设备,以电子监控表显示,车间监控表内用"J"代表检查,用"P"代表评定,用"W"代表维修,并注明月份和数量。例如1P3(一月份评定有3处病害)、2J11(二月份检查有11处病害)、3W0(三月份维修地点无病害)。按《普速铁路线路修理规则》(以下简称《修规》)第6.2.1条、第6.2.2条、第6.4.6条、第6.4.7条标准评判超临时补修评定分数,评定分数按41分折算为一处超临时补修进行统计。

(3)工区分级评价。

以工长、班长每月设备检查为依据,检查完后及时按四级评价标准评判,在工区看板显示,工区看板图内只需填充单元超临时补修总数和对应颜色。按《修规》第6.2.1条、第6.2.2条标准评判超临修。

(4)定期分析。

主要是对几何尺寸超临修、严重晃车地点进行分析。

①月分析:工区在每月20日前分析当月设备检查情况,分析内容主要有应检设备数量、实际完成设备检查数量、单元病害总量、等级设备数量及所占比重,并填写于相应表内、对应涂色。车间在每月20日前分析当月干部设备检查、设备评定情况,分析内容主要有单元病害总量、等级设备数量及所占比重,并填写于相应表内、对应涂色。

②季分析:指车间应在每季末根据检查、评定结果,对管内站场设备质量分工区全面综合分析,并形成书面分析报告及图表说明。

③年分析:车间采取病害处所总量汇总的方式,对各班组站场设备质量给予综合评价。

(5)工区应根据设备单元看板分析显示有针对性对Ⅲ、Ⅳ单元设备安排检查并采取必要保安措施,安排进行整修,建立问题库并上报车间。

(6)车间要对管内不放心单元全面检查分析,制订次月整治计划并盯控整治。连续两个月评定为特别不放心的设备单元,由车间主任亲自检查分析并组织工区整治销号,连续三个月评定为特别不放心的设备单元,由线路技术科组织现场分析原因,制订整治方案。

四、积极开展QC小组活动

QC小组是指在生产或工作岗位上从事各种劳动的职工,围绕企业的经营战略、方针目标和现场存在的问题,以改进质量、降低消耗、提高人的素质和经济效益为目的组织起来,运用质量管理的理论和方法开展活动的小组。

QC小组的作用是:提高质量、降低消耗、增加效益、增强企业素质、培养人才。提高质量不仅是指产品质量,也包括工序质量、服务质量、工作质量。降低消耗不仅是指物质消耗,还包括劳动消耗。经济效益不仅是企业和职工的经济效益,还包括全社会和国家的经济效益。增强企业素质不仅是增强企业自身素质,还包括产品、劳务在社会上的竞争能力。

第四节　质量管理(QC)小组活动

全面质量管理最先起源于美国，后来一些工业发达国家开始推行。20 世纪 60 年代后期，全面质量管理在日本又有了新的发展。20 世纪 70 年代末，我国开始引进全面质量管理。全面质量管理的技法很多，班组 QC 小组活动是全面质量管理的一种有效形式。

一、QC 小组的概念

QC 是质量管理的英文缩写，所以质量管理小组简称 QC 小组。QC 小组是指在生产或工作岗位上从事各种劳动的职工，围绕企业的经营战略、方针目标和现场存在的问题，以改进质量、降低消耗、提高人的素质和经济效益为目的组织起来，运用质量管理的理论和方法开展活动的小组。

二、QC 小组的特点

QC 小组活动具有四个方面的特点

一是参加 QC 小组的人员是企业的全体职工，不管是高层领导，还是一般管理者、技术人员、工人、服务人员，都可以组织 QC 小组；二是 QC 小组活动选择的课题是广泛的，可以围绕企业的经营战略、方针目标和现场存在的问题来选题；三是 QC 小组活动的目的是提高人的素质，发挥人的积极性和创造性，改进质量，降低消耗，提高经济效益；四是 QC 小组活动强调运用质量管理的理论和方法开展活动，突出其科学性。

三、QC 小组的类型

QC 小组按活动主体分为现场型 QC 小组、服务型 QC 小组、攻关型 QC 小组、管理型 QC 小组等。按课题类型和攻关目标又可分为问题解决型 QC 小组和创新型 QC 小组，其中问题解决型小组包括按活动主体分类的四种类型。

1. 现场型 QC 小组

由生产班组的工序或现场操作工人为主体组成。

特点：课题小、难度不大、活动周期短，易出成果，但经济效益不一定大。

2. 服务型 QC 小组

由从事服务工作的职工组成。以推动服务工作标准化、程序化、科学化，以提高服务质量和经济、社会效益为目的，活动范围主要在现场。

特点：课题小、时间短、见效快，经济效益不一定大，但社会效益好，有助于社会风气和服务质量的改善。

3. 攻关型 QC 小组

由领导干部、技术人员和操作人员三结合组成，以解决技术关键为目的。

特点：课题难度大、活动周期长、投入多，技术或经济效果显著。

4. 管理型 QC 小组

由管理人员组成，以提高业务工作水平，解决管理中存在的问题，提高管理水平为目的。

特点：课题有小有大，难度也不同，效果差别也较大。

5. 创新型 QC 小组

运用新的思维方式，创新方法，开发新产品、新工具、新方法、新工艺，实现预期目标。

四、QC 小组活动的作用

1. 有利于开发智力资源，发掘人的潜能，提高人的素质；

2. 有利于预防质量问题和改进质量；

3. 有利于实现全员参加管理；

4. 有利于改善人与人之间的关系，增强人的团结协作精神；

5. 有利于改善和加强管理工作，提高管理水平；

6. 有助于提高职工的科学思维能力、组织协调能力、分析与解决问题的能力，从而使职工在岗位成才。

五、组建 QC 小组的原则

1. 自愿参加，上下结合的原则

自愿参加是指在组建 QC 小组时，小组成员对 QC 小组活动的宗旨有比较深刻地理解和共识，并产生了自愿参与质量管理，自愿结合在一起，自主开展活动的要求。上下结合就是要把来自上面的管理者的组织、引导、启发与职工群众的自觉自愿性相结合，组建本企业的 QC 小组。

2. 实事求是，灵活多样的原则

组建 QC 小组要从企业的实际出发，以解决企业实际问题为出发点，实事求是地筹划 QC 小组的组建工作。不能搞一哄而起，更不能强迫组建。可以典型引路，调动职工的积极性，从而使 QC 小组活动在企业内广泛开展。组建的形式可以灵活多样，根据实际需要组建类型适宜的 QC 小组，以方便活动，易出成果。如客、货运部门主要以服务型 QC 小组为主，机务、工务、电务、车辆部门主要以现场型或攻关型小组为主。根据生产特点还可以组建管理型、创新型 QC 小组等。

六、QC 小组的成员及要求

(一)QC 小组的人数

为便于自主地开展现场改善活动，QC 小组人数一般以 5～10 人为宜，最多不超过 15 人，最少不少于 3 人。每个 QC 小组成员具体数目应根据所选课题涉及的范围、难度等因素确定，不必强求一致。在课题变化或小组成员岗位变动后，成员数也可做相应调整。在小组成员人数可多可少的情况下，宜少不宜多，以便于每个小组成员都能在小组活动中充分发挥作用。

(二)QC 小组组长的人选

组长是 QC 小组的组织者和领导者，一个 QC 小组能否有效地开展活动，组长起着重要的作用。QC 小组组长可以是自荐并经小组成员认可的，也可以是由小组成员共同推举的。QC 小组组长其主要职责是：抓好 QC 小组的质量教育；制订小组活动计划，按计划组织好小组活动；做好 QC 小组的日常管理工作，即日常活动的组织、记录，出勤考核；组织整理与发表活动成果等。

(三)对 QC 小组组长的要求

一是推行全面质量管理的热心人；二是业务知识较丰富；三是具有一定组织能力；四是具有开拓和创新能力等。

(四)对 QC 小组成员的要求

一是应根据 QC 小组活动计划按时参加活动，以充分发挥自己的聪明才智；二是有较强责任心能按时完成小组分配的任务；三是服从组长领导，积极配合组长工作；四是互相帮助，互通信息，配合其他组员工作。

七、开展 QC 小组活动的基本条件

开展好 QC 小组活动要有良好的外部环境和内部环境。外部环境要求企业在市场竞争中必须以质量取胜，因此，企业应对 QC 活动给予足够的重视。QC 小组活动是企业的自觉行为，企业应为开展 QC 小组活动创造良好的内部环境。

1. 领导对 QC 小组思想上重视，行动上支持

各级领导对开展 QC 小组活动要高度重视，热情支持，积极引导，并把它作为企业取得成功的关键要素来抓。要把 QC 小组活动纳入企业质量工作计划，制订开展 QC 小组活动的奖励政策，指导、协调和帮助开展质量攻关活动，组织召开 QC 成果发表会等，充分调动职工关心企业、办好企业的积极性。

2. 职工对 QC 小组活动有认识、有要求

充分调动职工参与质量管理的积极性和主动性是推动 QC 小组活动扎实开展、讲求实效、不走过场的前提。因此，要通过开展质量管理教育，提高广大职工的质量意识、问题意识、改进意识、参与意识和开拓创新意识，使企业的 QC 小组活动建立在广泛的群众基础之上。

3. 培养一批 QC 小组活动的骨干

企业要着重培养一批 QC 小组活动骨干，让他们比别人先学一步，多学一些，既掌握质量管理理论，又会运用 QC 小组活动的有关知识和方法，让他们成为企业开展 QC 小组活动的“种子”，使 QC 小组活动在企业中生根、开花、结果。

4. 建立健全 QC 小组活动的规章制度

为了使企业的 QC 小组活动持续、健康地发展，企业应把 QC 小组活动作为质量管理体系的一个重要环节，并规范 QC 小组的组建、注册、登记、活动、管理、培训、成果发表、评选和奖励等单项工作，使企业的 QC 小组活动科学化、程序化、制度化。

八、开展 QC 小组活动的内容

QC 小组活动主要包括课题选择与登记、活动成果报告等内容。QC 小组的活动一般每月至少一次，活动内容可组织业务学习，质量攻关，因果分析，课题研究，也可组织对口交流活动等。课题选择一般有三种：一是以企业方针目标中涉及的项目作为指令性课题，由企业下达各有关 QC 小组承担；二是属于创新、开拓或创行业先进水平的项目，由专职机构汇总各科室的意见，经企业质量领导小组讨论，以“质量管理活动方向目标意见书”的形式，作为指导性的课题，由有关 QC 小组确认；三是凡影响小组的产品质量、工作质量的主要问题由小组自行确定课题。课题确定后必须报企业质量管理部门审批、登记，以便加强管理，同时登记参与人员，作为事后成果发布、奖励的依据。

九、开展 QC 小组活动的基本方法

班组开展 QC 小组活动，要不断解决班组存在的问题，寻求质量改进。在解决问题时，通常需要涉及专业和管理两方面的技术。专业技术根据业务不同和解决问题的不同，在运用中是各不相同的，但管理技术则是共性的，这正是 QC 小组开展活动所要掌握的技术。一般来讲，QC 小组解决课题所涉及的管理技术主要有三个方面。

（一）遵循 PDCA 循环

做每一项事情，搞一项活动或解决一个问题，要有一个做法或思路，都要按照 PDCA 的活动规

律(程序)去进行,P(Plan)表示计划,D(Do)表示执行,C(Check)表示检查,A(Action)表示处理。

1. P 计划阶段:通常包含着四个步骤,即①找出存在的问题;②分析产生问题的原因;③找出主要原因;④制订对策。

2. D 执行阶段:包含着一个步骤,即按照制订的对策实施。

3. C 检查阶段:包含着一个步骤,即检查所取得的成果。

4. A 处理阶段:包含着两个步骤,即制订巩固措施,防止问题再发生;提出遗留问题及下一步打算。这就是通常所说的“四个阶段,八个步骤”的内容。

PDCA 循环有两个特点:一是循环前进,阶梯上升,如图 5-1 所示,也就是按 PDCA 顺序前进,就能达到一个新的水平,在新的水平上再进行 PDCA 循环就又可达到一个更高的水平;二是大环套小环,如图 5-2 所示,即 PDCA 四个阶段中,每个阶段都可有其本身的小 PDCA 循环。

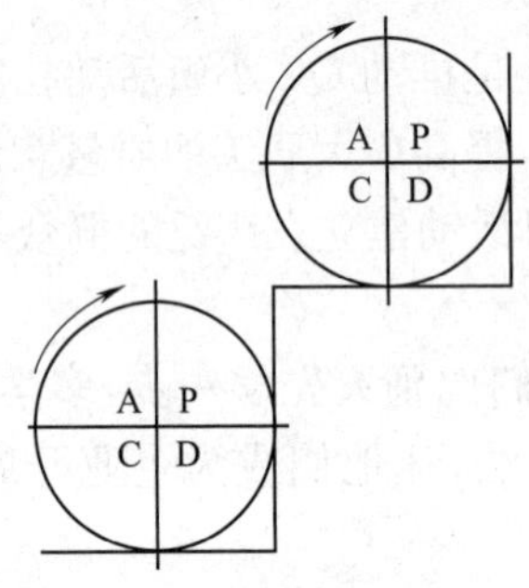

图 5-1　PDCA 循环 1

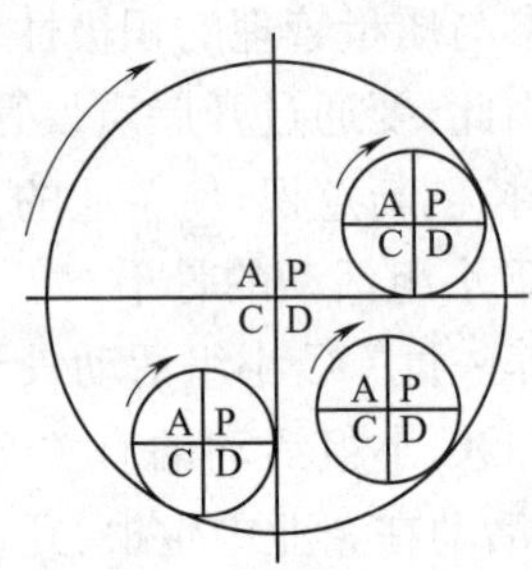

图 5-2　PDCA 循环 2

(二)以事实为依据,用数据说话

选择课题的理由,制定目标的依据,问题的症结及主要原因的确定,制订的每一条对策是否完成,有没有达到预定的效果等,都要用证据来说明,而这些证据应是客观的而不是主观的。因此要有充分的事实来证明,要用数据说话。

(三)应用统计方法

统计方法是对收集到的数据进行归纳、整理、分析的工具。统计方法运用得好、运用得恰当,对 QC 小组活动的效果起着关键作用。

十、QC 小组活动步骤

QC 小组活动的主要步骤包括选择课题,调查现状,设定目标值,分析原因,制订对策,实施对策,检查措施,总结回顾及今后打算等。各步骤与 PDCA 循环的关系,如图 5-3 所示。

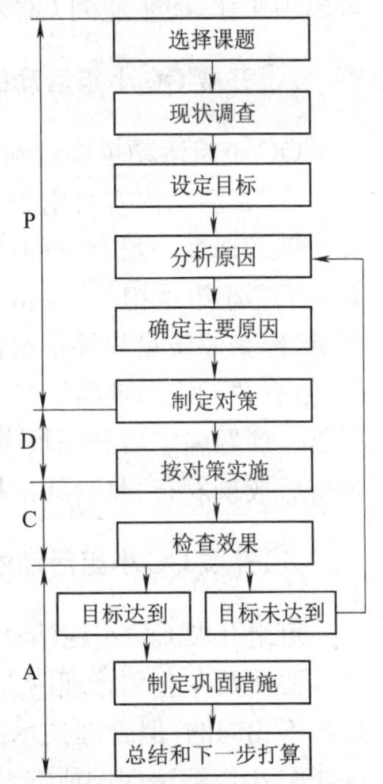

图 5-3　QC 小组活动步骤与 PDCA 循环关系图

(一)选择课题

QC 小组活动要取得成功,选题恰当非常重要,选择课题应该注意下几个方面:

1. 选题要有依据,注意来源。QC 小组选题应以企业方针目标和中心工作为依据,注意现场关键和薄弱环节,解决实际问题。课题来源既可是组员工作中发现的问题,也可根据企业中心工作需要设立，还可以由上级招标或指令性下发课题。总之，和企业生产有关及急需解决的课题都可以列入 QC 小组活动之中。

2. 选题要具体明确，避免空洞模糊。具体明确的选题，可使小组成员统一认识，明确目标，若选题模糊不清、空洞无物，组员没有统一认识，很难取得成果。

3. 选题要小而实，避免大而笼统。有些质量问题不一定显得非常突出，但 QC 小组若能抓住这些看来是小，但做起来很实在的课题，组织开展活动，不断地解决实际问题，则意义重大。做较大的课题，有时小组力量不够，反而效果不好，若大课题必须做，可采取分解的办法，按进度或难度把大课题分解为若干小课题。

4. 选题要先易后难，避免久攻不下。先易后难是解决问题的一般规律，这样可以鼓舞士气，并促进较难的问题向容易的方面转化，对坚持开展 QC 小组活动有促进作用。

选题常用的方法有调查表、简易图表、亲和图、头脑风暴、水平对比流程图等。

(二)现状调查

选题确定后，应从调查现状开始活动，通过调查现状，掌握必要的材料和数据，进一步发现问题的关键和主攻方向，同时也为确定目标值打下基础。

调查现状时，为掌握第一手资料和保证资料的准确可靠，应注意以下各点：

1. 注意调查的客观性。所谓客观性，即调查的情况要保证真实可靠，调查的数据要有根据，并做到准确无误，不能主观臆造。对数据的分析处理应采用较科学的方法，避免产生差错的结论。

2. 注意调查的时间性。要收集距 QC 小组活动开始最近时间的数据，这样才能真实反映现状，否则调查情况离该小组活动时间太远，很可能不是现状而是历史，这样的调查对活动提供的数据就不准确、不可靠。

现状调查可选用的工具有调查表、简易图表和排列图。

(三)设定目标

设定目标是确定小组活动要把问题解决到什么程度，也是为检查活动的效果提供依据。设定目标要注意以下几个问题：

1. 目标要与问题相对应。目标应与课题一致，课题所要解决的问题应在目标中得到体现，如课题是“降低×××故障率”，现状也已调查清楚，那么设定目标就是要回答故障率由现在的多少，降低到多少。又如课题为“加强工序管理，提高关键工序一次合格率”，那么，目标值就应明确提高一次合格率的指标，而不应该确定要节约多少费用。

2. 目标要明确表示。要有用数据表达的目标值，因为用定量目标表示，在取得效果后，可以进行对比检查。没有量化目标，在对策实施后就无法证明是否已实现了目标。

3. 目标应切实可行。制定的目标既要有一定的挑战性，又要是经过努力可以实现的。

4. 设定目标的依据可以从以下内容中选取：

(1)上级下达的考核指标(或标准的要求)。

(2)顾客提出的需求。

(3)条件相当的同行业的先进水平。

(4)历史上曾经达到过的最高水平。

(5)对于问题解决程度的预测分析等。

不要把一些抽象的、空洞的虚词套话作为设定目标值的依据。设定目标所用的方法，通常可用柱状图、折线图等简易图表。

（四）分析原因

QC 小组进行现状调查，并初步找到主要质量问题所在，目标也已经设定，下一步就可以针对问题进行分析，究竟是什么原因造成这个问题。在分析原因应注意以下几点：

1. 要针对所存在的问题分析原因。在现状调查时，已经找出问题的症结，应针对症结来分析原因。

2. 分析原因要展示问题的全貌，即人、机器、材料、方法、环境、测量这几种角度，把有影响的原因都找出来，尽量避免遗漏。

3. 分析原因要彻底。对原因层层展开分析，一直分析到末端原因，也就是要分析到可以直接采取对策的程度为止。

4. 要正确、恰当地应用统计方法。分析原因常用的统计方法有因果图、系统图（树状图）和关联图。表 5-6 给出了三种统计方法的应用过程。

表 5-6　三种统计方法的应用过程

方法名称	适用场合	原因之间的关系	展开层次
因果图	针对单一问题进行原因分析	原因之间没有交叉影响	一般不超过四层
系统图	针对单一问题或两个以上问题进行原因分析	原因之间没有交叉影响	没有限制
关联图	针对单一问题或两个以上问题进行原因分析	原因之间有交叉影响	没有限制

（五）确定主要原因

通常在原因分析阶段会发现可能影响问题的原因有很多条，其中有的确实是影响问题的主要原因，有的则不是。这一步骤就是要对诸多原因进行鉴别，把确实影响问题的主要原因找出来，将目前状态良好，对存在的问题影响不大的原因排除掉，以便为制订对策提供依据。通常可以通过以下步骤确定主要原因：

1. 把图中的末端因素收集起来。因为末端因素是问题的根源，所以主要原因要在末端因素中选取。

2. 把末端因素中不可抗拒的因素剔除，即把小组以至企业都无法采取对策的因素剔除，不作为确定主要原因的对象。

3. 对末端因素逐条确认，确定主要原因。找出真正影响问题的主要原因，通常采用现场验证、现场测试测量、调查分析等方法必须要小组成员亲自到现场确认，亲自去观察、调查、测量、试验、取得数据，才能为确定主要原因提供依据。只凭印象感觉来确认，是依据不足的。

要因确认时还要注意以下两点：

（1）在确认要因时，应根据其对所分析问题影响程度的大小来确定，而不是根据其是否容易解决来确定。

（2）末端因素要逐条确认，以免遗漏主要原因。

确定主要原因常用的方法有调查表、简易图表、直方图、散布图、控制图、矩阵图等。

（六）制订对策

主要原因确定之后，就可分别针对所确定的每条主要原因制订对策，一般采用对策表的形式。对策表是整个改进措施的计划，是下一步实施对策的依据，必须做到对策清楚、目标明确、责任落实。表 5-7 为 QC 小组常用的对策表的表头

表 5-7　为 QC 小组常用的对策表

序号	要因	对策	目标	措施	地点	时间	负责人

制订对策时应注意以下问题：

1. 对策应与项目（要因）相对应，针对原因制订对策，具体措施解决具体问题。

2. 对策表中的“目标”栏，要尽可能用定量的目标值来表述。

3. 对策应能实施和检查，不应只罗列空洞口号，而使执行者无所适从，也不能检查。

制订对策常用的方法有简易图表矩阵图、PDCA法、矢线图、优选法、正交试验法等。

（七）按对策实施

实施对策是QC小组活动实质性的具体步骤，小组成员要严格按照对策表列出的改进措施计划加以实施。这一环节做得好，才能使小组活动有意义，否则会使选题等前期工作失去作用。实施对策时应注意：

1. 严格按照对策计划行事。因为对策计划是经过分析，找出的主要原因和对策的结果，严格按照对策计划行事，有利于活动趋向目标，有的放矢地取得好的效果。

2. 保持经常性和全员性。实施对策的有些活动需保持一定的连续性，不可断断续续；另外还需要全员配合，不能只有部分组员参加，一定要保持全员参与。

3. 必要时应修改对策。有时实施中会发现新问题，或对策计划中所列的对策无法实施，这时应及时修改对策。经小组成员讨论通过后，再实施。

4. 注意记录和检查，把实施的时间、地点、参加人员和结果等项记录在册，以便为整理成果提供依据。同时，在实施过程中，每日应对活动进展情况进行检查，以便发现问题再进行协调。

（八）检查效果

检查的目的是确认实施的效果，其方法是通过活动前后的对比，分析活动的效果。如果对策表中所有的对策实施完成了，即所有的要因都得到了解决或改进，就要按新的情况进行试生产（工作），并记录其数据，用以检查所取得的效果。

1. 把对策实施后的数据与对策实施前的数据相比较。若达到了目标，说明问题已经得到了解决，可以巩固成果，防止问题的再发生。如果没有达到预期目标，说明问题没有得到根本解决，可能是主要原因没有找到，这时要回到第四步，从重新分析原因开始，再向下进行直到达到目标为止。这说明这个PDCA循环没有转完，在C阶段中还要进行一个小PDCA循环，即所谓的大环套小环。

2. 效益的计算。计算经济效益要实事求是，一般计算活动期（包括巩固期）内所产生的效益。

实际效益＝产生的收益－投入的费用

检查效果时应注意以下几点：

(1)实事求是，以事实和数据为依据。以数据统计工具处理后得出相应的结论，不应未做对比分析即直接展示活动的效果。

(2)对于经济性目标的检查和认识，应邀请财务主管部门和有关领导参加。

(3)对于技术性的目标，就应邀请技术主管部门有关人员和领导参加。

(4)检查项目应与目标值相一致，针对活动的目标值进行检查。

（九）制订巩固措施

取得效果后，就要把效果维持下去，并防止问题再发生。为此，要制订巩固措施。

1. 将有效对策初步纳入有关标准（如变更的工作方法、操作标准，变更的有关参数、图纸、资料、规章制度等），并报经有关部门认可。批准后，制订或修订有关标准和管理办法、制度。

2. 再到现场确认。确认是否按新方法操作（工作）和执行了新的标准。

3. 做好记录，进行统计。在取得效果后的一段时期内（巩固期一般以 2～3 个月为宜）要做好记录，进行统计，用数据说明效果的巩固状况。

采取巩固措施应注意：

(1)必须是被活动实践证明是行之有效的措施才能纳入有关文件或规程中，未经证明的方法不能随意列入巩固措施内。

(2)任何文件的修改都必须通过文件控制程序进行，不得随意进行文件的修改。

(3)巩固措施要具体可行，不能抽象空洞。

(十)总结回顾及下一步打算

QC 小组活动一个周期后，要认真进行总结。总结可从活动程序、活动成果和遗留问题等方面进行。在活动程序方面，应检查以事实为依据，用数据说话方面，及方法应用方面；总结哪些地方是成功的，哪些地方尚有不足，需要改进等。在活动成果方面，除有形成果外，要注意无形成果，如质量意识、问题意识、改进意识、参与意识的提高，个人能力的提高，解决问题的信心、团队精神的增强等方面，这是 QC 小组活动非常宝贵的收获。

QC 小组活动中，有些课题可能是一次性的解决问题，对于这类课题，解决之后即可再寻找新的课题。还有些课题是一次很难解决全部问题的，必须不断制订新的目标，使之具有明显的连续性。对于这类课题必须在每完成一次 PDCA 循环之后，就考虑下步计划，制订新的目标，再展开新的 PDCA 循环。不论哪类课题，QC 小组活动都应强调连续性，坚持不断地开展活动。

十一、开展 QC 小组活动常用工具

在 QC 小组活动中，应有针对性地选用不同的方法和技巧，提高质量改进效果，达到预期攻关目标。供 QC 小组选用的统计方法较多，包括排列图、因果图、直方图、控制图、散布图、分层法、对策表。常用的统计分析方法有排列图、分层图、因果分析图、对策表等，称为“三图一表”。因为他们醒目、鲜明，使用起来比较方便有效，又容易掌握，所以是班组质量管理普遍采用的方法，作为班组长应该熟练掌握。

(一)分层法

分层法又称为分类法或分组法，是将收集到的原始质量数据，根据不同的目的和要求，按某一性质进行分组、整理的分析方法。分层的结果使数据各层间的差异突出的显示出来，层内的数据差异减小了。在此基础上再进行层间、层内的比较分析，可以更深入地发现和认识质量问题的原因。由于产品质量是多方面因素共同作用的，因而对同一批数据，可以按不同性质分层，使我们能从不同的角度分析产品存在的质量问题和影响因素，及时采取措施加以预防。分层的方法很多，常用的有：

1. 按人员分：如按新老工人、性别、年龄、技术水平等分层。

2. 按使用设备分：如按不同机车型号、不同车辆种类、不同线路、不同装卸机具等分层。

3. 按原材料分：如按不同的进料时间、不同成分的材料、不同的供料单位等分层。

4. 按操作方法分：如按不同的技术作业过程、调车作业方法、货物装载方式、机车操纵方法等分层。

5. 按不同的环境、时间、部门、班次、组别等分层。

[例 5-1] 钢筋焊接质量的调查分析，共检查了 50 个焊接点，其中不合格 19 个，不合格率达 38%。存在严重的质量问题，试用分层法分析质量问题的原因。

解：据调查，这批钢筋的焊接是由 A、B、C 三位师傅操作的，而焊条是由甲、乙两个厂家提

供的，由调查数据分别按操作者、焊条生产厂家以及综合因素进行分析，即考虑一种因素的影响，见表 5-8 和 5-9。考虑两种因素共同影响的结果，见表 5-10。

表 5-8　操作者分层

工　厂	不合格	合　格	不合格率(%)
甲	9	14	39
乙	10	17	37
合计	19	31	38

表 5-9　按供应焊条厂家分类

工　厂	不合格	合　格	不合格率(%)
甲	9	14	39
乙	10	17	37
合计	19	31	38

表 5-10　综合分层分析焊接质量

操作者	焊接质量	甲　厂		乙　厂		合　计	
		焊接点	不合格率(%)	焊接点	不合格率(%)	焊接点	不合格率(%)
A	不合格	6	75	0	0	6	32
	合　格	2		11		13	
B	不合格	0	0	3	43	3	25
	合　格	5		4		9	
C	不合格	3	30	7	78	10	53
	合　格	7		2		9	
合计	不合格	9	39	10	37	19	38
	合　格	14		17		31	

从三张表的综合分层法分析可知，在使用甲厂的焊条时，应采用 B 师傅的操作方法为好；在使用乙厂的焊条时，应采用 A 师傅的操作方法为好，这样会使合格率大大的提高。

分层法是质量控制统计分析方法中最基本的一种方法。其他统计方法一般都要与分层法配合使用，如排列图法、直方图法等，常常是首先利用分层法将原始数据分门别类，然后再进行统计分析的。

(二)排列图法

排列图法是利用排列图寻找影响质量主次因素的一种有效方法，排列图又叫帕累托图或主次因素分析图。

1. 图形结构

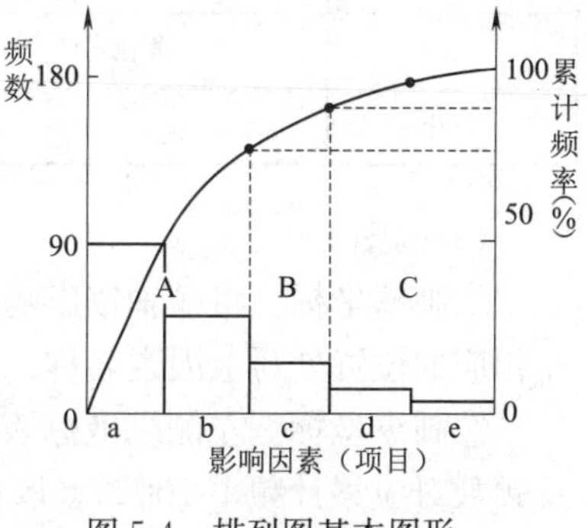

它是由两个纵坐标、一个横坐标、几个连起来的直方形和一条曲线所组成，如图 5-4 所示。左侧的纵坐标表示频数，右侧纵坐标表示累计频率，横坐标表示影响质量的各个因素或项目，按影响程度大小从左至右排列，直方形的高度示意某个因素的影响大小。实际应用中，通常按累计频率划分为

图 5-4　排列图基本图形

A类，累计频率在(0%～80%)的因素，即主要因素；

B类，累计频率在(80%～90%)的因素，即次要因素；

C类，累计频率在(90%～100%)的因素，即一般因素。

2. 排列图的作法

下面结合实例加以说明。

[例 5-2] 某工地现浇混凝土构件尺寸质量检查结果是：在全部检查的8个项目中不合格点(超偏差限值)有150个，为改进并保证质量，应对这些不合格点进行分析，以便找出混凝土构件尺寸质量的薄弱环节。

解：(1) 收集整理数据

首先收集混凝土构件尺寸各项目不合格点的数据资料，见表5-11。各项目不合格点出现的次数即频数。然后对数据资料进行整理，将不合格点较少的轴线位置、预埋设施中心位置、预留孔洞中心位置三项合并为“其他项”。按不合格点的频数由大到小顺序排列各检查项目，“其他项”排在最后。以全部不合格点数为总数，计算各项的频率和累计频率，结果见表5-12。

表 5-11　不合格点数统计表

序　号	检查项目	不合格点数	序　号	检查项目	不合格点数
1	轴线位置	1	5	平面水平度	15
2	垂直度	8	6	表面平整度	75
3	标高	4	7	预埋设施中心位置	1
4	截面尺寸	45	8	预留孔洞中心位置	1

表 5-12　不合格点项目占频数频率统计表

序　号	项　目	频　数	频　率(%)	累计频率(%)
1	表面平整度	75	50.0	50.0
2	截面尺寸	45	30.0	80.0
3	平面水平度	15	10.0	90.0
4	垂直度	8	5.3	95.3
5	标高	4	2.7	98.0
6	其他	3	2.0	100
合计		150	100	

(2)画图

①画横坐标。将横轴按影响因素的数目等分，并按影响因素频数大小顺序从左到右排列，在相应的位置处写上因素名称。该例中横坐标分为6等分。

②画纵坐标。左侧纵坐标表示因素不合格点数即频数，右侧纵坐标表示因素累计频率。总频数对应累计频率100%。该例中总频数150应与100%在同一条水平线上。

③画直方形。以各因素的频数为高画出直方形。

④画累计频率曲线。从横坐标左端点开始，依次用连接各因素直方形中点(右边)线与所

对应的累计频率值交点，所得曲线即为累计频率曲线。

⑤记录必要的事项。如标题、收集数据的方法、时间及绘图人等。图 5-5 为本例排列图。

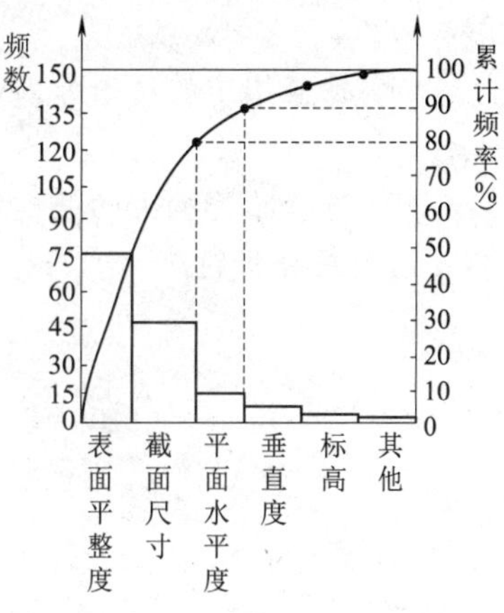

图 5-5　混凝土构件尺寸不合格点排列图

3. 观察与分析

(1)观察直方形，大致可看出各项目的影响程度。排列图中的每个直方形都表示一个质量问题或影响因素。影响程度与各直方形的高度成正比。

(2)利用 ABC 分类法，确定主次因素。将累计频率曲线按 0～80%、80%～90%、90～100% 分为三部分，各曲线下面所对应的影响因素分别为 A、B、C 三类因素，例 5-2 中 A 类即主要因素是表面平整度、截面尺寸；B 类即次要因素是平面水平度；C 类即一般因素有垂直度、标高和其他项目。综上分析结果，下步应重点解决 A 类等质量问题。

(3)效果检验，重画排列图。针对 A 类因素采取措施后，为检查其效果，经过一段时间，需收集数据重画排列图，若新画的排列图与原排列图主次换位，总的废品率(或损失)下降，说明措施得当；否则说明措施不力，未取得预期的效果。

4. 注意事项

(1) 左侧的纵坐标可以是件数、频数，也可以是金额，也就是说，可以从不同的角度去分析问题；

(2) 要注意分层，主要因素不应超过 3 个，否则没有抓住主要矛盾；

(3) 频数很少的项目归入“其他项”，以免横轴过长，“其他项”一定放在最后。

(三)因果分析图法

因果分析图法是利用因果分析图将影响质量的所有原因及原因间相互关系即因果关系分析并表示出来，条理清楚、形象直观，指出了解决问题的入手点，是分析寻找某个质量问题(结果)与其产生原因之间关系的有效工具。因果分析图也称特性要因图，又因其形状常被称为树枝图或鱼刺图。

1. 图形结构

因果分析图基本形式如图 5-6 所示。

从图 5-6 可见，因果分析图由质量特性(即质量结果指某个质量问题)、要因(产生质量问题的主要原因)、枝干(指一系列箭线表示不同层次的原因)、主干(指较粗的直接指向质量结果的水平箭线)等所组成。

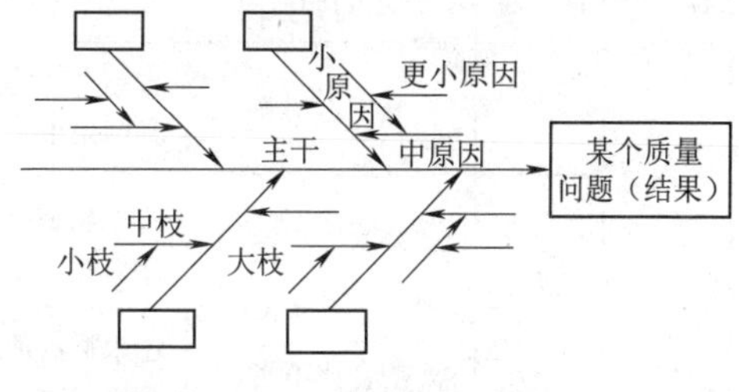

图 5-6　因果分析图基本形式

2. 因果分析图的绘制

下面结合实例加以说明。

[例 5-3]　绘制混凝土强度不足的因果分析图。

解：因果分析图的绘制步骤与图中箭头方向恰恰相反，是从“结果”开始将原因逐层分解的，具体步骤如下：

(1) 明确质量问题——结果。该例分析的质量问题是“混凝土强度不足”，作图时首先由左至右画出一条水平主干线，箭头指向一个矩形框，框内注明研究的问题，即结果。

(2) 分析确定影响质量特性大的方面原因。一般来说，影响质量因素有五大方面，即人、机械、材料、方法、环境等。另外还可以按产品的生产过程进行分析。

(3) 将每种大原因进一步分解为中原因、小原因,直至分解的原因可以采取具体措施加以解决为止。

(4) 检查图中的所列原因是否齐全,可以对初步分析结果广泛征求意见,并做必要的补充及修改。

(5) 选择出影响大的关键因素,做出标记"△",以便重点采取措施。图 5-7 是混凝土强度不足的因果分析图。

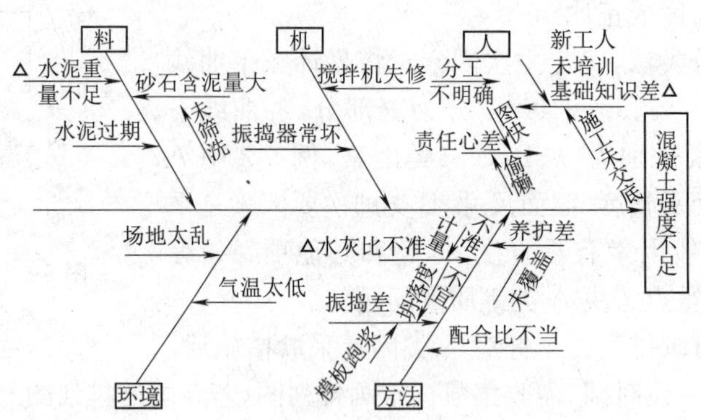

图 5-7　混凝土强度不足的因果分析图

3. 注意事项

(1)寻找产生问题的所有原因。应充分发扬民主、集思广益并进行全面、具体、细致的调查研究。查找原因,通常从影响工作质量的人、机、料、法、环五个方面入手。

(2)原因分析应当细到能采取措施为止。

(3)将分析得出具体原因,通过排列图找出主要原因,拟定措施加以解决。

(四)对策表

根据排列图和因果分析图找出产生质量不良的原因后,需将影响质量不良的重点原因逐一落实,确定对策,制订出对策表,由专人负责,限期改正。

对策表的内容有:存在的问题,采取的措施,完成时间和负责人等。

表 5-13 为混凝土强度不足的对策表。

表 5-13　对策计划表

项　目	序　号	产生问题原因	采取的对策	执行人	完成时间
人	1	分工不明确	根据个人特长、确定每项作业的负责人及各操作人员职责、挂牌示出		
	2	基本知识差	①组织学习操作规程 ②做好技术交底		
方法	3	配合比不当	①根据数理统计结果,按施工实际水平进行配比计算 ②进行实验		
	4	水灰比不准	①制作试块 ②捣制时每半天测砂石含水率一次 ③捣制时控制坍落度在 5 m 以下		
	5	计量不准	校正磅秤		

续上表

项　目	序　号	产生问题原因	采取的对策	执行人	完成时间
材料	6	水泥重量不足	进行水泥重量统计		
	7	原材料不合格	对砂、石、水泥进行各项指标试验		
	8	砂、石含泥量大	冲洗		
机械	9	振捣器常坏	①使用前检修一次 ②施工时配备电工 ③备用振捣器		
	10	搅拌机失修	①使用前检修一次 ②施工时配备检修工人		
环境	11	场地乱	认真清理，搞好平面布置，现场实行分片制		
	12	气温低	准备草包，养护落实到人		

第五节　QC 小组活动成果发布

一、QC 小组活动成果类型

QC 小组活动取得的成果可分为两类：一是“有形成果”，二是“无形成果”。

（一）“有形成果”

“有形成果”是指可以用物质或价值形式表现出来，通常能直接计算其经济效益的成果，如提高产品质量，降低物资消耗，减少设备故障停机时间，提高劳动生产率，缩短交货期等。

（二）“无形成果”

“无形成果”通常是指难以用物质或价值形式表现出来，无法直接计算其经济效益的成果，如改善生产（工作）现场环境，改善人际关系，提高小组成员自身素质等等。

二、QC 小组活动成果报告的整理和编写

QC 小组成果报告通常简称 QC 小组成果，是 QC 小组活动过程的方式、方法、技法运用、成效总结和归纳。课题完成后，小组成员分工收集、整理小组活动的原始记录和资料，由执笔人整理出初稿，对初稿进行讨论、修订、完善，形成可供交流或发布的成果。

（一）成果的主要编写内容

QC 小组成果的编写内容通常包括小组概况、选题理由、现状调查及分析、目标值设定及其可行性分析、主要问题原因及其验证、对策、效果检查和目标评价、巩固措施、明确遗留问题及今后计划打算等几大步骤，采取小组活动中的 PDCA 循环四个阶段的程序编写。

当然，上述各项不一定作为一个标题来描述，其顺序也不一定一成不变，可根据实际情况，把要突出的内容重点列成几个小标题详尽描述，而非重点内容可归纳到一个小标题之中加以说明。

（二）成果的编写技巧

为使成果编写成功，应注意以下技巧和安排。

1. 课题名称要精练、准确、鲜明和简洁。

2. 开头要引人入胜，结尾要令人回味。

3. 成果的中心应明确并富有挑战性。

4. 成果的结构可按小组活动的时间顺序和 PDCA 循环过程编写，也可按并列式结构编写，还可以采用以多步骤之间的关系层层深入的梯进式结构，即先总介绍再分别详细描述，最后总结说明的总分式结构。

5. 成果内容各步骤之间的过渡要连贯自然，前后呼应，内容与课题名称呼应。

（三）成果的编写工作程序

1. 制订成果报告编写计划和进度表。

2. 拟定编写提纲。

3. 收集整理原始记录和资料。

4. 小组讨论，统一看法，编写初稿。

5. 对初稿内容进行讨论和修改，补充相关数据、图表和活动中采用的技法。

6. 定稿，打印制作可供交流和发布的书面材料、投影胶片或多媒体成果材料。

（四）成果编写要求

1. 严格按 QC 小组活动程序进行整理。

2. 文字精练、整洁、条理清楚、简明扼要、逻辑性强。

3. 内容真实可靠、避免虚假。

4. 根据选题，抓住重点，不要节外生枝。

5. 以图、表、数据为主，配以少量的文字说明，尽量做到标题化、图表化、数据化、程序化，以便使成果清晰、醒目、规范，注意不要把成果整理成发表人的讲演稿。

6. 技术术语和计量单位规范化、标准化、科学化，尽量不用专业技术性很强的名词术语。

7. 成果材料必须是在活动记录的基础上进行必要的文字加工而得来的，不能事后编造。

8. 成果发表者必须是自始至终参加小组活动的成员，并熟悉本课题的全过程和全面质量管理的基本知识，口齿清楚，有一定的表达能力。

9. 投影片或图表要字迹工整、条理清楚、文字精练、文图清晰。要多用图表、少用文字，修饰图案不用，无直接关系的图不用。

10. 提供成果时，要做到“五有”：有活动制度、有活动内容、有活动记录、有活动考勤、有活动成果作为交流和发表的原始依据。

三、QC 小组活动成果发表

QC 小组活动成果是 QC 小组开展质量攻关的结晶，发表成果是展现 QC 小组活动成就的机会，不仅便于交流，更能促进小组活动的进一步发展。QC 小组成果发表的形式多样，主要有现场发表型和大会发表型两种。

现场发表型是车间或站段组织进行的发表或交流。因为参加者对成果有关情况都比较了解，因此发表时只介绍内容而不必面面俱到，也没有必要按 PDCA 循环的四个阶段八个步骤来介绍，通常采用实物对比，重点活动阶段介绍或集体共同发表的方式。

大会发表型是指多个 QC 小组按一定次序在大会上发表自己的成果，以便交流和评比。根据发表目的不同，大会发表型有评选表彰式、发布分析式、经验交流式等。评选表彰式以评选表彰优秀 QC 小组并向上级推荐为目的，由评委现场打分决定名次；发布分析式的目的是提高小组活动的有效性和提高总结编写成果的水平，发表以后，通常由评委分析其优缺点，提出不足之处，找出原因，以便提高；经验交流式发表的目的是相互学习交流、沟通信息，因此通常在发布之时进行现场提问答疑，探讨一些共同关心的问题。

在质量管理工作中，通过 QC 小组活动、成果整理、成果发表和交流这三个环节，可有效地实现产品质量的控制改进和提高。

四、QC 小组活动应用实例

【案例】××高铁线路车间 QC 小组高速铁路拔锚器具及工艺的改进

（一）选题背景

京广高速线 2012 年 12 月 26 日正式开通至 2013 年 3 月中旬止，××高铁线路车间陆续发现道岔转辙部位及辙叉部位出现大螺栓滑丝现象，经检查、对比、总结发现滑丝现象均为预埋套管断裂、螺纹滑丝等造成预埋套管失效，进而造成大螺栓滑丝，无法达到规定扭力矩。

（二）QC 小组构成简介

小组名称：××高铁线路车间 QC 小组。

课题类型：改进型。

课题名称：改进高速铁路拔锚器具及工艺。

小组成立时间：2008 年 3 月 1 日。

本次活动时间：2013 年 3 月～2013 年 12 月。

本次活动小组成员构成：本课题小组成员共计 11 人，组长 1 人（工程师负责全面），副组长 2 人（工程师 1 人负责技术指导，高级工 1 人负责方案策划），组员 8 人（1 人负责收集资料，7 人负责方案实施）。

组员质量教育情况：组员全部通过 48 h QC 教程培训。

（三）现状调查

混凝土轨枕预埋螺栓套管钻孔拔锚：

既有的大螺栓拔锚技术主要有两类，一类为热熔式拔锚，另一类为钻孔式拔锚。两类拔锚方式都需要大量人员且携带大量工机具，工区在 2013 年一季度前期主要采用钻孔式拔锚。

一季度末期根据两种拔锚优缺点分别采用两种方式进行拔锚，热熔式拔锚主要用于高铁工联岔道岔失效螺栓的拔锚，钻孔式拔锚主要用于正线及正线道岔失效螺栓的拔锚，两种拔锚工艺对比见表 5-14 及图 5-8。

两种拔锚方式都需要携带大量的、笨重的工机具，加上高铁作业都是在夜间，在桥上、高路基上进行，职工上下道很不方便，也很花费时间，这就给我们提出一个课题，为什么不找到一个简单的办法来处理这些失效的预埋套管呢？

表 5-14　两种拔锚工艺对比

工　艺	工　具	人　数	最短时间
热熔拔锚	热熔拔锚设备 1 套、发电机 1 台（含电线和插座盒）、0～400 N·m 扭力扳手 1 个、配套锚固套管、长镊子 1 个、尖嘴钳 1 个、油漆刷 1 个	4	20
钻孔拔锚	拔锚钻 1 套（备用一个拔锚钻头）、水壶 1 个（装满水）、送水管 1 个、发电机 1 台（含电线和插座盒）、电吹风 1 个、0～400 N·m 扭力扳手 1 个、劈灰刀 1 个、改锥 1 个、植筋胶 1 桶、固化剂 1 盒、小碗 1 个、配套锚固套管、棉纱若干、长镊子 1 个、尖嘴钳 1 个、吸水捏管 1 个、油漆刷 1 个	6	40

热熔拔锚和钻孔拔锚现场作业图

图 5-8　热熔拔锚和钻孔拔锚现场作业图

（四）设定目标

目标：解决拔锚施工费时费力的困难，设计一种新型的拔锚工具并采用新工艺提高拔锚效率。尽量将拔锚作业的人数控制在 2～3 人，拔锚时间控制在 10 min 以内，拔锚所带工机具轻便、实用，1～2 人能携带。

（五）对策实施

小组成员借助"头脑风暴"相互启发、深入思考，并向机械、材料等其他专业技术人员进行咨询、请教，讨论出要想达到上述目标必须从解决拔锚工具及拔锚动力两个关键控制因素着手进行新工具及新工艺的改进。

1. 钻孔用钻头的改进

针对工联岔预埋螺栓上部有十字缺口的特征，小组根据螺丝刀松紧螺丝的原理，首先设计一种类似螺丝刀的钻头，试图直接取出失效预埋套管，十字松紧钻头及切碎功能钻头结构图如图 5-9、图 5-10 所示。

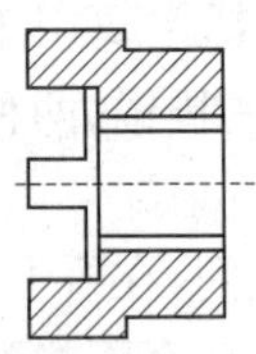

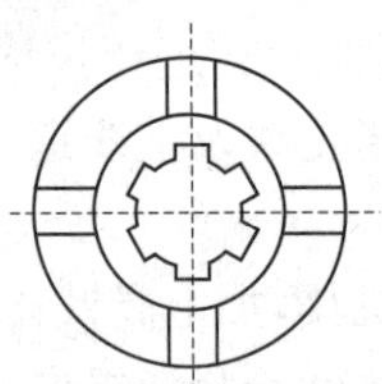

图 5-9　十字松紧钻头示意图

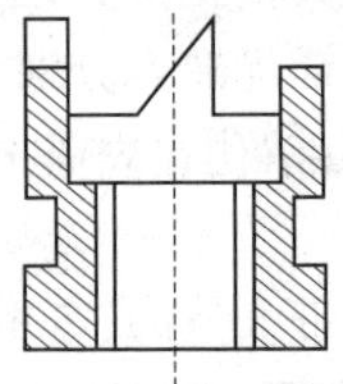

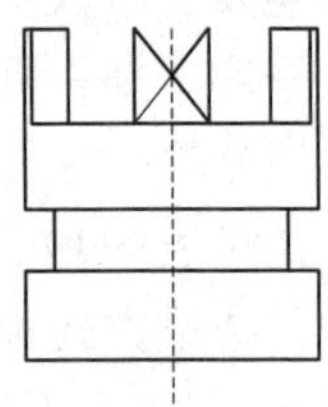

图 5-10　切碎功能钻头示意图

该在使用过程中发现其对取出滑丝的整个预埋套管很好用，但对于断裂的预埋套管却束手无策，借鉴与水钻钻孔的原理，QC 小组又设计出一种新钻头，如图 5-11 所示，该钻头比预埋套管的尺寸略小，仅能打碎预埋套管，却不伤及预埋套管周围保护套和混凝土。

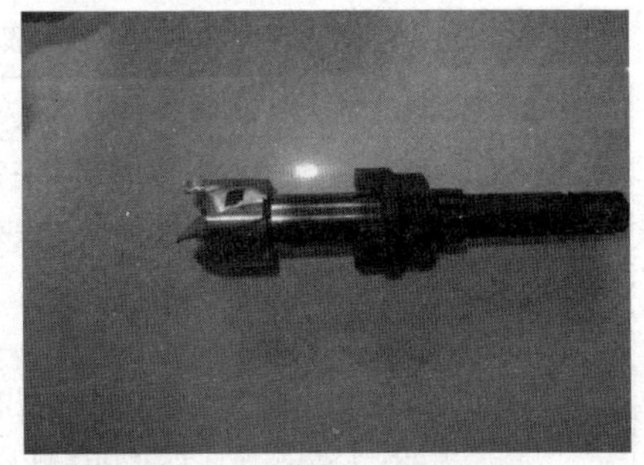

图 5-11　新钻头整体图

有了第二种钻头，工联岔拔锚的难题就彻底解决了，经过对第二种套管的改进，使其能同样运用于正线道岔，根据 CRTSII 型板预埋套管尺寸，设计出适用于 CRTSII 型板的钻头。自此，段管内所有型号的预埋套

管均能方便的取出和更换

2. 钻头动力模式的选取

钻头设计好了，其次就要解决动力的问题了，考虑到发电机重量太大，浪费人力，且上下楼梯存在安全隐患，试验过程中发现预埋套管锚固非常牢固，由于预埋套管材质的特殊性，QC小组决定采用电动模式，于是就选用双向电动扳手为工具提供动力。

QC小组重新设计一套连接杆，连接钻头与双向电动扳手，将连接杆打磨成有6个凸起的环形构造，一头与电动扳手相连，另一头与钻头相连。连接杆结构图如图5-12所示，整套工具组合装如图5-13所示。

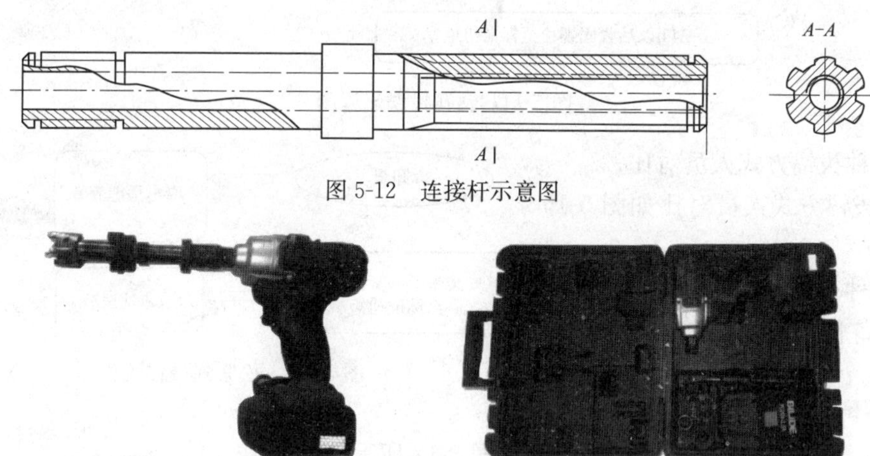

图5-12　连接杆示意图

图5-13　研发松紧式拔锚工具套装图

（六）效果检查

1. 三种拔锚方式优缺点对比

热熔式拔锚、钻孔式拔锚、松紧式拔锚三种拔锚方式优缺点对比见表5-15。

表5-15　三种拔锚方式优缺点对比表

序　号	控制因素	拔锚方式	优　点	缺　点
1	取出失效预埋套管	热熔式拔锚	耗时少，不破坏轨枕结构	加热过慢，预埋套管容易断裂，需重复多次方能取出预埋套管
		钻孔式拔锚	耗时长可一次性取出失效预埋套管	破坏轨枕结构
		松紧式拔锚	耗时少，不破坏轨枕结构，可一次性取出预埋套管	/
2	定位新预埋套管	热熔式拔锚	无需重新定位	/
		钻孔式拔锚	/	重新定位时容易导致预埋套管歪斜或预埋套管中心偏离原中心
		松紧式拔锚	无需重新定位	/
3	安装新预埋套管	热熔式拔锚	耗时少，强度可达到标准扭力矩	需要对预埋套管加热，可能减少材料的使用寿命
		钻孔式拔锚	用植筋胶锚固，强度达到甚至超过原来预埋套管	需要植筋胶达到一定强度后才能安装垫板，第二日方能拧紧螺栓
		松紧式拔锚	耗时少，强度可达到标准扭力矩	/

2. 钻孔拔锚与松紧拔锚流程对比图

钻孔拔锚流程如图 5-14 所示，松紧拔锚流程如图 5-15 所示。

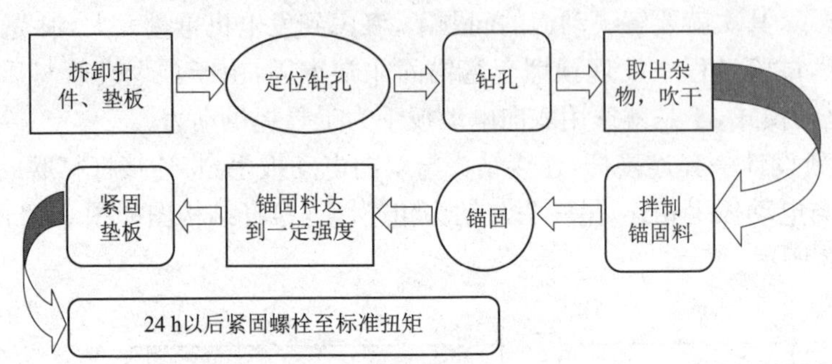

图 5-14　钻孔拔锚流程图

3. 三种拔锚方式人员对比

三种拔锚方式人员对比如图 5-16 所示。

4. 三种拔锚方式最短时间对比

新设备使用后，拔锚效率明显提高，取出一个失效预埋螺栓套，以前需要 20 多分钟，现在仅需 1 min，最快时仅需 10 s！三种拔锚方式最短时间对比如图 5-17 所示。

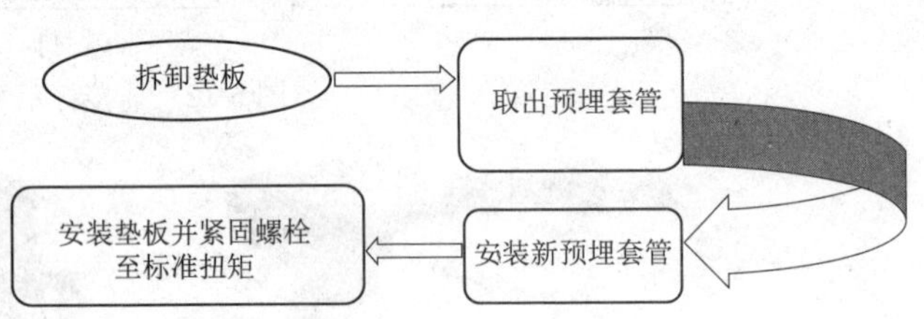

图 5-15　松紧式拔锚流程图

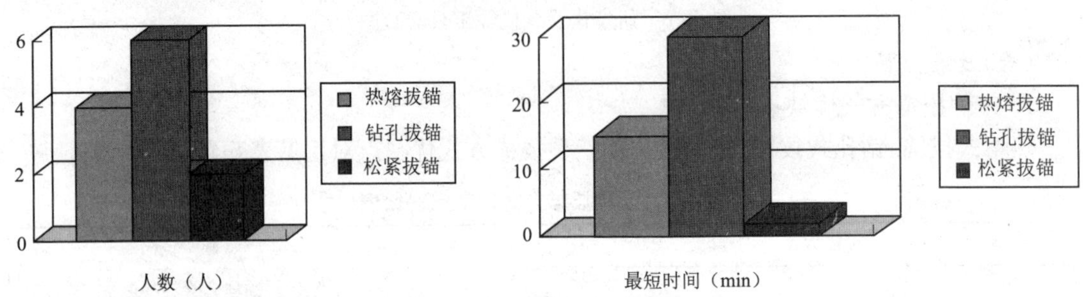

图 5-16　三种拔锚方式人员对比图　　图 5-17　三种拔锚方式最短时间对比图

5. 新旧设备取出预埋套管后轨枕螺栓孔的情况

旧工艺取出预埋套管后轨枕情况如图 5-18 所示，新工艺取出预埋套管后轨枕情况如图 5-19 所示。

图 5-18　旧工艺取出预埋套管后轨枕情况

图 5-19　新工艺取出预埋套管后轨枕情况

6. 安装新预埋套管

既有拔锚工艺因为破坏了轨枕混凝土，需对新预埋套管用植筋胶锚固，新工艺未破坏任何轨枕结构，可直接将预埋套管植入，如图 5-20 所示。

7. 效益

QC 小组通过对拔锚工具的重新设计和对拔锚工艺的改进，减少了拔锚单项作业的人数，降低了作业人员的劳动强度，改善了拔锚的作业环境，提高了单项作业的作业效率，极大的提升了车间生产力，创造了较大的经济效益。

同时，新工具和新工艺经过了 QC 小组的长期实践检验，拔锚过的螺栓未出现预埋螺栓套管失效 及扭力矩不达标的情况，此项新工艺具有一定的推广价值（已经获得了专利证书）！

（七）活动总结

本次 QC 活动实现了设定的质量目标，取得了可观的效益。也为兄弟班组开展活动提供了宝贵的经验。活动后小组成员在质量意识、个人能力、QC 知识、解决问题信心、团队精神方面取得进步。

1. 组员自我评价图

通过此次 QC 小组活动，小组成员从 QC 知识、质量意识、个人能力、解决问题信心以及团队精神五个方面做了总结评价，如图 5-21 所示。

图 5-20　新工艺安装新预埋套管作业图

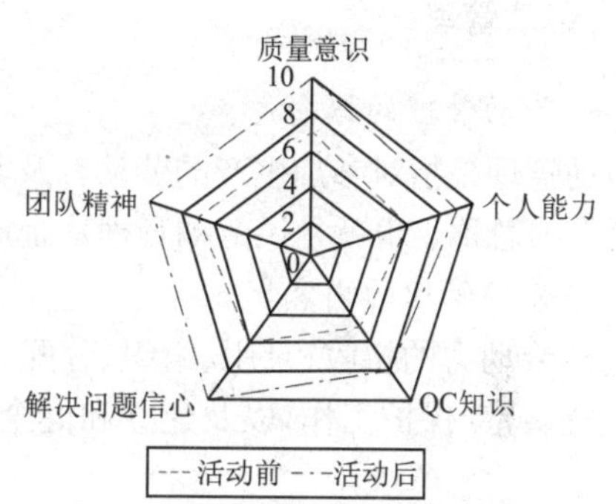

图 5-21　QC 小组成员自我评价图

2. 巩固措施

(1)改进：取出破损预埋套管时，需要用切碎钻头将失效预埋套管打碎，针对清理碎屑这一问题，QC 小组经研究后在切碎钻头前开槽，使打碎的碎屑可以在钻头转动时自动飞出螺栓孔，这样新工具就能连续工作，不需要暂停来清理碎屑。

(2)遗留问题及打算

虽然新工具及新工艺能大大的提高拔锚作业效率，但由于螺栓基本上都是单独存在的，拔锚效率还受到松卸扣件、垫板时间的限制，当出现在道岔尖轨、心轨转辙部位时，松卸滑床台极大的降低了拔锚的作业效率。

为此，QC 小组计划在接下来设计一种新工具，能很好的将道岔尖轨、心轨滑床台进行拆卸、安装。

第六章

班组劳动管理

第一节　班组劳动管理概述

班组劳动管理是企业劳动管理的基础，是班组管理的重要内容。企业劳动管理主要包括劳动定额和编制订员，劳动组织，劳力调配等。班组劳动分工和劳动组织是班组在劳动管理活动全过程所进行的管理工作，也是班组最基本的日常管理活动。合理地劳动分工才能充分发挥班组全体人员和设备的能力，保质、保量、安全、正点地完成班组各项生产任务。

一、劳动管理

(一)劳动管理的概念

劳动管理是指对参加生产的劳动者及其活动的管理，是企业中有关劳动方面的组织、计划、控制工作的总称。也就是说劳动管理是企业有关人力资源、劳动方面的组织工作和计划工作。

(二)劳动管理的内容

包括劳动力的招收、录用、组织、分配、使用、培训、考核、奖惩工作和劳动定员、劳动定额、劳动工资、劳动保护工作，以及建立和健全劳动管理的机构和制度等。其主要包括四个方面的内容：

1. 劳动定额的制订和管理。确定企业定员，建立健全各项操作(工序)的劳动消耗标准和企业占有人员标准，在保证生产需要的前提下，充分利用劳动资源，降低单位产品的劳动消耗。

2. 改善劳动组织。在确定劳动定额的基础上，合理地组织、合理地配备，最终达到合理地使用劳动力。组织好劳动过程的分工和协作，加强劳动保护、严格劳动纪律，不断提高劳动生产率。

3. 抓好培训考核。坚持“先培训、后上岗”的制度，规范、落实新职、转岗、晋升人员培训考核，引入竞争上岗机制，不断提高全体职工的政治思想觉悟、技术业务能力和经营管理水平，以适应企业现代化发展的需要。

4. 合理分配劳动报酬。采用工资、奖励的形式，对职工支付劳动报酬，形成奖优罚劣、多劳多得的收入分配机制，把职工的自身经济利益和企业的安全、效益紧密挂钩，在发展生产，提高经济效益的基础上，逐步提高职工的生活水平。

二、班组劳动管理

(一)班组劳动管理的概念

班组劳动管理是指班组根据企业劳动管理的基本要求，在班组范围内合理组织劳动，加强劳动纪律和作业纪律,提高工时利用率,严格控制、加强教育的全面管理过程。

(二)班组劳动管理的主要工作

班组劳动管理主要包括五方面工作:

1. 掌握劳动定员,贯彻劳动定额;
2. 搞好劳动调配,改善劳动组织;
3. 充分利用工时,提高劳动生产率;
4. 严格劳动考勤,巩固劳动纪律;
5. 依照劳动贡献,实行按劳计酬。

班组劳动管理要充分发挥协调、管理和教育作用。协调作用就是协调岗位与岗位、工序与工序之间,班组与班组、工种与工种之间,职工与集体之间在生产劳动过程中的相互关系,不断排解梗阻,使之经常协调一致。管理的作用就是使劳动者这个生产力诸要素中最积极的因素同劳动手段、劳动对象实行最佳组合,并针对生产中的薄弱环节,积极开展技术革新和合理化建议活动,改进操作方法和劳动组织管理,努力提高劳动生产率,最大限度的发挥班组资源优势,减少劳动力和工时的浪费,以人为本做好职工权益维护和劳动保护。教育作用就是通过对职工经常性的理想纪律教育和深入细致的思想政治工作,充分调动积极性,从而保证优质、高效、低耗、安全、均衡地完成生产任务。

三、班组劳动管理的意义

班组劳动管理是企业劳动管理重要的基础工作。它的意义除了班组实行现代化管理所必需外,还在于:有利于加强企业劳动管理的基础工作;有利于克服劳动管理过程中的不合理现象;有利于职工进行自我教育;有利于合理使用劳动力。

(一)有利于加强企业劳动管理的基础工作

班组劳动管理涉及企业劳动管理的定员、定额、劳动组织、劳动纪律和劳动报酬,影响着企业劳动生产率的水平。班组劳动管理不完善,就会直接影响企业劳动管理的基础工作。

(二)有利于克服劳动管理过程中的不合理现象

企业劳动管理中的各项制度、办法、规定和措施都是按国家政策和企业具体情况而制订的,只有经过实践检验,才能逐步完善,班组通过职工接受管理或参与管理的亲身感受,就能及时发现不合理的部分,提出意见和建议。

(三)有利于职工进行自我教育

班组在劳动管理中,依靠民主管理,通过互相鞭策、互相促进、互相勉励来鼓舞劳动热情,强化劳动纪律,更好地发挥了群众自我教育、自我调节的作用。

(四)有利于合理使用劳动力

发挥职工在劳动管理中的积极作用,提高劳动生产率。

四、劳动组织

(一)劳动组织的概念

这里所指的劳动组织就是劳动过程的组织.搞好劳动组织就是根据生产发展的需要和劳动过程的特点,正确处理劳动过程中劳动者之间以及劳动者与劳动工具、劳动对象之间的关系,不断调整和改善劳动过程的组织形式,以充分发挥每个劳动者的积极性和创造性,保证劳动效率提高。

劳动分工和劳动协作是劳动组织的客观基础。没有分工就无所谓社会劳动，没有协作则无法组织和协调劳动者共同劳动。劳动组织的核心是劳动者在劳动组织过程中形成的经济关系。现代机器生产的发展，不但使劳动组织服从于机器体系，而且还把生产组织同劳动组织划分开来。一般认为，生产组织的主要目的是在生产中最好地利用物的因素，而劳动组织的主要目的则是为了使劳动在生产中有效地发挥作用创造最有利的条件。

(二)班组劳动组织的基本任务

班组劳动组织的基本任务是:从班组劳动的实际情况出发，科学合理地组织工人进行安全有效的劳动，充分发挥每个工人的技术专长和劳动积极性，充分利用工时和设备，合理进行劳动组织的分工与协作，提高劳动生产率。

(三)劳动组织形式

劳动组织有两种基本形式:社会劳动组织与企业劳动组织。严格地说，任何劳动组织都是社会劳动组织，因为社会生产力发展水平的高低制约着劳动过程的目的、劳动者的工作技能和工作方法，同时劳动组织本身也会带有占统治地位的生产关系的痕迹。

企业劳动组织是指在企业这个劳动集体范围内，保证合理利用劳动力的措施体系，包括制订和实施合理的劳动分工和协作形式、改善劳动过程、优化劳动条件等。企业劳动组织从社会劳动组织中分离出来，涉及劳动者、劳动环境、劳动工具和设备以及劳动技术方法等各方面，具有特殊的内容和规律。

企业劳动组织的内容主要包括五方面:

1. 制订和实施合理的劳动分工和协作形式，通过设置企业机构，合理配备和使用企业各类人员，发挥每位劳动者的专长和技能，使企业形成强大的集体力量。

2. 组织好企业生产班组，确定班次，在保证劳动者获得应有的休息和健康的基础上，最大限度挖掘潜力，提高劳动效率。

3. 合理地组织工作，优化劳动环境，改善劳动强度，实现劳动力、劳动资料和劳动对象在最佳条件下的有机结合。

4. 制订各种规章制度，完善企业劳动管理，严肃劳动纪律，建立良好的工作秩序，实现企业劳动管理的科学化和制度化。

5. 广泛开展合理化建议，推广应用先进的操作方法和劳动方法。

五、班组劳动分工

(一)坚持计划派工制度

班组劳动分工就是根据生产设备的规律和班组作业的具体内容和要求，将不同工种的技能工人分配到适当的岗位，力求做到人尽其才。

派工单(或计划单、工作单、任务单、工作票)是班组根据生产计划和劳动定额安排生产的具体形式。派工单既是生产指令，又是考核生产实绩，计算劳动效率的原始凭证，还可以起到控制产品数量、检查生产进度、核算生产成本的凭证作用。实行定额管理的班组，必须保证派工单的正确、完整。

(二)班组劳动分工应注意的事项

1. 区别差异。分工前要根据班组成员的文化、技术和性别、年龄及体质差异，全面考虑进行分工，使每个组员都在自己的岗位上有施展才能、发挥特长的机会，尽量避免基本生产工人做辅助工人的工作，高等级技术工人做技术标准要求低的工作。

2. 明确责任。分工时，对工作的质量，产品数量及完成期限都要有明确的规定，做到办事有标准、工作有考核、事事有人管、工作满负荷。

3. 人员稳定。分工后，要保持人员相对稳定，对于分工中不合理现象及未尽事宜在小范围或工作告一段落后进行调整，避免打乱统一步调，以利于操作者熟练程度不断提高。

4. 劳动协作。分工不等于分家，在班组劳动分工的基础上实行班组成员之间、班组与班组之间的协作配合。其目的是缩短劳动时间，扩大劳动的空间范围和提高劳动生产率，有效地完成生产任务。

（三）班组合理组织劳动的基本要求

1. 合理组织分工与协作。根据不同的生产任务或工作性质，在一般情况下，按岗位分工，任务落实到人，在特定情况下，班组内可组成若干作业组或承包组，分工落实作业或承包任务，并在此基础上，组织好生产的基本工作、准备工作和辅助工作之间的紧密衔接。

2. 合理组织工作场地。包括合理布置生产资料，如劳动工具、辅助装置等，注意改善劳动环境。

3. 合理组织多设备看管。凡有条件由一名职工或几名职工在生产中同时看管几台设备或多台设备时，应组织多设备看管。例如，可以看管相同的机床，加工同样的产品；也可以看管不同的机床，加工不同的产品；还可以看管不同的机床，加工相同的产品。它们共同前提是：一台机床的机动时间要大于或等于看管其他机床时手动时间的总和。

4. 合理安排倒班和轮休。对实行两班制或三班制的班组来讲，倒班办法有两种，一是"正倒班"，即早班倒中班，中班倒夜班，夜班倒早班；二是"反倒班"，即中班倒早班，早班倒夜班，夜班倒中班。一般多采用"反倒班"。工作轮休时，一要做到均衡，避免集中轮休，造成人员不足；二要做到轮休时工种互补，要把不同工种的人员安排在一起轮休；三要做到按计划轮休，使轮休的职工早做准备，按时休息。

六、班组优化劳动组合

（一）优化劳动组合的概念

优化劳动组合，就是按照生产工艺要求和班组成员现状，在可能条件下，打散原来的班组建制，由原来的工班长或新选聘的工班长按照优化精神，从技术、业务、文化、身体素质等方面综合考虑，结合个人意愿，择优挑选组员，实行新的最佳组合，形成新的人员结构，高效率运作的班组劳动集体。

优化劳动组合，是改进劳动组织的一种方法，它改变了单纯的自上而下的行政组织方法，而代之以自下而上民主的自主结合方法，在一定范围内达到优进优留的目的，有利于增强班组活力。

（二）优化劳动组合的核心

优化劳动组合的核心是劳动力的合理配置，它可以根据生产的实际需要科学地调整企业组织结构和合理安排劳动力，使劳动力和生产资料更好地结合。

（三）优化劳动组合的程序

实行班组优化劳动组合，首先，企业、车间要赋予班组劳力组合权，班组在集中指导下，正确行使劳动组合权，工班长要用好组合权；其次，编制班组先进合理的定员定额，明确岗位责任；再次，从全局着眼，适当安排年老体弱的职工，不能把矛盾上交；第四，优化劳动组合后，应以责任制要求被组合的每个成员，实行动态组合，包括工班长在内，一旦日常考核中表现不好或达不到要求,应重新组合。

七、班组长在劳动组织管理中的工作

开展班组劳动管理,班组长应抓好以下几项工作:

1. 经常研究和掌握本班组的生产完成情况,及时发现生产中的薄弱环节,分析工序操作程序和劳动动作,开展技术革新活动,减少无效劳动,突破工时定额。

2. 结合班组实际,本着精简和提高劳动效率的原则,搞好班组定员工作,组织好班组劳动分工和协作,安排好工作轮班和培养多面手。

3. 保持正常秩序和良好的劳动环境,使员工操作方便,减轻劳动强度,防止过度疲劳,节约劳动时间,充分利用设备和生产场地,提高劳动生产率。

4. 组织贯彻各项制度,进行安全生产。

5. 按人、按产品、按工序建立实耗工时、缺勤工时、停工工时记录。由个人填写,考勤员检查,并定期统计核算出勤率、工时利用率和定额完成率,及时公布,总结推广先进经验,充分调动全班 员工积极性。

第二节　班组定额管理

定额管理是指利用定额来合理安排和使用人力、物力和财力的一种管理方法。铁路班组劳动定额管理是指班组对劳动定额的贯彻执行、检查督促、统计记录、及时反馈等各项管理工作。班组定额管理是企业劳动管理的有机组成部分。

一、劳动定员

(一)劳动定员的概念

劳动定员是指根据企业设计的产品和生产规模,在一定时期内和一定的技术组织条件下,本着精简机构,节约用人,增加生产和提高效率的精神,确定企业内部机构设置和各类人员的数量。

劳动定员是企业编制劳动计划的依据,是劳动力调配的前提和劳动力满负荷工作的基础,也是经济核算的必要条件。班组在组织生产过程中,要坚持劳动力的优化组合,严格按劳动定员组织生产。

(二)劳动定员的核定

1. 按劳动效率(劳动定额)定员。根据工作量(生产任务)和职工的劳动效率(劳动定额)来确定所需配备的人员数量。一般可采用按产量定额或工时定额的方法进行。

定员人数=额定应完成产品总量/(产量定额×定额完成率×出勤率)

或者:

定员人数=(额定应完成产品总量×单位产品工时定额)/(制度出勤工时×定额完成率×出勤率)

2. 按设备定员。以机器设备的数量、工人的看管定额以及设备开动班次,来确定需用人员。

定员人数=(为完成生产任务必需开动设备的台数×每台设备开动班次)/(工人看管设备定额×出勤率)

3. 按岗位定员。根据工作岗位的多少和劳动定额来确定需用人员数量。

4. 按比例定员。按企业生产规模、职工总数、生产要求或某一类人员的总数比例来计算配备某种人员的数量。

二、劳动定额

(一)劳动定额的概念

劳动定额就是在一定的生产技术和生产组织条件下,为生产一定数量的产品或完成一定量的工作所规定的必要劳动消耗量的标准。

劳动定额有两种基本表现形式:

1. 工时定额。是指工人生产单位合格产品所需的时间。这是用时间来表示劳动定额,也可称之为时间定额。

2. 产量定额。是指工人在单位时间内(每小时或每个轮班)内必须完成的合格产品数量。这是用产量表示的劳动定额。

这两种定额在数值互为倒数关系,可以相互换算。另外,还有看管定额和服务定额。

劳动定额形式的选择,是一项重要和比较复杂的工作,对于一个企业很难加以硬性规定,至于采用那种形式好,主要根据企业生产技术实际条件来定。在实际工作中,一般单件和小批生产采用工时定额,大量和大批生产采用产量定额。有时为了便于管理,如铁路装卸和机车乘务员多采用产量定额,而机车、车辆检修和线路维修采用工时定额。

(二)劳动定额的作用

1. 劳动定额是企业计划管理的重要基础。企业编制生产、劳动、财务计划都要以劳动定额为基础。只有依据正确的劳动定额,企业才能正确地编制计划。另外生产指标的逐级分配也需要以劳动定额为依据。

2. 劳动定额是企业和班组经济核算的依据。推行经济责任制,首先要做到任务指标清楚、经济责任明确,尤其是生产工人只有有了劳动定额,才能落实生产任务指标,落实经济责任,才能严格地核算生产消耗和经营成果,才能处理好集体与个人之间的经济利益。

3. 劳动定额是组织生产,提高劳动生产率的有力手段。劳动定额总是在一定时间内,根据企业采用的先进技术,先进经验而制订出来的。定额水平先进合理,就会推动工人搞技术革新,改进操作方法和工艺,提高技术水平。随着企业生产技术组织条件的改善,定额水平逐步提高,从而促进劳动生产率的提高。

4. 劳动定额是衡量职工贡献大小、按劳分配的依据。在一般情况下,劳动定额可以用作考核成绩、计算奖金的依据。在实行计件工资的情况下,劳动定额是计算计件工资单价的重要依据。

5. 劳动定额是组织劳动竞赛评比的依据。企业在组织劳动竞赛过程中,制订竞赛条件,评比竞赛成绩,都是以劳动定额作为标准,因为劳动定额起着考核、检查劳动成绩的作用。

(三)班组劳动定额管理

定额管理是指利用定额来合理安排和使用人力、物力、财力的一种管理方法。班组不具备定额的制订和修改权,只有定额的贯彻执行,并对定额的完善提供依据和建议。因此,班组定额管理的基本任务就是:综合运用各种生产技术手段和组织管理方法,确保各项定额的完成。

1. 基本内容

(1) 组织实施。采取有效的技术组织措施和手段,确保定额的执行和实现。

(2)统计分析。对定额完成和管理情况进行记录、统计、分析和总结,提出合理化建议。

(3)调整平衡。在班组范围内不同岗位、工种、工序之间和产品之间平衡和控制订额水平。

(4)探索创新。不断探索新的班组工作方法和管理手段,为优化定额水平创造条件。

(5)考核激励。在班组范围落实定额考核工作,并将考核结果与职工的收入分配和奖励挂钩。

(6)培训提高。依据定额水平,培训班组职工。

2. 班组劳动定额的主要考核指标

班组主要考核出勤率、工时利用率、定额完成率三个指标。

(1)出勤率

指某一时期中职工实际出勤日数占制度规定应出勤日数的比率。它主要反映职工劳动时间的利用情况,其计算公式如下:

出勤率=实际出勤工时(工日)/制度出勤工时(工日)×100%=[制度出勤工时(工日)-缺勤工时(工日)]/制度出勤工时(工日)

如需计算出工率(指实际出勤并从事生产的时间和劳动时间的比例),按下面的公式计算:

出工率=[实际出勤工时(工日)-非生产工时 (工日)]/ 实际出勤工时 (工日)×100%

注:①一个职工劳动一个小时的时间为一个工时,劳动一个工作日的时间为一个工日。

②制度出勤工时(工日)是指按国家(或企业)规定职工应 该工作的工时(工日)。

③实际出勤工时(工日)是指职工实际工作的工时(工日)。在实际工作工时(工日)中包括:加班工时(工日);因公出差到企业外工作的工时(工日);因职工原有工作结束或发生停工,临时被调从事其他生产工作的工时(工日)。

(2)工时(工日)利用率

指实际从事生产工时在实际出勤工时中所占的比率。工时利用率指标可以反映工时的利用程度,反映停工、公假、缺勤工时的变动影响。工时利用情况如何,直接关系到定额完成率和劳动生产率的提高。

工时(工日)利用率的计算公式为:

工时(工日)利用率=实际从事生产工时 (工日)(含加班工时)/ 实际出勤工时(工日)(含加班工时)

例如:某班组某月据统计制度,统计出勤工时为 4 900 工时,实际从事生产工时为 4 410 工时,则工时利用率为

工时利用率=4 410 工时/4 900 工时×100%=90%

提高班组工时利用率的方法有

①尽量采用先进的工时定额,使班组成员都能达到社会所要求的必要劳动时间。

②遵守法定的工作时间,合理控制非作业时间。

③根据生产实际情况及技术革新的成果,及时修订劳动定额、定员标准。

④按工艺规程操作,减少无效劳动,以及按规定维修 保养机器设备,减少因设备故障造成的工时损失。

⑤加强工时利用的考核和计算,经常分析实际工时消耗情况。

(3)定额完成率

职工完成产品实际消耗的有效工作时间,称为实耗(实用)工时。

班组定额完成率计算公式:

定额完成率=定额总工时/实耗总工时×100%

例如，某建筑段一个油漆班组，当月所完成的多种施工项目定额总工时为 2 500 工时，实际耗工时为2 080工时。

工班定额完成率＝2 500 工时/2 080 工时×100％＝120.2％

对定额完成情况进行统计分析，定额完成率有以下几种结果：

①在规定范围之内。说明定额完成是好的，定额水平符合平均先进的原则。

②定额完成率过大。说明定额水平不适应生产的发展，甚至会形成对生产的一种阻碍。

③定额完成率过小。说明定额水平偏紧或因技术组织措施不当所致这会挫伤职工的劳动积极性而影响生产。因而要分析研究、采取措施、加以改进。

（四）劳动定额的制订

科学制订劳动定额，是劳动定额工作中的一个非常重要的问题。我国铁路运输企业制订劳动定额的主要方法有经验估工法、统计分析法、类推比较法和技术测定法四种。

1. 经验估工法

经验估工法是由定额专业人员、有关技术人员和班组长根据生产实践经验，按照技术组织条件，直接估算出、工时定额或产量定额的方法。优点是简便易行、工作量小，一般适用于品种多、批量小的单件小批生产，缺点是定额的准确性差。

2. 统计分析法

统计分析法是根据过去的统计资料，进行分析整理来制订定额。优点是简便易行，工作量小，比经验估工法有较多的统计资料为依据，适用于生产条件比较正常、产品固定、统计工作比较健全的生产单位。缺点是容易受过去的平均统计数字的影响，难以保证定额的准确性。

3. 类推比较法

类推比较法是通过同类型产品或工序的典型定额标准进行分析比较后，来制订定额。优点是能够保证有一个比较统一的定额水平，适用于同类型产品或工序较多的生产单位，缺点是它的准确性受到定额标准质量的影响。

4. 技术测定法

技术测定法是在充分挖掘生产潜力的基础上，根据合理的技术组织条件和工艺方法，对工时定额的各个部分时间的组成，进行测定和分析计算来确定定额。优点是有比较充分的技术根据，定额的准确性较高。但制订的过程比较复杂。工作量大，一般适用于大量大批的生产类型。在工作中，要从实际出发，根据需要和可能来确定制订劳动定额的方法。在许多情况下，以上几种方法往往可以结合使用。随着对劳动定额的准确性要求的提高，应尽可能采用技术测定法。但无论采用哪一种方法，都必须依靠群众，实行领导、专业人员和操作人员三结合。

（五）铁路工务维修劳动定额及其应用

本教材介绍的铁路工务维修劳动定额是中国国家铁路集团有限公司于 2018 年 12 月颁布实施的劳动定额标准。定额具有时效性和相对稳定性的特性，随着新工艺、新设备、新材料的发展和组织、管理水平及操作人员技能的提升，以及定额编制依据中有关规范、标准的修订，定额也会相应做出调整

1. 编制原则

适应铁路改革发展要求，聚焦交通强国、铁路先行，深化强基达标、提质增效，建立健全铁路运输劳动定额体系，提升劳动定额标准化管理水平，为改善运输生产及劳动组织，优化人力资源配置，规范内部工资分配提供科学依据，促进企业劳动效率和经济效益不断提升。

2. 编制依据

定额编制期正在执行的规范、标准及相关文件，如《铁路技术管理规程》《普速铁路工务安全规则》《国家铁路劳动者实行综合计算工时工作制办法》(铁劳〔1995〕23 号)、《关于职工全年月平均工作时间和工资折算问题的通知》(劳社部发〔2008〕3 号)等。

3. 定额构成简要说明

编制过程中坚持劳动定额标准与一定技术装备水平相适应，既做到技术、管理的先进，保持适度的超前性，又做到实际应用上合理，处理好相关标准之间的平衡关系，提高标准的可行性。

(1)劳动定额标准制订主要采用技术测定法，部分采用统计分析法、类推比较法、经验估工法，进行反复对标验证，取得的大量数据资料，形成此次劳动定额标准。

(2)本标准为正常检修范围内直接生产人员劳动消耗量标准，不包括超检修范围的施工防护、突发故障处理、应急抢险、临时性工作等生产作业时间。

(3)各项定额时间包含准备与结束时间、作业时间、作业宽放时间和个人需要与休息宽放时间，不含从车间(工区)到作业地点的往返时间。

(4)本标准为全路推荐性标准，对由于地理环境、装备技术等客观因素对劳动定额水平的影响，铁路局集团公司可参考本标准并结合实际，制订并执行本单位标准。

(5)各铁路局集团有限公司可根据运输生产实际，补充编制本企业劳动定额标准，鼓励企业标准高于中国国家铁路集团有限公司标准水平。

4. 线路维修单项作业工时定额举例

表 6-1 所列各项定额选自中国国家铁路集团公司于 2018 年 12 月颁布实施的劳动定额中的线路部分，每一作业类别选取了两项作业项目，项目编号和其在原定额中的编号相同。

表 6-1 普速铁路工务维修劳动定额(线路)摘要

项目编号	类 别	作业项目	作业内容	单 位	劳动组织(人)	劳动定额(min)	备 注
1.1.1	设备检查	正线检查	1. 工具对标；2. 检查、记录、画撬	km	6	30	含轨道检查仪，人工复核及结构检查
1.1.3	设备检查	道岔检查	1. 工具对标；2. 检查、记录、画撬	组	5～6	25	9、12 号单开固定型道岔，其余道岔适量增减，含结构检查
1.2.12	钢轨作业	钢轨编号	1. 除锈；2. 涂油漆；3. 编号	处	2	10	
1.2.22	钢轨作业	焊缝打磨	1. 打磨；2. 测量	处	2	40	
1.3.1	钢轨配件作业	接头螺栓涂油	1. 卸螺栓；2. 除锈涂油；3. 紧螺栓	个	2	6	
1.4.5	轨枕作业	直线拨道	1. 看道；2. 拨道；3. 枕木头围砟	10 m	8	27	
1.4.8	轨枕作业	螺栓涂油(扣件)	1. 卸扣件；2. 除锈涂油；3. 上扣件紧螺栓	10 套	2	6	
1.5.25	道岔作业	打磨尖轨尖端	1. 量尺寸；2. 锉尖轨；3. 复核尺寸	处	2～3	10	配合电务

续上表

项目编号	类　别	作业项目	作业内容	单　位	劳动组织(人)	劳动定额(min)	备　注
1.5.31	道岔作业	清筛道床	1. 扒道床；2. 清筛；3. 串实；4. 回填整理	孔	2	90	岔心部分
1.6.1	道床作业	清筛道床	1. 扒道床；2. 清筛；3. 回填；4. 清除泥土	孔	3～5	44	不动枕底
1.6.9	道床作业	手工捣固	1. 扒砟；2. 起道；3. 捣固；4. 整理；5. 夯实拍平	根	1～2	20	
1.7.7	标志作业	刷新警冲标	1. 清理；2. 整理标基；3. 刷新；4. 描字及图样	个	1～2	10	
1.8.1	钢轨探伤	母材探伤	1. 仪器检查；2. 上道前准备；3. 探伤作业；4. 探伤记录	km	6	27	无缝线路
1.8.2	钢轨探伤	母材探伤	1. 仪器检查；2. 上道前准备；3. 探伤作业；4. 探伤记录	km	6	40	普通线路

表 6-1 中只列举了每类作业中的一两项作业的定额。定额编号是统一规定的，不可改变，定额项目编号第一个数字代表工程类别，这里代表线路；第二个数字代表线路作业类别；第三个数字代表线路作业项目。

中国国家铁路集团有限公司在 2018 年 12 月颁布的普速铁路工维修定额(线路)分册里包含的作业类别及作业项目划分如下：

第 1 类：设备检查，共 13 项。

第 2 类：钢轨作业，共 37 项。

第 3 类：钢轨配件作业，共 15 项。

第 4 类：混凝土枕作业，共 18 项。

第 5 类：道岔作业，共 36 项。

第 6 类：道床作业，共 13 项。

第 7 类：标志作业，共 125 项。

第 8 类：钢轨探伤作业，共 10 项。

在使用定额时，要防止重复计算工作量。如：在计算拨道工作量时，按作业长度计算工时，若次日计划作业长度为 150 m 时，其直线拨道长度为作业地段全长。按定额查出，混凝土枕线路直线拨道每 10 m 为 27 min，直线拨道工时为

$$(150/10)\times 27=405(\text{min})$$

若在该作业区段还有一处曲线，其长度为 125.6 m，则因曲线地段的拨道工时已经在直线拨道中计算过一次，故曲线拨道(10 m 定额 40 min)应补充计划工时为

$$(125.6/10)\times(40-27)=163.3(\text{min})$$

第三节　劳动制度与劳动纪律

劳动纪律一般包括：组织纪律、工时纪律、生产纪律、和技术纪律。劳动纪律的执行既要依

靠职工高度的自觉性，又必须具备必要的强制性。强化劳动纪律，是增强企业职工主人翁责任感，维护企业正常的生产和工作秩序，促进劳动生产率提高必不可少的保证措施。

一、劳动制度

（一）劳动制度的概念

劳动制度是指国家及有关部门对劳动者参与社会劳动所 制订的规章制度。

劳动制度属于上层建筑领域，是整个经济体制的一个组成部分。1986 年以前，我国的劳动制度还存在着某些弊端，因此，国务院在 1986 年 7 月 12 日发布施行的《国营企业招用工人暂行规定》、1991 年 7 月 25 日国务院发布施行的《全民所有制企业招用农民合同制工人的规定》、1992 年 7 月 23 日发布施行的《全民所有制工业企业转换经营机制条例》和 1994 年 8 月 24 日劳动部发布的《关于全面实行劳动合同制的通知》等一系列政策、法规，不断完善了劳动用工制度。2008 年 9 月 18 日温家宝总理签署第 535 号国务院令，公布《中华人民共和国劳动合同法实施条例》进一步完善了劳动用工制度。

（二）劳动制度的内容

劳动制度的内容十分广泛，主体是用工制度，它可以分广义和狭义两个概念。广义上说，劳动制度是劳动力招收、使用、调配和管理等一系列政策规定、管理体制的总称。具体内容包括招工制度、用工制度、工时制度、考核和奖惩制度等一套制度。狭义上说，一般有的把用工制度也称为劳动制度，因为用工制度在整个劳动力管理制度中占有很重要的位置。

二、劳动纪律

（一）劳动纪律的概念

劳动者在共同劳动中必须遵守的规则和秩序称为劳动纪律。这种规则和秩序，要求每个劳动者必须按照规定的时间、程序和方法去完成自己应承担的工作任务，它是人们进行社会劳动的必要条件。任何一种生产劳动，只要是多人共同参加，就需要有一定的劳动纪律，以便把从事不同操作的劳动者联合为一个整体，把每个人的活动协调起来，使生产过程能够有序地进行，以保证生产工作的顺利完成。它是建筑在劳动者具有法制观念、道德观念、集体观念的基础上，既依靠职工高度自觉性，又必须具备必要的强制性。

（二）劳动纪律的主要内容

1. 组织纪律。它是指服从分配、听从调动，下级服从上级，个人服从组织。

2. 工时纪律（或称时间纪律）。它是指遵守工作时间和考勤制度，不迟到、不早退、不旷工，有事、有病要事先请假，坚守工作岗位，上班时不串岗、混岗、脱岗，不做与生产无关的事。

3. 生产纪律。要求职工上班时把全部工作时间用于生产，严格执行岗位责任制、操作规程和交接班制度，确保安全生产。

4. 技术纪律。要求职工遵照技术保密要求，不泄漏商业秘密。

（三）执行劳动纪律的手段

劳动纪律具有鲜明的权威性和强制性的特点，因此，劳动纪律不仅有规劝的作用，更重要的还具有约束的作用。执行劳动纪律的手段有：

1. 教育手段。班长要经常对本班组成员，进行劳动纪律教育，便全班组员工认识遵守劳动纪律的重要性，严格遵守劳动纪律。

2. 经济手段。违反劳动纪律，并使生产受到影响，除其教育外，还可以酌情进行经济处罚,如扣发奖金、部分赔偿事故损失等。

3. 行政手段。违反劳动纪律,经教育和经济处罚后,仍不悔改者,可给予一定的行政处分,以加强纪律的约束力,维护纪律的严肃性。

三、班组劳动纪律

抓好劳动纪律是班组一项重要工作,也是班组长的重要责任。加强劳动纪律管理,关键是建立健全班组劳动纪律管理制度,提高班组成员遵章守纪的自觉性。

1. 加强思想政治教育

教育职工充分发扬主人翁精神,增强遵章守纪的观念和工作责任感,提高班组成员遵守劳动纪律的思想觉悟。

2. 劳动纪律纳入班组管理

班组长在布置、检查和总结生产工作的同时,也要布置、检查、总结劳动纪律的执行情况,对违反劳动纪律的要按情节轻重给予批评教育。

3. 严肃纪律、严格考核

班组长和班组骨干首先要带头遵守劳动纪律,班组成员违反劳动纪律,必须按规定严格考核,以维护劳动纪律的严肃性。

【案例】某电务段某车间某班组劳动管理制度

(一)劳动安全

1. 职工在作业过程中,应当严格遵守路局、电务段、车间的安全生产规章制度和操作规程,服从管理,正确佩戴和使用劳动防护用品;

2. 职工应当及时参加局、电务段、车间组织的安全教育和培训,掌握本职所需的安全生产知识,提高安全生产技能,增强事故预防和应急处理能力;

3. 职工发现事故隐患或者其他不安全因素,应当立即向车间或电务段有关部门或负责人报告,接到报告的人员应当及时处理。

(二)劳动纪律

1. 遵纪守法,自觉遵守车间班组的规章制度,努力学习政治、文化和业务技术,积极参加岗位培训、岗位练兵、劳动竞赛活动,提高思想政治素质和文化道德素养,提高业务技术水平;

2. 工作人员着装要整洁大方,要符合车间管理的要求;

3. 严格遵守劳动纪律,坚守工作岗位,准时上下班,上班即上岗,专心工作、不旷工、不脱岗、不串岗、不睡岗、不在岗吃零食、不干私活,不看与本岗位无关的书报,不在办公室(工作区域)闲谈、喧哗,不妨碍他人工作,不带小孩上班;

4. 熟悉本岗位和主要工种的职责、权限与规章制度、法令、法规、禁令、技术业务,熟悉所辖设备构造、性能、系统布置,维修人员要熟悉操作和一般的维修技能,掌握故障处理方法及应急措施;

5. 服从安排,听从指挥,不得无理取闹;团结同志一道工作,做好同志之间和班、组之间的协作,互相帮助,互相支持,为工作创造良好条件;

6. 在岗要遵守社会公德,遵守有关法令法规,遵守社会公共秩序,不赌博、不斗殴、不参与其他违法活动;

7. 积极参加技术革新、合理化建议活动,培养积极向上的工作作风,比安全、比质量、比效益、比贡献、正确处理好国家、集体、个人三者的利益关系。

(三)考勤制度

1. 班组全员应按规定参加班组点名,由班长点名,考勤结果应记入班组台账中的考勤表。考勤应逐日进行记录,严禁到月底一次性记录;考勤表应挂在墙上,让职工共同监督;

2. 凡迟到早退者记入违章违纪记录,并纳入班组经济责任制考核;

3. 班组务必于次月 1 日前将上个月的考勤表送车间办公室(如遇休息日的类推),审核后交电务段劳资科,以计发工资和奖金,违者按有关制度处罚;

4. 职工请事假、探亲假、病假、婚丧假、产假、计生假,请假条应附于考勤表上;上交的考勤表必须是原件,不许交复印件;

5. 因病住院者,如有属有效期内的补休假,可作补休处理;

6. 严格请销假制度,凡是请事、婚、丧、探亲、公休和病假的职工一律应先交假条或办理请假手续后方准休假。请零星假的职工应事先向班长或经济核算员说明理由后在班组台账的考勤表中填写事由,并签字后方准离岗;零星假每月清结一次,超过 4h、8h 者,分别按半天和一天事假处理;到点未归者按迟到处理;

7. 班组职工未经班长批准不得自行互换值班,调休不得跨月使用。

(四)交接班制度

1. 接班人员应在规定的值班时间前做好接班前的准备工作,接班前不得饮酒;

2. 接班人员到时未到,交班人员不得离岗,应向车间报告;

3. 交班人员应做好各项记录的资料整理工作,并做好设备、附属设备、工具及室内外卫生的整理清洁工作;

4. 交班人员交班前将设备及附属设备故障处理完毕,一般情况下做到交班不交活;

5. 交班人员应主动向接班人员介绍设备及附属设备的运行情况。交班人员发现接班人员饮酒后,接班时,不得交班并向车间报告;

6. 接班人员应认真检查运行记录,对设备运行状态及不明事宜,应向交班人员询问清楚,并同交班人员共同巡视检查设备、附属设备、工具、备品和室内外卫生;

7. 接班人员按检查情况,填写记录,双方签字认可;

8. 交接班手续完毕后交接双方签字,此后值班工作由接班人负责,在签字前班中工作均由交班者负责。

(五)经济责任制考核

1. 结合班组经济责任制考核办法,坚持以数据说话,按规定兑现,赏罚分明、不讲情面,体现按劳分配;

2. 班组成员做出突出成绩,受到电务段、车间奖励时,应发给突出贡献者,不允许班组均分。

第七章
班组经济核算

第一节 班组核算概述

企业生产管理既要注重安全与质量，也要讲求投入与产出。铁路企业和其他企业一样，也要经常算账，投入了多少机车、车辆、人力、物力、资金、能源，产出了多少产品，完成了多少换算周转量，创造了多少价值，通过算账，进行分析对比，以便改进运输生产组织管理，降低营运成本、提高劳动生产率，以尽可能少的资产和最低的消耗，完成尽可能好的、多的运输生产任务，以取得最大的经济效益，这就是经济核算。班组经济核算是企业实行全面预算管理的基础，也是企业节支降耗的最主要、最直接途径。

一、班组经济核算

所谓班组经济核算，就是以班组为单位，对生产中的消耗和成果、投入与产出、班组的经济效果和个人劳动成果进行的核算。也就是通过算账活动，对班组的生产和经济效果实行监督、控制，不断改善经营管理。

二、班组经济核算的职能和作用

(一)班组经济核算的职能

班组经济核算具有预测、控制、核算、分析、考核等五项职能，它们互相关联、互相作用、密不可分。

1. 预测职能。主要指通过核算进行目标的预测，根据上级下达的任务，制订班组的生产计划，并分解落实到岗位、个人。

2. 控制职能。主要指通过核算，对班组生产计划的执行，按顺序进行检查和监督，及时发现薄弱环节，有效地进行预防和预控，保证按计划均衡生产。

3. 核算职能。主要指在做好各种原始记录和统计工作的基础上，核算出班组的经济效果和个人劳动成果。

4. 分析职能。主要指对班组的生产活动进行全面或专题的对比分析，总结经验，找出不足，提出改进措施。

5. 考核职能。主要指以计划和定额为依据，按照核算结果，检验、检查分析班组和个人的任务完成情况，并对班组内部的经济利益进行按劳分配。

(二)班组经济核算的作用

班组经济核算的作用是多方面的，概括地说有以下四个方面：

1. 指导经济活动。班组工作应在哪些方面使劲，把员工的积极性引向哪里，这是一个至关重要的问题。通过班组核算就可以提供这些方面的许多重要信息，利用这些信息，可以对生产的全过程进行控制，指导员工在各自生产岗位上，努力挖掘潜力、降低生产成本，减少浪费和损失，争取最好的生产成果。

2. 明确经济责任。在执行岗位经济责任制中，通过班组经济核算和经常公布执行结果，可以让每个员工知道本岗位及班组的责任、贡献和不足，把班组承担的经济责任落到实处。

3. 提高经济效果。推行班组经济核算，使每一个生产环节、生产岗位都朝着最佳生产效果去努力，取得最佳的综合生产成果。同时，班组核算资料也是班组间开展劳动竞赛的最好对比数据资料，有利于比、学、赶、帮、超。

4. 保障经济利益。开展班组经济核算，把班组对企业和国家的贡献与班组的经济利益联系在一起进行核算，并将结果及时展示在员工面前，有利于班组员工关心企业经济效益，并保障班组的经济利益，从而使国家、企业和个人利益有机结合起来。

三、班组如何开展经济核算

（一）班组开展经济核算的条件

班组经济核算必须具备以下基本条件：

1. 班组要建立健全岗位责任制，劳动组织要固定，定员要合理，人员要相对稳定。

2. 班组生产作业计划建全，生产任务明确并基本固定，具备有平均先进的劳动定额和各项经济考核指标。

3. 班组长具有过硬的业务和班组管理知识，经济核算的指导思想明确。

4. 班组内组织健全，核算员有一定的文化程度，并经过专门的业务训练，工作兢兢业业、认真负责、一丝不苟。

5. 班组有各种原始记录，工班长要会做经济分析工作。

6. 上级的业务指导和大力支持。

（二）班组经济核算原则

班组经济核算必须遵循如下原则：

1. 节约的原则。节约是企业经济管理的一项基本原则，也是班组经济核算的基本原则。在企业建设资金还不够充足的情况下，尤其要强调节约，尽量减少人力、物力、财力的消耗。

2. 效益原则。班组开展经济核算的目的就是要提高企业的效益，如何提高班组的经济效益，是班组长和班组成员生产活动的中心。

3. 物质利益原则。所谓物质利益原则，就是在社会主义制度下，使劳动者能从物质利益上关心自己的劳动成果和企业的生产发展。企业要调动员工的生产积极性，除了进行思想政治教育外，还应千方百计关心员工的物质利益，把思想政治工作与物质利益紧密地结合起来，才能收到良好的效果。

4. 行政与经济管理手段相结合原则。行政管理手段就是依照企业各级领导的权力、指令性的生产形式、规章制度和各项行政指令来管理班组的经济活动。经济管理手段就是在考虑物质利益的前提下加强经济核算，使班组增加生产，厉行节约，提高经济效益。

（三）班组经济核算的基本内容和要求

班组经济核算的内容，应根据每个班组的特点和实际情况来确定。一般地说，班组核算的内容主要有：生产任务、材料、燃料和动力的消耗，工时利用率、出勤率、劳动效率，设备完好率和利用率、修旧利废、水电消耗、工具备品等。

班组经济核算的要求：要实现“五有”，即：有适应生产和经营特点的核算组织；有明确的核算指标；有准确的核算记录；有定期公布、检查、分析和评比制度；有增产节约的经济效果。

(四)班组经济核算的基本方法

班组经济核算的方法大体分两大类：指标分项核算和价值综合核算。

1. 指标分项核算

指标分项核算是根据班组生产的特点，大致规定若干个经济指标，然后分别核算这些指标的完成情况，其指标内容一般有：

(1)产量指标。根据上级下达的任务，核算员要计算出全组的产量指标。计算方法分两种：一种以实物单位来计算，一种以定额工时为单位来计算。

①以实物单位计算

产量计划完成率＝产量实际完成数/产量计划数×100％

定额工时完成率＝产品产量×单位产品工时定额/全部产品实用工时×100％

②以定额工时为单位计算

产量实际完成数(工时)＝(各种品种的实际产量×相应品种现行单位工时定额)之总和

(2)劳动指标。一般以工时为单位进行核算，主要有出勤率、工时利用率、工时定额完成率等，其计算方法如下：

出勤率＝班组内个人出勤工日之和/班组总的法定工日×100％

工时利用率＝实际生产工时/应出勤工时×100％

工时定额完成率＝总工时定额/实用工时×100％

(3)质量指标。主要考核合格率、废品率、废品损失金额、设备完好率，行车部门还有安全、正点、净载重、中时、停时、技术速度等。

产品合格率＝合格产品数/(合格产品数＋废品数)×100％

废品率＝废品数/(合格产品数＋废品数)×100％

废品损失金额＝废品成本金额—废品残值金额

设备完好率＝设备完好台数/设备总台数×100％

(4)消耗指标。它是指原料、燃料、动力、工具等各种消耗，它以限额、定额的形式下达到班组。班组以领用单或记录为原始依据，按品名、数量、单价等记录成班组消耗。这些消耗情况，直接影响运输成本，物资能源的浪费是增大单项消耗和增加成本费用的主要因素。

(5)设备指标。除前面讲到的设备完好率外，还有设备利用率、检修率等。

设备利用率＝设备实际开动台数/设备应开动台数×100％

检修率(不良率)＝检修设备台数/实有设备台数×100％

2. 价值综合核算

为了综合反映班组经济核算的总成果，还要在指标分项核算的基础上进行价值综合核算，用来计算班组的经济效益。核算的主要项目和方法是：

超产的经济效益＝超产数量×规定的核算价格

提高质量的经济效益＝减少的废品量×规定的核算价格

降低消耗节约的经济效益＝修旧利废节约物资的数量×规定的核算价格

技术革新与合理化建议的经济效益＝节约的物资、工时×规定的核算价格

上述各项经济效益分别计算出来，就是班组的综合经济效益。

（五）经济核算分析及其方法

1. 班组经济核算分析班组经济核算分析是根据核算的资料与计划，与行业班组和上期核算的情况进行对比，以发现生产经营管理及各种物质消耗方面的问题，并找出原因、总结经验、采取措施，消除生产上的薄弱环节，达到堵塞漏洞、挖掘潜力、推动生产，争取最大经济效益的目的。

2. 班组经济核算的分析方法。从时间方面分，班组经济核算分析一般有日检查、旬分析和月总结。

日检查：按当天的生产作业计划，做到班前布置，班后总结，并公布生产任务完成情况。

旬分析：根据旬生产计划，力争要达到均衡地、有节奏地进行生产，以防前松后紧，对生产中的问题要及时处理。

月总结：将本月班组的各项计划指标与实际完成情况进行检查、对照、比较、分析。

从方法上分，班组经济核算分析一般有比较分析法、综合分析法。

比较分析法：采用计划与实际，本期与上期甚至与上年同期实际相比较，找出差距，制订措施。

综合分析法：就是对数量、质量、消耗、效率等指标进行分析比较。

（六）班组经济核算应注意的问题

1. 抓好班组基础工作。在班组里，最重要的基础工作是原始记录，一定要填写真实、准确，保管要齐全。如果最基础的原始凭证不准、不全，就会造成“假账真算”，也就失去了指挥生产、加强管理的科学性。

2. 抓好定期核算。核算员按班逐日登记好核算台账，同时，三班的班组要按周搞好各项核算指标的核算工作，常白班的班组要按旬搞好各项核算指标的核算工作。这是及时发现问题，采取措施，保证每月各项任务全面完成的关键。最后应注意核算全月各项指标的完成情况，编制核算报表。

3. 抓好班组经济活动分析。实行班组经济核算，不仅要核算各项指标的完成情况，还应根据这些核算资料进行班组经济活动分析。班组经济活动分析是员工直接对自己的生产和管理工作进行检查和分析的重要方法。这种方法比较具体、及时、准确，对于促使班组改进生产、改进技术、改进管理具有重要作用。班组经济核算活动分析一般是通过班前会或班后会进行的，必要时可以利用生产的间隙时间召开专门的分析会议。除日常分析外，还应进行定期的分析，如周末结合检查工作进行分析等。班组经济活动分析的内容，主要是分析解决当班生产的主要问题。分析时根据具体情况，可以对各项指标完成情况，进行重点分析。既要总结经验，找出缺点，定出措施，还要检查上期分析时所定的措施的执行情况与效果。班组经济活动分析会议，通常是全组员工参加，必要时可以请段、车间的人员参加。为了搞好经济活动分析，一定要事前做好准备，班组长和工人核算员要事先摸好情况，确定课题。工人核算员和其他有关工人管理员要对分管的指标完成情况，提出初步意见，由大家进行广泛讨论、分析原因，开展批评与自我批评，最后定出措施，指定负责人及完成日期，便于以后检查。

4. 经济活动分析与评比奖励相结合。根据全班组各项计划 完成情况，认真进行个人的考核评价，并与评比奖励结合起来，使每个成员都能从物资利益上关心增产节约，关心经济核算。除各个班组自身努力外，还要取得站段、车间领导的重视，把班组经济核算同站段、车间的评比奖励结合起来，并使专业核算和群众核算紧密结合，互相补充，这样才能切实把班组经济核算工作做好。

第二节 班组材料管理

班组材料管理是铁路企业物资管理一项基础性工作，是铁路企业经营管理重要组成部分。班组材料管理对于铁路运输企业搞好运输安全生产，提高经济效益有着密切的关系，我们必须树立勤俭节约、增收节支、爱护集体财产的思想，认真重视并做好班组材料管理工作。

一、铁路材料的分类

铁路企业所用的物资品种繁多，其性能、用途各不相同，在使用、定额、计划、保管等方面各有特点，申请、采购、供应来源也很复杂，因而把它们合理地分成类别来管理是十分必要的。根据铁路企业对物资管理上的要求，铁路材料分类，一般按材料在运输生产中的用途进行分类。

1. 材料。它是指维修铁路运输设备所消耗的除线路上部建筑材料、机车车辆配件以外的各种生产资料，包括钢材、木材、水泥、油脂、化工产品等金属和非金属材料，以及库存低值易耗品等。

2. 线上料。工务部门维修线路用的线路上部建筑材料，包括钢轨、轨枕、道岔、岔枕、连接零件等。

3. 机车配件。机务及车辆部门检修机车、客货车辆专用的配件，包括机车传动装置、客货车辆台车、连接制动装置等部位的配件。

4. 燃料。它是指作为燃料用途的煤、柴油、汽油等。

二、材料管理的内容

班组是搞好运输安全生产的劳动基本单位。在运输安全生产过程中，作为生产基本要素之一的“物”在不停地运动着。如何正确地组织物力，以最少的投入获取最大的经济效益，必然成为班组材料管理的基本任务。所谓班组材料管理，就是依据企业物资管理的方针目标，对生产过程所需的材料做好计划、保管、使用和回收工作。通过班组材料管理，促进班组挖掘物资潜力，充分发挥物资效用，加速物资周转，降低物资消耗水平，提高经济效益。

班组材料管理工作的基本内容大致有五个方面。

（一）用料计划管理

班组的用料计划管理，是指班组所需要的材料以企业材料成本控制计划为指导，结合养护维修任务，按照材料消耗定额和费用承包有计划有步骤地进行。通过班组用料计划管理，把班组生产需要同段申请、采购很好地衔接起来，在品种、数量、时间上得到平衡，为班组生产提供物资保证；能够全面贯彻节约原则、精打细算，充分利用资源，使现有材料发挥最大的经济效益；促进全段物资流转过程的各个环节相互协调、紧密协作，形成一个统一的有机整体，保证运输生产的顺利进行。

（二）材料消耗管理

班组的材料消耗管理，主要是要加强材料消耗定额的管理和广泛开展物资节约工作。在保证线、桥设备养护维修质量前提下，千方百计地降低材料消耗水平，为提高企业经济效益发挥班组应有的积极作用。

（三）材料储备管理

为了保证现场生产的正常进行，班组需要建立一定量的材料储备。但是，储备的材料过多，就会因超储而占压资金，增加费用开支，延缓资金周转速度。加强班组储备管理，首先要对储备的材料加以分类，分别制订储备定额，建立相应的管理制度。对于不同作用的物资，采用不同的储备控制和保管方法。在保证正常生产的条件下，不断降低储备水平，加速物资周转。

（四）材料核算工作

班组材料核算的内容包括：材料用料的核算；库存材料的盘点核算；超储积压材料的上报处理；材料收入、支出方向统计；材料成本控制计划执行结果等。班组材料核算是搞好全段财务会计核算的基础。班组必须按规定准确及时地办好材料的收发手续，整理好原始记录，登记好账卡，编制好报表，确保账、卡、物三位一体。

（五）废旧材料回收

做好线路拆除下来的废旧轨料的收集、整理、加工等工作，是班组开展综合利用充分发挥物资效用降低物资消耗的重要途径。也是段运输生产的一项重要补充资源，有利于减少资源的浪费，控制材料成本支出，提高经济效益。因此，班组必须树立节约物资思想，加强废旧料的回收工作和修旧利废工作。

以上五项构成了班组材料管理工作的全过程，它们是紧密相关，互为影响的。班组材料管理应根据"生产与节约并重"的原则，既要狠抓管理，又要狠抓节约；既要使用得好，又要回收得好。要把这些原则贯穿到班组材料管理工作的各个环节。

三、用料计划的核算与编制

（一）用料计划的核算

班组用料计划主要是需要量指标的核算。材料需要量是指班组完成计划期内养护维修任务所必需的物资数量，它是企业物资计划分配的基础。核算需要量的前提是应具有技术依据和经济依据。所谓技术依据就是计算选用的物资消耗定额及其其他正确的计算方法。所谓经济依据就是以计算工作量(上级批准的生产和施工任务)，必须有款源保证。班组确定需要量的基本计算方法通常有以下几种：

1. 定额计算法。即按照任务量和相应的材料消耗定额来核算材料需要量的方法。它的计算公式是：

$$需要量=任务量\times物资消耗定额$$

[例 7.1]：某工务段甲班组 9 月份正线混凝土枕扣件涂油 2 km，每公里铺设混凝土枕 1 760根，每根轨枕 4 只扣件。设该段制订的机油、黄油单项消耗定额分别是 0.07 kg/只和 0.1 kg/只、棉纱和钢丝刷的单项消耗定额分别是 5 kg/km 和 4 把/km。请计算出机油、黄油、棉纱和钢丝刷的需要量。

解：机油需要量=(1 760×4)×2×0.07=985.6(kg)；

黄油需要量=(1 760×4)×2×0.1=1 408(kg)；

棉纱需要量=2×5 =10(kg)；

丝刷需要量=2×4=8(把)。

此法适用于有定额的材料核算。

2. 同期比较法。即把上一时期作为本期计划需要量的比较值，确定本期计划需要量。此法一般用于需要量变动不大的状况。如工务部门班组手头料中的石笔、木折尺、信号旗等。

3. 系数调整法。即依据某一计划期的实绩，分析本计划期任务量与该实绩的差异，并用"系数"来加以调整而计算确定需要量。具体计算公式表示为

需要量＝上期实绩×因素系数

此法一般用于任务量增减变动，计算变动的百分数值作系数来求出需要量。如工务部门手头料中的各类工具把柄、钢锯条等。

4. 经验估算法。它是一种凭工作经验的积累与一定的调查资料来确定需要量的方法。这种方法，往往是在上述几种方法都较难实施时才采用，它有一定的局限性。

（二）用料计划的编制

班组根据上述核算方法和要求，在编制用料计划前，应对前一阶段的用料计划执行情况进行检查，查找分析各项材料指标升降和变动的原因，以便在编制本计划期用料时进行调整。在申请用料时，还要充分考虑到一切积极因素，动员一切物质潜力，采取找、挖、节、代等一系列节约措施，根据这些增产节约的计划来平衡材料需要量。

班组用料计划编制完成后应及时报送车间，由车间审核并汇总后负责上报站段材料主管部门。编制计划要求做到依据充分、核算正确、数据真实、资金受控。只有认真地编制和执行用料计划，才能合理的运用资金和防止积压浪费，真正发挥计划调节控制作用。

编制用料计划的依据有：

1. 班组维修养护生产任务和车间季节性工作安排。

2. 上级分解下达到班组的材料成本控制计划。

四、材料消耗与储备

（一）材料消耗定额作用

材料消耗定额是指在一定的条件下生产单位产品或者完成单位工作量所必需消耗材料的数量标准。材料消耗定额是加强企业计划管理和经济核算的基础，是正确组织物资供应的依据，是衡量物资节约与浪费的标准。归纳起来，定额的作用如下：

1. 定额是制订和审核用料、供应计划的原始资料和计算物资需要量的基础。没有定额，就不可能确定生产各种产品或完成某项工作量所需的物资数量，而在不知道、不明确需要量的情况下，要编制正确的供应计划是不可能的。

2. 先进合理的物资消耗定额，不但是编制计划的基础，也是衡量物资使用方面浪费与节约的标准。

3. 先进合理的定额的采用，能够把落后的引导到先进方面来，能够促进劳动组织的改善，劳动生产率的提高，节约原材料的使用。

总之，定额是分析企业各个经济活动的重要工具之一，从编制计划起，到物资的具体使用，直至材料运用结果的分析、考核都起着巨大的作用。

（二）制订材料消耗定额的基本方法

材料消耗定额的查定，应本着先进合理、切实可行的原则。定额不先进，不但不能动员企业更进一步地节约材料，反而容易满足于已达到的水平，在一定程度上掩盖了生产中损失和浪费材料的现象。在查定定额时，必须充分考虑到节约材料的种种切实可行的措施和先进经验。具体查定的方法，归纳起来为三种：

1. 技术查定法。它是根据产品设计图纸、技术要求和先进工艺流程，并选择最合理的下料方案来制订定额的方法，其计算公式为

$$H=Q+\sum q$$

式中　H——物资消耗定额；

Q——构成单位产品实体的某种物资消耗量；

q——完成单位产品各种合理工艺损耗之和。

这种方法要求认真研究生产工艺，考虑推广降低消耗的先进经验和科研成果，以一定技术资料为依据，计算各种损耗后制订出消耗定额；它是一种较为科学和精确的方法，主要适用于产品制造和基建工程定额的制订。

2. 统计分析法。它是根据物资消耗的历史资料，运用数理统计原理来制订定额的方法。其简单的计算公式为

$$H=\sum Q/n$$

式中 H——某种材料的消耗定额；

$\sum Q$——前期内修正该种材料的总消耗量；

n——前期内的产品(或完成的工作量)总数。

采用这种方法来制订定额，要求资料完整，统计口径一致；而且这种方法简便易行，适用面广，容易掌握。由于消耗情况来源于实际资料，因而有一定的可靠性和准确性。对于一般养护维修用的常用材料和手头料的消耗定额制订，是一种切实可行的方法。

3. 写实查定法。它是根据现场的客观生产条件，通过实际操作和经过分析修正后，合理确定物资消耗定额的一种方法。对于部分线路、桥梁养护维修用材料消耗定额的查定，往往采用这种写实方法。

(三)材料消耗定额管理任务

材料消耗定额管理的基本内容包括从定额的编制到贯彻执行，然后再检查分析到修改提高的整个过程。作为班组材料消耗定额管理，其基本任务是：

1. 贯彻执行企业制订的各项材料消耗定额，凡属材料用料计划的申请、使用消耗、成本核算等都应该按定额办事。

2. 遵守定额支出制度、以旧换新制度、废旧料回收制度。

3. 做好原始记录和统计分析工作，不断积累资料。

4. 开展修旧利废活动，动员群众革新创造，推广节约物资成果。

5. 积极参与段组织的材料消耗定额的修订工作。

(四)材料储备管理

根据班组生产性质，班组使用的材料品种、规格具有一定的范围性、周期性、专用性的特点。对使用频繁、支出方向明确、消耗有共性的材料我们将其一部分储存到班组，形成企业物资储备网点。一方面实行企业物资储备二级管理，充分发挥物资储备“蓄水池”作用；另一方面使班组的现场生产能不间断进行，保障和维护企业运输生产的正常秩序。近几年，随着铁路提速，新材料、新设备的应用，班组的材料储备品种不断增加，比重有上升的趋势。为了保证班组的材料储备保持一个合理的水平，做到既不影响生产，又不占用大量资金，这就要求必须建立合理的储备量，而制订储备定额，即能为储备保持合理水平创造条件。

1. 储备定额及其查定方法

材料储备定额是指在一定的生产和供应条件下，为完成一定的生产任务，保证铁路运输生产不间断地进行，所需的最经济合理的材料储备数量标准。这个数量标准，应是保证供应的足够量，同时在资金运用上又是最大容许量。

班组材料储备定额的查定方法，通常以企业供应间隔时间和班组日平均消耗量，对不同材料分别进行计算来核定其班组各项材料的储备定额，具体计算公式表示如下：

储备定额＝平均一日消耗量×供应间隔时间

平均一日消耗 量＝全年某项材料消耗总量/360 d

2. 班组材料储备品种的确定

由于各个班组生产性质不同,不可能材料储备品种都一样,应该区分不同情况分别确定各个班组的材料储备品种。一般我们按照班组某项工作量占总工作量的比重来确定的,其次还考虑了班组生产用材料消耗的规律性,确定一部分材料为班组常备储备品种。

3. 材料储备定额管理

物资储备定额的查定,仅仅是定额管理工作的开始,重要在于今后如何运用储备定额经常掌握和监督库存动态,及时发现超储或不足,采取有效措施予以解决。班组储备定额管理通常开展以下工作:

(1)搞好月底盘点对照检查。月底盘点时,检查有无长期无动态的库存品种。对长期无动态库存品种,应分析原因,及时反映,根据不同情况或按积压处理,或建议调整定额。

(2)加强储备量控制。对本班组用量中所占成本支出比重较大的材料,要重点加强管理。同时做好库存量与需要量的比较与预测,观察其保证程度,以防积压。

(3)建立材料收发存定期统计报告和检查分析制度。每季末班组应填制季末材料收发存动态统计报告,准确、及时地向材料部门反映收发动态和库存水平。班组每季应进行库存检查,比较分析不同时期的储备水平,以观察储备升降趋势及其规律性。

(4)参与修订材料储备定额。随着需要量的增减,维修方式的改变、修程的变动、设备的更新以及其他因素的影响,应及时修订,以适应实际需要。班组要积极参与,提供完备的资料,为正确制订定额提供数据保证。

(五)材料保管

材料保管是班组材料管理的中心环节,对保管的材料要做到根据材料的性能和特点,结合班组的自然条件充分利用现有库房的设施,采用科学的管理方法,保证材料在储存过程中,不因为材料本身性质的变化以及自然因素和人为因素的影响,造成材料数量的浮多短少,品种规格的混淆,质量性能的降低和损坏等,使材料完整无损地合理地储存在库房之中,以便及时、齐备、质量良好地为班组生产之用。

班组的材料保管一般采取分类保管方式,实行物流定置管理。

五、材料定置管理

(一)材料定置管理的概念

材料定置管理是指通过分析材料实物在生产过程中的运动规律所形成的实物信息流,根据信息流表达的内容,规定其明确的存放顺序和保管作业方法,达到人、物、场所三者最佳结合的一种管理方法,如图 7-1、图 7-2 所示。

图 7-1　材料库存放制度

图 7-2　材料存放形式

（二）材料定置管理的作用

开展班组材料定置管理能改善班组存料环境和秩序，有效利用贮存设施，妥善保管库存物资，准确办理材料收发作业，促进班组安全、文明、有序生产。

（三）材料定置管理的步骤

1. 规划保管布局。根据班组库房资源和场地自然情况，对班组储备的材料按其保管技术要求实行分类存放，一般班组可按材料房、工具房、配件房或配件料棚、油料房、废旧料堆放处、煤堆、小型车辆存放处以及站场材料堆放点等保管场所进行规划分配。

2. 整顿存料环境与秩序。整理清除与班组无关的机具物料，清扫垃圾。

3. 料架（台）布置。依据材料、工具形状和定额定量，发动班组职工因地制宜修理、改制现有料架，最大限度地满足材料、工具存放要求。按照库房情况料架可采用不同的排列形式，一般有横列式、纵列式和混合式三种。

4.“四号定位”。布置完库房、存料区和料架后，按库房（存料区）号、料架（存料点）号、层次（存料点排次）号和料位号进行“四号定位”的编号工作。编号一般采用从左到右、从上到下从外到里的顺序原则编排。

5. 分类存放。按照库房、存料区域的布局，对所保管的材料、工具分门别类布置存放。在定位存放时，要注意以下问题：

（1）笨重而移动困难的材料，以及数量大的，考虑存放在收发方便的地方。

（2）收发动态大的，存放在收发方便的地点，相反可存放在远离库门的地点。

（3）较轻的材料可存入料架上层，较重的可存入料架下层和料台上。

6. 绘制订置图表。每一库房或存料区域的材料、工具均应绘制图表。定置图主要反映的是料架或存料点的分布情况，定置表主要反映的是存放在料架或存料点上的具体材料名称、规格、定额定量、实有数（指工具）、保管人等情况。

7. 工具编号。对配置给个人的一般常用工具进行编号。

8. 落实分配各料架或存料点的保管保养责任人，明确保管保养要求。

（四）材料定置管理的要求

1. 教育职工开展定置管理对促进班组安全、文明、有序生产的意义和作用，养成良好习惯，坚持做到收发存按定置图表作业。

2. 材料上架堆码要求过目成数，做到排列整齐，成行成列，包装标志向外，料签悬挂划一。对于不宜上架的材料应存放地面，在堆码时，要做到底部有下垫物。

3. 每天作业领取常用工具时，职工应按工号对应领用，收工后应依次对号入座。

4. 四号定位必须在台账和料签上注明，定位发生变化，要及时更改料账和料签。但实际运用中，可省略料位号，采用库房号、料架号、层次号，以减少更改料签和料账的工作量。

5. 无论是料场还是库房存料，堆垛下部都要下垫，以防止地面潮气的侵蚀，增强散湿和通风。

6. 加强材料保养工作，做好各种螺栓、配件涂油防锈保养，对竹制物品要经常进行日光照射，利用紫外线灭杀霉菌和微生物，防止霉烂、虫蛀。注意油漆结块失效，要经常倒置存放。响墩、火炬信号要专门存放，防止受潮失效。

7. 坚持月底盘点检查制度，对班组所保管材料必须全面清点一次，核对账卡物是否相符，有无浮多短少，做到账卡物一致；检查库存材料有无变质、锈蚀、破损、发霉、虫蛀等情况，做到物资质量状态完好。

8. 保持库容库貌清洁整齐，经常清除积尘、油垢、垃圾，定期通风。

9. 做好材料保管的防火、防盗工作。

第三节 经济责任与考核

一、班组岗位经济责任制的概念

岗位经济责任制，是把企业生产经营的总任务和总目标，通过层层分解落实到各个生产或工作岗位，具体确定每个岗位的职责和权限的一种制度。岗位经济责任制既体现了员工当家作主的主人翁精神，又符合社会主义物质利益原则。

(一)岗位经济责任制的主要形式

1. 计分算奖责任制。把分解后的指标、任务落实到岗位、个人，然后用百分制的办法进行考核，用得分的多少计算奖金。

2. 包保计奖责任制。按岗位、个人划分包保任务指标，规定奖罚标准，进行奖罚。

3. 计件工资制。是以劳动者完成合格品的数量或作业量，按照一定的计件系数、单价或工资含量，计算劳动报酬的一种工资制度。

(二)如何搞好班组的岗位经济责任制

搞好班组的岗位经济责任制，必须抓好“五定”“四性”和“三个环节”。

1. 五定：定岗位、个人的指标和工作标准；定岗位、个人应承担的义务；定岗位经济责任制检查的时间、手段、程序和负责人；定奖罚办法；定奖金责任系数。

2. 四性：责任划分要注意整体性；项目设置要注意系统性；指标水平要注意先进性；工作标准要注意效果性。

3. 三个环节：责任落实环节；检查考核环节；奖罚严明环节。

二、班组长和经济核算员在班组经济核算中的职责

(一)班组长的职责

班组长负责向车间承包生产任务，又要带领全班组人员积极开展班组经济核算，班组长具有以下职责：

1. 按照经济核算的原则，率领班组全体成员围绕班组和生产任务，优质、高产、低耗、全面完成各项任务。

2. 合理组织生产，挖掘班组内部的各种潜力，千方百计地提高生产效率，做到低投入高产出。

3. 带领全体班组成员，把班组建设成为“五有班组”，即：有组织、有核算、有分析、有考核、有效果。

4. 建立分析制度，开好分析会。对班组的核算做到定期检查，做到日有检查、旬有分析、月有总结。

5. 完善奖罚制度，对在经济核算中成绩突出的要给予奖励；对没有完成任务的要给予一定经济处罚，但注意不要鞭打快牛。

6. 带领班组成员大力开展修订制度和增产增收活动，努力减少支出，降低成本。

7. 正确处理好国家、企业和个人三者的利益关系，带头遵纪守法，严格遵守财经纪律。

（二）经济核算员的职责

班组经济核算员是由班组民主产生的，具有以下职责：

1. 在班组内积极宣传经济核算的重要性，调动班组全体成员的积极性，以主人翁的精神参加经济核算工作。

2. 建立好各种台账，对各种消耗动态做到记录清楚、准确，各种实物与台账相符。

3. 负责各种原始资料的保管、记录、检查，使原始资料真实、可靠、完整。

4. 及时准确地提供班组经济核算的各种数据，公布核算结果。

5. 协助班组长开好经济活动分析会，找出问题，总结经验，制订措施。

6. 配合班组长，协调好上下左右之间的关系，始终使班组在最佳状况下运转。

7. 严格遵守财经纪律，当好守法户。

三、班组经济责任制的考核

（一）班组经济责任制考核注意事项

经济责任制一经制订，就要坚持执行、严格考核。不按规定进行考核，就如同废纸一张。所以说“贵在坚持，重在考核”。班组经济责任制在考核时应注意以下几点：

1. 要以确保全面完成上级下达的各项任务和分解目标为前提。

2. 要确保安全，特别是人身安全和产品或服务质量。加大挖潜扩能、降低消耗、修旧利废、增收节支等方面的考核力度，不断降低生产成本。

3. 要全面贯彻各尽所能、按劳分配的社会主义分配原则。

4. 兼顾国家、企业、个人三者利益。

5. 要明确责任者应承担的责任，抓责任的落实和经济效益。结合经济活动分析与日常考核，落实考核制度。不论是工班长还是职工，该奖的奖、该罚的罚。重奖重罚，保证经济责任制的顺利实施。

6. 要实行经济责任制，还需要有强有力的思想政治工作来保证，工班长要学会做耐心细致的思想政治工作，防止以罚代管、以罚代教的倾向，要保护职工的积极性，奖要奖得明白，罚要罚得合理。

（二）班组经济责任制考核的基本方法

考核的基本方法如下：

1. 先根据考核标准确定基准分(或称考核比重)。

2. 再订出对每项具体指标(产量、产值、质量、效率、效益、时限等)加分扣分标准或比例。

3. 在一定的生产周期或生产阶段后，根据原始记录(如职工绩效考核表)。

4. 将计算的结果在班组生产总结会议上公布，让班组职工民主讨论，充分发表意见，按经济责任制规定标准对照考核，做到考核标准面前人人平等。

5. 完整保存考核资料，并按规定格式上报车间。经济责任制是岗位责任、企业经济效果、个人劳动成果和经济利益的结合。因此，要在严格考核的基础上，贯彻按劳分配的原则。班组要按不同岗位的责任轻重、工作繁简、技术高低、贡献大小等因素，合理确定不同的奖金系数。实行计件工资或计件奖励制度，其劳动定额也要根据这些因素去制订。以克服平均主义，充分调动广大职工的积极性。

第八章

班组民主管理与教育培训

第一节　班组民主管理概述

企业民主管理是国家以法律法规的形式，赋予职工行使当家作主的民主权利，共同办好社会主义企业的一项基本制度。企业实行民主管理是管理者在“民主、公平、公开”的原则下，科学的将管理思想进行传播，协调各组织各种行为达到管理目的的一种管理方法。民主管理又是一种群众参与下的多数人管理多数人的管理。

铁路企业班组民主管理，是铁路企业班组全体职工依照法律规定，通过一定的组织形式，对班组权限范围内的事务，行使民主管理权力的活动。

一、班组民主管理的重要性

班组民主管理是企业民主管理的落脚点，是促进班组向心力、凝聚力和增强战斗力的最好途径，是企业实现科学管理的必要条件。通过民主管理会，使职工班组管理的意愿得以实现、主人翁精神得以增强，使职工积极参与班组管理。

1. 班组民主管理有利于增强职工安全责任意识。通过民主管理形式，强化职工参与管理意识，使职工能站在班组整体利益的角度考虑问题，去审视安全，从而使职工更容易接受安全观念，增强安全意识，使安全管理由领导强制管理转变为职工自主管理。

2. 班组民主管理有利于调动职工安全生产积极性。职工参与安全生产管理使之切身感受自己的主人翁地位，自己不仅是企业的生产者，也是企业的管理者，当职工的意见、建议、提案被采纳并产生结果时，就会有一种成就感，为自己能为企业管理做一份贡献而高兴自豪，因而能最大限度地调动广大职工安全生产的积极性，激励职工以主人翁态度做好班组工作，进而把企业办好。

3. 班组民主管理有利于密切管理者和职工的关系。通过班组民主管理使职工与管理者形成管理共识。管理不仅是管理者的事情，更应该是全体职工的事情，班组管理好，大家都好，从而使班组管理由管理者管理职工的单向行为，变为职工也监督管理者的双向行为，即由直流变交流，从而消除对立情绪，密切领导与被领导关系。

4. 班组民主管理有利于加强站段各项基础工作。班组是站段各项工作的落脚点，是专业管理和民主管理的结合部。班组民主管理是实现班组各项管理的最佳方式，能够促进整体管理能力和水平的提高。通过班组民主管理，让职工从实践中学习管理，提高管理能力和水平，必将培养锻炼出一批又一批有能力、有水平的职工及职工代表，使站段民主管理日益发挥更大的作用。

二、班组民主管理内容

企业实行民主管理是社会主义企业管理的特征之一，是落实“以人为本”管理思想的具体体现。班组民主管理是企业民主管理的基础，是职工主人翁地位得以体现的有效形式，班组的民主管理工作必须切实抓好。

1. 履行民主管理责任

班组要按月组织召开民主管理会，主要听取和民主审议班组长关于当月各项工作落实情况的汇报以及下月重点工作安排。

班组工会小组长根据上级要求，组织选举班组长、职工代表、班组先进生产(工作)者等事项；讨论、贯彻落实上级职工代表大会的有关事项。

班组长要执行民主管理会在其职权范围内做出的决定，有异议时，报车间协调。民主管理会要维护班组长行使民主权利，为班组开展民主管理活动创造条件。

2. 明确基本任务

班组每个职工既是生产者，又是管理的直接参与者，为了保证每个职工都能参与班组管理，充分发挥班组民主管理的作用，较大的班组应建立以工会小组长为首的民主管理小组，搞好日常民主管理工作，认真执行班组民主管理制度，建立班务公开程序，实施班务公开，听取和讨论班组长月度工作计划和总结，民主评议班组长等。

3. 落实职工的各项权利

一是知情权，规定职工必须参加“三会”，即班组生产经营会、奖金分配考核会、评议或选举班组长会，让职工有权了解班组的情况。二是检查权，规定职工代表有权每季度对班组安全生产进行一次全面检查，重点是职代会有关安全生产决议的贯彻落实情况，安全生产现场管理、作业、设备等，对重点问题下达整改通知，限期整改。三是监督权，职工检查出的问题要在当月民主管理会上进行通报，并有权对整改落实情况进行监督。四是建议权，班组职工提出的意见、建议，每月由工会小组长负责收集，班组长负责处理，并制订责任制，以保证有效落实。五是决策权，遵循的原则是做到“三个凡是”，凡是涉及职工切身利益的事，都反复征求职工的意见；凡是涉及班组集体利益的事，都要采取无记名投票的方式予以表决；凡是班组民主管理会议不能通过的事坚决不办。

4. 做到“四个公开”

“四个公开”即生产任务情况公开、职工出勤情况公开、奖金分配和小食堂支出情况公开、违章违纪职工处理情况公开，明确公开的内容、形式和要求。在具体内容上要求做到：岗位经济责任制考核办法公开；经济收入公开；考核标准和考核结果公开；奖金分配情况公开；二次分配办法及分配结果公开；评先、调资、医改及生产福利公开。通过公开栏、民管会的形式做到定期、定时向职工公开，把职工关心的热点、焦点问题摆在桌面上，增加公开的透明度。

三、班组民主管理的特征

(一)基础性

站段、车间和班组三级民主管理，班组民主管理是基础，广大职工最直接、最广泛、最经常的民主生活在班组，没有班组民主管理，企业民主管理也就成了少数人的事情，从而失去民主管理的本来意义。

(二)全员性

与站段、车间职工代表大会不同,班组民主管理不是选举少数职工代表参加,而是由班组职工全员参加。全员参加的原因有两个:

1. 因为班组职工较少,便于组织;

2. 班组全体职工有能力管理本班组事务。班组职权范围内的事情,都应尽可能由班组全体职工民主讨论决定。

(三)直接性

班组每个职工既是生产者,又是管理者。班组民主管理不仅由班组职工全员直接参加,而且直接同班组每个职工有关,同班组内的各项生产管理工作有关,直接关系到每个职工的积极性和创造性。

(四)渗透性

班组民主管理与班组管理,不像站段和车间的民主管理与专业管理之间那样职责清楚,分工明确。班组实行民主管理和班组管理,你中有我、我中有你。班组长、五大员(生产技术员、质量管理员、核算员、安全员、材料工具管理员),都是班组工人,他们既是本班组管理任务的组织执行者,又是民主管理的直接参加者。正确把握上述特征,对于搞好班组民主管理具有重要意义。

第二节　班组民主管理的基本形式和工作制度

一、班组民主管理的基本形式

班组民主管理采用哪种组织形式,应根据站段的实际情况、班组规模、生产(工作)任务等不同特点,因地制宜来确定,但班组民主管理应具备以下基本形式:

(一)班组民主管理会

班组民主管理会是班组民主管理的基本形式,是站段、车间、班组三级民主管理的基础,它对落实班组民主管理事务公开,保障职工主人翁地位,调动职工的积极性、创造性,提高经济效益,促进站段各项事业发展具有重要作用。

班组民主管理会是班组职工直接参与班组管理,行使民主权利的基本形式,一般由工会小组长主持,班组全体职工参加并定期召开的会议。

在一些人数较多的班组,班组民主管理会可以设立民主管理小组,由班组长、班组“三长”(即工会小组长、党小组长、团小组长)、职工代表和民主管理员组成。在工会小组长主持下开展活动,负责班组民主管理的日常工作,对班组民主管理会负责(班组民主管理小组不能代替班组民主管理会行使职权)。

班组民主管理会直接受车间主任领导。班组民主管理会既要代表班组职工的意愿,维护职工的正当权益,又要教育职工听从班组长的行政指挥,支持班组长正确行使职权,班组长要接受民主管理会的监督、检查和执行班组民主管理会通过的事项。

班组民主管理会实行民主集中制,行使下列职权:

1. 贯彻落实站段、车间职工代表大会决议中涉及本班组的有关事宜。

2. 讨论班组生产计划,通过班组的经济责任制方案,提出并组织落实完成生产(工作)任务的集体措施。

(1)班组长要把班组的生产任务、各项经济技术指标,如产量、质量、工艺、成本、安全要求等向班组成员讲清楚。

(2)组织班组职工认真分析研究完成各项任务的有利因素和不利因素。围绕完成班组的生产作业任务,开展合理化建议活动。在此基础上集中大家的意见和建议,制订和完善作业方案的措施。

(3)班组成员要明确自己的生产、工作任务,认真执行班组制订的方案和措施,保质、保量、按时完成各自负责的工作,确保完成班组生产计划和任务。

3. 讨论制订、修改和落实班组各项规章制度。例如班组应制订的规章制度主要有:班组民主管理会制度、设备和工具管理制度、劳动竞赛制度、安全文明生产公约、考勤制度等。

4. 讨论决定班组奖金分配办法和有关职工生活福利事项。

(1)奖金分配办法。奖金分配办法应突出"合理、简明、公开"的原则。坚持按劳分配原则,既要克服平均主义,又要避免差距过大;要有严格的考核制度和科学的考核标准,制度和办法要简明、公开、合理;奖金来源奖金数额、奖励对象公开,提高分配透明度,班组不得截留奖金。

(2)职工生活福利事项。包括生产劳动条件和生产环境的改善、职工之间的互助互济、困难补助、文化娱乐活动等。

5. 听取班组长的工作报告,落实"三评价"制度,即评价班组当月工作、评价班组长当月工作、评价职工当月工作。在民主讲评班组工作时,应注意做到以下几点:

(1)坚持实事求是、一分为二的原则,成绩说够、缺点说准,把自己摆进去,勇于批评和自我批评;

(2)要结合讲评班组工作,评议班组长、职工代表和五大员的工作。

6. 民主选举班组长、职工代表,民主评选、推荐先进生产(工作)者,并对职工的晋级和奖惩提出建议。

(二)班务公开

班务公开是民主管理一个有效形式,通过班务公开,能够使职工了解班组的主要事务,提供与职工的沟通平台,以维护班组成员的合法权益不受侵害,融洽班组氛围,增加班组职工的责任感、认同感与归属感。

1. 班组应成立事务公开工作小组,组长为班组长,组员为"三长"(即工会小组长、党小组长、团小组长)、工管员、职工代表和车间包保干部。班组长是班组事务公开的第一责任人和第一执行人,"三长"是班组事务公开的第一协调人,工管员是班组事务公开的工作资料提供人,职工代表是班组事务公开的第一监督人,车间包保干部负责对班组事务公开工作的检查和指导。

2. 抓住重点,强力推进班务公开。

(1)班务公开是企业厂务公开的延伸,是企业民主管理的缩影。只要每个班组都脚踏实地、真抓实干、令行一致,不断探索班组民主管理的新路子,就一定能够带领职工为振兴企业、发展企业而同心同德、共同奋斗。

(2)加强制度建设,规范运行。每个班组对实施的班务公开都要认真总结经验,依据上级有关文件规定,结合班组现状,制订出符合班组实际的办法,对班务公开的内容、形式、程序、时间以及管理监督工作做出比较详细的规定,通过不断修订和完善,使其走上正常化、制度化、规范化的轨道,从而实现班务公开的预期目标。

(3)加大宣传力度。通过各种行之有效的形式,广泛宣传民主管理、班务公开等方面的知识,突出宣传职工的知情权、监督权和参与权,让职工充分认识班务公开对促进企业发展的巨大推动作用。

(4)班务公开要做到职工最关心什么就公开什么、想明白什么就说明什么的原则,不回避热点、焦点问题。除此,还要定期召开班组月度班务会,向全组职工公布班组当月奖金情况、考勤情况、材料消耗盈亏情况、月度生产任务完成情况、下月生产任务分配情况等,并提交职工讨论,让每个职工都有充分发表自己意见和建议的机会。对合理的好的建议,班组长要积极采纳;对提出的意见,班组长要当面做出答复或提交下一次班务公开讨论,不搞一言堂。

(5)要建立严格的监控机制。将班务公开与例行检查等制度有机地结合起来,确保公开的内容真实、规范,还要充分发挥工会小组长或民管员的监督作用,强化对班组长的群众监督,通过与党内监督、行政监督和法律监督的有机结合,达到从源头上预防和抑制不良问题发生的目的。

(6)班组长要带头检查班务公开情况。在班组每月的考评会中,注重对所有的奖励和考核进行张榜公布,并逐项说明、做好解释工作。把每月的班务公开执行情况作为一项硬性指标来检查,定期查阅台账,对存在的问题提出整改意见。

(7)班组成员要牢固树立民主意识。提高班组成员素质,增强参政议政的能力,对不实行班务公开、不能胜任班组长的人以及对班组长侵犯班组合法权益的行为,班组职工要果断行使民主权利,及时向上级反映,采取合法措施,维护自己的权益。

3. 班组事务公开主要涉及工薪分配、工作安排等内容。作为职工最敏感、最关注的工薪分配,班组应当做到科学合理,有理有据。在工薪分配中,班组长或班组工管员不能掺带丝毫感情色彩,必须客观公正。班组应当详细公开每位职工应得工薪包括奖惩等,尤其在经济责任制考核和安全质量奖分配上,必须明确落实,是谁的考核就由谁来承担,让每位职工对自己的劳动所得心悦诚服。另外,班组的重大决定必须经全体成员讨论通过,对任何人提出的建议和意见,班组应当尊重,对合理化的建议应当立即予以答复。具体公开的主要内容有:

(1)生产任务和完成情况;

(2)成本核算、使用情况;

(3)成员出勤情况;

(4)经济责任制考核、安全质量奖、工资及一次性奖励分配情况;

(5)其他需要适时公开的事项。

4. 班组事务公开形式有班组民主管理会、班组经济责任制考核会、班前会或碰头会、班组事务公开程序等。

5. 班组事务公开工作小组成员应按照各自职责的要求,对公布资料进行整理、汇总,经班组事务公开小组核准后,适时、全面、真实地抓好日常各项事务公开的实施工作,班组考核会通过审议结果应于两天内在班务公开栏上进行公开,公开的内容应有被考核人、考核内容、考核金额、考核依据等。班组事务公开后应做好如下工作:

(1)职工对公开内容有异议时,在事务公开后两天内向工会小组长提交反馈信息;

(2)工会小组长应将收集到的反馈信息提交班组事务公开工作小组,班组事务公开小组对职工反馈的信息,在两天内召开考评会进行复议,做出处理决定,并将复议结果通知信息提出人,对已公开内容需进行更改时,应将复议的结果再次进行公开;

(3)班组内部无法妥善处理的反馈信息,由工会小组长将职工提交的反馈信息及时上报给车间事务公开工作领导小组处理,并将处理结果在班组公开栏公开;

(4)班组长必须积极支持班组工会小组长或工管员的工作,主动为其履行职责提供方便条件，并督促其按规定向车间反馈信息；

(5)班组事务公开小组应指定专人认真负责地做好班组事务公开工作台账的各项原始记录，并将公开内容的原始资料按规定样式装订成册，台账妥善保管，保存期为一年。

二、民主管理工作制度

1. 按照法律规定享有政治权利的本班组职工，均有权参加班组民主管理会。

2. 班组民主管理会应建立定期召开会议制度，一般应每月召开一次，也可结合班组月度经济责任制考核会或其他工作会议合并召开，但民管会必须由工会小组长主持。

3. 班组召开民主管理会议原则上要求班组全体职工参加，因故不能全员参加时，到会职工应不少于班组职工总数的 2/3。讨论决定的事项，要有班组全体职工半数以上同意才能生效。

4. 班组民主管理会内容有班组工会小组长根据工作实际与班组民主管理小组协商安排，每月班组当月工作、班组长当月工作、职工当月工作、班组收入、奖金分配及考核情况都要进行审议。凡涉及班组重大问题和职工切身利益问题均应随时召开会议进行审议。

5. 班组民主管理会做出的决定，如与班组长的意见不一致，要协商解决；协商无效，可以报请车间行政和车间工会进行调解。

6. 班组民主管理会在其职权范围内讨论决定的有关事项，未经班组民主管理会讨论同意，任何人不能改变。

7. 班组民主管理会的议题。每次会议内容不宜过多，应着重解决一两个实际问题。

8. 班组民主管理会可根据不同情况设立生产技术员、质量管理员、核算员、安全员、材料工具管理员等民主管理员，按其职责分工负责班组民主管理日常工作。

9. 召开班组民主管理会议要指定专人在班组事务公开台账记录本上做好记录。

三、搞好班组民主管理需要注意的问题

1. 建立和健全班组民主管理制度。要依据法规、条例，建立和健全符合班组工作实际的各种民主管理制度，使班组各项民主管理有章可循。制订班组民主管理制度须经班组民主管理会表决通过。

2. 选好工会小组长。工会小组长是班组民主管理的组织者和主持人，要选能力强、善于团结人、乐于帮助人、办事公道、会做群众工作的同志担任。

3. 正确处理全局与局部利益的关系。班组民主管理会应树立全局观念，正确处理站段、车间、班组和职工之间的利益关系，要接受站段、车间工会的指导，贯彻执行站段、车间职工代表大会的决议，落实站段、车间下达的各项生产和工作任务。

4. 处理好班组民主管理会与班组长的关系。班组民主管理会既代表班组职工的意愿，维护他们的正当权益，又要教育职工听从班组长的行政指挥，支持班组长的工作。同时，要注意不能由班组长主持召开的班组会来代替民主管理会。

5. 民主管理小组不能代替班组民主管理会行使职权。如遇重大问题，在召集班组民主管理会有困难的情况下，可召开班组民主管理小组会议协商解决，但做出的决议要在下次班组民主管理会上得到确认。班组民主管理会有权改变民主管理小组的决定。

四、相关案例

某铁路局集团公司车辆段某车间某班组民主管理工作制度：

（一）班组民主管理小组

1. 班组民主管理小组是职工直接参加民主管理的基本形式，班组民主管理小组负责班组民主管理日常工作；

2. 班组民主管理小组设小组长和民主管理员，小组长由工会小组长兼任，民主管理员一般包括生产技术员、质量管理员、核算员、安全员、材料工具管理员；

3. 班组长、“三长”（即工会小组长、党小组长、团小组长）、职工代表和班组民主管理员是班组民主管理的核心；

4. 班组民主管理员实行直接选举；凡本班组享有政治权利的职工均有选举权和被选举权；

5. 班组民主管理实行民主集中制原则；

6. 班组民主管理工作接受车间党支部和车间分会的具体指导。

（二）班组民主管理小组基本任务

1. 组织职工学习政治时事，民主管理有关法规，经常开展民主管理宣传教育，不断增强职工的主人翁责任感，充分调动职工的主动性、积极性和创造性，促进班组两个文明建设；

2. 定期讨论和审查班组长的工作；

3. 审查本班组月度工作计划、辆含劳效工资的分配和对职工的奖惩意见；

4. 发动和组织职工围绕安全和运输生产提出合理化建议，开展技术革新、读书自学等活动，保质保量地完成和超额完成各项任务指标；

5. 不定期举办各种专题研讨会；

6. 发动和组织职工征集车间、段职代会提案；

7. 民主选举车间、段职工代表和班组民管员；

8. 宣传贯彻段、车间职代会精神，带领职工落实上级职代会所通过的各项决议；

9. 审查或修改班组各项管理制度；

10. 协商处理侵犯职工民主权益的事件；

11. 民主评议监督班组长的工作、思想作风；

12. 讨论决定本班组的集体福利事业；

13. 讨论分析生产和人身安全情况，发动职工制订防范措施；

14. 组织开展其他民主管理活动。

（三）班组民主管理制度

1. 班组民主管理员由班组全体职工参加的民主管理会议选举产生，每两年选举一次，连选连任，若有缺员，及时补选；

2. 班组民主管理会每月召开一次，由工会小组长主持。民主管理、进行选举做出的决议，必须班组全体职工过半数通过。民主管理会在其职权范围内做出决定，未经民主管理会同意，任何人无权修改；

3. 民主管理会的决定和班组长的意见有分歧时，班组长应认真考虑班组与管理会的意见，暂不能统一意见时，应先按班组长意见进行，然后由班组长和民主管理小组长分别向车间主任和车间分会报告，通过协商统一意见；

4. 班组民主管理小组每季召开一次会议，对职工安全生产和技术革新活动进行考核评比，检查班组民主管理活动的得失，及时向车间和基层反馈信息；

5. 班组民主管理会议对车间职工(代表)大会负责，执行大会决议决定；

6. 监督班组长行使权。

(四)民主管理小组成员职责

1. 民主管理小组组长职责

(1)按时主持召开民主管理小组会、民主生活会以及有关专题性讨论会；

(2)负责民主管理资料的收集、整理、建立健全和保管好民主管理台账；

(3)每月向车间分会汇报一次班组民主管理工作情况，全年一次小结。若重大事情要及时请示汇报；

(4)有关民主管理工作的设想、安排和情况应主动与班组长、党小组长、团小组长协商；

(5)准确掌握职工对民主管理工作意见和建议，及时总结交流民主管理工作的新经验；

(6)引导和发挥民主管理其他成员的作用，积极协助班组长抓好班组建设、安全生产、质量管理和劳动竞赛等工作；

(7)协助班组长组织职工开展技术练兵，技术攻关和提合理化建议活动；

(8)密切联系群众，实事求是地反映职工的意见和要求，正确代表和维护职工的合法权益。

2. 经济核算员职责

(1)在班组正、副工班长的领导下，认真贯彻执行车间的“辆含工资分配”和“主动发现车辆故障激励”机制以及“动态工资管理”等办法。全面负责班组职工的工时定额和班组的事务性工作；

(2)协助本班组建立健全班组的工时考勤、“辆含”考核事项以及“辆含”“两违”“奖惩”台账工作；

(3)负责本班组的月度职工岗位达标、季度班组升级达标，以及月度“辆含”发放和一次性奖励发放工作；

(4)参加班组组织的“事故”或“故障因素”分析会，按照班组安全管理条款，搞好本班组职工的安全考核工作；

(5)做好典型事故的收集和班组台账检查工作，了解有关方面存在的问题，及时向工班长汇报；

(6)搞好本班组“职工小家”的事务公开上墙工作，定期向班组职工公开其内容；

(7)积极完成班组安排的临时任务。

3. 工具设备管理员职责

(1)在班组正、副工班长的领导下，认真执行上级有关条款、条例。全面负责本班组的工具、材料的发放、保管工作；

(2)遵守劳动纪律，坚守工作岗位，树立一切为现场服务的好思想，保证班组生产的需要；

(3)努力学习技术业务，熟练掌握工具、材料的使用及消耗情况，遇有损坏、消耗等情况及时向车间或本班工班长汇报；

(4)班组的工具、材料配件按定置配备，做到堆放整洁，检修标记醒目不过期；

(5)爱护班组的工具、材料，不丢失，杜绝一切损公利私的行为，彻底帮助本班组消除一切事故隐患；

(6)保证班组工具、材料及时更换或检修，以便适应现场的需求；

(7)努力完成班组交给的临时性任务。

4. 生产技术员职责

(1)在班组正、副工班长的领导下,认真抓好本班组各项设备维护工作,建立健全班组职工技术质量档案,全面负责班组设备生产和维护管理工作;

(2)负责制订班组年度和阶段安全生产目标,以及对班组贯彻执行上级安全生产的规章、命令、制度等督促工作;

(3)做好班组职工的年度上岗、改职培训,青工上岗等技术教育工作,不断提高本班组的整体业务素质,加强标准化作业程序;

(4)组织班组职工认真学习、贯彻执行上级指示、规章、命令和业务技术,开展对照规章检查活动,采取有效措施,抓好班组技术管理工作;

(5)积极完成班组布置的临时性任务。

5. 安全员职责

(1)在正、副工班长的领导下,认真执行本班组的各项规定,全面负责班组的日常生产、生活管理工作;

(2)认真做好现场调查、巡视工作,了解有关安全方面存在的问题,及时向工班长汇报;

(3)对班组每月的作业过程中存在的不安全因素及时纠正、指导、批评,不断提出整改措施和作业安全的建议;

(4)协助正、副工班长开展好本班组的各项安全管理工作,防止各类事故的发生,收集各种信息及时向上反映,并参加组织各类事故分析会;

(5)按照计划组织班组职工落实岗位安全培训工作。做好班前讲安全、班后总结安全质量的过程;

(6)努力完成班组安排的各种临时性任务。

6. 质量管理员职责

(1)在班组正、副工班长的领导下,认真抓好本班组的设备质量维护和技术质量培训工作,建立健全班组设备技术质量档案,全面负责班组生产质量管理工作;

(2)对班组每月的列车质量、作业过程、生产任务完成情况等及时纠正、指导、批评,不断提出整改措施和质量提高的建议;

(3)努力完成班组安排的各种临时性任务。

第三节　班组政治思想教育

班组思想政治工作是班组管理中最重要的组成部分,在班组建设中发挥重要作用。一个班组中,班组成员的思想状况与安全生产息息相关,可每人的年龄大小、文化水平高低、家庭状况等参差不齐,使得思想政治工作也要随着对象的变化而变化。因此,班组长要不断探索思想工作的新方法和新途径,针对不同的人"量身定制",最大限度地把组员们的思想和行动统一到企业的部署上来,为实现企业的安全生产目标努力奋斗。

在安全生产实践中,往往忽视发挥思想政治工作的作用。班组管理方法简单、粗暴,使问题不断发生,损害了团结,影响了安全生产任务的完成。因此,做好班组思想政治工作意义重大。

一、班组思想政治工作的主要任务

班组思想政治工作是要以建设有中国特色的社会主义现代化的宏伟目标来统一思想，不断提高职工的业务技术和职业道德素质，充分发挥职工队伍的自觉性、主动性和积极性，齐心协力地完成企业的生产经营任务。

1. 铁路企业具有服务社会化，生产集约化，组织军事化的行业特点。班组思想政治工作的主要任务，要始终围绕如何凝聚班组成员，共同为促进生产经营、安全路风而努力。培育大家的主人翁精神，成为维护路风路誉的新型劳动者。

2. 班组思想政治工作必须以党的基本路线为指南。作为企业“细胞”的班组在建设有中国特色社会主义的伟大实践中，具有重要作用，是党的路线、方针、政策得以贯彻实施的基本保证。

3. 班组思想政治工作的目标，就是在班组培养一支与社会主义建设相适应的“四有”职工队伍，把精神文明和物质文明建设同创建和谐社会统一起来。

4. 班组思想政治工作的着眼点在于培育职工的主人翁精神。职工是企业的主人，各项工作质量、经济效益都有赖于职工主人翁责任感，关系着企业的进步与发展。

5. 班组思想政治工作的落脚点要放在质量良好地完成生产任务上。

二、班组思想政治工作的基本内容

(一)时事政治教育

引导职工正确认清国际、国内政治经济形势，帮助职工认清我国面临的严峻挑战和难得的发展机遇，使职工懂得党的方针政策和理论依据，树立正确的人生观和远大理想。

(二)形势任务、企业方针目标教育

通过适时地进行企业运输生产任务、方针目标的教育，使班组职工振奋精神，努力提高企业的竞争力和效益。在遇到急、难、险、重需要突击或连续作战时，做好宣传鼓动工作。

(三)民主与法制教育

经常进行社会主义民主与法制教育，不断提高职工当家做主的民主意识和社会责任感，增强社会主义法制观念和法律意识，培养遵纪守法的良好习惯。引导职工知法、懂法、守法，正确行使民主权利，增强法制观念，坚持依法办事、自觉同违法行为做斗争。

(四)社会公德、职业道德教育

社会公德是人们在社会交往和公共生活中应该遵循的行为准则。其基本内容包括文明礼貌、助人为乐、爱护公物、保护环境等方面。职业道德是从事一定职业的人们在其特定工作或劳动中应遵循的基本行为准则，主要内容有爱岗敬业、诚实守信、办事公道、服务群众、奉献社会。

(五)集体主义教育

社会主义集体主义原则包含着三个相互联系而又层次递进的含义，即集体利益的首要性、个人利益的正当性、集体利益和个人利益的结合性。在集体利益高于个人利益的前提下，充分重视个人的正当利益。

(六)企业规章制度和纪律教育

坚持做好日常的安全路风、规章制度和纪律教育是班组思想政治工作的重要内容。要认真组织职工学习有关安全生产的文件和上级指示，提高职工遵守技术纪律、劳动纪律和执行作业标准的自觉性。班组出现严重违章或发生事故，要认真剖析，举一反三，吸取教训。

(七)生产过程中的思想政治工作

针对职工在生产过程中出现的思想问题,及时做好日常的、一人一事的思想政治工作,理顺职工情绪,化解内部矛盾,明理鼓劲。尤其要做好对后进职工的转化工作,做到以诚相待,以情感人,切实解决其工作或生活中遇到的困难和问题,促进班组成员的团结,增强班组的凝聚力和战斗力。

三、班组思想政治工作应当遵循的原则

1. 坚持思想政治工作与安全生产工作一道去做的原则

抓好三个环节:第一要及时研究班组职工在生产中的思想特点和变化规律,使思想政治工作贯穿于安全生产活动的全过程;第二要做到"三个同时",在布置、检查、总结生产工作的同时,也布置、检查、总结思想政治工作,做好思想发动、总结和表彰工作;第三要发动各方面的力量,都来做思想政治工作。

2. 坚持思想政治工作的求实原则

坚持思想政治工作的求实原则有两层含义:一是一定要掌握理论,学会运用正确的立场、观点和方法,观察、分析和处理问题;二是一定要从班组的实际出发,从职工的思想实际出发,实事求是有针对性地进行工作,避免形式主义。

3. 坚持思想政治工作的民主原则

发扬民主主要包括民主精神、民主作风和民主方法三方面。以平等的态度对待被教育者,互相交流思想、交换意见、互相帮助、互相学习、互相教育、平等讨论。

4. 坚持思想政治工作与物质利益相结合的原则

在重视物质激励手段的同时,加强集体主义和奉献精神教育,正确处理国家、集体、个人三者利益关系,使物质激励成为调动职工积极性的有效手段。

5. 坚持解决思想问题与解决实际问题相结合的原则

思想问题主要有思想认识问题和思想意识问题。解决思想认识问题主要靠摆事实讲道理以理服人。解决思想意识问题要通过各种形式来启迪,必要时还要开展严肃的批评和必要的思想斗争。实际问题主要是指现实生活中的实际困难和难以处理的实际矛盾,如经济困难、住房困难、就业困难等。班组必须把关心职工生活,解决实际问题,作为思想政治工作的重要组成部分。

6. 坚持身教与言教相结合的原则

思想政治工作一是靠说,二是靠做,而做比说更为重要。在对职工进行言教的同时,对自己要严格要求,身体力行、言行一致、为人师表,群众才会口服心服。

7. 坚持表扬与批评相结合的原则

表扬是鼓励先进、批评是鞭策后进,要坚持以表扬为主的原则。一般情况下,优点、长处总是主要的,积极进取精神是主流。

8. 坚持耐心教育与严格纪律相结合的原则

思想政治教育要做到耐心,首先必须有信心,同时还要做到热心、关心和知心。

9. 坚持思想教育与行政手段相结合的原则

如果只抓行政管理,不抓思想政治教育,行政管理往往很难搞好。同样,只抓思想政治教育,不加强行政管理,思想政治教育也会流于形式,发挥不了应有的作用。

四、做好班组思想政治工作的主要方法

(一)说服教育,以理服人

要因人、因事施教,以理施教。在说服教育中切忌抓辫子、扣帽子、打棍子。

(二)关心体贴,以情感人

要与大家成一片,彼此成为知心朋友。要尊重别人,关心后进职工。

(三)自我教育,以诚待人

班组思想政治工作要坚持自我教育为主,形式上要坚持寓教于乐。自己做自己的思想工作,开展丰富多彩的文化娱乐活动和体育活动,从而达到团结一致的目的。

(四)制度管理,用心育人

班组思想政治工作有一定的制度,是开展思想政治工作的保证。

1. 碰头会制度

班组长应定期召集班组骨干(党小组长、工会小组长等)总结、分析班组安全生产及职工思想、工作、生活情况,并做到心中有数。

2. 政治学习制度

按上级要求,每周组织大家学习时事政治、基本理论、上级命令。

3. 家访谈心制度

家访谈心是疏通思想、沟通感情、化解矛盾、消除隔阂,帮助职工解除后顾之忧,增进班组团结地好方法。

4. 重点帮教制度

每个班组都有少数相对落后的职工。对待这些职工,首先不能歧视,其次要有专人帮教,适时发现解决问题,不让一个职工掉队落伍。

5. 民主生活会制度

民主生活会是班组民主管理的重要形式。在会上,应鼓励大家畅所欲言,提建议、提批评、解除误会,理顺情绪,创造和谐环境,增强班组团结。

(五)注重方法,诚恳帮人

1. 挖掘思想深度

班组长要坚持深入挖掘组员们的思想根源,收集和了解大家的思想动态,坚持与每位员工"零距离接触、面对面交流",倾听他们的心声,解决实际问题,与他们打成一片。只有这样,大家才能把心里话说出来,班组长才能真实了解组员们在想什么,进一步掌握做思想政治工作的第一手资料,做起工作来才有针对性、有深度,才能使大家产生共鸣,从而最大限度地把组员们团结、凝聚在一起。

2. 把握情感温度

班组长要做好思想政治工作,就要带着对组员们的深厚感情去做工作,了解他们的愿望,感知他们的冷暖,对他们提出的具体问题和要求做到件件有落实、事事有回音,无微不至地关心、体贴大家,使其切实感到温暖。设身处地站在他们的角度上想问题、办事情,真正想职工之所想,急职工之所急,帮职工之所需,并且把解决思想问题与解决实际问题结合起来,动之以情、晓之以理、言之以法,真正做到得人心、暖人心、稳人心。

3. 增加工作广度

做好班组思想政治工作绝不能仅仅依靠班组长个人的力量,要充分发挥班组党小组长、工会小组长、兼职安全员等班组骨干成员的作用,形成一种齐抓共管、各负其责的良好局面,始终围绕企业中心工作,做好思想沟通和教育引导。与此同时,班组长要时时率先垂范,处处以身作则,事事严格要求,按章操作,树立良好的自身形象,做出表率,以自身的人格魅力感召大家,这样做起思想政治工作来才入情入理,才能得到组员们的信服。

第四节　班组技术业务教育

职工技术业务教育一般以班组培训的形式开展。班组培训是职工教育中的重要内容，具体说来，班组培训是指班组内根据不同岗位的规范标准和具体工作要求，以提高本班组内每位职工技术业务能力和综合素质为目的的培训。它是培养企业内部高技能人才的主要途径之一。

一、班组培训的意义与作用

（一）班组培训的意义

班组培训的意义可以从对企业总体发展，对班组自身建设两方面来认识。

1. 对企业发展的意义

由于现代化企业的生产经营、民主管理、技术进步等均要在班组里落实，班组人员的素质高低直接关系到企业生产、经营的成败。因此，班组培训工作是促进企业培训工作健康发展的前提和基础。

2. 对班组建设的意义

班组建设，主要是班组能力和班组成员整体素质建设，而这一切都需要加强职工培训工作，班组是职工培训的主要阵地，而培训又是职工能力建设的主要手段。

（二）班组培训的作用

1. 班组培训是整个企业职工培训的重要组成部分

班组培训是企业培训的一个基本组成部分，通过班组培训可以不断提高职工素质，以达到企业培训的总目标。同时在培训工作中不断发现新的问题，通过反馈以及时帮助企业调整培训方向。

2. 班组培训是开展岗位培训的基础与保障

岗位培训的主要途径是通过班组进行的。职工的本职岗位知识、设备操作能力的提高和岗位素质培养，必须依靠职工在岗位工作中不断进行培训、技能锻炼促其成长。没有班组的基础和保障作用，岗位培训就难以落到实处。

3. 班组培训是企业构建终身职业培训平台的基础

现代化企业的主要特征是学习型企业，开展终身学习和终身职业培训，是企业发展的必然要求。而如果没有班组的基础和保障作用，就不可能搭建起终身职业培训平台。

4. 班组培训有利于降低培训成本，提高培训效果

班组培训的最大特点是针对性强。职工在日常工作中发现问题、解决问题的过程，正是实现工作中学习和培训的最好体现。节省时间就地培训，结合岗位解决实际问题，这些都是节约成本、提高培训效果的重要方面。

5. 班组培训是构建企业文化、促进企业管理素质提高的有效手段

班组是构成企业的核心单元，因此促进企业管理素质提高和企业发展，同时也是班组培训的最终目标。

二、班组培训的内容

班组培训的内容，是按照企业培训的总体需求，从班组生产岗位的实际情况出发，突出实

际操作能力的培训，以提高职工本岗位实际工作能力为重点，以解决岗位生产问题为宗旨，不断提高职工的标准化作业能力和应急故障处理能力。具体包括以下几个方面：

1. 安全培训。在企业生产经营工作中，应时刻把安全工作放在最重要的位置。作为直接关乎安全生产的班组，尤其是生产一线的班组，更要把安全教育培训放在所有工作的首位。安全培训的主要内容是，国家安全生产方面的相关法律、法规，特别是企业各项安全生产规章制度和安全技术操作规程，培养职工遵章守法、安全无小事和安全就是生命的意识。

2. 规章培训。任何一个企业，为使工作顺利高效地开展，都会制订各种相应的规章制度，其目的是为让职工知道他们到底能做什么、避免做什么、不能做什么。班组作为企业的最基层管理组织，要按照企业要求，针对工作的实际，向职工进行规章制度培训，以提高职工素质、规范职工行为，保证安全生产。

3. 日常技能培训。车间班组要结合班前岗前一题考试和事故案例教育，细化日常技术业务学习和演练的内容项目，立足本职岗位，开展经常性的学习演练和竞赛活动，将职工技能培训和竞赛演练落实在日常，严格落实每周一学、每月一练、每季一检、每年一评的“四个一”机制，班组每周组织一次技术业务学习，学习时间不少于 2 学时。

4. 应急情况下处理问题能力的培训。在班组生产过程中，经常会遇到一些设备上、现场处置上的问题，这些问题必须即时得到解决，否则生产任务就会受到影响。应急解决问题的能力，是班组培训的重中之重。在班组生产过程中，要有计划地利用现场条件进行应急情况下处理培训，培养职工如何解决和处理，并使其掌握处理类似问题的基本方法或思路。同时要不断发现问题、积累经验，做到举一反三。

5. 创新能力培训。班组创新主要体现在生产过程中的细节方面，如技术方面的小改革，管理方面的合理化建议等。培育职工要用创新思维的方式去看待平时的工作，用创新的方式去开展工作和解决实际问题。

6. 在岗技能人员脱产轮训。从 2018 年开始，集团公司以主要行车工种(包括高速铁路主要行车工种岗位)人员为重点，正式启动在岗技能人员脱产轮训工程，按照每年脱产工种人数三分之一的培训规模，实现了三年脱产轮训人员全覆盖，在 2020 年底前完成 6.5 万余人的第一轮脱产培训，培训内容以作业标准、非正常应急处置和“四新”知识为主，脱产培训时间不少于 40 学时。

三、班组培训的基本形式

班组培训的最大特点是灵活多样、针对性强，本着“缺什么、补什么，干什么、学什么”的原则进行。结合实际情况，有下几种主要形式。

1. 传授式培训。也称师带徒培训，通常指在班组工作中，由工作经验丰富、技术过硬的老师傅，带若干名新到工作岗位的职工，采取边工作、边传授的形式开展培训。

2. 交流式培训。班组职工就生产、工作的有关问题进行经验体会方面的交流活动，起到相互启发、相互促进的作用。交流式培训形式很多，也很灵活，比如召开班组会议有组织、有计划地进行交流，或通过组织开展岗位练兵、技能竞赛、技术比武等方式进行交流，也可以是职工之间进行的非正式交流。

3. 针对式培训。通常有两种情况，一是围绕着生产过程中出现的具体问题或存在的隐患，有针对性地教授职工如何解决，可以采取共同研究，“一对一”的方式，还可采取现场模拟的方法；二是纠正工作中长期形成的不规范操作或某一具体的错误操作方式。

4.“送出去，请进来”式培训。班组按照企业的培训计划，有目的地派职工参加企业组织的或送外集中培训；或根据特殊需要，邀请有关技术管理人员或专家到班组来进行专题技术培训。

上述四种类型的班组培训形式，是班组生产过程中常见的培训组织形式，这些形式是相互交叉使用的，而不是互不相干、互相孤立的。

四、班组培训的基本方法

针对不同的培训模式，要有具体的方法作支撑，才能得以运行。班组培训的基本方法大致有以下几种。

1. 讲授法。通常是“送出去，请进来”式培训常用的一种具体培训方法。是教师通过语言系统连贯地向学生传授知识的方法。

2. 技能示范法。请本班组或外单位同工种技术能手现场示范先进操作技术，纠正技术要领。

3. 边干边教法。主要用于师徒培训。通过干中学、学中干，师傅带徒工，先进带落后，老工带新工等。边干边教、边干边学，是发挥班组培训主阵地的优势所在，也是岗位成才的主要方式。

4. 模拟法。设定一种特定培训目标，或工作中出现的问题，或新技术技能应用等，培训组织者让受训者按照培训的要求，模拟生产的真实性进行运作。这种模拟培训旨在让受训者身临其境，有真实的感觉，突出培训的实践性。

5. 技能比赛和岗位练兵法。岗位技能比赛可以检验职工操作技能水平，可以使班组成员很好地交流工作经验，并形成比、学、赶、帮、超的良好氛围，提高班组成员学习岗位技能的积极性。岗位技能比赛建立在日常的班组岗位练兵基础上，岗位练兵活动是促使职工迅速提高技术水平的有效手段。通过基本理论的测试和实际技能的演练，达到提高基本功的目的。

岗位练兵实例：由车间管理人员，结合生产装置或现场实际，给班组操作人员出数十道或几百道关于安全生产、工艺操作、设备维护以及安全规章等方面的试题组成岗位练兵题库，班组职工随时学习交流，达到岗位练兵的目的。且优中选优，选送技术业务最好的职工参加高一级别的技术比武。

6. 专题培训法。班组可以结合生产实际，组织“一事一题”的专题培训。每次选择一两个生产中遇到的问题，召开技术研讨会，大家共同讨论、研究、消化、提高，也可以请行业内的专家就某一个问题来班组讲课，每次力求解决一个问题。专题培训法属于问题针对式培训常用的方法。

五、班组培训的基本流程

车间每月结合生产实际，审核各个班组制订的理论、实作、案例三方面培训计划和内容。班组日常每班可以按 8 项流程落实培训。

（一）班组日常理论技能补强培训组织流程

1. 每月制订学习内容。由班组长负责按照站段职教部门及车间下达的月份培训计划要求，结合各班组生产岗位实际进行细化微调，增加与本班组各生产岗位联系紧密的实际必用知识，形成班组理论技能补强培训计划。

2. 报车间审核。由车间主管职教人员对培训计划进行审核签字后，下发各班组执行。

3. 每班据实调整学习内容，选定考问对象，设计演练实作项目和人员，设计解说案例的方法。各班组长可按照培训计划，每日（班）组织实施。根据班组人员素质状况确定考问对象，根据实际情况可适当增加培训数量和考核人数；根据规章培训内容设计实作演练项目，重点突出非正常情况下应急处置流程培训；根据班组作业实际，精心选择相关案例，设计入脑入心的解说方法。

4. 班组点名会上组织学、考。如可由班组长利用班前“点名会”的 3～5 min 时间，组织本班全体职工,以"每日学一题"的方式学一道"新题",同时有针对性地抽考职工已经学过的"旧题"进行巩固,并对考核对象的考核结果评定。

5. 作业中组织演练。可由班组长组织对全班组人员,依据职工岗位作业标准和应急处置方法,采取现场示范或模拟操作方式,每日(班)开展一项实作培训项目,巩固和提高班组职工岗位标准化作业技能。

6. 班后会组织案例讲解。作业结束后,可由班组长精心选择典型事故案例和共性的安全信息组织职工认真学习讨论,分析发生原因、研讨解决方法和防控措施,加强职工对本岗位安全风险意识和岗位责任意识的教育,通过解析一个案例,使职工明白能够防止什么事故,掌握预防该类型事故的方法。

7. 培训资料的完善、整理、归档。班组长可在每日(班)组织的学考中,按照理论和实作的"标准答案",对考核职工做出"评定打分",并对每名职工学习成绩进行汇总评分,将职工的考核结果纳入班组"综合考核"之中。

8. 每月向车间上报相关资料。班组长负责将本月完成的相关培训资料统一保管,并将班组管理本上报车间。

(二)流程关键点

1. 突出学习内容的实用性。因为班组的培训对象都是一线的职工,所以在确定学习内容时要紧密联系本班组的生产特点和职工的素质现状,贴近实际,确定理论、实作及案例培训内容。

2. 突出学习形式的灵活性。按照"每班学一题、考一人,每班练一项、教一招,每班说一案、防一事"的内容要求,以提高培训效果为目的,可以根据班组班制等实际灵活选择培训项点和培训形式。

3. 突出学习进度的连续性。制订学习计划时要注意连续性,做到培训内容从学到考,再到案例教育形成系统,提高培训效果。

六、班组长与班组培训工作

班组长既是企业生产管理的基层领导者,又是企业民主管理的关键人物;既要担当企业生产第一线指挥员的责任,还要做好班组成员的政治思想工作。班组成员素质的提高,班组培训的成败,与班组长的作用密切相关。可以说班组长在培训中的组织能力和培训水平是至关重要的。

(一)班组长在班组培训中的地位

1. 班组培训计划的制订者。班组长作为班组全面工作的负责人,要统筹考虑班组的各项工作,结合上级的培训计划,做出合理安排。

2. 班组培训工作的组织者。班组长不仅是班组培训计划的制订者,更是组织者和带头人,是保证培训计划落到实处的责任人。

3. 班组培训工作的教练员。班组长作为本班组的技术业务骨干和技能带头人,肩负着带领全班成员共同提高技术业务素质的重任。同时,班组长与班组成员朝夕相处,工作生活在一起,对本班组的生产工作情况了解最清楚,能够最方便、最迅速地指导班组成员如何提高技术水平,是班组成员最直接的培训师和教练员。

(二)班组长在班组培训中的作用

1. 引领作用。带领班组成员开展班组培训。班组长有责任将车间下达的培训任务,不折不扣地落实在班组工作中,带领大家认真按照计划开展班组培训。

2. 凝聚作用。要把班组成员的精力吸引到培训工作上来,形成班组培训的合力。

3. 示范作用。班组长要在班组培训过程中，发挥最主要、最直接的教练作用。一是教给班组成员生产技能、安全规章等专业知识；二是将良好的工作态度、职业品质通过言传身教传授给每一个成员，形成良好的班组文化；三是及时发现班组成员工作中的问题，采取适当的形式予以纠正。

（三）班组长培训能力的自我提升

由于班组长在班组培训中的组织者和教练的作用，因而对班组长提出了更高的要求。不但在技术能力上要求班组长有更高的要求，对班组长综合素质也有更高的要求，包括沟通协调能力、培训能力的综合素养。这就要求班组长要不断提高自己的培训能力。自我提升是指班组长通过自身努力，提升培训能力的途径与方法，具体有以下几种途径。

1. 不断学习

一是不断钻研业务，使自己真正成为班组的业务尖子，为提升培训能力打好基础；二是不断学习培训方面的知识、技法，逐步积累培训方法；三是不断利用机会进行交流，向他人学习培训的新方法。

2. 不断思考

一是不断发现班组工作中存在的问题，思考如何通过培训解决问题；二是经常回顾以往开展培训所运用的方法，思考哪些方面是值得发扬的经验，哪些是必须改正的错误，哪些问题今后应该注意等。

3. 不断探索实践

一是将学到的新方法应用于实践，从中发现问题，改进完善；二是结合工作实际和学习结果，自己探索适合本班组实际的新型培训方法，并用于实践，在实践中逐步完善。

4. 不断积累

一是将学到的方法进行积累；二是将工作实践中的做法不断积累。在积累的基础上，进行分析处理，将所积累的经验、方法按性质、类型予以划分，逐步形成适合本班组培训个性化发展的有效方法。

第五节　标准化班组建设

面对铁路改革发展新形势、新任务、新要求，全面落实中国国家铁路集团有限公司提出的“建立健全标准化管理工作职责和制度，形成持续推进标准化建设的常态机制”的要求，着力夯实企业安全基础和管理基础，打造形成管理规范、履职高效、素质优良、保障有力、务实向上的良性工作态势，为确保安全生产和建设首善之局奠定坚实基础。各铁路局集团有限公司确定了“坚持强基达标、全面提质增效、建设首善之局”的工作主线，为全局指明了奋斗目标和指导方针，也对各项工作提出了更高标准和更严要求。

班组是企业的细胞，是管理的基础，标准化班组建设是以完善基础管理为依托，以明晰岗位职责为重点，以完备管理制度为关键，打造作业规范有序、安全稳定可控、任务高效完成、人员素质达标、管理科学先进、环境文明和谐的新型标准化班组。

一、标准化班组的概念

标准化班组是指班组管理规范、生产安全可控、成员素质优良、设备质量达标、工作任务完成、队伍和谐稳定的班组。

二、标准化班组建设的指导思想

以科学发展观为指导，以推进班组安全生产标准化、生产管理标准化、技术管理标准化、岗位管理标准化、作业管理标准化、环境管理标准化、成本管理标准化、质量管理标准化为重点，以加强班组民主管理和思想政治工作为保障，建立健全规章制度，制订完善各项标准，构建良性运行机制，实现班组安全高可靠、质量高标准、作业高效率、队伍高素质，推动班组建设再上新台阶。

三、标准化班组建设的基本原则

（一）系统负责，逐级落实

在铁路局集团有限公司统一领导下，专业部门系统负责，运输站段具体实施。结合车务、机务、供电、工务、电务、车辆等系统特点，逐层逐级抓好标准化班组建设工作。

（二）齐抓共管，合力共建

各级党政工团组织围绕标准化班组建设工作，主动作为，加强指导，密切配合，全面加强班组的安全管理、生产管理、技术管理、岗位管理、作业管理、环境管理和思想政治工作，形成合力推进标准化班组建设的新局面。

（三）继承创新，注重实效

巩固和扩大班组建设成果，科学分析标准化班组建设中出现的新情况、新问题，坚持在继承中创新，在创新中发展，使标准化班组的建设理念、管理方法、管理水平、管理成效等满足铁路局集团有限公司强基达标的要求。

四、标准化班组建设目标

（一）管理规范

班组组织健全，规章制度完善，岗位职责明确，贯彻落实有力；现场纪律严明，生产有序可控；班组环境整洁，文化氛围浓厚，宣传阵地主题鲜明。

（二）安全可控

职工安全风险管理意识牢固，安全风险防控措施到位，现场控制措施到位，关键环节得到有效控制，无任何责任事故，无严重“两违”现象，实现安全生产持续稳定。

（三）素质优良

职工严格遵守各项规章制度，熟练掌握本岗位作业标准及新技术、新设备等新知识，文化素质、职业技能等级达到岗位标准要求。

（四）质量达标

作业标准完善，作业流程科学，职工依标准、按流程进行作业；质量控制有力，质量攻关有效，设备质量和服务质量符合相关要求。

（五）任务完成

生产计划合理，生产组织科学，生产流程优化，安全高效完成生产任务；班组经营目标明确，责任落实，成本受控，圆满完成经营任务。

（六）和谐稳定

班组以扎实有效的思想政治工作及民主管理凝人心、聚合力、保稳定，职工团队意识强，精神状态好，互助友爱，队伍稳定。

五、标准化班组建设的重点任务

(一)推进安全生产标准化

班组作为安全生产的前沿阵地，是推进安全生产标准化、实行安全风险管理的重要环节。一是切实强化班组职工的安全风险意识。各级组织要加强对职工的安全风险意识教育，有效延伸和传递安全生产的紧迫感和责任感，把安全风险意识根植于职工的思想深处，贯穿到运输生产的全过程，增强职工搞好安全生产的自觉性和主动性。二是加强职工对安全风险的研判。班组要组织职工认真排查各岗位以及行车设备和作业关键环节的风险点，采取切实有效的应对措施，实施风险预警控制。要群策群力，不断加大对安全风险的整治力度和控制力度，增强防范能力，全面消除安全风险。三是强化班组安全风险应急处置能力。班组要不断完善应对各类风险处置的预案，使之简明实用、便于操作，有针对性地组织职工开展应急处置演练，做到应急有备、响应及时、处置高效。四是强化职工安全风险管控责任的落实。各运输站段要健全完善针对班组各岗位落实安全风险管控的作业标准和考核办法，抓好日常对标检查考核，有效实施考核与奖惩，落实好职工的安全风险管控责任。

(二)推进班组生产管理标准化

班组要建立健全涉及生产计划、生产组织、生产流程、生产控制等管理制度，加强生产过程管理，安全高效地完成各项生产任务。一是做好生产准备工作。根据上级下达的生产任务，安排好月、周、日等生产计划，明确完成生产任务的有关措施，将生产任务分解落实到岗位，同时要做好劳动保护、工具材料、设备设施等准备工作。坚持班前抓预想，班前会掌握当班职工的思想动态情况，查看班组职工精神状态是否良好，思想情绪是否稳定，预想可能产生的安全问题，把问题解决在上岗之前。二是强化生产过程管理。合理安排劳动力，科学组织安全生产，做好生产过程中每个阶段、每个流程、每道工序之间的衔接与协调，及时处理生产中遇到的问题和困难。做到班中抓盯控，时刻注意职工的作业行为、工作表现与情绪变化，针对各种突发情况，及时采取措施，杜绝违章违纪，防止事故发生。三是加强生产分析总结。班后抓追踪，对安全生产中出现问题、生活上遇到困难的职工进行走访慰问，对职工思想上疏通、精神上鼓励、感情上投入、生活上帮扶，使职工打消消极念头，解除思想顾虑，提高工作积极性与主动性。

(三)推进班组技术管理标准化

各运输站段要严格按照国家的技术政策、法规和上级主管部门有关技术工作的指示与决定，科学组织各项技术工作，建立良好的技术秩序，保证整个生产过程符合技术规范、规程，符合技术规律的要求。一是修订完善技术规章。技术主管部门要定期对技术规章进行梳理，以新技术、新装备、新规章、新运行图、新作业标准和作业程序以及既有设备提速后的新变化为重点，及时修订、完善班组技术规章，使技术规章健全有效，使执行条件满足要求。二是加强职工对技术规章的学习和执行。班组要采取形式多样的学习方法，突出主要行车工种的应知应会、必知必会学习和应急处理。把《技规》《行规》《段细》《站细》等规章制度纳入日常学习内容，对规章制度相关条款坚持经常学、反复学，每日一问，每班一题，学深学透。班组骨干可针对作业状况，按照作业程序自设故障，向职工讲解应急处理办法，有针对性地进行现场故障实地演练，提高职工应急处理能力，使职工能够全面掌握设备和现场作业第一手资料。各有关部门要加强对职工执行技术规章情况的监督检查，对违章作业的职工要严肃处理，确保职工严格按章作业。三是规范技术资料管理。班组要进一步加强技术资料管理，做好技术资料存放保管，规范技术台账填写，保持技术台账完整、记录及时，为技术分析、质量追踪等提供可靠依据。

（四）推进班组岗位管理标准化

各运输站段要根据生产经营和管理工作的实际需要，进一步加强职工岗位管理，努力做到岗位设置更加科学、岗位职责更加明确、人员配置更加合理，努力构建更加和谐的劳动关系。一是健全岗位标准。各运输站段结合生产力布局调整和工作需要，科学设置岗位，编制好岗位说明书，明确岗位职责、工作标准和任职条件。建立岗位责任制，明确每个岗位职工的工作任务、工作责权、劳动定额标准、考核评价标准和要求等，建立以品行、能力、业绩为主要依据的评价制度和年度考核制度。二是落实岗位考核。班组要坚持每月对照岗位职责，以按标作业、过程控制以及安全、质量、路风、业务技能和个人业绩等为考核的主要内容，加强对职工进行综合考评，民主评定职工岗位责任制落实情况，将考核结果与职工工资、奖金分配额挂钩，进一步激发职工工作的主动性和积极性，促使职工严格落实岗位责任制。

（五）推进班组作业管理标准化

一是完善作业标准，规范作业流程。各运输站段要结合工作实际，细化每个岗位、每个工种的作业标准，实现设备管理有标准，设备性能有标准，设备操作有标准，设备检修有标准，运输服务有标准。要不断优化作业流程，使作业标准严密覆盖到一日、一次、一批作业的全过程和每一个作业环节，为加强作业管理提供保证。二是严格执行标准，强化过程控制。班组要组织职工认真学习作业标准、熟悉作业流程，通过日常学习、练功比武等形式，促使职工熟练掌握作业标准和流程，养成依标准、按流程作业的习惯。同时，要强化作业过程的检查与控制，全面推行作业指导书和卡控表，做到“干什么就写什么，写什么就干什么”，切实做好作业过程的相关记录，使作业过程安全可控。

（六）推进班组环境管理标准化

各运输站段要进一步优化职工工作和生活环境，在满足安全的前提下，坚持以人为本，投入资金对班组环境的软、硬件实施改造，做到物流有程序，人机有定位，定置有显示，环境清洁优美。班组一方面要建立健全卫生整治、定置摆放、环境监控等管理制度，严格执行环境卫生责任制，落实好环境卫生制度。另一方面，要大力推行5S管理，形成以人的素养为核心因素，以整理、整顿、清扫和清洁为环境因素，以环保为目标因素的生产现场动态管理系统，加强对作业现场设备、产品、材料、工具备品等实行定置管理，实现人、机、环境之间的最佳匹配，使处于不同条件下的职工能有效、安全、健康和舒适地工作。

（七）推进班组成本管理标准化

班组在成本管理中应精打细算，节支降耗，挖潜提效，按照“以收定支，量入为出，动态调整，总量控制”的原则，把成本算到岗位上，让职工在生产实践中当家理财，追求效益最大化。要建立健全班组成本计划与核算、分析、控制制度，规范班组成本管理。一是转变观念。增强班组职工的计划观念，使职工对生产用料标准明确，数量清楚，先算后领，做到费用支出心中有数，由过去的“用了算”变为“算着用”，彻底杜绝只关心生产任务进度，不关心材料消耗的态度，由过去的“要我管”变为“我要管”。二是落实成本管理责任。班组的材料管理效果要与个人的经济收入挂钩考核，杜绝班组职工对材料大撒手的管理和大敞口的使用及事先无计划、事后无考核、用多用少一个样、责任不清、奖罚不明的粗放式管理。三要管理到位。站段、车间要把材料成本纳入班组管理的重要内容，促使班组做到安全质量、生产任务、生产成本一起抓，使班组管理进一步走向全面化、科学化、系统化的生产经营型之路。

（八）推进班组质量管理标准化

班组要进一步健全质量管理制度，深化质量知识学习教育，强化质量控制能力，组织质量攻关活动，不断提高设备质量和服务质量。一是提升设备质量。加强设备检修和管理，严格落实检修工艺标准和要求，加强对设备检修过程的质量检查和控制，确保设备质量动态达标。二是提升服务质量。深入开展“服务旅客，创先争优”活动，认真贯彻“以服务为宗旨，待旅客如亲人”的要求，严格落实客运服务标准，规范岗位作业行为，积极主动地为旅客提供优质服务。同时，改进货运服务工作，实现货运服务的公开、公平、便捷、高效。三是组织质量攻关。以 QC 小组活动为载体，以改进质量、降低消耗、提高人的素质和经济效益为目的，不断创新质量管理思路，运用全面质量管理方法，定期开展质量分析，对质量难点和关键点进行攻关，实施持续改进。

（九）加强班组民主管理

各运输站段工会组织要协助班组建立民主管理制度，健全民主管理记录，坚持民主管理、班务公开，改进和优化职工意见反馈体系，保障职工对班组管理的知情权、参与权、表达权和监督权。一是定期召开民主管理会。班组要每季度组织召开一次民主管理会，研究制订完成生产任务、提高效率效益、改进服务质量的措施办法，以及制订班组各项规章制度和决定班组奖罚原则、考核办法与奖金分配方案，审议班组经济责任制考核、工资奖金分配等情况，组织职工进行民主评议和建言献策，不断优化民主管理工作。二是推行班务公开。健全班务公开机制，创新班务公开方式，规范班务公开程序，及时、如实公开班组的管理措施、劳动考勤、工资分配、考核奖励、评先评优等事项。班组党支部要强化对班务公开工作的监督，妥善处理职工对公开内容的异议，促使班务公开规范化、制度化。通过班务公开，维护班组成员的合法权益，融洽班组氛围，增强班组职工的责任感、认同感与归属感。

（十）加强班组思想政治工作

班组党支部要建立健全党员教育，管理的长效机制，引导党员自觉增强党性观念，提高政治素质，保障先进性。加强党员示范岗区建设，把握安全关键、卡控安全重点，补强薄弱环节，提高班组安全现场控制力，努力实现党员包保设备零缺陷、零误差、零故障，党员本人和所联系的职工群众无违章、无违纪、无事故，做到一个党员就是一面旗帜，以优异的工作业绩为职工当好表率。

班组党支部书记、工班长要当好政治宣传员，做好一人一事的思想政治工作。正确引导职工，把准职工思想脉搏，摸清职工实际困难，切实做好政策宣传、解疑释惑、排忧解难工作，消除职工思想疑虑。

班组要适应职工主体意识、参与意识日益增强的新变化，加强文化建设。从管理、服务、安全、经营，质量、廉洁从业等方面提炼富有特色的集体精神、岗位格言和工作方法，积极开展丰富多彩的文娱活动，深化班组文化建设，不断提升班组软实力，使之“内化于心，外化于行”，充分发挥班组文化在引领职工思想观念、养成良好行为中的重要作用。

六、相关案例

某铁路局集团公司标准化班组建设标准如下：

（一）通用标准

1. 否决标准

凡发生下列条件之一的，直接评定为不达标：

(1)发生责任事故，或季度内接到 2 份及以上铁路局集团公司红色“安全监察通知书”；

(2)弄虚作假、隐瞒重要安全信息；

(3)在各项检查评比中,被评定为不合格;

(4)发生责任客货服务质量问题。

2. 作业标准

(1)严格落实技术规范和作业标准;

(2)基础技术规章管理制度落实较好;

(3)严格落实岗位安全责任制,班组安全预防、现场控制措施到位;

(4)安全风险点全面受控,安全生产持续稳定;

(5)按规定编制、使用、落实"职工作业指导书"。

3. 管理标准

(1)班组的基础台账、基础档案、基础资料全面详实规范;

(2)班组的会议、考勤、奖惩等基本制度健全完善,并严格执行;

(3)班组的自控互控联控、安全分析、岗位达标等管理机制健全;

(4)按照计划及临时、重点任务组织生产,作业过程管理有序;

(5)形成内部约束、外部监督、常态控制、闭环管理的班组运行机制;

(6)扎实开展党建及职工思想教育,内部和谐稳定。

4. 设备标准

(1)自管设施设备基础台账清楚;

(2)自管设施设备修管用制度健全;

(3)自管设施设备完好率达标;

(4)自管设施设备修程修制严格落实。

5. 人员标准

(1)班组职工文化程度、技能等级达到国家职业标准要求,严格持证上岗制度;

(2)班组长具有较强的管理能力、技术水平和职业素养;

(3)班组成员团队意识强,精神状态良好,团结互助,具有较强的集体荣誉感和责任感;

(4)班组职工熟练掌握本岗位作业流程和作业标准,熟知各项安全管理制度和卡控措施;

(5)班组职工岗位学技练功广泛开展,具备突发应急处置能力;

(6)积极开展职工岗位星级评比活动,营造人人向上的良好氛围。

6. 环境标准

(1)工作环境卫生达标;

(2)作业人员按规定着装,佩戴标志,精神面貌良好;

(3)及时设置相关揭示,秩序良好;

(4)民主管理、文化建设有序推进。

(二)评定标准[以重点维修工区为例(表 8-1)]

表 8-1　标准化重点维修工区评定标准

项　目	检查项点	具体内容标准	扣　分	分值(100)
否决标准	安全、重点工作	1. 受到国铁集团和路局通报的安全生产、服务质量、运输经营等严重问题或;2. 车间未执行落实路局、站段部署重点工作;3. 因管理整修不到位造成的严重晃车及Ⅳ偏差;4. 施工期间发生胀轨。发生责任事故、故障		

续上表

项　　目	检查项点	具体内容标准	扣　　分	分值(100)
技术标准	技术规章	1. 落实专业技术规章;2. 技术规章专人负责,管理规范	每项缺少减1分;不规范0.5分	20
管理标准	日常管理	1. 班组岗位工作职责健全完善;2. 生产、奖惩、会议等基本管理制度规范有效、执行有力;3. 按要求严格执行作业计划或生产组织方案;4. 安全质量检查考核、评比、责任追究等奖惩机制执行到位;5. 严格机、工、料具管理,生产成本控制得力	缺少每项减0.5分;不规范每项0.2分	25
	文件制度	1. 对上级相关文件、办法、措施、相关电报、通知要求及时进行细化落实;2. 作业指导书更新及时	每项扣0.5～1分	
	任务完成情况	按车间下达的任务推进计划完成相应工作		
	施工日计划	按照车间布置的日施工计划进行作业		
	段下达重点工作完成情况	及时组织完成车间下达的重点任务,按要求完成	每项扣0.2～1分	
管理标准	材料、机具管理	材料、机具按段要求管理,台账齐全,管理规范	每项扣0.2～1分	25
		计量器具按段要求管理,台账齐全,检定有效		
	施工技术管理	施工技术资料、技术交底资料齐全准确	每项扣0.2～1分	
	施工质量管理	施工后质量符合施工组织措施要求	每项扣0.2～1分	
	施工组织方案执行情况	按照车间细化的施工组织方案施工,技术措施齐全有效、技术交底清楚		
	班组安全生产分析会、重点问题分析	定时召开班组安全生产分析会,重点问题有分析记录	每项扣0.2～1分	
	路局安排的专项整治工作	有安排,有措施,有总结,资料齐全准确,按要求完成落实	每项扣0.2～1分	
设备标准	施工设备	1. 设施设备基础台账清楚;2. 设施设备修管用制度健全;3. 设施设备完好率达标;4. 设施设备修程修制严格落实;5. 设备故障库更新及时;6. 定期对设备故障统计分析	每项扣0.2～1分	20
	临时轨旁设备	1. 建立施工现场临时轨旁设备台账并及时更新;2. 施工现场临时轨旁设备放置符合相关要求	每项扣0.2～1分	
人员标准	岗位设置及基本素质	1. 班组管理、专业技术、技能人员符合岗位任职条件;2. 班组管理人员思想政治素养、责任心、协调能力、业务素质较强;3. 业务学习培训开展较好,按规定开展岗位练兵、技术比武等活动;4 定期组织职工抽考	1分/项	10
加分标准	重点工作	1. 受上级部门书面通报表扬。2. 保质保量完成车间安排的重点工作	每项次加2～5分	10分封顶
	检查考评	3. 在国铁集团、铁路局、段各项检查考评中,排名前三名或受到通报表彰	每次加5、3、2分	
	竞赛	4. 在铁路局、段各项竞赛活动中获得优胜,或者获得先进称号	每项次加3、2分	
	成果经验交流	5. 管理工作形成典型经验,在段及以上会议作交流或组织推广。6. 获得段级及以上成果、荣誉、奖项	每次加1～3分	

第九章

班组管理心理学

第一节 心理学概述

现代管理学愈来愈认识到，人是生产力诸要素中最积极活跃的因素，是最重要的资源、最宝贵的财富和管理的核心。人在管理活动中的心理活动及其发展变化，又必然会影响人的生产工作积极性，影响人的作用的有效发挥，进而影响劳动生产率和工作效率与效果。因此，要实现对人的管理，需要研究人的心理活动。

管理心理学是把心理学的知识应用于分析、说明、指导管理活动中的个体和群体行为的工业心理学分支，是研究组织管理过程中人们的心理现象、心理过程及其发展规律的科学。班组管理过程中心理学的运用是其应用的领域之一。

一、人的心理现象

心理现象，又称心理活动，是一种我们经常体验到，并表现出来的精神现象。

世界有三大迷：生命起源之谜、物质起源之谜、意识起源之谜。而心理学恰恰是探索意识起源之谜的科学。心理学是一个庞大的而复杂的领域，任何一个人都可能在其中找到自己感兴趣的主题的领域，这也体现了心理学的重要性。在美国，有 3 000 多所大学开设心理学学科，很多大学每年主修心理学的学生超过千人，而且全美每年被授予博士学位人数最多的学科是心理学。在书店里，书籍最多、最丰富的领域之一是心理学范畴的，心理学学科在发达国家的影响和应用是十分广泛的。

心理学的英文为 psychology，正式定义为关于个体行为及精神过程的科学研究。这个定义的四个关键部分：个体、行为、心理、科学。人的心理现象是心理学研究的主要对象，也是安全心理学所研究的对象。它包括了既有区别而又紧密联系的心理过程和个性心理这两个方面，人的心理现象参见图 9-1。

心理过程是人心理活动的基本形式，是人脑对客观现实的反映过程，是人们共有的心理。由于每个人的先天素质和后天环境不同，心理过程在产生时又总是带有个人的特征，从而形成了各人的个性。个性心理是人对客观事物的稳定态度。个性心理一旦形成后又作为主观内因制约心理活动，并在心理活动中表现出来。因此，每个人的各种心理活动不尽相同，必然带有个人自身的特点。事实上，心理过程和个性心理是同一现象的两个侧面，如同一枚硬币的正反面一样。以骄傲这种个性心理特征为例，在认识过程中常表现为不求甚解、漫不经心；在对待他人情感上常表现为夜郎自大、孤芳自赏；在意志上则表现为独断专横、刚愎自用。所以，人的心理活动过程与个性心理二者有密切的联系，它们共同构成了人的心理现象。在生产、生活之中，人的行为无一不受到心理现象的支配，客观事物的改变也都与人的心理现象有关，所以，一切有关人类的科学其实与心理学之间，都有着有机的联系。

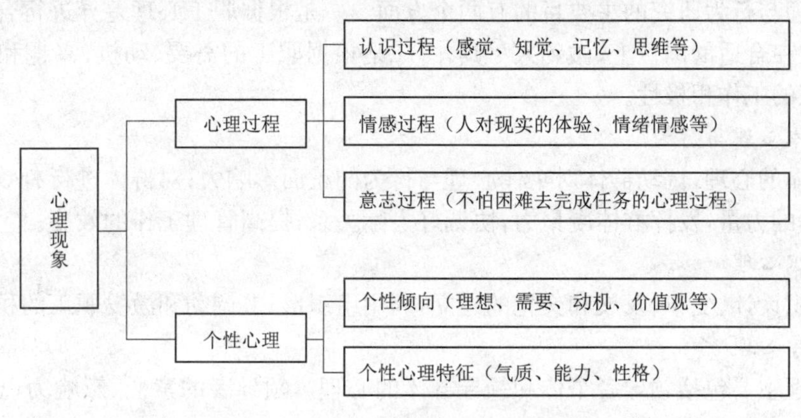

图 9-1 人的心理现象

二、心理学概念

心理学是一门研究人类心理现象、精神功能和行为的科学，既是一门理论学科，也是一门应用学科，包括基础心理学与应用心理学两大领域。

三、心理学的体系

现代心理学的研究范围不断扩大，已涉及日常生活、经济贸易、人才管理、文教事业、运动竞技、医疗保健、政治军事等人类社会活动的各个领域，进入了既高度分化又高度综合的发展阶段。一方面心理学的分支越来越多，且越分越细。例如，教育心理学就是一个分支科学，它又分出学科心理学、教学心理学、品德心理学等，而学科心理学又分化出语文教学心理学、数学教学心理学、外语教学心理学等，语文教学心理学又分化出作文心理学、阅读心理学等。另一方面心理学与其他科学领域以及心理学内部各分支学科之间又在不断地相互渗透，产生一系列交叉学科。例如，社会心理学与教育结合，形成教育社会心理学；大学生心理学与大学教师心理学、管理心理学相结合，形成大学心理学等。这些使心理学形成了一个庞大体系。为了简明，把心理学分为基础性与应用性两大类。

（一）基础性心理学

基础性心理学研究的是心理科学中与各分支心理学有关的基础理论和基本的方法学问题，以及心理发生发展的基本问题，主要有普通心理学、发展心理学、社会心理学、生理心理学和实验心理学等。

（二）应用性心理学

应用性心理学研究的是如何把基础性心理学所揭示出的一些基本规律应用于人类实践的各个方面，并进一步探索在各实践领域中心理活动的具体规律，主要有教育心理学、管理心理学、运动心理学、文艺心理学、司法心理学、政治心理学、军事心理学等。

四、班组管理心理学的研究对象

管理心理学是研究管理过程中人的心理现象及其规律的一门科学。班组管理心理学的研究内容分为四个部分。

(一)个体心理与行为

个体心理与行为研究的主要目的有两个方面。一是根据职工心理差异进行合理的人事配置,把职工放在合适的岗位上,做到人尽其才;二是根据职工的需要、动机、兴趣和态度进行激励,调动职工的工作积极性。

(二)群体心理与行为

研究群体的心理,调动群体对个体心理与行为的正面影响力;对群体进行有效的协调和控制,整合群体的力量,发挥群体凝聚力,协调好人际关系,提高管理工作的效率。

(三)组织心理

研究组织设计、变革、发展和文化的建立,利用组织形式,调动和激发职工的积极因素。

(四)领导心理

领导心理主要包括领导者个体和领导群体的心理。领导者的素质、影响力以及领导方式的合理性对组织绩效有重要的影响。

五、班组管理心理学的研究方法

常用方法有观察法、实验法、调查法、测验法、个案研究法。

第二节　个性心理特征与管理

个性也称为人格。管理心理学所说的个性差异是指个性心理特征的差异;个性心理特征是指在个人身上表现出来的本质的、经常的、稳定的心理特征,包括能力、气质、性格等,其中以性格为核心。

一、性格及其形成

(一)性格的概念

性格是表现在人对现实的态度和行为方式中较为稳定独特的心理特征的总和。人生活在社会中,都会受到社会的影响。这些影响反复作用,就会使人通过认知、情感、意识过程逐渐形成一定的态度体系和固定的反应方式。

性格是一个人的价值观在待人接物方面的集中表现,人的个性倾向性,如兴趣和爱好、需要和动机,都深受它的影响。一个克己奉公的人与一个唯利是图的人相比,他们的兴趣和爱好、需要和动机往往大相径庭。这清楚表明,性格有好坏之分。

性格不是某种个别的心理特征,而是某些心理特征在一个人身上的有机结合,体现出一个人的独特风貌。例如一个在工作中勤勤恳恳、不怕困难的人,对投机取巧和敷衍塞责的人会鄙视反感,对努力工作开拓创新的人会赞许支持,表现出他对工作、对他人、对自己的一致性。

性格主要取决于后天社会实践的影响,在某些方面也受先天素质的影响。比如有人性格外向,有人性格内向;有人性格开朗,有人性格沉静,这显然与先天素质有关系。在这些方面,很难说它有好坏之分。

(二)性格形成的因素

人的性格是在后天社会实践中形成的。影响性格形成的因素有环境因素和个人因素。

虽然人的性格一般在参加工作前后就大体定型,但是所从事的职业及工作单位的社会心理环境对其性格依然有重大影响。人们长期从事某种职业，反复进行着与职业相称的活动，会逐渐形成某种较固定的行为方式和个性倾向，不同的工种也会造成人们性格的差异。另外，如果工作单位的气氛积极向上，一个人与同事和领导各方面的关系都很协调，这样的人则不仅热爱自己的工作，还能形成活泼、开朗、主动、勤奋等特点；反之，就可能形成消沉、冷淡、退缩等特点。

（三）性格类型及特质

一般来讲，性格决定了行为。一个人的性格决定着他对外界的反映。不同的反映产生不同的动机，不同的动机产生不同的需要，不同的需要产生不同的行为。因此，班组长了解职工性格并做好引导工作，是搞好管理工作的重要保证之一。性格一般分为三大类六种类型，见表 9-1。

表 9-1　性格的类型

性　格		表　现
一	管理型	以理智来衡量一切，支配自己的行为
	情绪型	情绪体验深刻，举止受情绪左右
二	外向型	心理行为外向，开朗、活跃、善于交际
	内在型	深沉、文静、反应慢，顺应困难
三	顺从型	不独立，易受暗示，易不假思索地接受别人意见，在危急中张皇失措
	独立型	独立地发现问题，处理问题不受次要因素干扰，自持自己的力量和主动性

大多数人的性格既属于这种类型又属于那种类型，但大体上总是比较接近于一种类型。下面简要介绍外倾与内倾、A 型与 B 型性格、外控与内控的性格特质。

1. 外倾与内倾

外倾者的注意、兴趣和活动的方向总是朝着外部世界或他人。不介意别人的评价，有很强的独立性；活泼开朗、善于交际、喜欢聚会，有许多朋友，适应环境的能力强；喜欢与人交谈，不喜欢独自阅读；易流露感情、易激动，行动常凭一时冲动而不加思考；爱开玩笑，什么场合都有话可说，似乎对一切问题都有现成答案；反应迅速、喜欢变化、闲不住、爱动，常不停地做事；易发脾气，情绪不易控制，有攻击性倾向；不拘泥于一般小事，缺乏自我分析能力，粗心大意，似乎不像一个可靠的人。

内倾者的注意、兴趣和活动的方向总是朝着自己的内部世界。为人沉静稳重，反应缓慢，感情深沉；喜欢阅读、喜欢单独工作、朋友少、不善交往，待人接物小心谨慎，除密友外，与他人保持距离；做事仔细小心，有周密计划，深思熟虑，极少冒失妄动，常因过分担心而缺乏决断力，对新环境适应不灵活；在大庭广众之下总感到拘束和紧张，很注意别人对自己的评价；做事有坚持性，以谨慎态度严肃处理日常生活和事务，喜欢整齐有序的生活方式；能自我分析，控制自己的感情，很少以攻击性方式行事，极少发脾气；十分尊重伦理标准和价值，表现出是一个可靠的人。

从生理上讲，外倾者喜欢刺激，总觉得刺激不足，他们的感受阈限很高，比如特耐疼、抽烟多、喝酒多、吃得多，尤其多吃味重的食物。喜欢舞会、聚会，恋爱故事也可能多，遭遇的风险多，情感起伏大。内倾者则回避刺激，对感觉剥夺极能忍受。

2. A 型性格与 B 型性格

近年来心理学家常用 A 型性格、B 型性格来描述人的性格特点。把喜欢从事高强度的竞争活动，不断驱动自己要在最短的时间里干最多的事，喜欢长期保持时间上紧迫感的人称之为A型性格。把与A型性格对应的、在“从事不断增多的工作或要无休止地提高效率的工作面前感到焦虑”的人称之为具B型性格。

(1)A型性格的典型表现

运动、走路和吃饭的节奏很快；对很多活动的进展速度感到不耐烦；总是试图同时做两件以上的事；不会处理休闲时间；对阻碍自己努力的人或事进行攻击。在实际工作中，不断给自己施加压力，总是为自己的工作确定紧迫的时间期限，一直处于紧张与焦虑的状态中；工作速度快，重数量而忽视质量，常常依赖经验解决问题；很少根据环境的挑战改变自己的反应方式，行为容易预测；在一项新的任务面前，需要一定时间专心致志地分析解决办法，但却不能分配出这种时间，因此较少有创造性，决策往往有漏洞。

(2)B型性格的典型表现

没有时间的紧迫感；认为没有必要表现自己；没有必要追求工作成就和业绩；随遇而安，享受娱乐和休闲，而不是努力达到活动的最佳水平；充分放松而不内疚。

A型人工作勤奋，但是占据组织中的高层职位的却常常是B型人。计件工作完成数量多的往往是A型人，但是管理人员却往往是B型人。

3. 外控与内控

有的人认为自己是命运的主人，认为自己可以控制命运，称为内控者。有的人则认为自己受命运的操纵，即被外界的力量所左右，认为生活中所发生的一切均是运气和机遇的作用，称为外控者。

研究表明，外控分高的个体对工作更不满意，对工作环境更为疏远，对工作的卷入程度低、缺勤率高，其原因可能是感到对自己很重要的组织活动结果是自己无法左右的。与之相反，内控者则把组织活动结果归因于自己，认为对别人没什么可以责备的。倾向于努力工作，努力去获得成功，因此喜爱工作，具有较低的流动率。不过，一旦内控者具有不满情绪，倾向于迅速采取行动，较快地离开不满意的工作。内控者还认为自己可以养成良好的习惯，保证身体健康，这使得很少生病，因而缺勤率低。

内控者倾向于积极获取信息，控制环境，具有夺取成功的强烈动机，因此可以承担创造性和独立性强的复杂工作，承担艰巨的任务，其中包括管理工作和专业技术工作。外控者则更为顺从，更乐于遵循别人的指导，对于结构明确、规范清楚、只要严格遵从指示就会成功的工作，会做得很好。

二、气质

(一)气质概念

由于遗传因素的作用，人刚出生时行为就具有不同的特点。人这种典型的稳定的心理特点被称作气质。气质和平常所说的“脾气”“秉性”相近。

气质不涉及人的动机和行为的内容，只是在行为表现形式方面呈现出“动力”特点。所谓动力特点，包括知觉的速度、思维的灵敏度、注意力集中时间的长短、情绪的强弱、意志的努力程度等。

(二)气质的类型

古希腊人从人的生理差异方面来解释气质差异。在现代心理学中人们继续从生理差异的角度来研究气质差异，学说颇多，有体型说、血型说、激素说等。但从古希腊起，人们就一直使用气质这一术语来描述人的自然心理差异，并且沿用了四种典型气质类型的划分。

1. 胆汁质

胆汁质气质类型的特征表现为：精力充沛、直率热情、意志坚强、办事果断、胆大勇敢、不怕困难、反应迅速、情绪强烈、脾气急躁、易于冲动、轻率鲁莽、感情用事、情绪外露、持续时间不长等。这种气质类型的人，对任何事情都有兴趣，具有很高的兴奋性，但抑制能力差，行为表现不平衡，所以工作中表现忽冷忽热，带有明显的周期性。

2. 多血质

多血质气质类型的特征表现为：活泼好动、反应迅速、热情亲切、善于交际、适应环境变化、容易接受新事物、智慧敏捷、思维灵活、愉快豁达、情绪外露、兴奋容易转移、情感容易发生变化、急躁轻浮、体验不深等。这种气质类型的人，思维、言语、动作具有很高的灵活性，容易适应变化多端的社会环境。

3. 黏液质

黏液质气质类型的特征表现为：沉着稳重、交际适度，内刚外柔、顽强坚定，情感深厚、难于变化，注意力稳定、难于转移，善于忍耐、长于克制，感情平衡而不外露、行为迟缓、沉默寡言等。这种气质类型的人，在日常生活中突出的表现是安静、沉着、情绪稳定，行为比较迟缓。

4. 抑郁质

抑郁质气质类型的特征表现为：观察敏锐、感受性高、感情细腻、做事谨慎、善于觉察别人不易发现的细微事物、行为孤僻、反应迟缓、严重内向、情绪体验强烈、胆小怕事、多愁善感、挫折容忍力差、常因一些小事而大动感情、行为忸怩、腼腆怯懦、言语缓慢、行动呆板等。这种气质类型的人，在日常生活中遇到困难时，常常表现为优柔寡断和束手无策，一旦面临危险的情境，便感到十分恐惧。

分别属于这四种典型气质的人在人群中并不占多数，多数人属于其中两种或三种类型结合的中间型，以一种气质为主兼有其他类型气质的表现。即使同一个人，由于外部环境的变化，工作经历的变更，甚至随着年龄的增长，都会或多或少地引起个人气质某些特征的变化。

有两个问题需要说明。第一，气质类型无好坏之分。在评定一个职工的气质类型时，不能简单地说哪种好、哪种不好。每种气质类型都各有优缺点。例如抑郁质类型的人，情感深刻、做事细心、观察敏锐是其优点，行为孤解、忍受挫折能力差是其缺点。第二，气质并不能决定一个人活动的社会价值和成就高低。

（三）管理中要注意的气质问题

虽然气质不能决定一个人社会活动的方向和内容，但是却会影响一个人的活动方式和活动效率。记工员、管理台账工作要求细心谨慎、稳定内向，黏液质和抑郁质的人去做比较合适。在了解职工思想状况时，要特别注意了解抑郁质和黏液质职工的情况，因为他们比较内向，不轻易暴露思想，即使有了严重的思想问题也不会明显地表现在表情上和行为中。

做思想工作要注意人的气质特征。思想工作的对象是人，因此必须注意对方的气质特征。在进行批评时，对于胆汁质、多血质的人，可以“猛敲猛打”，因为他们的挫折容忍力比较高，严厉的批评有助于他们认识和改正错误，而较轻的批评可能只是耳边风；对于黏液质、抑郁质的人，则要态度温和，讲究方式方法，因为他们的挫折容忍力比较低，工作差错本身已让他们追悔莫及，如果再严厉批评，很可能让其无法忍受，搞不好会产生意想不到的后果。在调整人员、布置新的任务及实施新的规程时，也要特别考虑抑郁质和黏液质的职工，因为他们适应变化的能力较差。

三、能力

(一)能力的概念

能力是使人顺利完成某种活动的必备心理特征。能力与活动联系在一起,从事任何活动都必须具备相应的能力,各种能力都针对着一定的活动,例如言语表达能力、色彩辨别能力等。

一种能力不能保证某项活动顺利完成,要完成一种活动,往往要多种有关能力相结合。活动越复杂,需要的能力种类就越多。能力通常被分为一般能力和特殊能力两大类。一般能力指那些在各种活动中都必须具备的能力,如注意力、观察力、记忆力、思维力、想象力等。特殊能力是指顺利完成某种专业活动所必需的具体的能力,如检车员对车辆故障的检查就是依靠对听觉、视觉所接受的信息进行综合分析而判断的,是一种特殊能力。

一般能力和特殊能力在人的活动中的作用不是截然分开的,二者相互联系、相辅相成、互相促进。一般能力的发展为特殊能力的发展创造了有利条件,反过来,特殊能力的发展在一定条件下也对一般能力的发展产生积极的影响。特殊能力是一般能力在具体活动中的特殊表现。

(二)能力差异

人与人的能力有所差异,但有差异绝不是说人有高低贵贱之分。班组长了解能力差异,目的是充分发挥每个人的聪明才智。每个人在能力方面都有自己的强项和弱项,一个人可能更适宜从事某一种工作,而不适宜从事另一种工作。每个人都能够和容易在适宜的工作中做得更好。

(三)班长管理中要注意的能力问题

如果班组长对自己下属的能力有明晰的了解,因才适用,发挥所长,大家就会心情舒畅,班组工作就能够顺利完成。

班组长在组织生产和管理活动中,要承认能力差异的客观存在,如男女在能力上的差异。一般来讲,从事重体力劳动女性就不如男性,而在细心和耐心方面,男职工又不如女职工。

在人员的任用上,要考虑一个人的能力,看他是否适合这项工作、能不能胜任工作,既要避免"小材大用",又要避免"大材小用",坚持"用人所长"的原则。如果小材大用,会使人力不从心,既难为了个人,又贻误了工作;如果大材小用,会使人感到怀才不遇,同样会影响工作效率。当人们的能力与工作相匹配时,工作绩效便会提高。仅仅关心职工的能力或仅仅关心工作对能力的要求都是不够的,职工的工作绩效取决于两者之间的相互匹配。如果职工缺乏必需的能力,无论他的态度多积极或动机水平多高,工作绩效还是无法提高。当职工的能力远远超过了工作要求,能力与工作要求仍不匹配时,工作绩效可能较高,但是班组却丧失了效益,职工的满意度也会降低。

人在个性、气质、性格、能力方面是存在差异的。这就要求班组长要摸透每个职工的脾气,了解每个职工的性格,采取灵活而原则的方法,因人制宜地做好组织和管理工作。一般来讲对于自卑和自暴自弃的职工,不应过多地批评,要通过暗示或表扬等方法,使其看到自己的优点,坚定和增强其信心;对自尊心强或高傲自大的职工,不能过多的表扬,批评要注意场合,留有余地;对吃软不吃硬或性格倔强的职工,要心平气和,避免出现"顶牛",但不能过于迁就或温和;对忽冷忽热的职工要帮助教育他们养成持久性;对缺乏自制力,纪律松驰的人要用集体观念和舆论对其施加影响。总之,班组长的管理必须因势利导,讲究方法。

第三节 动机与激励

如果了解了一个人的需要,就可以分析他的动机,进而预测他的行为。如果根据对方的需要巧妙地设置一个目标,就能够激励他的行为,引导他自觉自愿地朝着那个目标努力奋斗。

一、动机与行为

(一)动机的含义

心理学认为,所谓动机是指引发个体行为,维持并引导这一行为朝着某一目标进行的直接的内在力量。

动机是推动人行为的直接的内在动力。当一个人饥饿时,解除饥饿就成为引发他觅食的动机。从推动行为的意义上讲,动机在人的心理活动中具有重要的作用。

(二)动机与行为的复杂关系

动机推动行为达到目标,但动机与行为并不是一一对应的。一种动机可以引发多种不同的行为;一种行为可以由不同的动机所引起;有时一种动机还会引起似乎不相关的行为。

在同一时间内,一个人可能有几种相互矛盾的动机存在。不同的动机可能会引起不同的行为,而实际上,一个人在某一时刻只能有一种行为,决定这一行为的是许多动机中最强烈的一个,这个动机被称为优势动机或有效动机,其他动机则被称为非优势动机或潜在动机。

不同动机也会引起同一行为。渴望取得成就、渴望受到赞扬、渴望得到较高奖金的动机都可以引起人勤勤恳恳干工作的行为。实际上,一个人较为复杂的行为往往不由单一的动机所引起,而有若干个动机同时起作用,这些动机构成了一个动机系列。动机系列中各种动机所起的作用不能等量齐观,有的动机起主导作用,称为主导动机,而其他动机称为非主导动机。

二、需要、目标和动机

(一)需要产生动机

心理学用不平衡表示心理上的匮乏状况,例如缺乏归属、缺乏友谊、缺乏尊重等等就会引起的心理不平衡。不平衡就是需要,动机有大小也有方向。需要则有大小而没有方向,需要的强度就是不平衡的程度。

这里所说的需要,是管理心理学的一个重要概念,其意义是指个体缺乏什么东西时在头脑中形成的反映。需要产生动机,动机强度的大小取决于需要强度的大小,动机的方向指向满足需要所要达到的目标。当同时参加工作的同事纷纷晋级而自己还在"原地踏步"时,他的晋级动机就特别强烈,晋级是他活动的明确目标。

(二)马斯洛的需要层次论

美国心理学家马斯洛提出了分析人的需要结构的理论需要层次论。这一理论曾在西方广为流传,在我国也产生了一定的影响。

马斯洛认为,人的基本需要可以归纳为五类,并且可以从低到高列成一定的序列。

1. 生理需要

为了达到体内生理平衡,人需要空气、水、食物、睡眠等,这是人存在和发展的最基本需要。马斯洛指出:"对于长期处于极端饥饿状态的人说,他的理想境界可能就是得到丰富的食物。自由、爱情、群体的感情、尊重、哲学观念全都可以置之一旁,都成了无用的东西,因为它们不能填饱肚子”。所以班组长在安排工作时要考虑到职工饮水、吃饭、休息等方面的基本需要。

2. 安全需要

如果生理需要相对地得到满足，人就会产生安全需要。人的整个机体可以说是一个追求安全的机体。一方面，人希望有一个没有威胁的生活环境，如马斯洛所说，人们“一般偏爱职位牢固、有保障的工作，要求有积蓄，以及要求各种保险”。另一方面，人希望有一个有秩序的、可以预料的生活环境，在一个陌生的、难以控制的环境中，常常感到威胁和恐惧。

3. 社交需要

如果生理需要和安全需要较好地得到满足，就产生了社交需要。人一方面需要爱，即需要和其他人建立情谊，包括给别人的爱和接受别人的爱；另一方面需要有所归属，即需要成为某些群体的成员。如果人得不到爱和归属需要的满足，会惶惶不可终日。

4. 尊重需要

人都希望自己有稳定的地位，希望得到别人的高度评价和尊重，也需要自尊自重。马斯洛认为尊重需要可分为两类：“第一，在面临的环境中，希望有实力、有成就、能胜任和有信心，以及要求独立和自由。第二，要求有名誉或威望、赏识、关心、重视和高度评价”。尊重需要的满足可以使人产生自信，而这种需要受挫，就会产生自卑感、软弱感、无能感，使人或形成精神病态，或以残酷的报复手段予以补偿。

5. 自我实现需要

如果上述需要都得到一定满足，人又会产生新的不满足，除非这个人干着称职的满意的工作。“是什么样的角色就应该干什么样的事”，这种需要就叫作自我实现。自我实现并不等于取得辉煌的成就而成为伟人，有人希望成为一位理想的母亲，精心哺育儿女，当她面对茁壮成长的儿女感到由衷快乐时，就达到了自我实现的境界。

马斯洛认为生理需要、安全需要、社交需要是低级需要，可以通过外部条件予以满足；而尊重需要和自我实现需要是高级需要，只能从内部得到满足，但是却常常得不到充分满足。人对高级需要的追求永无止境。

马斯洛的需要层次论是在大量资料研究的基础上提出来的，表述通俗易懂，在世界各地都得到广泛的认可，在管理工作中广泛应用，对班组管理有一定的积极的意义。

（三）ERG 理论和成就需要理论

爱尔德弗提出的 ERG 理论，对马斯洛的需要层次理论进行了修改和完善，使之更加接近实证研究的结果。

爱尔德弗认为存在三种核心需要：生存需要、相互关系需要和成长需要。生存需要包括马斯洛称为生理需要和安全需要。相互关系需要指和其他人交往，维持一些重要的人际关系。这类需要与马斯洛的社交需要和尊重需要中的外在部分相对应。爱尔德弗所说的成长需要是指个人发展的内部需要，包括马斯洛的尊重需要的内在部分和自我实现需要的一些特征。

与需要层次理论不同，ERG 理论证实了以下三个结论。

1. 人的多种需要可以同时存在，一个人不必在满足低层次需要后才能进入高层次需要。例如，在生存和相互关系需要没有得到满足的情况下，他也可以为成长而工作，或者，三种需要可以同时在他身上发挥作用。

2. 如果高层次需要不能得到满足，满足低层次需要的愿望则更加强烈。马斯洛认为，一个人某一特定层次的需要得不到满足，就会滞留在这一层次直到得到满足。ERG 理论则认为，当一个人较高层次的需要不能得到满足时，较低层次的需要强度会增加。例如，在无法满足社会交往需要时，一个人可能会对工资或工作条件提出更高的要求。因此，一个人遭受挫折之后，可能使他倒退到较低层次的需要。

3. ERG 理论认为人的需要存在个人差异。

（四）目标：外在诱因

需要产生动机，动机引起行为，行为指向目标。如果只有需要而没有目标，也难产生动机引起行为。从这种意义上讲，目标是一个外在诱因，这个诱因可以诱发人产生某种动机，引起行为。

实现目标的行为过程大致可分为两个阶段：目标导向行为阶段和目标行为阶段。前一阶段是实现目标的准备阶段，后一阶段是实现目标本身的阶段。比如工人晋升考试过程中，复习准备阶段为目标导向行为阶段，考试则为目标行为阶段。在这两个阶段中，人的动机强度会出现一种规律性的变化，在目标导向行为阶段，越接近目标，目标的吸引力越大，人的动机越强。如果职工平常工作动机强度水平一般，那么年终总结、评选先进和发奖金的前一段时间，工作动机较强烈，积极性较高。这个规律提醒班组长，在工作中，有必要把长期目标分解成一个个短期目标，使人们在实现一个个短期目标的过程中频繁受到振奋和鼓舞，一直保持较高昂的斗志，这种做法的依据称为“小步子原理”。把班组目标分解到每个人，把年度目标按季度、月、星期予以分解，其原因之一就在于此。

三、激励理论

激励就是通过满足人的物质和精神上的需要而激发他的动机的心理过程，即积极性调动的过程。管理心理学家、行为科学家提出了许多激励理论，值得我们在管理中借鉴。

（一）因素理论

1966 年心理学家赫兹伯格在《工作与人性》一书中指出，不像通常人们理解的那样，满意的对立面不是不满意；消除工作中的不满意因素并不是必然带来工作满意。赫兹伯格说，对调查数据的分析发现，“满意”的对立面应该是“没有满意”，“不满意”的对立面应该是“没有不满意”。

根据赫兹伯格的说法，导致工作满意的因素和导致工作不满意的因素是不同的。如果管理者努力消除工作的不满意因素，可能会达到安抚职工的效果，使他们情绪平静，不闹事，但是，却不能激发他们的积极性。犹如人感冒时吃的感冒药，不吃它就会头痛发烧，吃了它只会解除感冒而已，不会强筋壮骨。企业政策、监督、人际关系、工作环境和工资这些因素都是能够起安抚效果的因素，被称为保健因素。当具备这些因素时，职工没有不满意，但是它们也不会带来满意。

赫兹伯格把另一类因素称为激励因素，不满足时职工也不至于不满意发牢骚，满足了则会使职工满意并大受激励。犹如人参，不吃它不至于得病，吃了它则会有助于提高健康水平。强调工作成就、被认可、工作本身、责任和晋升都可以构成职工内在奖励，起到调动积极性的效果。

（二）期望理论

1964 年弗鲁姆在其《工作与激励》一书中提出了期望理论。人的行为是对目标的追求，行为的激发力决定于目标价值的高低和期望概率的大小，用公式表示为：

$$激发力量=目标价值\times期望概率$$

一个人从事某项活动的积极性（激发力量）取决于所欲达目标的价值，如果他认为实现了目标可以满足其经济或社会地位上的以及自我实现的需要，积极性就高；目标价值越大，积极性就越高。同时，他的积极性还受实现目标的概率的影响，如果他认为实现目标的可能性较大，积极性就高，期望概率越大，积极性就越高。但是也可能出现下述情况：目标价值相当大，而期望概率非常小；期望概率相当大，目标价值非常小。在这些情况下，人的积极性都不会高。能否激励职工取得良好绩效，受如下因素的制约。

1. 职工个人的能力和工作环境

职工绩效是职工个人能力、激励、工作环境三者相互作用的结果如果能力和激励中有一个不合适，绩效就会受到影响。工作环境差，一个相当能干而且相当努力的人也可能难以取得绩效。适宜的工作环境包括良好的工具与设备、工作所需要的充分的信息、令人愉快的同事关系、理想的规章制度和工作程序、完成工作所需要的充分时间等。

2. 绩效评价的恰当性和职工的认知

大多数职工都有这样的认知：在工作中积极努力，但是在绩效评估时很难体现出来。这是因为许多绩效评价体系可能更看重对组织的忠诚、创新精神和工作成果，而对工作中的努力精神有所忽视。这就可能使得职工的努力不一定带来相应的绩效评价。研究指出，只有真正根据绩效，而不是根据资历、努力、技能水平、工作难度等标准来支付报酬，期望理论的有效性会显著提高。另外，如果一个职工认为领导者不喜欢他，当然，这种认知可能是对的，也可能是错的，但是无论如何他会认为，不管他如何努力，都不会得到一个好的评价结果。这表明，激励力量大小的一个重要原因可能取决于职工的认知。

3. 职工期待的奖励类型的差异

一些管理者认为，所有职工都期待得到同样的奖励，忽视了区别对待，降低了奖励的效果。由于效价是一种主观估价，所以不同的人对同一个奖励所赋予的效价不一样。有的人期待获得晋升，得到的却是表扬；有的人希望得到有趣的和具有挑战性的工作，但得到的却是加薪；有的人期待加薪，得到的却是晋升。因此，在奖励职工的时候，可以发奖金、授予荣誉称号、安排休假、安排外出进修学习等，依据职工不同的需求采用不同的奖励措施。虽然奖励的区别对待比较困难，但是如果做到了这一点，就可以获得更高的激励力量。

第四节　预防和调节职工的挫折心理

在日常生产过程中，职工的行为动机往往由于客观或主观条件的变化，造成预期目标不能顺利实现，给职工造成挫折心理，使职工产生失意、沮丧和消极情绪，严重影响组管理的正常进行。在对职工管理的过程中，及时消除职工的挫折心理，引导职工正确对待挫折。预防和调解职工的挫折心理是十分必要的。

一、挫折的概念

（一）挫折与挫折心理

挫折是指个人从事有目的的活动遇到障碍或干扰，其动机不能得到满足时的情绪状态。挫折是普遍存在的一种社会心理现象。

（二）产生挫折的原因

产生挫折的因素，一般可分为外在因素（自然环境和社会环境）和内在因素（个人条件缺乏和个人努力不够）。

自然环境指个人无法克服的自然因素的干扰；社会环境指个人在社会生活中所遭受到的各种政治、经济、道德、风俗等人为因素的干扰。现代社会由社会环境所造成的挫折远多于由自然环境所造成的挫折；而且，对同等严重的挫折，由社会环境所造成的挫折更叫人耿耿于怀、无法接受。

个人条件缺乏指个人具有的智力、能力、容貌、身材、健康状况所带来的限制；虽然个人具备了一定条件，但是因为努力不够，依然无法克服困难实现目标。

（三）挫折的分类

1. 按引发挫折的因素划分为缺乏挫折、损失挫折和阻碍挫折。

（1）缺乏挫折是指当个体无法拥有自认为重要的东西时所感受到的挫折。缺乏挫折的内容因个人需求、社会经济地位差异，可分为生理条件缺乏、能力缺乏、物质缺乏、资格缺乏、经验缺乏、情感缺乏等。

（2）损失挫折是指失去原来拥有的东西而引起的挫折。表面上看来，损失挫折和缺乏挫折都是未能拥有渴望的东西引起的，但两者有根本的不同。缺乏挫折是"未曾拥有过"的挫折，而损失挫折是一种"得而复失"的挫折。因此，相比较而言，损失挫折给个体带来的压力要比缺乏挫折更大，个体也更不易调适。损失挫折也可以细分为经济损失、能力损失、健康损失、地位权利损失、感情损失等。

（3）阻碍挫折是指当个体从事动机性的活动时，在目标与动机需求之间出现阻碍物时所感受到的挫折。阻碍挫折既可以是物理上的，如时空距离；也可以是社会性的，如社会中的人、风俗习惯、法律等。

2. 按引发挫折因素的发生顺序可分为需求挫折、行动挫折和目标挫折。

（1）需求挫折是指个体的某一需求受限于自身或环境因素得不到表现或满足的机会，个体只好设法抑制该需求而产生的挫折。

（2）行动挫折是指个体的行动受到阻碍或干扰，无法达到所产生的挫折感。如当车间主任发现甲、乙两职工违反劳动纪律和简化作业程序，当众给予批评。甲认为既然违反了劳动纪律和作业程序，领导批评的对，今后注意就是了，没有产生挫折心理；而乙却认为，虽然违反了劳动纪律，但当众批评太丢面子，伤了自尊心，产生了消极情绪。

（3）目标挫折是指个体无法达到所需要的目标而形成的挫折感。如在工资调级时，甲乙两人条件相当，甲认为能长半级工资就满足了，而乙期望长一级工资，而调级的结果恰好是两人都晋升了半级工资，对甲来讲已经感到满足，而乙就会感到失望和不公平，影响了工作的积极性。

职工挫折心理的产生有客观因素和主观因素两个方面。客观因素指的是外部环境条件，如人际关系，必备的物质条件等。主观因素包括职工个人的体力、智力、性格、能力、觉悟、气质等方面。对挫折的反应强度由于职工的理解能力、容忍能力、知觉能力、自控能力及抱负水准、价值观念、实践经验也各不一样，这就要求班组长善于观察分析职工挫折心理产生的原因，切实做好工作。对由于客观环境条件造成的，要为职工创造一个比较适应的环境条件。如果是主观原因造成的，要耐心说服教育。在日常工作中职工出现的抵触、"顶牛"大多都是由挫折心理而产生的。

二、职工挫折心理分析

职工一旦有了挫折心理，就可能产生悲哀、痛苦、憎恨甚至绝望等情绪，有的身体状况还会出现一些剧烈的变化。有的职工直接可以表现出来，而有的职工则会缓慢地、间接地反映出来，并且往往采用不同的方式。职工产生挫折心理后往往会产生不同的行为反映，一种是积极行为反映，一种是消极行为反映。

(一)挫折后的积极行为反映

1. 升华

升华是指对那些不为社会所接受的希望与欲望加以改变、提升、净化，以符合社会标准的希望。这是一种将挫折感受转化为奋发上进动力的反映方式。日常生活中所说的“化悲痛为力量”“奋发图强”，就是升华的意思。

2. 补偿(代替)

补偿是指个人行为遭受挫折或因个人生理缺陷、能力所限，不能达到目的时，以其他成功的活动方式来代替。当一个人的目标受到客观条件限制而无法达到时，就会设置另一个目标来代替原目标，或者谋求新的需要来代替原来的需要，通过别的方面的成功来补偿由失败造成的自尊心和自信心的损伤。如有的青年在恋爱上碰了钉子，精神上受到打击，他并没有因此而消极，而是通过更加专心地工作，在工作中找到乐趣，弥补了精神上的创伤，这是一种补偿，这是积极性的补偿。当然，也存在消极性的补偿，是指职工使用的弥补缺陷的方法，对职工本身没有带来帮助，有时甚至带来更大的伤害。

3. 百折不挠，勇往直前

受到挫折之后，会通过多次努力，鼓足勇气、吸取教训，不因暂时失败而灰心，采取多次的尝试行为，直到最后达到目标，继而开始新的行为。这种心态多见于搞技术攻关和革新试验的同志。

4. 调整目标

一种动机经一再尝试仍不能成功，就可能调整目标，以满足某种需要。

(二)挫折后的消极行为反映

1. 攻击行为

攻击行为一般分为直接攻击和转向攻击两种。一般来说，对自己的容貌、才能、权力以及其他方面较为自信的人，气质类型属于胆汁质者，自控力较差者，个人品德修养太差者，都容易采取直接攻击的方式。

(1)直接攻击。挫折发生后，引起个体的愤怒情绪，对给自己构成挫折的人或事物进行直接攻击。其攻击方式有表情的、也有口头的，甚至是身体和动作的。直接攻击的方式往往不可能从根本上解决问题，甚至会制造更严重的问题。因此，有的人受到挫折后，便会以变相的攻击方式出现，即为转向攻击。

(2)转向攻击。这种攻击行为是指职工受到挫折后，如果对方权势及力量太大，就以间接的方式来发泄自己的情绪。转向攻击的方式一般有以下三种情况出现。

①迁怒：对引起挫折的人不能直接攻击，而把愤怒情绪发泄到其他的人或物上去。如受到领导的批评后，不敢直接顶撞，就发牢骚、说怪话、找茬，或者故意损坏工具。

②无名烦恼：当挫折原因不明显时，由于找不到明显的攻击对象，就将情绪发泄到与真正引起挫折不相干的人或物上。比如有的职工因不明原因受到挫折后，回家打骂妻子、摔锅打碗等。

③自我责备：对自己缺乏信心、有悲观情绪的人经常将攻击的对象转向自己，自我责备。如埋怨自己能力不强、机遇不好、命运不佳、生不逢时等。

2. 固执

固执是指一个人碰到障碍之后拒绝别人的劝告，拒绝接受任何新的事实，或者受到挫折后重复原有的行为,以上这种坚持不改的表现就叫固执。具有这种表现的人甚至敌视任何人为的约束,增加处罚会使情况更加恶化。在班组管理中,班组长一定要注意不要过多地批评或惩罚某职工,否则就会使职工产生固执行为。

3. 退化

受到挫折之后在问题面前放弃了积极的尝试,不能正视障碍,而表现出与自己的身份、年龄不相符的幼稚行为叫退化。如有的职工受批评之后躺倒不干、意志消沉、闷闷不乐,或者表现出无动于衷的态度;有的会抱头痛哭。有的班组长受挫折后有时会对职工大发雷霆,或为一点小事大动肝火,这也是退化行为。出现退化心理的职工,常常难以控制自己的心理情绪,往往会盲目地相信他人,执行别人的暗示,无理取闹,轻信谣言。盲目听从或忠实于某个人也是一种退化行为。

4. 妥协

妥协是日常生活中常见的一种在挫折出现后的防卫方式。职工受到挫折后,心理上或情绪上会产生紧张状态,这时采取一些妥协性措施则可使职工免受过分紧张的损害。妥协的主要表现形式有以下几种。

(1)合理化:是指强调客观,埋怨别人,开脱自己或自我安慰。如某职工擅自离开工作岗位而损坏了设备并影响生产,却推说机器原来就有毛病,或者推说是别人动了设备才造成损坏,为自己开脱。

(2)推诿:职工受挫折后,把自己的过失,不良行为推诿于人,抱怨别人,以减轻自己的内疚和不安。如某检车员由于自己的漏检造成制动梁脱落,而把责任推在别人在他检车时的某种言行对他的干扰,以减轻内疚感。

(3)表同:是与推诿完全相反的表现,把别人具有的,自己羡慕的品质加在自己的身上。如某职工对班组中的先进人物不服气,认为我哪点不比他强,他好多东西还是跟我学的。

(4)压抑:是用意志的力量控制愤怒和不安的情绪反应,而表现出谈笑自若的情绪状态。压抑只能是获得暂时的安静和安全感。这种暂时的安全感在某种条件下是需要的,如果长期处于压抑状态,对职工的身心健康是极其有害的,甚至会形成心理疾病。

(5)冷漠:从个性特征上来分析,通常内向型、自信心差的人更倾向于以冷漠的方式应对挫折。当职工发现不能攻击,或者因攻击招致更大的挫折时,便将自己愤怒的情绪暂时压抑下去,而表现出一种无动于衷、麻木不仁的态度。值得注意的是,冷漠并不是不再愤怒,冷漠中包含了愤怒,只是这种情绪被暂时压抑,而是以间接的方式表示反抗。

(6)幻想:是一种应付挫折的退缩式的反映,具体是指职工在遭受挫折后,陷入一种想象情景中,以非现实的方式来应付挫折或解决问题。幻想可以使人暂时脱离现实,在由自己的想象而构成的情景中得到满足。幻想虽然可以使人的情绪在受到挫折后获得缓冲,有助于提高职工对挫折的容忍力和保持职工对未来的希望,但幻想毕竟不能代替现实,幻想本身并不能解决实际问题,幻想之后仍然需要面对现实以应付挫折。心理学研究指出:经常沉湎于幻想,使现实和幻想混淆不清,会出现歇斯底里与夸大妄想的症状。

三、职工挫折心理的预防和调节

(一)职工挫折心理的预防

挫折具有两重性。人遇挫折有利有弊,好处是锻炼人克服困难、改造环境的意志和勇气,增长才干;害处是人们在遭受挫折后,心理上会产生紧张、不安和恼怒,如果处理不当,就会产生挫折。挫折行为是人们行为中不正常的现象，是消极的、有害的。消极的情绪以及相应消极行为妨碍人的积极性，影响个人的健康。人在发生挫折时，精神处于紧张、焦虑状态，情绪不佳，极易感情用事。因此，班组长必须注意对职工挫折心理的预防，及时发现并处理好职工的挫折行为，注意引导，避免对抗。

1. 教育职工树立正确的挫折观

正视现实，自我放松。教育职工在受挫折时要理智。作为一名职工，跌了跟头、碰了钉子、挨了批评并不可怕，可怕的是认识不到自己的失误，坚持错误。犯了错误就要认真总结，吸取教训、改进工作，只有这样才能提高自身容忍力，磨炼思想，增长才干。

2. 要允许职工抱怨，合理宣泄

对受挫折的职工要予以谅解，宽容和劝慰，缓和矛盾，让受挫折者的情绪逐渐平稳下来。但允许抱怨是有限度的，决不能妨碍正常生产、工作秩序和违法乱纪。

3. 分析其产生挫折的主观和客观原因

区别情况，予以处理。一是要班组管理科学化，班组长决策要正确，班组内分配要体现多劳多得、力求合理，"一碗水端平"，尽可能最大限度地调动职工的积极性，保证班组的稳定和发展。二是班组长要和职工建立感情，善于和职工沟通，要廉洁奉公，以身作则。三是要关心爱护职工，积极想办法解决职工存在的实际困难和矛盾。四是要正确处理职工之间、集体之间、上下之间的矛盾，处理好职工个人的智力、能力及生理方面与工作岗位、工作要求、个人理想之间的矛盾。五是要经常和职工在言语、情感、思想、心理和行为方面沟通，让职工认为班组长是可信赖的人，有什么想法和难处就会主动找班组长谈。

4. 及时改善环境，消除不合理的障碍

凡属由于客观不合理因素造成的职工挫折心理，要及时改善环境，消除不合理的障碍。作为班组长要注意以下几个方面。一是要注意管理方法。管理方法得当与否同职工的挫折心理的产生有很大关系，管理方法得当，可以减少职工挫折心理的产生。即使有了挫折，解决起来也比较容易。否则，不仅容易产生挫折，还会激化矛盾，给班组管理工作带来许多困难。我们常说的多鼓励少批评，慎用惩罚就是这个道理。二是要注意观察职工的心理情绪。如发现职工有攻击、固执、退化、妥协等非理智对抗行为，班组长要了解情况，找出原因，及时妥善解决，使问题解决在萌芽状态，防患于未然。三是班组长要注意自己的思想行为。

班组长的一举一动、一言一行在职工心目中影响很大。有时一句话，一件事都会在职工心目中留下深刻的印象，或引起强烈的反响。因此，班组长在处理班组工作中要积极、稳妥、慎重，把握适度，公平合理。

5. 根据情节给予适当教育、批评和处理

允许职工抱怨发泄不等于抱怨或发泄就正确，宽容不等于不进行批评教育和处理，主要是注意场合、环境和条件是否合适。

(二)预防职工产生挫折心理的调节方法

1. 心理疏导法

对受挫折的职工用摆事实讲道理的方法，解除心理障碍，朝着符合班组要求的新目标努力工作，这就叫心理疏导法。采用心理疏导法要注意三点：一是把握挫折职工的行为动机，掌握其心理倾向，就是俗话讲的要知道职工心里想的什么，做好解释工作；二是要因人制宜，具体情况具体分析，对症下药，用心理疏导的方式使职工看到希望；三是改善受挫折职工的环境，注意劳逸结合，体贴入微地去关心受挫折的职工，同时注意管理方法，和谐人际关系，这些都比空讲大道理要强得多。

2. 心理换位法

心理换位法就是“理解万岁”，要求班组长和受挫折的职工都要设身处地地为对方着想，消除双方的对抗心理，互相谅解和同情。作为一名班组长，即使在听受挫折职工的过激言辞时也要平心静气，让对方把话讲完，使其不满情绪充分发泄，取得对方的信任，并从中了解全部原委。在不丧失原则的前提下，妥善处理职工受挫折后的遗留问题。如消除外界影响，调整工作，发挥其特长，协调好职工与家属的关系等。此外，要注意引导班组人员关怀、体谅、帮助受挫折的职工，不要抱冷嘲热讽、幸灾乐祸的态度。

3. 心理认同法

班组长要尊重职工的主人翁地位，鼓励受挫折职工参与班组管理，多听取他们的意见，使其感觉到班组长没有歧视他们，让其充分发挥潜力，心甘情愿地为班组工作。

第五节　不同年龄职工的心理特征

处于不同年龄区段的职工有各自的生理特点和心理特点。

一、青年职工的心理特点

青年职工一般指35岁以下的职工，处在生理发育逐渐成熟、学业完成、走向社会、独立生活、成家立业的过程中。心理是一个色彩斑斓而又充满矛盾的世界。在不少青年职工身上表现出积极因素和消极因素相互交织，错综复杂的现象。比如有的青年职工既憎恶社会上的不正之风，有时又想借不正之风捞到好处；有的青年职工有进取心，想在事业上获得成就，但有时又缺乏刻苦精神等。

（一）对异性的追求成为强大的心理冲动

恋爱婚姻问题往往是青年人产生挫折心理的重要方面。一旦恋爱、婚姻问题受挫，便会产生苦闷、彷徨和不安。要从以下几个方面帮助他们渡好恋爱关、婚姻关。一是青年人不宜过早或过晚谈恋爱。过早恋爱影响学习和工作，并且容易造成失恋而产生挫折和痛苦。过晚谈恋爱可能使自己成为“困难户”，在心理上受到压抑。二是恋爱的基础是思想感情的一致，心理的相容，不能单纯追求金钱、权势和美貌。三是保持心理的稳定和行为的理智。择友的标准要实际，不可要求太高，防止感情越出理智的界线而酿成“苦果”。四是树立家庭责任感。夫妻平等相处，做到“互敬、互爱、互勉、互帮、互让、互谅、互慰、互信”。

（二）注重物质、注重自我

青年人参加工作以后，视野拓宽了、经验增多了，一般都愿意轰轰烈烈干一番事业，不负父辈的期望和自己的一生。多数人追求理想的同时也追求实惠，自我意识较强。因此，要注意采取措施和教育疏导。在尊重他们自我意识的同时，防止其只注重自我而忽视社会要求和班组要求，只注重自由而忽视纪律，只注重权利而忽视义务，只重物质利益追求而忽视精神追求等。

（三）敢想敢干，具有旺盛的创造力和强烈的参与意识

青年时期，体力、智力迅速发展，精力充沛，是一生中工作和学习的黄金阶段。一方面他们千方百计寻求发挥的场所和机会；另一方面，思想没有包袱和成见，接受新事物快，敢于创新，敢于向传统的东西挑战，或者因对本人的现状不满而具有强烈的参与意识，责任感强，敢于公开发表见解，尽情表现自己。这样就容易与同事、领导的人际关系不适应，甚至冲突。有的因意见失之谬误，受到批评和指责。有的情绪不稳定，忽冷忽热等。因此，要根据这些特点，发挥

其长处，帮助其提高适应能力，积极组织其参加有益的集体活动，为其提供发挥聪明才智的机会和场所，引导其扬长避短、克服不足、战胜挫折，提高自控能力，稳步前进。

二、中年职工的心理特点

中年职工一般指 35 岁至 50 岁的年龄区段的职工，他们年富力强，是各项工作的中坚力量。在企业、班组处于承上启下的特殊地位。注意中年职工的心理健康，对开发中年人的智力资源，提高工作效率有着重要意义。

（一）心态比较稳健

人到中年，生理、心理发育已经成熟，这两方面的功能达到全盛而稳定的状态。中年人的观察能力、思维能力、操作能力及工作经验都进入高层次，这正是他们大有作为的心理基础。如大多数对人对事物有深刻的见解而不轻易发表，说话"三思而后行"，办事稳重，能独立思考、工作或生活。这时期他们大多都成家立业，生活比较平静，不像青年人那样在恋爱婚姻等方面有感情的起伏。一般中年人思想和行为不易被各种思潮左右，接受新事物相对较迟缓。中年人在班组中处于举足轻重的地位，并对青年、老年职工的思想情绪影响较大。一般管理者很容易忽视和放松对他们的教育和关心。

（二）精神负担较重

中年人精神负担有三个方面的原因。一是中年职工上有老下有小，小孩成长，人际交往，家庭事务，事事挂心；二是工作上是骨干，任务繁重，并忙于传技授徒、技术攻关等；三是社会对中年人期望值较高，要求甚严，难以像青年人那样得到宽容，也难以像老年人那样得到照顾。这几种因素交织在一起，往往使中年职工出现疲倦、疲劳等现象。由于工作、生活担子重，压力大，因此要合理安排他们的工作，做到紧张而有节奏，注意让其工作、生活有规律，适当休息和娱乐。当在工作、生活方面有烦恼或遇到挫折时，帮助他们转移注意力，调换兴奋点，释放心理负担，避免焦躁不安，缓冲或消除不愉快心情。

（三）人际关系广泛

中年人由于对自己、他人及社会关系认识比较深刻，处理这些关系的经验也较为丰富。在工作、学习、生活经历中结识了许多同事、同学、同乡，根据本人工作、生活、学习的需要与社会接触来往频繁，具有一定的社会活动经验，自控性和自律性强，能适应各种人际关系。但中年人社会活动圈比较稳定，择友的标准也比较固定，这就不利于其适应新环境，如对新同事、新领导不能很快接受或很快融洽关系等。

三、老年职工的心理特征

老年职工觉悟较高，工作态度严肃认真，一丝不苟。但生理功能逐渐老化，也导致心理功能老化，身体素质逐步下降，思维方式出现迟缓僵化，看不惯现在的年轻人的打扮和消费观念。所以，班组长在思想上要经常开导老年职工，对老年职工要关心、尊重，多为他们解决一些实际困难，让其在班组管理中发挥积极作用。

第六节　班组成员心理与人际关系

班组中的人际关系对职工的行为会产生积极或消极的影响，一个班组人际关系的状况不仅影响职工个人交往，也影响着整个班组管理活动的效果。

一、人际关系的含义

人际关系是指人与人之间的相互交往、相互作用、相互满足需要的状态。人与人之间的关系是由人的社会性决定的。在班组中，人际关系的主流应当是平等、互助、友好、合作，互相关心，互相服务的。在经济运行、人才开发和创建自控型班组活动中引入竞争机制，不以一部分人的胜利和另一部分人的失败为目的，而是在平等的条件下，以提高整体经济效益和人才素质为目的。人们之间相互满足需要并不等于相互索取或相互利用，师傅带徒弟、强者帮弱者，并不是为了获得报偿，而是出于履行社会责任的愿望。对人际关系的理解，美国心理学家梅奥有以下观点：

（一）人是社会的人

这是人际关系学的理论出发点。人的行为不只受到物理和生理因素的影响，更为重要的是受到社会心理因素的影响。

（二）影响工效的要素

工作条件和工资报酬不是影响工效的第一要素，工效的高低主要取决于职工的士气，而士气又来源于人与人之间的和谐关系。所谓士气，就是人们在工作中所表现的态度，它受家庭、社会和企业中人际关系等因素的影响。

（三）人在生活中的地位

每个人都生活在群体之中，群体行为对个人行为有很大的影响。群体可分为正式群体和非正式群体，管理人员要特别重视两种群体的相互作用。

（四）人的行为复杂

人的行为是复杂的，既有符合逻辑的行为，也有不符合逻辑的行为；既有理性的行为，也有不理性的行为。管理人员不能简单处理，否则会伤害人的感情，增加被管理者与管理者之间的隔阂。

二、班组人际关系中的心理障碍分析

在实际中班组人与人之间的沟通中会出现一些意想不到的差错，这些差错的出现是由人际关系中的心理障碍造成的。

（一）嫉妒心理

嫉妒心理是一种不健康的病态心理，是一种消极的心理品质，是一种不良的性格特征，也可以说是不道德的行为。嫉妒具有以下几个特征：

1. 伪装性。一般不直接表露出来，不易使人察觉。

2. 自私性。这是嫉妒的本质特征——极端自私。这些人有才干，但心胸狭窄、私欲极强、追求虚荣，一旦自己得不到满足而别人得到了就嫉妒，情绪暴涨、怨天怨地，就是不怨自己，总想把别人拉下来。

3. 排他性。嫉妒一般发生在同工种、同年龄、同性别、条件相似，水平相近，具有同等竞争力的人之间。

4. 攻击性。矛盾始终对着被嫉妒的对象，总爱挑别人的毛病，甚至变友为仇。

（二）攀比心理

攀比心理的产生一般是职工个人横向比较而产生的，攀比心理和职工的不公平感是同向的，在班组中常见的是比工资、比奖金、比收入，当别人收入比自己高时、进步比自己快时，心理上就产生一种不满的情绪。

(三)报复心理

报复心理是主体上感到受侵犯或挫折后产生的攻击性对抗心理倾向。报复心理主要是由认识障碍造成的。有的人只看表面现象，把表面现象、偶然巧合当成真的，“听风就是雨”；有的人缺乏思考能力，受暗示性较强，“一促就上”；有的把自身原因造成的问题归结为他人，“以牙还牙”。如某职工因内盗问题受到处分，常怀疑是某同事向领导汇报才使自己受到处理，时常要寻衅出气。

(四)逆反心理

逆反心理就是在一定条件下，受教育者产生与教育者的意志和愿望背道而驰的心理行为。越宣传提倡做什么事情，则越表示反感；越批评错误的思想言论，越表示支持和同情。职工一旦产生逆反心理，往往会固执地用这种非正常的心理去对抗各种正确的道理，使管理和思想工作产生负效果。

以上四种心理表现形式都是影响班组人际关系的心理障碍，在日常班组生产和管理活动中应该引起注意并及时解决。

三、影响班组和谐人际关系的因素

在班组生活中，人与人的关系是各种各样的，其关系程度差别甚大。从心理角度上分析，影响和谐人际关系的因素主要有以下几个方面。

(一)理想、信念、人生观的一致性

班组中人与人之间有共同的理想、信念与人生观，对某些问题的态度相同，思想感情上就融洽，易形成亲密关系。在这种基础上建立的密切关系，形成较慢但牢固性大，经得起考验。

(二)人的个性

有的人热情、谦和、待人诚恳、乐于助人、品德高尚、豁达大度，人们都乐于与之交往；有的人心胸狭窄、尖酸刻薄、飞扬跋扈、无事生非、私心很重、以邻为壑，人们都不愿与之来往。

(三)地理位置区域性

凡地理位置相近者，如工作台位、场所相邻，上下班一路的同事，一同居住的邻居，彼此接触机会多，易形成良好的人际关系。俗话讲“远亲不如近邻”就是这个道理。

(四)交往频率性

人与人由于共同工作、学习、生活，或由于地理位置相邻近，相互交往次数较多，较易具有共同的经验、话题，容易了解对方对自己的态度、感情，容易建立密切的人际关系。

(五)态度和兴趣的类似性

俗话说“物以类聚，人以群分”，“酒逢知己千杯少，话不投机半句多”，就是指人总是喜欢和自己态度和兴趣相类似的人进行交往。

(六)需求的互补性

有一个有趣的现象，人与人不仅兴趣爱好相同时喜欢在一起，彼此特性相反者亦有相互吸引的现象。如脾气急躁的人与脾气温和的人，性格外向的人与性格内向的人，喜欢主动支配别人的人与期待别人支配自己的人，这些人在一起，需求相互得到补充和满足，也可形成良好的人际关系。这种情形在异性的人际关系中尤为常见。

(七)团体的目标、性质和管理性

具有共同利益和目标的团结、和谐型班组，易形成良好的人际关系。具有各自利益和目标的竞争型团体不易形成良好的人际关系。取得成功的班组易形成良好的人际关系。遭受挫折失败的团体易相互埋怨、指责。民主型团体易形成良好的人际关系。

四、班组长如何建立良好的人际关系

(一)端正对人际关系的看法

首先取决于对人际关系的看法,即出于什么样的动机,按什么样的原则,企图最终与别人建立什么样的人际关系。班组长在处理人际关系时,应该在社会伦理、道德和常规的范围内实行利他主义,先人后己助人为乐。有了这样的思想基础,班组成员就乐于同班组长交往,易于形成良好的人际关系。

(二)改变不良的人际关系反应特征

每个人的人际关系反映特征各不相同,因此会引起不同的人际关系效果。感情动机很强,性格随和,关心、帮助、爱护、体贴他人又能主动与别人交往者,必然能和别人形成良好的人际关系;反之,自高自大、权欲过重,总想支配控制他人,或处处与人竞争、树敌过多、锋芒毕露,或自视清高、性格孤僻、沉默寡言、待人冷淡,拒人千里之外者,就不易形成良好的人际关系。

(三)以诚待人

要形成良好的人际关系,必须待人热情、诚恳,真心实意地与别人交往。交往时要关心、体贴、同情、理解别人。班组长在实际管理工作中,要注意培养自己同班组成员交往中的共知感。心目中装着他人,设身处地为他人着想,将心比心,善于体谅人,与大家分担忧愁,共享欢乐。因为,同情和理解是与别人进行合作的感情基础。

(四)尊重他人

班组长要注意尊重班组成员的劳动,尊重班组成员的人格。只有尊重别人,才会赢得别人的尊重。在和班组成员讨论问题时,要尊重别人的想法,肯定别人的正确意见,同时还要对他人意见的不足之处给予弥补。即使他人的意见是完全错误的,也要用对方容易接受的方式,实事求是地、善意地提出来。

(五)正确运用权力和控制

班组长有一定的职责和权力,然而权力和控制是完成任务的手段和工具。班组长具有的权力仅以完成工作任务为限,不应追求完成职责以外的权力,更不能把权力当成满足个人心理需要的手段。班组长要尽量少用居高临下的命令和支配语句,因为那只能使班组成员处于被动状态并引起反感;采用平等协商、说服支持、帮助的态度则使班级成员处于主动状态,更受他们的欢迎。

(六)严于律己

班组长在班组管理工作中,必须谦虚谨慎,言行一致,严格要求自己,要不怕吃亏,要求别人做到的自己首先做到,用自己的人格魅力管理班组。即使自己有某些长处和成绩,也不要处处显示,对自己的缺点要勇于做自我批评。对班组成员的批评应虚怀若谷,客观地做出分析和判断,不应形成偏见。对班组成员的工作要多看长处和成绩,多给予鼓励和肯定。班组职工如确有缺点必须进行批评时,也要注意场合、讲究方式,不要言辞过激、急风暴雨、指责训斥。

综上所述,班组长对上交际时要注意以下几个方面。熟悉上级的心理特征,加强正常的心理沟通;服从上级领导不抗拒排斥;要敢于指出或弥补上级的错误,但不一定用逆耳之言;要有耐心,经得起挫折和反复。对下交际要做到"四忌":一忌结帮拉派;二忌居高临下;三忌嫉贤妒能;四忌粗暴训斥横加指责。同级交际时应注意:一是大局为重不分彼此;二是既扫个人门前雪，又管他人瓦上霜；三是待遇上不争名利；四是与人为善友好相处；五是气质上追求异质互补，少追求同质性。无论是同谁交际都要做到彬彬有礼，不卑不亢。

总之，良好的人际关系是班组团结的基础，是搞好创建自控型班组活动的重要保证。现代医学心理学研究表明，人类的心理适应，最主要的是对人际关系的适应。

第七节　班组管理心理学应用案例

一、如何管理班组中的"能人"

（一）知识要点

管理"能人"，首先要相信他们，不要以为他们给你带来了什么样的威胁。你要知道他们为你的集体补充了活力！在互相尊重的基础上把他们照顾好。有一种管理叫"拇指管理"，多表扬、多肯定他们的成绩，让"能人"各负其责充分施展他们的能力，为你的班组尽力。

（二）案例

【案例 9-1】嫉贤妒能

建安五年，袁绍厉兵秣马，准备率十万大军攻伐曹操。袁绍的谋臣田丰认为此举不足取，便对袁绍说："现在徐破，曹操军队锐气大增，不可轻敌，不如以久持之，待可动也。"然而袁绍头脑发昏，哪里肯听。田丰再谏，袁绍发怒了："汝等弄文武，使我失大义！"田丰依旧劝诫袁绍："若不听臣良言相劝，出师不利。"袁绍大怒，将田丰投入大狱，率军出征。

结果，官渡一战，袁绍被曹操杀得人仰马翻，大败而归。这时，狱吏来见田丰说："与君贺喜！"

田丰说："何喜可贺？"

狱吏说："袁将军大败而归，君必见重矣。"

田丰很了解袁绍的为人，他笑道说："吾今死矣。"

狱吏很吃惊："人皆为君喜，君何言死也？"

田丰说："袁将军外宽内忌，不念忠诚。若胜而喜，犹能赦我；今战败则羞，吾不望生矣。"

袁绍回来，果然以妖言惑众的罪名将田丰杀了。

分析：

由上可知，作为一名管理者，要想做到乐于用比自己强的人，就必须克服嫉贤妒能的心理。有些管理者之所以不乐意用比自己强的人，除了怕这些人难以驾驭，担心彼此之间容易发生意见分歧，工作会受到影响外，主要还是嫉贤妒能的心理在作怪。总以为自己是领导，各方面都应该比别人高一筹，因此，遇上比自己能力强、本领大的人时，就萌生妒意，采取种种办法压制他们。

嫉贤妒能，是抑制和扼杀人才的一种腐朽、落后的意识，对于管理者的事业妨碍极大。

【案例 9-2】用强者胜

汉高祖刘邦平定天下之后，在洛阳的庆功宴上就曾说过这样的话："夫运筹策帷帐之中，决胜于千里之外，吾不如子房；镇国家，抚百姓，给馈饷，不绝粮道，吾不如萧何；连百万之军战必胜，攻必取，吾不如韩信。此三者，皆大杰也。吾能用之，此所以取天下也。项羽有一范增而不能用，此所以为我拎擒也。"

分析：

刘邦还是很有自知之明的，他知道自己不是全才，在很多方面不如自己的下级。他之所以能打败不可一世的楚霸王项羽，一统天下，是因为重用了一些某些方面比自己能力更强的人。而恰恰是在这一点上，刘邦表现出了一个统帅最值得称道的品格和能力。

打天下如此，做其他事业也莫不如此。

因此，如果你真心希望你的职工能够各尽其才，为你的事业而奋斗，就必须敢于起用他们，让他们的才华帮助铸就事业的辉煌。

二、赞美是职工的心理需求

（一）知识要点

找到赞赏职工的理由赏识职工，让职工在被赞赏中产生满意度和成就感，从而激发工作激情和内在潜能，才能振奋精神，使其全身心投入工作。

因此，赞赏应成为企业中最有效的激励手段之一，呼唤赞赏不仅是职工的心理需求，也应该是当代企业管理的需求。

当然，赞赏也要讲究方法，要真诚、及时，实事求是，不吝啬也不滥用，要恰如其分，客观评价。既要充分发掘每个职工身上的“闪光点”，也要适度地指出其美中不足，促使和引导职工扬长避短、追求卓越，化赞赏为绩效。

（二）案例

【案例 9-3】小张的“新生”

青工小张脾气暴躁，与班组职工经常发生争吵，平时工作也不认真，多次成为车间的“焦点”，先后在几个班组频频“挪动”，最终都和班组职工闹得不欢而散，谁都不愿意跟他在同一个班组。可最近小张像变了一个人似的，不仅与大伙儿的关系越来越融洽、业务技能越来越娴熟，而且上个月还连续发现和排除了两起设备隐患，成了备受大家注目的人。原来班长运用赞赏的方法改变了他。即通过挖掘其身上的闪光点，对其进步及时赞赏，在赞赏和鼓励声中，小张找回了自尊和自信，进而产生干好工作的动力。

分析：

在班组管理中常常有这样的说法“与其责怪职工不努力，不如激励其潜能”。的确，班组作为一个整体能够有效协调运转，除了要具备良好的管理架构和严格的规章制度外，更需要班组长充分运用激励的方式，善于赞赏职工，以满足职工的精神需求，从而鼓舞士气、协调人际关系，达到增强班组的凝聚力和向心力，促进班组职工的团结协作的目的。

心理学家威廉·杰姆斯曾经说过：人性最深层的需要就是渴望别人的赞赏。获得别人的认可和赞赏，同样也是企业中每一名职工潜意识的心理需求，管理者对下级毫不吝惜的赞美和赏识，不但能有效地激发出职工的自信心和工作动力，而且还能融洽上下关系，使工作变得优质高效。

三、如何管理蛮横的职工

这种职工有勇气，但脾气暴躁，持有“两个拳头就是天下”的心理，恃强鲁莽，但为人很讲义气，敢为朋友两肋插刀，属性情中人。他们的优点是为人单纯，没有多少曲折的心机，敢说敢做敢当，有临危不惧的勇气，对自己衷心佩服的人言听计从、忠心耿耿，绝不出卖朋友。缺点是对人不对事，服人不服法，任凭性情做事，只要是自己的朋友，于己有恩，不管他犯了什么错误，都盲目地给予帮助。也因其鲁莽，往往会引发突发性地事件。

【案例 9-4】二桃杀三士

春秋时期，齐国有田开疆、古冶子、公孙捷三勇士，很得国王齐景公宠爱。三人结义为兄弟，自诩“齐国三杰”。他们挟功恃宠、横行霸道、目中无人，甚至在齐王面前也“你我”相称。乱臣陈无字、梁邱据等乘机收买他们，阴谋夺取政权。

相国晏婴眼见这种恶势力逐渐扩大，危害国政，暗暗担忧。他明白奸党的主力在于武力，三勇士就是王牌，屡次想把三人干掉，但他们正得宠，如果直接行动齐王不依从，反而弄巧成拙。

有一天，邻邦的国王鲁昭公带了司礼的臣子叔孙来访问，谒见齐景公。景公立即设宴款待，也叫相国晏婴司礼，文武官员全体列席，以壮威仪。三勇士也奉陪左右，威武十足，摆出不可一世的骄态。

酒过三巡，晏婴上前奏请，说：“眼下御园里的金桃熟了，难得有此盛会，可否摘来宴客？”

景公即派掌园官去摘取，晏婴却说：“金桃是难得的仙果，必要我亲自去监摘，这才显得庄重。”

金桃摘回，装在盘子里，每个有碗口般大，香浓红艳。景公问：“只有这么几个吗？”

晏婴答：“树上还有三四个未成熟，只可摘 6 个。”

两位大王各拿一个吃，佳食可口，互相赞赏。景公乘兴对叔孙说：“这仙桃是难得之物，叔孙大夫贤名远播，有功于邦交，赏你一个吧！”

叔孙跪下答：“我哪里及得上贵国晏相国呢，仙桃应该赐给他才对！”景公便说：“既然你们相让，就各赏一个！”

盘里只剩下两个金桃，晏婴处处请示景公，传谕两旁文武官员，让各人自报功绩，功高者得食此桃。

勇士公孙捷挺身而出，说：“我从前跟主公在桐山打猎，亲手打死一只吊睛白额虎，解主公的围，这功劳大不大呢？”

晏婴说：“擎天保驾之功，应该受赐！”

公孙捷很快把金桃咽下肚里去，傲眼左右横扫。古冶子不服，站起来说：“虎有什么了不起，我在黄河的惊涛骇浪中浮沉九里，斩骄龟之头，救主上性命，你看这功劳怎样？”

景公说：“真是难能，若非将军，一船人都要溺死，把金桃和酒赐给他。”可是，另一位勇士田开疆却说：“本人曾奉命去攻打徐国，俘虏 500 多人，逼徐国纳款投降，威震邻邦，使他们上表朝贡，为国家奠定盟主地位。这算不算功劳？该不该受赐？”

晏婴立刻回奏景公说：“田将军的功劳，确比公孙捷和古冶子两位将军大 10 倍，但可惜金桃已赐完了，可否先赐一杯酒，待金桃熟时再补？”

景公安慰田开疆说：“田将军！你的功劳最大，可惜你说得太迟。”

田开疆再也听不下去，按剑大嚷：“斩龟打虎，有什么了不起？我为国家跋涉千里，血战功成，反受冷落，在两国君臣前受辱，为人耻笑，还有什么颜面立于朝廷上？”拔剑自刎而死。

公孙捷大吃一惊，亦拔剑而出，说：“我们功小而得到赏赐，田将军功大，反而吃不着金桃，于情于理，绝对说不过去。”手起剑落，也自杀了。古冶子跳出来，激动得几乎发狂地说：“我们三人是结拜兄弟，誓同生死，今两人已亡，我又岂可独生！”话刚说完，人头已经落地，景公想制止也来不及了。齐国三位武夫，无论打虎斩龟，还是攻城略地，确实称得上勇敢，但只是匹夫之勇。两个桃杀了三个武士。他们不能忍耐自己的骄悍之勇，才被晏婴利用。

这就是历史上有名的“二桃杀三士”的故事。听了这一故事，你们能总结出对待凶悍下属的管理办法吗?

分析:

由于这种职工一般情况下文化程度不高,有勇无谋、性情暴躁,逻辑判断和思维能力较差,所以对他们遇事说理很难几句说服;但他们对待自己衷心佩服的人言听计从,忠心耿耿,对人不对事,为此,针对这种人最重要的是如何让他们心悦诚服于你。

第一,认真观察了解这些职工的心理,找到他们理想中的班组长或朋友形象。第二,用你的聪明智慧设计一些看似自然的事件来表现你的处事才能,从而尽快收复此人心,使你成为他们理想中的朋友。第三,管理这种人,应注意想方设法发挥他们敢作敢当、忠于朋友等优点。譬如,工区出现歪风邪气,在班组例会上可先让他们发表看法,从而打破僵局、引导正气。第四,要时刻防止他们的鲁莽行事,以免造成一些不必要的后果。

四、如何批评职工

(一)知识要点

批评要讲究方式方法。批评是班长进行管理工作中不可缺少的方法之一。大多数人都会觉得听人批评是难堪的事。班长批评员工,主观上是希望通过批评促进他们克服和改正错误。的确,批评有品评、判断、指出好坏的含义,其积极作用应该可以激励人、鞭策人、教导人。然而,我们说出来的话,说话的方式往往与我们预期达到的目标相去甚远。因此我们在批评员工时应该本着与人为善的态度,讲究方式方法,讲究批评的艺术。

班组管理最主要的就是做人的工作,自然免不了要对工作中出问题的职工进行批评教育,但班组长在批评教育班组职工时既要讲原则,不迁就其错误的思想行为,又要讲感情,照顾职工的感受,尊重他们的自尊心,深入细致地做好思想政治工作,摆事实、讲道理、不扣帽子、不打棍子、不抓辫子,要讲究方式方法,态度要诚恳,语言要柔和,允许被批评者进行解释和提出不同的意见。对职工存在的问题,要深入挖掘原因,并结合职工的性格、素质等综合因素,采用"一把钥匙开一把锁"的方法,开展有针对性的批评教育,只能说服、不能压服,做到以理服人、以情感人。

【案例 9-5】小王的委屈

前不久,职工小王气冲冲地找到车间领导,直嚷嚷要评理。原来,小王在工作中出了差错,导致班组没有完成车间的生产考核指标,被班长劈头盖脸一顿臭骂。小王委屈地说:"工作中出了差错,按经济责任制该考核的就考核,该批评教育的就批评教育,我没有任何意见,可班组长当着全班那么多人骂我,我有些想不通。"

分析:

在日常的工作中,有的班组长批评职工时不注意方式方法,简单粗暴,不注重场合,尽管说得有理,但被批评者却感到委屈、不满,难以接受,产生了逆反心理,这不仅达不到批评教育的目的,反而搞僵了关系、疏远了感情。还有的班组长因职工犯了一次错就不管大会小会,只要有机会就讲,有机会就批,搞得犯错误的职工很长时间抬不起头来,有些自尊心强的还可能做出过激行为,引发新的矛盾。因此,班组长一定要掌握好批评教育的尺度,做到既解决问题,抑制不良行为的发展,又团结职工,化消极因素为积极因素。

第十章

劳动生理健康与职业健康管理

第一节　人体生命活动的基本生理特征及调节系统

一、人体生命活动的基本生理特征

(一)新陈代谢

新陈代谢是生命现象的基本特征。机体与周围外界的环境之间,不断进行物质交换和能量转移的过程称为新陈代谢。

代谢又包括合成代谢和分解代谢。合成代谢是指机体不断从外界环境中摄取营养物质,合成自身的物质,同时将各种营养物质的化学能量转移到自身物质中去,把能量贮存起来,这一过程也叫同化作用。分解代谢是指机体不断分解自身的物质,并将分解产物排出体外,同时释放能量,供给机体生命活动所需,这一过程又可称异化作用。

机体内的合成代谢与分解代谢是同时进行的,分解代谢愈强,合成代谢就愈旺盛,二者密切关联。

(二)应激性

机体对外界环境条件的变化有发生反应的能力,这种能力或特性称为应激性。机体受刺激后发生什么样的反应,是物质能量的改变。以物质能量代谢的变化为基础,各种组织可以产生它们所特有的反应,如神经组织可以产生兴奋,肌肉除兴奋外还可以发生收缩等。

(三)兴奋性

兴奋性是机体组织受刺激后由静止状态变为活动,或由活动较弱变为活动较强的过程。人体的肌肉、神经、分泌腺等组织兴奋性比其他组织明显,而有些组织如骨组织在受到刺激后也能发生代谢变化或其他变化,但不能产生兴奋过程。

(四)适应性

机体与环境之间的相互作用,还表现在机体对内、外环境的适应方面。环境的变化往往是巨大的,比如在高温环境下,机体如果没有适当的反应,以保持体温的相对恒定,就可能产生很大的危害。这种在环境变化中以适当的反应保持自身的生存,克服可因这种变化造成危害的特性,称为适应性。

人体在劳动过程中,机体的生理功能会发生一系列适应性变化,这些变化有助于保持内环境的相对稳定性,使机体免受损害。

二、人体生理活动的调节系统

人体内部活动是高度复杂化、分工化了的。不同的细胞、组织、器官和系统,各有专门的功能活动。尽管如此，但进行活动的时候却是彼此呼应、协调一致的。因为人体的机能活动是在统一的调节方式下进行的。机体内的调节主要有两类：即神经调节和体液调节。

神经调节是人体的主要调节方式。神经调节是通过神经系统来完成的。

体液调节是人体许多组织细胞机能都离不开的调节方式。机体的某些细胞产生一些特殊的化学物质，如机体的内分泌腺，能产生并释放激素，经体液传至其他细胞后，发挥兴奋或抑制作用，以调节靶细胞、靶器官的功能。

机体的不同器官、组织或细胞，有些受神经调节，有些受体液调节，有的则受二者的双重调节。神经调节和体液调节两种方式相辅相成，前者快速而准确，后者作用缓慢而持久，共同调节着人体各种生命活动。机体是作为一个整体在活动着、生存着。比如当人体进行肌肉活动时，各部分的肌肉这里收缩那里舒张，在时间上配合默契，共同完成一个统一的动作。除了肌肉配合外，其他功能活动也密切配合肌肉的活动，如此时肌肉内血管舒张，血液流过更多，供给肌肉更多的氧气和养料，同时带走更多的废物和二氧化碳；心脏活动加强，推动更多的血液流过；呼吸功能也增强，保证获得和排出更多的气体等，均配合着肌肉活动的需要。

第二节　劳动过程中人体机能及变化

一、劳动过程中运动机能

(一)人体运动系统

人体运动系统由骨、骨连接和骨胳肌三部分组成。它构成人体的支架，并赋予人体基本形态，起着保护、支持和运动的作用。运动系统的器官占人体重的60%～70%。

骨与骨相连接，构成人体的杠杆系统—骨架、骨胳肌附着在骨架上，在神经系统的支配下，肌肉放缩，牵动骨胳产生运动。因此在劳动及运动过程中，骨是杠杆，骨连接起枢纽作用，骨胳肌则是动力。

1. 骨

骨是一个器官，在人体内有着丰富的血管和神经，它的细胞在不断新生、不断死亡，骨组织中的细胞间质也不断地进行新陈代谢。不同年龄的人，其骨的结构与化学成分都有所不同，未成年人特别是幼儿，骨组织中的有机物较多，故弹性大而硬度小，容易变形，易弯不易折；老年人骨中含无机物较多，故易折不易弯。

成年人的骨骼共约206块，每块骨都是由骨膜、管质，以及神经血管等构成，一般将人体骨胳分为头颅骨、躯干骨，上肢骨和下肢骨四部分。经常从事劳动和运动，可使骨结实强壮，发育良好，如长期不劳动不运动，骨则萎缩退有化，不良的劳动姿势，可引起骨胳发育畸形。

2. 骨连接

骨与骨之间的连接叫骨连接，可分为直接连接与关节两种，前者的活动范围很小或不能活动，后者是人体骨连接的主要形式，其功能是在肌肉的作用下产生运动。每个关节都有关节面、关节囊和关节胞三个基本结构。此外，各部位不同的关节还具有各种辅助结构，以增加关节的灵活性稳定性，如韧带、关节盘等。

关节在肌肉的牵引下，可做多种运动，如屈和伸、内收外展、旋转、环转等。

3. 骨胳肌

骨胳肌绝大多数附着在骨上，收缩时牵动骨引起肢体移动，产生各种各样的动作。骨胳肌的特点是收缩快而有力，但易于疲劳。

骨骼肌在人体的分布广泛，有人计算过全身大大小小的骨胳肌的有 639 块，占体重的 40%。四肢上的肌肉多为梭形肌，收缩时能使四肢产生大幅度的运动。躯干部位的肌肉多为阔肌，除运动机能外，还有支持和保护内脏的作用。

(二)肌肉与运动

人体各种形式的运动，主要是靠一些肌肉细胞的收缩活动来完成的。肌肉具有接受刺激产生兴奋的能力，兴奋到一定程度就会产生收缩。肌肉收缩有等长收缩和等张收缩两种主要表现。

1. 等长收缩

等长收缩，是指肌肉在收缩过程中肌肉长度不变，不产生关节运动，但肌肉内部的张力增加，就是俗话说的肌肉"绷劲"。比如我们现在能坐在电脑前保持一定的姿势，就是髋关节和腰背颈部脊柱周围的相关肌肉一直在做等长收缩，才能对抗重力维持坐着的姿势不瘫倒下来。所以虽然是坐着不动，但是时间久了一样会觉得腰部的肌肉疲劳酸痛，就是因为只是看起来不动，实际一直在收缩做功。

依靠肌肉等长收缩维持一定体位所进行的劳动为静态作业，其特点是能耗水平不高，但易产生疲劳。

2. 等张收缩

和等长收缩相对应的就是等张收缩。可以把上面的定义反转过来，就是肌肉收缩的过程中张力保持不变，但长度缩短(或者延长)，引起关节活动。日常生活中的一举一动都是肌肉等张收缩完成的。比如我们用力弯胳膊的时候，肱二头肌就会鼓起来，这就是肱二头肌在做等张收缩，内部的张力没变，但是肌腹的长度缩短(所以凸起来)，同时引起了肘关节的屈曲运动。

(三)神经与运动

人体正常姿势的维持，劳动与运动过程中各项动作的完成，主要是骨骼肌收缩的结果，而人体肌肉活动都是在神经系统调节下进行的，都是复杂的反射活动。

人类进行作业时，刚开始属于学习阶段，参与动作的各部位由大脑皮层基本运动区中的定位点，通过锥体系控制肌肉收缩，以完成动作。在动作中，肌肉感受器所感到的信息在小脑中整合后，用来指导、保证和协调动作的平稳与精确。当长期在同一个劳动环境中进行作业时，通过条件反射，劳动者可逐渐形成对该项作业极为有利的能动作用，即动力定型。此时，作业的发动点便从运动区转到运动前区，并经由锥体外系来控制肌肉活动，建立动力定型后，作业过程中各器官、系统相互配合得更协调，反应更迅速，能量消耗更经济，同样的作业使人感到更加轻松容易，不易疲劳。锻炼和练习可增强运动前区的支配作用，使大脑皮层对操作过程形成一个完整的、自动化的反应系统，这对于提高工数，减轻疲劳具有重要意义。

二、劳动过程中呼吸循环机能

(一)劳动中呼吸机能的变化

呼吸系统由呼吸道和肺两部分组成。呼吸道是气体进出肺的通道，肺是进行气体交换的场所。

体力劳动中呼吸机能的变化是显著的，主要表现在每分钟呼吸次数，每分钟通气量等方面。正常成年男子安静时每分钟呼吸 16～20 次，女子比男子稍多。从事体力劳动时，呼吸频率随劳强度的增大而增多，重作业可达 30～40 次/min。人体在安静状态下肺通气量为 6～8 L/min，进行体力劳动时，由于呼吸频率或呼吸深度增加，肺通气量必然加大，可增到 40～120 L/min，经常参加体力劳动和运动的人肺活量较大，劳动中，呼吸机能的变化主要表现为肺活量增大，缺乏锻炼者则主要表现为呼吸次数的增多。

（二）劳动中循环机能的变化

血液循环系统包括心脏和血管。人体的新陈代谢需要氧和营养物质，同时又不断产生二氧化碳和代谢产物，以维持整个机体的正常生命活动。在此过程中，循环系统担负着供氧、输送养料和排除代谢产物的重任。

正常成年人的血量约为体重的7%～8%。全身血量分为两部分，安静时大部分在血管内流动的血称为循环血量，还有一部分贮存在肝、肺、取腔静脉等处的毛细血管中，称为贮存血量，约占体重的1%。当人体从事体力劳动、脑力劳动、运动或情绪激动、体温升高或失血时，贮存血液很快释放出来加入循环血中，同时消化、排泄等器官的血液也转移到肌肉或脑组织，以满足这些器官的需要，当上述活动停止后，不需要的循环血又进入贮血器官，以减轻心脏的负担。这种血液转移的现象称为血液重新分配。

三、劳动过程中能量和氧供应

（一）劳动时的能量供应

人体各种生命活动需要以能量作为动力，例如：心肌的舒缩、血液的流动、腺体的分泌、神经兴奋的传导、胃肠的蠕动、骨骼肌的收缩等，都需要能量来做功。我们把人体在清醒、静卧、空腹和20 ℃的环境温度条件下所测得的能量消耗值称为基础代谢率，它是单位时间内维持最基本的生命活动所消耗的最低限度的能量。

体力劳动时，肌肉处于活动状态。肌肉收缩需要消耗大量能量，因此代谢率增强，有时可高出基础代谢的10～20倍。肌肉活动的直接能量来源是三磷酸腺苷（ATP），是肌肉中贮存的唯一直接能源。当肌肉活动时，ATP在酶的催化下，迅速分解为二磷酸腺苷（ADP）和无机磷酸，同时放出能量。它分别由三种不同的能源系统供给：

1. 高能磷酸化物系统（ATP-CP）

虽然ATP是所有细胞直接利用的能量来源，但其数量是有限的。在任何一个时间里，体内只储存有85 g ATP。这是维持4～6 s全速短跑运动所需要的量。为了持续供应能量，必须不断合成ATP，通过储存在肌肉内的磷酸肌酸（CP）分解而合成。这些能量的合成速度与被分解的速度几乎相同，在30 s以后，50%的能量重新生成，2～5 min内能重新生成100%的能量。使我们能够重复许多起着高强度的运动，而不会精疲力竭。

2. 乳酸系统

又称无氧酵解系统，指糖在无氧的情况下进行酵解产生乳酸，酵解过程所释放的能量可用于ATP再合成。贮存于肌肉中的糖元在没有氧气或供氧不足时，可通过酵解途径释放能量。乳酸系统的特点是进行无氧酵解，释放能量迅速。但ATP生成有限，终产物乳酸积累达定数值时可导致肌肉疲劳。在持续1～3 min的剧烈活动中乳酸系统是主要的供能系统，也是人在危急状态下采取特别措施的能量基础。

3. 有氧代谢系统

在氧气供应充足的条件下，糖完全氧化分解，生成氧化碳和水并释放大量能量。从事劳动强度小时间长的作业时，有氧代谢是主要的供能方式。有氧代谢系统的特点是在有氧的条件下分解糖、脂肪和蛋白质，能量释放较慢，但生成的ATP多，且没有导致疲劳的副产品。

劳动时，人体以何种方式供能，取决于需氧量与吸氧量的相互关系。当吸氧量能满足需氧量时，机体以有氧代谢供能；反之，则需无氧代谢参与供能。劳动强度越大，需氧量越大，无氧代谢供能所占的比例也愈大。

(二)劳动时的氧供应

1. 需氧量

人体为维持某种生理活动所需要的氧量,称为需氧量。劳动时,随着劳动强度的加大和劳动时间的延长,需氧量也相应增加。在坚持较大强度作业时,由于呼吸和循环系统在肌肉开始活动阶段有较大惰性,不能和肌内收缩同步进入工作状态,以致氧的实际供应量,暂时落后于需氧量,这样就要在一定的无氧代谢状态下工作,不足部分的氧留待活动后恢复期偿还。

2. 摄氧量

吸入并供人体实际消耗或组织利用的氧量称为摄氧量。安静时,每分摄氧量与每分需氧量保持着供求平衡关系。当人体进行最大负荷肌肉活动时,氧运输系统各个环节的机能在经历短时间后达极限水平。

3. 氧债

在进行剧烈肌肉活动中,需氧量超过最大摄氧量,体内所欠负的氧称为氧债。从肌肉活动停止时起,到脉搏和呼吸恢复到正常水平止,这段时间用以偿还体内所欠的氧债。

四、劳动过程中体温变化调节

在人体内,营养物质经过氧化不断产生能量。这些能量除小部分被利用作功外,其他大部分都转变为热能,这种热能就是体温来源。

人体的体温经常保持恒定。正常体温直肠温度平均为 37.5 ℃,口腔温度平均为 37 ℃,腋窝温度平均为 36.8 ℃。

(一)产热和散热

1. 产热过程体温来源于物质代谢。物质代谢增强,产热量增高,体温就升高。

人在安静时主要靠肝、肠、肾等器官产热。在运动或劳动时,骨骼肌是产热的主要器官。剧烈活动时骨骼肌的产热可占总热量的 90%以上。在寒冷情况下只靠肝脏等器官产热不足以保持体温恒定,因此,骨骼肌会产生不自主的收缩,发生战栗现象,以产生大量热来维持体温恒定。

2. 散热过程人体的热量绝大部分由皮肤发散,小部分由肺和呼吸道发散。皮肤的散热方式有辐射、传导、对流和蒸发四种。

(1)辐射:当周围环境温度低于皮肤温度时,人体表面的热量以一种辐射的形式向外放散。环境温度越低,人体由辐射而丧失的热量便越多。相反,当环境温度高于人体皮肤温度时,身体表面将吸收周围高温物质辐射出来的热,因此,体温升高。

(2)传导:传导是通过物体分子传播热量。人体皮肤和皮下组织是不良的导热体,因此在空气中,由传导发散的热极少。当人体浸在冷水中时,则散热较快,因水的导热性较大。

(3)对流:人体在冷环境中有相当大一部分热量是因空气对流而发散的。对放时由于皮肤温度比周围气温高,所以与皮肤最接近的一薄层空气的温度很快被加热而上升,周围较冷的空气就流进来代替。通过冷空气不断对流,身体的热不断发散。风速越大,对流发散的热就越多。

(4)蒸发:人体皮肤不断有汗水排出每克汗水在皮肤表面蒸发时可带走 0.58 千卡的热量。当外界气温高到与皮肤温度相等或高于皮肤温度时,机体的散热只能以排汗蒸发为主。

皮肤血管的反射性收缩和舒张,在散热方面起很大作用。人在热时皮肤发红、冷时皮肤变白,这是因为皮肤的毛细血管在热的影响下反射性舒张,使大量血液流向体表以加速散热;而寒冷时,皮肤毛细血管反射性地收缩使流向身体表面的血液减少,以便以发散的热量少。

（二）劳动时体温的调节

劳动时人体内物质能量代谢加快，产热增加。但有时散热过程落后于产热过程，因此在劳动时及其后一段时间内，体温有所上升。劳动时人体温度的适度增高对机体是有利的。适宜的温度，能提高神经系统的兴奋性，加快神经传导速度；提高肌肉组织中血流速度和血流量；加快氧和二氧化碳的交换速度，因此，对提高人体作业能力有利。体温上升的多少与作业强度、时间及作业环境的温度、湿度有关。

一般认为，正常的劳动体温不应超过安静时的 1 ℃；超过这一限度，人体不能适应，劳动不能持久进行，若勉强进行还会导致不良后果。

五、劳动作业姿势与人体机能

（一）作业姿势同视觉的关系

在进行作业的过程中，需要考虑最容易看见东西时的眼睛高度和离眼睛的距离。例如，在必须降低眼睛高度的情况下，就要形成下蹲、前屈、侧屈的姿势等。在必须提高眼睛高度的情况下，就要形成后仰或踮脚的姿势。保持或反复这样的姿势，是引起过早疲劳和降低能力的原因。

（二）作业姿势同循环的关系

如公交车上的拉手扶久了手指会发麻，如长时间一直站着则脚会出现浮肿，这是日常的经验。

因为在远离心脏部位的身体上部或下部的地方，由于重力缘故，血液流动往往变得缓慢了。因而，手部操作点过高或影响血液循环的姿势，如下蹲或把头低下的前屈姿势要尽可能避免。

（三）作业姿势同身体重心的关系

用两手持重物上举时，上半身会自然地向后，这是因为持重物而使重心位置前移，为防止身体的平衡遭到破坏而作出的适应。在推车或拉车的场合下，身体的倾斜程度与车子的重量成比例。因此，身体的重心位置，不论是否意识到，它都是与作业姿势有关的。在保持平衡稳定的姿势方面是不能忽视重心问题的。

（四）作业姿势同动作中心点的关系

在手指作业的场合，肘关节是它的中心；在上肢运动时，肩关节是它的中心；在下肢运动时，股关节、膝关节是它的中心；在上半身运动时，股关节成为它的中心。另外，在挥动铁锹或铲的时候，需要整个上肢的运动，同样地，在搬运工作中，下肢的运动成了中心。为使身体各部的运动自由地进行，必须考虑这些运动的中心点在哪里。例如，对于作业点的位置即作业姿势的决定方面，考虑它们的中心点高度和运动部分的可动范围。

第三节　职业健康管理

一、职业病的概念及分类

《中华人民共和国职业病防治法》明确规定，职业病是指企业、事业单位和个体经济组织等用人单位的劳动者在职业活动中，因接触粉尘、放射性物质和其他有毒、有害因素而引起的疾病。

根据 2013 年 12 月 30 日修订的《职业病分类和目录》，职业病包括十大类（132 种），分别是：

1. 职业性尘肺病及其他呼吸系统疾病等 19 种。

（1）尘肺。有硅肺、煤工尘肺等 13 种 。

(2)其他呼吸系统疾病。过敏性肺炎、棉尘病等 6 种。

2. 职业性放射病。有外照射急性放射病、外照射亚急性放射病 、外照射慢性放射病 、内照射放射病等 11 种。

3. 职业性化学中毒。有铅及其化合物中毒、汞及其化合物中毒等 60 种。

4. 物理因素所致职业病。有中暑、减压病等 7 种。

5. 职业性传染病。有炭疽、森林脑炎等 5 种。

6. 职业性皮肤病。有接触性皮炎、光敏性皮炎等 9 种。

7. 职业性眼病。有化学性眼部烧伤、电光性眼炎等 3 种。

8. 职业性耳鼻喉疾病。有噪声聋、铬鼻病等 4 种。

9. 职业性肿瘤。有石棉所致肺癌、间皮癌,联苯胺所致膀胱癌等 11 种。

10. 其他职业病。有职业性哮喘 、金属烟热等 3 种。

二、职业危害因素

职业性危害因素又称生产性危害因素,是指能对职工的健康和劳动能力产生有害作用并导致疾病的生产因素。按其来源和性质可分为生产过程中的、劳动过程中的和与作业场所有关的危害因素三种。

(一)生产过程中接触的有害因素

1. 化学因素;工业生产中,作业工人所接触的生产原料、中间体、辅助剂、成品、副产品、杂质和废弃物等,有可能是不同毒性程度的化学毒品。

(1)常见的工业性化学毒物及危害

①金属与类金属,如铅、汞、锰、镉、铬、砷、磷等,有各自的靶器官毒性。

②刺激性气体,如氨、氯、二氧化硫、二氧化氮、光气、硫酸二甲酯、臭氧等,可能引起急性中毒,出现急性支气管炎、化学性肺泡炎和肺水肿。

③窒息性毒物,如一氧化碳、硫化氢、二氧化碳和氰化物等,可引起缺氧而发生昏迷。

④有机溶剂,如醇类、酯类、氯烃、芳香烃等,具有脂溶性,亲神经性,具有麻醉作用。此外,苯可抑制骨髓造血,氯烃可引肝损害。

⑤苯的氨基、硝基化合物,如苯胺、硝基苯等,可使血红蛋白氧化为高铁血红蛋白,从而使血红蛋白失去携氧的功能,出现紫绀和缺氧。

⑥杀虫剂,如有机氯、有机磷、氨基甲酸酯类和拟除虫菊酯类杀虫剂等。杀虫剂主要作用于中枢神经系统,中毒时可发生昏迷抽搐。

(2)生产性粉尘及危害

工业生产过程中,对固体物料进行破碎、研磨、熔融,粉料的装卸、运输、混拌以及气态物质的升华、氧化等操作时,都可能接触生产性粉尘。作业工人长期吸入生产性粉尘,其主要的病理改变是引起肺组织的纤维化,导致尘肺病。

常见的生产性粉尘

①无机粉尘,如石英、石棉、石墨、滑石、煤,铁、铅、锌、锰、稀土、水泥、陶瓷、玻璃、合金材料等。

②有机粉尘,如毛、丝、相、麻、谷物、蔗渣、木、茶、合成树脂、合成纤维等。

在生产环境中,上述种类粉尘往往是混合存在的。

2. 物理因素

(1)异常气象条件,如高温、热辐射、高湿和低温等。

(2)异常气压,如高气压、低气压等。

(3)噪声、振动、超声波等。

(4)非电离辐射,如可见强光、紫外线、红外线、射频、微波、激光等。

(5)电离辐射,如X射线、Y射线等。

3. 生物因素

如炭疽杆菌、布氏杆菌、森林脑炎病毒及蔗渣上的霉菌等。

(二)劳动过程中的有害因素

1. 劳动组织和制度的不合理,如劳动时间过长、工休制度不健全或不合理等。

2. 劳动中的精神过度紧张,如在生产流水线上的装配作业工人等。

3. 劳动强度过大或劳动安排不当,如安排的作业与劳动者的生理状况不相适应,或生产定额过高,超负荷的加班加点等。

4. 个别器官或系统过度紧张,如由于光线不足而引起的视力紧张等。

5. 长时间处于某种不良的体位,或使用不合理的工具、设备等。

(三)与一般卫生条件不良有关的有害因素

1. 生产场所设计不符合卫生标准,如厂房矮小、狭窄,车间布置不合理,特别是把有毒和无毒工段安排在同一个车间里等。

2. 缺少必要的卫生工程技术设施,如没有通风换气或照明设施,或未加净化而排放的烟尘或污水。

3. 缺少防尘、防毒、防暑降温、防噪声的措施、设备。

4. 安全防护设备和个人防护用品方面的配制有缺陷。

三、职业病发病规律与临床表现特点

职业病由生产中的各种职业性有害因素所致,故病因明确,危害因素通过各种方式接触,作用于人体到达目标器官(靶器官),在一定剂量(强度)范围,产生不同程度的危害。

不同的职业性有害因素,对人体健康的危害各不相同,因此职业病的临床表现十分复杂,可涉及全身各主要器官和系统。个体差异与职业病的发病及严重程度有一定关系,即在相同作业环境中,有的人发病,有的人不发病,有的人受害较重、有的人受害较轻。

职业危害因素还是工作有关疾病的病因之一,如腰背痛、腕管综合征,颈肩腕综合征、但不是这类病的唯一病因。

四、铁路常见职业病(表10-1)

表10-1　铁路常见职业病见

系　统	工　种	主要职业病危害因素	可能导致的职业病
通用	熔接工	电焊烟尘、高温、紫外辐射等	电焊尘肺、中暑等
	机床工车工磨工	噪声	噪声聋
	电焊工	电焊烟尘、高温、紫外辐射等	电焊尘肺、中暑等
	锻工	高温、噪声	噪声聋、中暑
	木工	木粉尘、噪声	

续上表

系　统	工　种	主要职业病危害因素	可能导致的职业病
机务	机车司机	噪声	噪声聋
	机车机械机修工	噪声电焊烟尘高温紫外辐射苯系物等	噪声聋、电焊尘肺、中暑等
	机车电气装修工	噪声	噪声聋
供电	电气试验员等	工频电场	
工务	线路工	高温	中暑
	桥隧工	高温、苯系物等	中暑
	钢轨焊接工	电焊烟尘、高温、紫外辐射等	电焊尘肺、中暑等
电务	信号工、驼峰信号工等	微波	
车务	装卸工	装卸中接触的各种化学物质	视装卸中接触的各种化学物质而定
车辆	车辆钳工	噪声	噪声聋
	铁路车辆机械制修	噪声电焊烟尘高温紫外辐射苯系物等	噪声聋、电焊尘肺、中暑等
	罐车清洗工	高温	中暑

五、职业病的预防

(一)职业病的预防遵循三级预防原则

1. 一级预防:从根本上着手,使劳动者尽可能不接触职业性有害因素,或控制作业场所有害因素水平在卫生标准允许限度内。

2. 二级预防:对作业人实施健康监护、早期发现职业损害,及时处理、有效治疗、防止病情进一步发展。

3. 三级预防:对已患职业病的患者积极治疗,促进健康。

三级预防的关系是:突出一级预防,加强二级预防,做好三级预防。

(二)铁路职业病预防措施

本文仅介绍工务段工种职业病预防措施,见表 10-2。

表 10-2　铁路职业病预防措施

部　门	工　种	一级预防	二级预防
工务段	线路工	1. 制订有效的操作规程和个人防护制度; 2. 对职工定期进行高温体检; 3. 合理安排作息时间; 4. 高温季节提供清凉饮料	1. 定期进行在岗高温体检; 2. 定期对岗位产生的高温强度进行检测与评价
	桥隧工	1. 制订有效的操作规程和个人防护制度; 2. 使用低毒油漆取代高; 3. 作业时注意通风排毒; 4. 对职工定期进行高温及油漆中有害物质的体检; 5. 合理安排作息时间; 6. 高温季节提供清凉饮料	1. 定期进行在岗高温及油漆中有害物质的体检; 2. 定期对岗位产生的有害物质浓度进行检测与评价; 3. 定期检查岗位通风排毒设施的运行情况,确保有效运转

续上表

部　门	工　种	一级预防	二级预防
工务段	钢轨焊接工	1. 使用低锰焊条取代高锰焊条； 2. 作业时注意通风排毒； 3. 制订有效的操作规程和个人防护制度； 4. 对职工定期进行职业健康检查； 5. 配备合格的个人防护用品	1. 定期进行在岗职业健康检查； 2. 定期检查岗位通风排毒设施的运行情况，确保有效运转； 3. 定期对岗位生产的危害因素浓度进行检测与评价

第四节　防暑降温

高温天气可能导致从事户外作业人员中暑甚至死亡事件的发生，给作业人员身体健康和生命安全造成了严重损害，加强高温作业和高温天气作业的劳动保护工作，防止因高温作业和高温天气作业引发的作业人员中暑和各类生产安全事故。

一、中暑的概念

中暑是指在高温和热辐射的长时间作用下，机体体温调节障碍，水电解质代谢紊乱及神经系统功能损害的症状的总称。

人在烈日或高温环境里，体内热量不能及时散发，引起机体体温调节发生障碍，或因大量出汗使体内失盐，血液浓缩、黏稠度增高，以致皮肤与肌肉内血管扩张引起血压下降、脑部缺血而导致的一种突发病症。轻者数小时恢复，重者会导致死亡。

二、中暑的诱发因素

1. 环境温度越高，越容易发生中暑。

2. 湿热比干热更容易引起中暑的发生。

3. 持续高温工作、过度疲劳等都容易发生中暑。

4. 老人、孕产妇、营养不良、过度肥胖、睡眠不足、心脑血管疾病患者、糖尿病患者、饮酒或长期卧床者在通风不良、空气潮湿的环境中也容易发生中暑。

5. 夏天露天作业，头部遭到暴晒（日射病）。

三、铁路系统容易中暑的作业和人员

1. 铁路企业高温天气露天作业包括线路施工、维修作业，接触网施工、维修作业，电务施工、维修作业，调车作业，列检作业，房建施工作业等。

2. 铁路企业高温作业的人员包括线路工、探伤工、巡道工、信号工、接触网工、调车作业人员、列检作业人员、房建施工作业人员等。

3. 铁路工务从事高温作业人员有线路工、巡道工、探伤工、桥隧工、自轮运转设备操作人员。

四、中暑症状及处理办法

中暑按病性轻重可分为先兆中暑、轻症中暑与重症中暑三种情况。

(一)先兆中暑

体温不超过 37.5 ℃。

一般表现为:疲乏、头昏、眼花、耳鸣、口渴、恶心、注意力不集中、动作不协调等症状(能坚持工作)。

处理方法:此时如能让病人立即离开闷热环境,到阴凉通风处,并松开衣服,让其喝点含盐饮料或冷开水,一般即可很快复原,如果病人不便转动,应立即打开窗户通风,或用电扇吹风,并给予清凉饮料或人丹、风油精等解暑药物,也可终止中暑的发展。

(二)轻症中暑

除了有先兆中暑表现外,还可出现以下症状:面色潮红、皮肤灼热、心悸胸闷、体温升高(38.5 ℃以上)、大量出汗、脉搏加快等。

处理方法:除需将病人立即搬离闷热环境外,还要脱去衣服,让其平卧,用冷水毛巾湿敷头部或包裹四肢和躯干,一边用电风扇吹风,让病人体温尽快下降。对面色苍白、伴有呕吐和大量出汗者,应及时服用淡盐水(1 L 水中加入 2~3 g 食盐)或清凉含盐饮料。

(三)重症中暑

重症中暑按症状可分为 4 种类型:热痉挛、热衰竭、日射病和热射病。

1. 热痉挛症状特点:多发生于大量出汗及口渴,饮水多而盐分补充不致血中氯化钠浓度急速明显降低时。这类中暑发生时肌肉会突然出现阵发性的痉挛的疼痛。

2. 热衰竭症状特点:这种中暑常常发生于老年人及一时未能适应高温的人。主要症状为头晕、头痛、心慌、口渴、恶心、呕吐、皮肤湿冷、血压下降、晕厥或神志模糊。此时的体温正常或稍微偏高。

3. 日射病症状特点:这类中暑的原因正像它的名字一样,是因为直接在烈日的曝晒下,强烈的日光穿透头部皮肤及颅骨引起脑细胞受损,进而造成脑组织的充血、水肿;由于受到伤害的主要是头部,所以,最开始出现的不适就是剧烈头痛、恶心呕吐、烦躁不安,继而可出现昏迷及抽搐。

4. 热射病症状特点:还有一部分人在高温环境中从事体力劳动的时间较长,身体产热过多,而散热不足,导致体温急剧升高。发病早期有大量冷汗,继而无汗、呼吸浅快、脉搏细速、躁动不安、神志模糊、血压下降,逐渐向昏迷伴四肢抽搐发展;严重者可产生脑水肿、肺水肿、心力衰竭等。

处理办法:昏迷、抽筋、高烧、休克等症状,属于重症中暑,是中暑中情况最严重的一种,需要立即送医院急救。

五、中暑危险辨识

(一)生产性热源

生产性热源是指在生产过程中能够产生和散发热量的生产设备、产品或工件。铁路企业主要产生生产性热源的设备(如内燃机车柴油机、锅炉)、处所(内燃机车驾驶室和机房、空调发电车机房)等,接触生产性热源的作业人员(如内燃机车乘务员、地勤检修人员、空调发电车司机)等。

(二)高温天气露天作业

1. 高温天气露天作业存在高温、高辐射,作业时,人体会出现一系列生理功能改变,这些变化在一定限度范围内是适应性反应,但如超过范围,则会产生不良影响,甚至引起病变。

2. 铁路企业高温天气露天作业包括线路施工、维修作业，接触网施工、维修作业，电务施工、维修作业，调车作业、列检作业、房建施工作业等。

3. 从事铁路企业高温作业的人员包括线路工、巡道工、探伤工、信号工、接触网工、调车作业人员、列检作业人员、房建施工作业人员等。

（三）防暑降温缺陷

1. 高温天气露天作业，作业人员患有高血压、心脏病等禁忌疾病。

2. 高温天气露天作业，防暑降温措施不到位。如未佩戴防护用品。

3. 作业环境不良。如高温、高辐射、高湿度、通风不良、气压不适等。

4. 安全管理。如未建立防暑降温措施、高温中暑应急预案不完善、未进行防暑降温检查、职业安全卫生责任制未落实、作业现场未配备清凉饮料和防暑药品、对患有职业禁忌症的人员未调整岗位、高温天气作业人员连续作业时间超过国家规定等。

5. 防暑降温设施缺乏。如未合理设置电风扇、空调、通风机等。

六、防暑降温基本知识

为了加强高温天气作业劳动保护工作，预防中暑事件的发生，铁路企业作业人员应掌握防暑降温基本常识和预防中暑措施，养成良好的生活习惯。

1. 作业人员作业时要按规定佩戴个人防护用品。

2. 各单位应当对作业人员进行上岗前职业卫生培训和在岗期间的定期职业卫生培训，普及防暑降温、中暑急救等职业卫生知识。

3. 各单位应当在高温工作环境设立休息场所。休息场所应当设有座椅，保持通风良好或者配有空调等防暑降温设施；要合理调整工休时间，注意劳逸结合，避免过度疲劳。

4. 高温天气要保证作业现场饮水或清凉饮料供应充足。现场应供给足够的合乎卫生要求的饮用茶水或清凉饮料等，有效地防暑降温；高温天气现场作业人员要随身携带防暑药物，避免发生中暑事件。

5. 作业人员出现中暑症状时，应当立即采取救助措施，使其迅速脱离高温环境，到通风阴凉处休息，供给防暑降温饮料，并采取必要的对症处理措施；病情严重者，应当及时送医疗卫生机构治疗。

6. 合理饮食，及时补充水分。饮食以清淡为好，多食富含蛋白质和维生素 B、维生素 C 的食物。因这些水溶性维生素容易随汗排出。每日补充足够的水分，特别是出汗多时，要喝些盐汽水。

7. 保持充足的睡眠。夏天日长夜短，气温高，人体新陈代谢旺盛，消耗也大，容易感到疲劳。充足的睡眠，可使大脑和身体各系统都得到放松，既利于工作和学习，也是预防中暑的措施。

8. 空调不宜过冷。医疗气象学家通过试验发现，应该不断调节居室温度，从而逐渐适应温度的较大变化。正确的做法是：居室的温度应在 26～29 ℃之间不断变换，才对身体健康有利。睡眠时注意不要躺在空调的出风口和电风扇下，以免患上空调病。

9. 降温不宜过快。大汗淋漓时，到风扇前揭开衣服猛吹，或拧开水龙头，让冷水直冲而下，实现“快速降温”，是好多人认为爽心的做法。殊不知，这种“快速冷却”的方式，常常会“快活一时，难受几天”，甚至引起各种疾病。

10. 衣服不宜过露。保健专家指出，赤膊只能在皮肤温度高于环境温度时，才能通过增加皮肤的辐射、传导散热起到降温的作用。而酷暑之日，最高气温一般都接近或超过 37 ℃，皮肤不但不能散热，反而会从外界环境中吸收热量，因而夏季赤膊会感觉更热。

七、预防中暑相关措施

在酷热的环境中，当人体体温上升时，身体机能会自然地作出一些生理调节来降低体温，例如增加排汗和呼吸次数。可是，当环境温度过高，这些生理调节不能有效地控制体温时，当体温升至 41 ℃或以上时，会出现全身痉挛或昏迷等现象，称为中暑。此时，若不及时替患者降温及进行急救，便会有生命危险。

容易中暑人群：过胖者、儿童、长者、患病者，在高温、通风不良的环境下进行大运动量活动或剧烈运动的人群，也是易中暑的高危人群。

预防中暑措施：

1. 防晒准备，如打遮阳伞，戴遮阳帽，穿着浅色、宽松和通爽的衣物，户外活动最好安排在早上或黄昏后，涂防晒霜；避免喝含咖啡因和酒类等饮品；

2. 合理安排作业时间，避免烈日下工作，最好不要在 12 时至 15 时工作，加强作业场所通风；

3. 准备充足的水和饮料，最好是 20°～25°内的；

4. 准备一些防暑降温药，如人丹、十滴水、藿香正气水；

5. 尽量不安排最不耐热的老年人、孕妇、肥胖病人、糖尿病人、慢性酒精中毒病人、正在服用抗组织胺药物的病人、抗精神病药物的人在高温下工作；

6. 安全教育和定期健康体检。

第十一章

5S 管理

第一节 5S 管理概述

5S 管理起源于 1955 年的日本工厂，是通过对生产现场全局进行综合考虑，制订切实可行的计划与措施，开展以整理、整顿、清扫、清洁和素养为主要内容的活动，对生产现场全局进行有效的规范化管理，最终营造一目了然的工作环境，培养并形成员工良好的工作习惯，提升员工的品质和素养。

20 世纪 90 年代中期我国引入并推行 5S 管理，进行规范化的管理活动，是企业存在、发展和壮大的有效途径之一。

一、5S 的定义及组成内容

5S 是源于日本的一种企业管理方法，包括整理(Seiri)、整顿(Seiton)、清扫(Seiso)、清洁(Seiketsu)和素养(Shitsuke) 五个项目，因日语的罗马拼音均以“S”开头而简称 5S，对应的是实践性极强的管理行为。现在全世界的很多企业都普遍认为 5S 是夯实管理基础、提升职工素养的最重要的管理手段。

整理：将物品区分有用的必需品和无用的非必需品，清除掉无用的物品，将空间腾出来。

整顿：将必需品定出位置放置，按规定位置和方法摆放整齐，做好明确标识进行管理，节约寻找物品的时间。

清扫：清除现场脏污，并防止污染的发生，设备异常时马上修理，使之恢复正常，保持工作现场干净整洁状态。

清洁：维持以上“3S”(整理、整顿、清扫)后的局面，将以上“3S”实施的做法制度化、规范化，保持工作场所的干净整洁、舒适合理。

素养：通过进行上述 “4S”的活动，让每个员工都养成自觉遵守各项规章制度，人人按规定行事的良好生活和工作习惯，最终达到提升员工素质的根本目的。

5S 之间的关系如图 11-1 所示。

二、5S 管理的目的

5S 的目的是创造一个干净整洁、舒适合理的工作环境，并通过工作环境的整治，达到改善和提升管理的功效。5S 中的 5 个部分不是孤立的，它们是一个有机的整体。整理、整顿、清扫是进行日常 5S 活动的具体内容；清洁则是指对整理、整顿、清扫工作的规范化和制度化管理，以便能够使整理、整顿、清扫工作得以持续开展，保持好的整理、整顿、清扫水平；素养是要求员工建立自律精神，养成自觉进行5S活动的良好习惯。

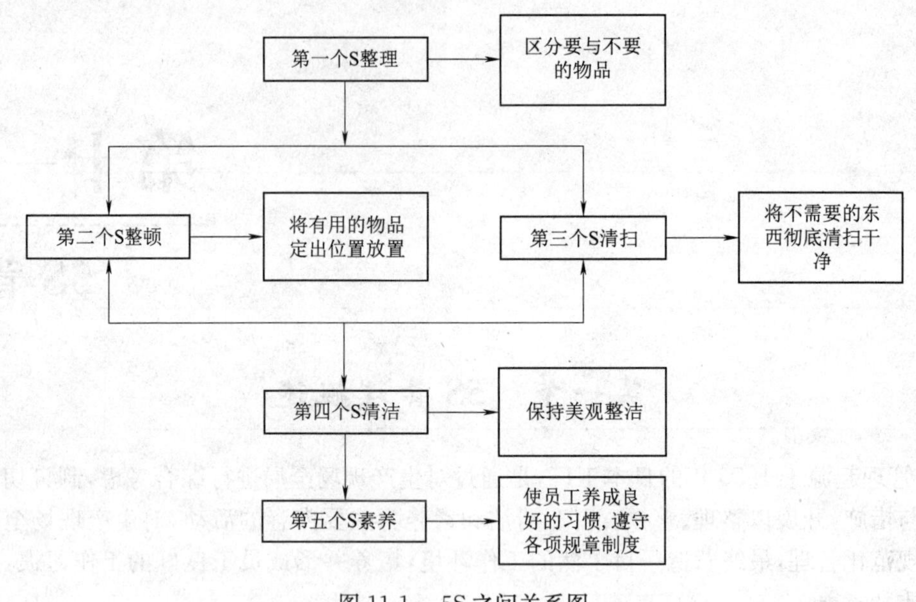

图 11-1　5S之间关系图

"十年树木、百年树人"，通过改变职工的想法、行为、习惯，进而改变其素养，绝非是一朝一夕就能实现的。5S管理是一个不断改善、创新的过程，结合不同企业现场实际情况，明确基础性管理要求，坚持不懈、勇于实践并解决实际操作过程中存在的具体问题，持续改善，提高员工素养，提升企业形象和效益。

三、5S在管理中的作用

（一）5S与成本

良好推行5S能节约生产成本，主要体现在以下几个方面。

1. 只有干净整洁的工作环境才能保证仪器、设备的可靠运行，克服员工的马虎心态，使员工集中精力工作，减少不良品的产生。

2. 减少寻找（物品及工具）的时间。通过实施5S，把材料、零部件、备用物品、工具、模具等放在容易取的固定场所，并设定必要的标识，就能够减少寻找浪费的时间，达到提高工作效率的目的。

3. 减少搬运的时间。合理的生产布局使物流流动通畅，有效缩短物品的搬运距离，减少搬运时间。另外，5S还能够有效减少通道上的阻隔现象，使物流更加畅顺。

（二）5S与库存的削减

1. 明确购买点，选择购买点。5S活动能够帮助人们清楚地认识某一物品现有的库存量，何时应该实施购买，确认购买点，从而减少由于盲目购买造成库存积压的可能性。

2. 增加购买批次，减少购买批量。根据生产计划，预测材料及零部件的数量，制订合理的采购计划，增加购买批次，减少购买批量，这是削减库存的关键。

3. 减少半成品在线上的滞留。

4. 提高管理精度，实现库存减少。

(三)5S与空间的节省和布局的改善

5S活动能节省空间,改善布局,增加空间利用率和劳动效率,减少资金,并且布局改善还可以带来以下诸多方面的效果:

1. 搬运时间缩短;
2. 步行时间减少;
3. 物料等停滞或等待时间减少;
4. 物流更加畅通;
5. 效率、安全性提高;
6. 形象改善。

(四)5S与安全

推行5S工作,可以极大地减少由于工作马虎而引起的安全事故,彻底做好5S工作可以在安全管理方面取得以下的效果:

1. 安全事故的减少;
2. 火灾等重大事故的杜绝;
3. 员工安全意识的提升;
4. 灾害或事故应急能力的提升。

(五)5S与改善员工精神面貌

干净整洁、温馨舒适的工作环境,能给员工以信心,使员工工作心情舒畅,更有成就感、归属感、自豪感,有利于吸引和留住优秀的人才,避免人才流失。

(六)5S水平是企业形象的体现

1. 能给客户以信心。未实施5S的企业将不会被有潜力的客户慎重考虑,良好的5S水准可以使客户建立信心。许多大企业在考察、评估供应商的时候,有一个必不可少的项目就是现场考察。毫不夸张地说,现场考察看的不是别的,就是企业的5S水平。

2. 得到社会和公众的信赖。干净整洁的工厂还能给相关管理部门、企业所在社区、同行业的其他企业留下良好印象,成为被称赞和学习的对象。

第二节　铁道工务与5S管理

铁路工务系统推行5S管理的目标在于经过学习、探索、实践以及持续改善,使车间、工区、班组环境焕然一新,确保生产、生活环境安全、整洁、方便;基础管理规范,井井有条;降低生产成本,提高工作效率,减少浪费;职工养成标准化作业习惯,提高职业素养;现场安全可控,提高企业形象。

一、铁路企业推行5S管理的方针

1. 人人动手,全员参与;
2. 达标、保持、改善、提高、自律;
3. 环境园林化、管理规范化、作业标准化、检查常态化;
4. 改善环境、改造设备、改造人。

二、5S管理的推行

5S管理推行的步骤与流程见表11-1。

表 11-1　5S 管理推行步骤表

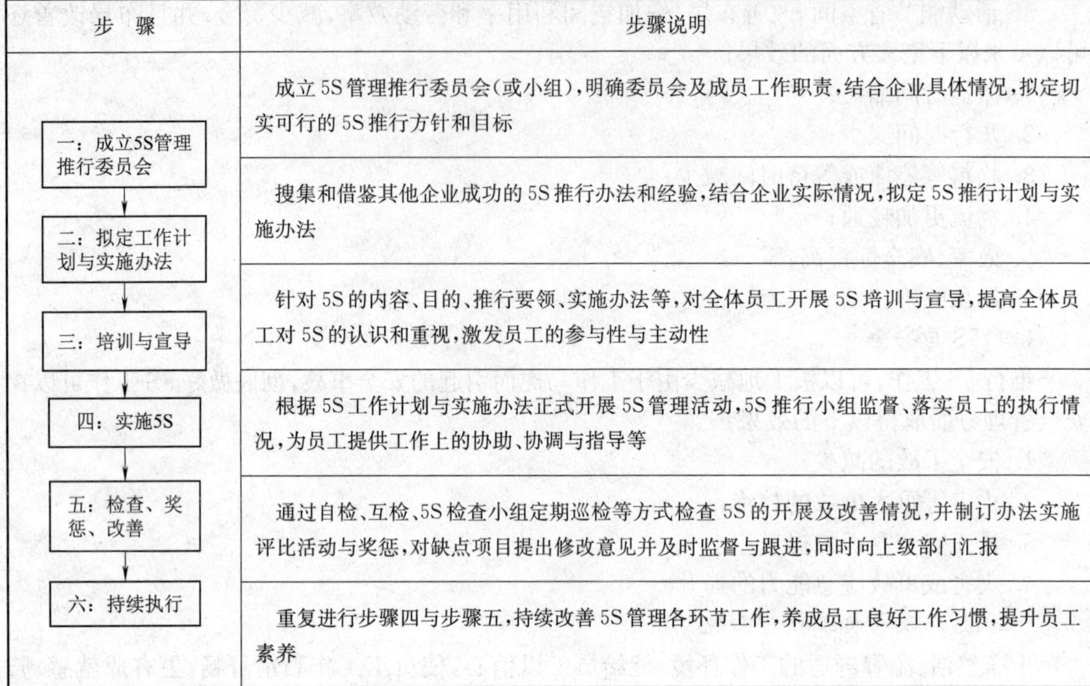

步　骤	步骤说明
一：成立5S管理推行委员会	成立 5S 管理推行委员会(或小组)，明确委员会及成员工作职责，结合企业具体情况，拟定切实可行的 5S 推行方针和目标
二：拟定工作计划与实施办法	搜集和借鉴其他企业成功的 5S 推行办法和经验，结合企业实际情况，拟定 5S 推行计划与实施办法
三：培训与宣导	针对 5S 的内容、目的、推行要领、实施办法等，对全体员工开展 5S 培训与宣导，提高全体员工对 5S 的认识和重视，激发员工的参与性与主动性
四：实施5S	根据 5S 工作计划与实施办法正式开展 5S 管理活动，5S 推行小组监督、落实员工的执行情况，为员工提供工作上的协助、协调与指导等
五：检查、奖惩、改善	通过自检、互检、5S 检查小组定期巡检等方式检查 5S 的开展及改善情况，并制订办法实施评比活动与奖惩，对缺点项目提出修改意见并及时监督与跟进，同时向上级部门汇报
六：持续执行	重复进行步骤四与步骤五，持续改善 5S 管理各环节工作，养成员工良好工作习惯，提升员工素养

三、5S 管理的实施

(一)1S——整理

整理是 5S 活动的第一步，效率和安全始于整理。整理的要点见表 11-2。

表 11-2　整理实施要点表

项　目	整　理
定义	将工作场所要与不要的的物品加以区分，清除掉无用的物品(识别区分)
目的	腾出空间，以便更充分利用空间 消除混放、混料，防止误送、误用，减少库存量 防止变质与积压资金 现场无杂物，行道通畅，提高工作效率 创造清爽的工作空间，保障安全，提高员工工作情绪
主要活动	明确原则，大胆果断清除非必需品 研究非必需品的产生原因，对其进行对策处置 防止污染源的发生 推进文件编排、存放系统
实施要点	废弃的决心 行动要快速果断

整理的具体步骤(图 11-2)为：

第一步：现场检查；

第二步：区分必需品和非必需品；

第三步:清理、处理非必需品;

第四步:每天循环整理。

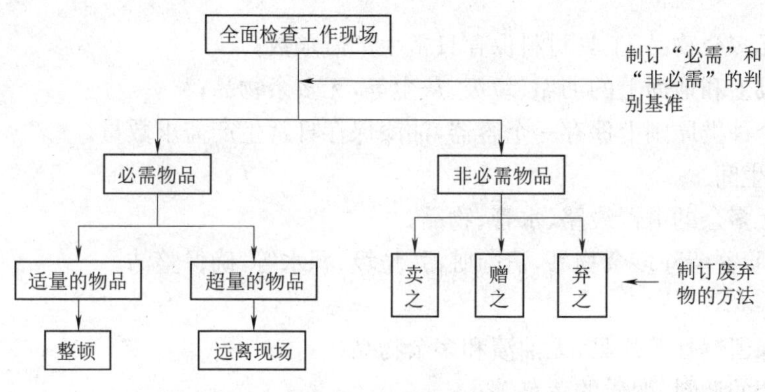

图 11-2　整理步骤图

1. 检查现场

对现场区域(包括办公室、会议室、宿舍、料库、食堂、卫生间、庭院、施工作业现场等)进行全面检查,包括文件柜顶、桌子底部、抽屉内部、等不引人注意的地方。

2. 区分必需品与非必需品

(1)必需品:指经常使用的物品,使用完毕就必须及时购入替代品,否则就会影响工作,如办公设施、生产工具、应急备品等。

(2)非必需品:指对当前的生产或工作无现实作用的物品,如过期的报纸、停止使用的看板、废旧料、不能修复的工机具、多余的物品等。

3. 清理、处理非必需品

(1)无使用价值的物品应废弃,例如:不能使用的旧手套、棉纱、废纸;破烂的垃圾桶、包装箱;过时的文件资料、报表;过时报刊、书籍、文化看板内容;枯死的花卉;过期、变质的物品等。

(2)报废的物品应回收,例如:无法修复的镐、锤、套筒等工具;精度不准,无法修复的道尺、卷尺、卡尺等测量工具;不能使用的工具、机具;修理不好的机具设备;废料等。

(3)多余的物品应统一调配,例如:超过库存标准量的物品;多余的办公桌椅等。

4. 整理的具体执行标准

(1)办公室

①清理出多余的桌椅,各种办公设施状态良好;

②清理非办公物品,清理过期的文件、资料、台账等,文件柜内无过期的文件、药物、破损无用的物品(设备)、多余容器等;

③抽屉内文具等办公用品保留满足日常使用最小数量,桌面上只放置当日使用物品。

(2)活动室(会议室)

①活动室只清理非文体设施物品保留乒乓球桌等健身器材;

②会议室只放置满足开会使用的桌椅,桌椅和书柜保留日常最小使用数量。

(3)单身宿舍

①床铺上只放置被褥,叠放整齐,床头柜上无杂物;

②洗脸架上只放置个人洗漱用具;

③衣服、私人用品等整齐放置在衣柜和储物箱中；
④桌面上放置日常必须用品。
(4)材料库
①料架上无多余物品，工具材料保存日常生产需求数；
②清除机具上和地面上的油垢、垃圾、灰尘等，无多余物品；
③油料每个种类原则上保存一个容器，油漆保存日常生产需求数量。
(5)公共卫生间
①洗澡间无多余的电器线路、水管、物品；
②便池、洗脸盆清除多余物品，清除脏污、垃圾、积水等，确保整洁。
(6)食堂
①操作台保留锅灶等炊具，无油渍和多余物品；
②清理过期的调料、变质的蔬菜等；
③餐厅内的餐桌和椅子只放置满足日常使用最少数量。
(7)庭院
①花池内无杂物、杂草；
②花草树木明确责任区和保管人；
③地面无杂物，排水设施保持功能良好；
④垃圾桶、垃圾池自身清洁，无垃圾溢出；
⑤庭院通道通畅、视野开阔，无杂物堆积；
⑥各类车辆按定位停放。
(二)2S——整顿
整顿是在经过前一步的整理后实施，要点见表11-3。

表11-3 整顿实施要点表

项　目	整　顿
定义	将生产现场必需品进行分类，选择采取科学合理的方式方法对物品进行布置和摆放，明确标识，以便用最快的速度取得所需之物，在最简捷有效的流程下完成作业。
目的	物品摆放要有固定的地点和区域，工作现场一目了然 存放物品易取、易放、易管理，减少或消除寻找物品的时间，提高工作效率 消除积压物品 创造整齐、整洁的环境，保障生产安全
主要活动	科学合理的决定物品的保管方法和布局设计 彻底实施定点、定位存放管理 将物品、场所的有关内容(名称、数量、状态等)进行标识
实施要点	明确"三要素"原则：场所、方法、标识 定置管理明确"三定"原则：定位、定品、定量 可视"三化"——目视管理：视觉化、界限化、透明化

整顿环节的重要管理工具为定置管理，定置管理是对生产现场中的人、物、场所三者之间的关系进行科学地分析研究，通过合理的定置管理设计、实施与改进，使生产现场达到最佳结合状态的一门科学管理方法。

1. 定置管理设计

定置管理设计可以灵活采用绘制订置图、现场画线以及设置标识牌等方式实现。

(1)定置图设计

定置图是对生产现场依据所在物品的用途、功能、形态、形状、大小、重量、使用频率等因素进行场地规划，通过调整物品来改善场所中人与物、人与场所、物与场所相互关系的综合反映图。其种类有室外区域定置图，车间定置图，各作业区定置图，仓库、资料室、工具室、计量室、办公室等定置图和特殊要求定置图等(如工作台面、工具箱内，以及对安全、质量有特殊要求的物品定置图)。

(2)定置图绘制的原则

①现场中的所有物均应绘制在图上；

②定置图绘制以简明、扼要、完整为原则，物形为大概轮廓、尺寸按比例，相对位置要准确，区域划分清晰鲜明；

③生产现场暂时没有，但已定置并决定制作的物品，也应在图上表示出来，准备清理的无用之物不得在图上出现；

④定置物可用标准信息符号或自定信息符号进行标注，并均在图上加以说明；

⑤定置图应按定置管理标准的要求绘制，但应随着定置关系的变化而进行修改。

2. 定置实施

整顿的定置实施关键在“三定”，即定位(在何处，场地标识)；定品(何物，名称标识)；定量(几个，数量标识)，如图 11-3 所示，“三定”的实施遵循：决定放置场所—整理放置场所—场所标识——品名、数量等标识的流程(图 11-4)进行，整顿的定置实施要始终按照定置图进行，定置的物品(固定物或移动物)要与图相符，位置要正确，贮存物品要按类存放，贮存要有器具，按需要放置标准信息名牌，摆放要整齐，定量装载的物品做到过目知数等，最终形成整顿的习惯化。

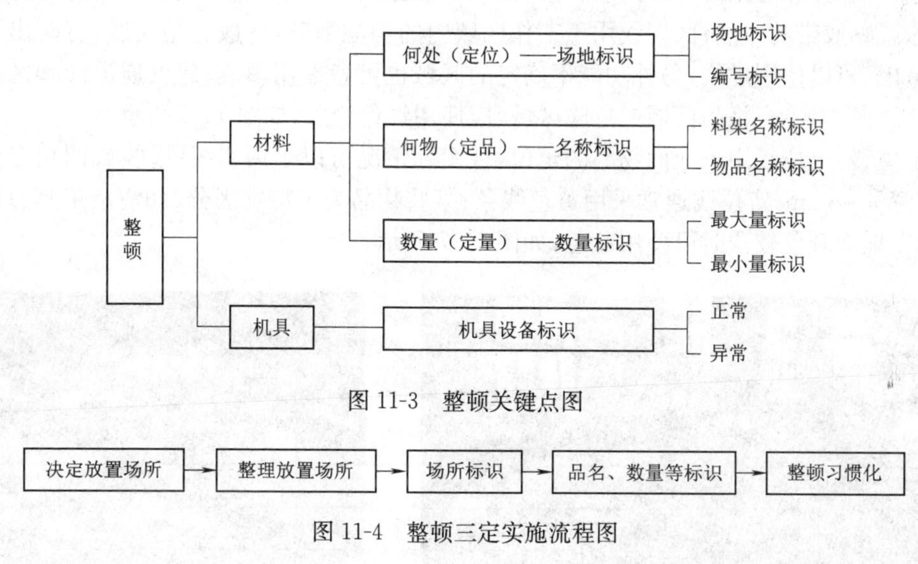

图 11-3　整顿关键点图

图 11-4　整顿三定实施流程图

1)定位

(1)目的

物品的放置场所原则上要 100%设定，依据物品的用途、功能、形态、形状、大小、重量、使用频率等因素决定放置的位置与方法，并进行标识，让所有职工都知道所有物品应该放置在哪里、怎么放。

(2)定位的要点

①根据物品使用的频度和使用的便利性来决定物品放置的场所；

②将要定位的地方做场地标识(如:料库图)；

③场所内部进行区域划分(如:A 区、B 区)；

④区域标识用英文字母(A、B、C、D)来表示，货架编号标识用数字表示，由下而上 1～3 排序，如图 11-5 所示。

⑤摆放不同物品的区域采用不同的色彩和标记加以区别。

仓库布置区域图

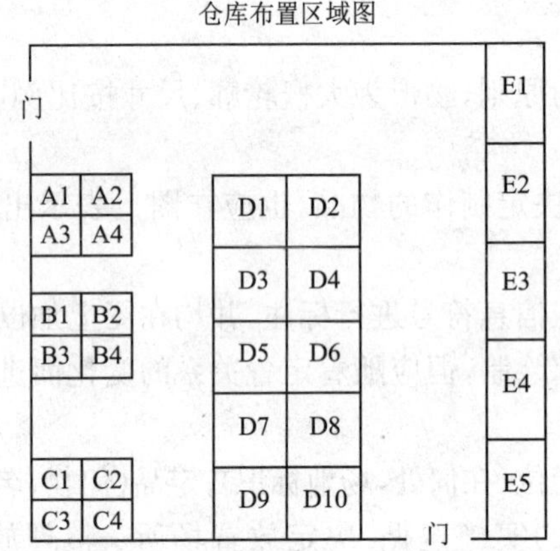

仓库区域对照表

区域	品名
A1	弹簧
A2	螺帽
A3	螺丝
A4	塑料垫片
A5	橡胶密封圈
B1	
B2	
B3	
D1	
…	

图 11-5　区域定位标识示例图

(3)定位实施

①地面通道线/区划线，参考线宽 4～10 cm，通道线用于人车物料的通行，通常用实线，采用刷油漆或贴胶带的方法；区划线用于工作区域内的功能细分，一般也用实线，有时出于美观与灵活考虑，可以使用虚线，另外功能不确定的区域也可考虑用虚线；建议通道线和区划线使用明黄色线条；对不合格品区域或危险区域，应使用红色线条，如图 11-6 所示。

②定位线：定位线用于地面物品的定位，视实际情况可以采用实线、虚线或四角定位线等形式，线宽 3～6 cm；定位线通常采用黄色线条；某些物品为了特别区分(如清洁工具、垃圾箱、凳椅等)在地面颜色较浅时可使用蓝色，如图 11-7 所示。

图 11-6　地面通道线/区划线示例图

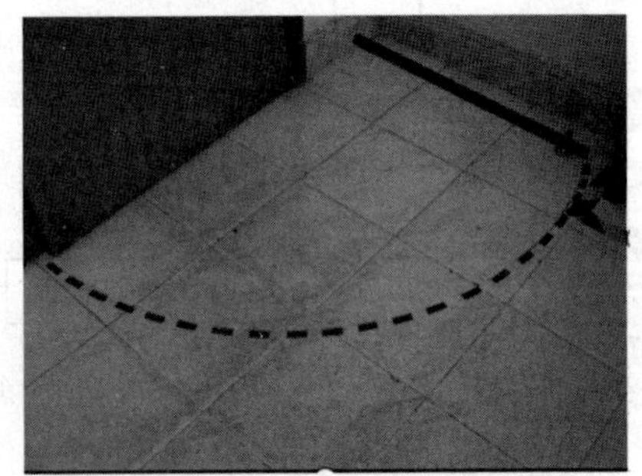

图 11-7　定位线示例图

③对消防器材或危险物品的定位(如乙炔气瓶)，为达到警示效果，应使用红色线条，前方禁止摆放的区域(如消防栓前、配电柜前)应使用红色斑马线，如图 11-8 所示。

④移动式物品定位时(如推车、焊机)可采用的方法如图 11-9 所示。

⑤位置变动类物品定位时,常采用虚线定位法,如图 11-10 所示。

⑥形状规则的小物品定位时,可采用四角定位法,其中物品角和定位角线间距应在 2～4 cm,如图 11-11 所示。

图 11-8　消防器材或危险物品定位示意图

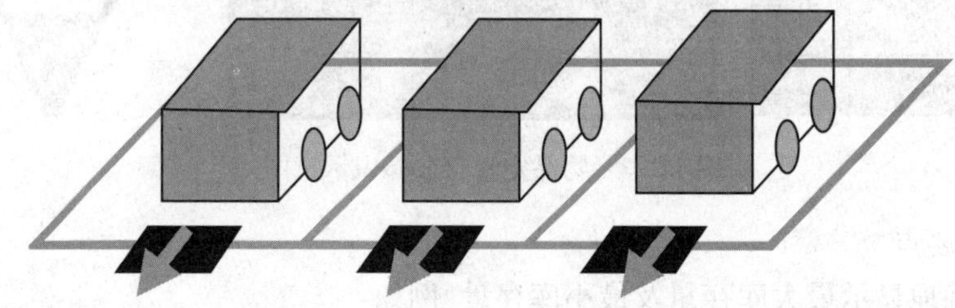

图 11-9　移动式物品定位示意图

图 11-10　位置变动类物品定位示意图

图 11-11　形状规则的小物品定位示意图

2)定品

(1)目的

依现场实际情况清楚地标识物品所在区域种类,物品的分类、品名、用途、责任者等信息,做到一目了然,让所有人能明确物品摆放位置,如图 11-12 所示。

图 11-12　物品定品存放标识示例图

(2)定品的要点

①物品所在区域种类标识(如:三防备品、线上料等);

②分辨货架上放置的东西(如:起拨道器等);

③痕迹管理,能一眼看出物品的形状和是否在使用。

3)定量

(1)目的

让库存品可以很清楚地一眼就看出具体数量,如图 11-13 所示。

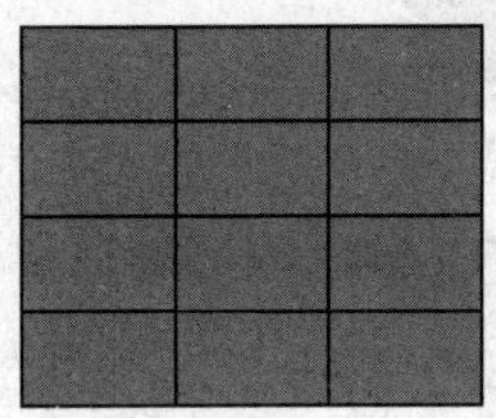
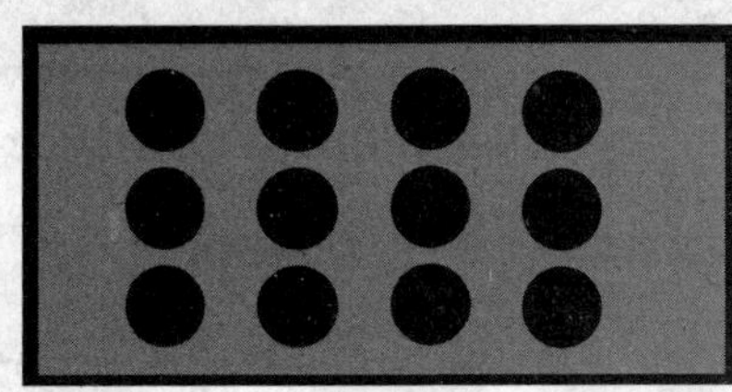
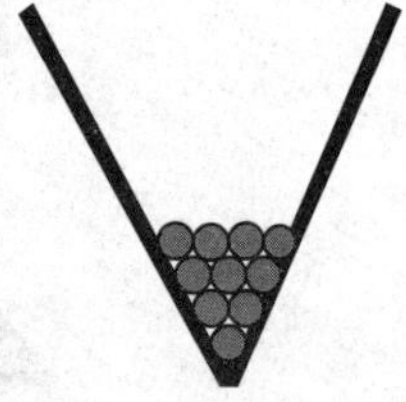

图 11-13 物品定量存放标识示意图

(2)定量的要点

①要很明确地显示最大库存量及最小库存量,例如:

最大库存量——绿色;

最小库存量——红色。

②一眼就可以看出数量。

3. 整顿的具体执行标准

1)办公室

(1)定置图

要求室内物品严格按定置图摆放。

①使用范围:办公室、会议室、活动室、阅览室、党员活动室、宿舍等;

②规格:宽 40 cm×高 60 cm;

③内容:室内布局照片(对角拍摄)、室内备品明细、平面图、责任人、监督人等,定制图示例如图 11-14 所示;

④制作方法:KT 板+户外写真+水晶盒(责任人、监督人打印后过塑粘贴);

⑤贴放位置:上沿与门框上沿平齐,边沿距门框边沿 3~5 cm。

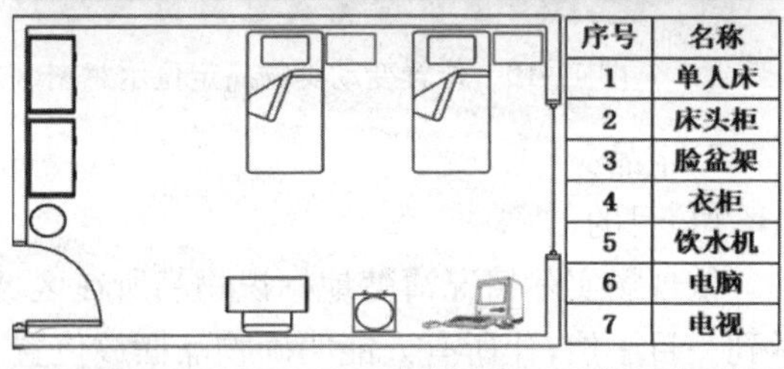

图 11-14 定置管理图示例图

(2)文件柜及工具柜标识

①使用范围:文件柜、工具柜等物品柜;

②规格:宽 9 cm×高 6.5 cm;

③内容:每层物品的名称或类型,文件柜及工具柜标识示例如图 11-15 所示;

④制作方法:打印后齐边沿剪好过塑,用双面胶粘贴;

⑤贴放位置:贴在物品柜的左上角。

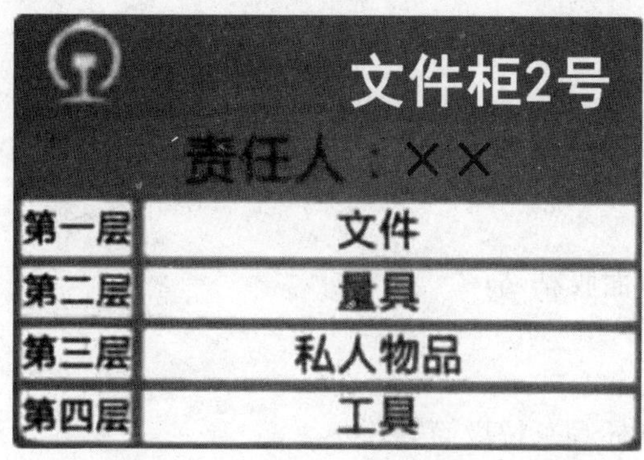

图 11-15　文件柜及工具柜标识示例图

(3)文件盒痕迹管理标识

①使用范围：文件盒、资料盒；

②规格：宽 5 cm；

③内容：文件盒痕迹管理标识可采用三角形状，示例如图 11-16 所示；

图 11-16　文件盒痕迹管理标识示例图

④制作方法：使用彩色胶纸粘贴，进行形状裁剪；

⑤贴放位置：文件盒底部，不同类别文件盒可用不同颜色进行区分。

(4)文件柜内物品隔离标识

①使用范围：文件架、书柜、储物柜等；

②规格：宽 1 cm；

③内容：文件柜内物品隔离标识可采用矩形彩色胶条；

④制作方法：彩色胶纸裁剪后直接贴放于物品周围；

⑤贴放位置：距物品边沿 2 cm。

(5)公共设备设施标识

①使用范围：共用办公室办公设备、小配电柜、消防栓等；

②规格：宽 6.5 cm×高 4 cm；

③内容：设备设施名称、明确管理责任人、使用注意事项等；

④制作方法：打印后齐边沿剪好过塑，双面胶粘贴；

⑤贴放位置：设备设施左上角或显眼处。

(6)抽屉标识

①使用范围：每个独立抽屉；

②规格：宽 6 cm×高 2.4 cm；

③内容：抽屉内所存物品名称或类型；

④制作方法：打印后齐边沿剪好过塑，用双面胶粘贴；

⑤贴放位置:抽屉正面左上角。

(7)物品标识

①使用范围:物品柜,工具柜等内部或隔层;

②规格:宽 4 cm×高 1.2 cm;

③内容:对应物品名称、数量;

④制作方法:打印后齐边沿剪好过塑,用双面胶粘贴;

⑤贴放位置:距物品正下方 1 cm(同一水平)。

(8)常用的移动物品定位标识

①使用范围:桌面办公物品(电话、笔筒、茶杯等)、垃圾筒等;

②规格:根据物品大小进行设计;

③内容:所标识物品名称或图形;

④制作方法:打印后齐边沿剪好过塑,用双面胶粘贴;

⑤贴放位置:贴放于物品正下方(隐形贴放)。

(9)电源线标识

①使用范围:三条及以上电器电源线在一起时;

②规格:宽 10 cm×高 1.2 cm;

③内容:填写所连接设备名称,有电源线标识,插排固定;

④制作方法:打印后表面粘透明胶带,双面胶粘贴;

⑤贴放位置:粘贴于距离电源插头顶端 3~5 cm 处。

(10)墙壁照明开关标识

①使用范围:多联或多个开关放在一起时;

②规格:根据开关盒尺寸自行设定;

③内容:节约提示和控制区域;

④制作方法:打印后齐边沿剪好过塑,用双面胶粘贴;

⑤贴放位置:粘贴于开关盒正上方 1 cm 处。

(11)墙壁电话/网络接口标识

①使用范围:网线和电话线等各类接口在一起时;

②规格:根据接线盒尺寸设定;

③内容:图标和接口名称;

④制作方法:打印后齐边沿剪好过塑,用双面胶粘贴;

⑤贴放位置:粘贴于接线盒正上方 1 cm 处。

2)庭院

在工区院内开阔地面做出点名区域标识,如图 11-17 所示,召开班前会时职工按规定站位,呐喊工区口号,提升工区凝聚力,达到安全管理有序可控的目的。

图 11-17 点名区域标识示例图

①使用范围:点名区域;

②规格:每格方框内尺寸为 40 cm×50 cm,外侧黄线宽 5 cm,内侧黄线宽 4 cm;

③内容:最上方方格内文字内容为:对规对标,确保安全;字体:黑体;下方方格内用数字依次排序;

④制作方法:油漆,朱红色打底、黄色边框、白色字;

⑤贴放位置：庭院开阔处。

3)料库

(1)料库定置标识

①使用范围：材料库；

②规格：宽 40 cm×高 60 cm；通道用绿色标识，料具存放区用白色标识，红色黑体字，区位符用黑体字；

③内容：物品类型名称和区位符号；

④制作方法：PVC 板＋户外写真；

⑤贴放位置：室外贴放，距门框边沿 15 cm，上沿与门框上沿平齐。

(2)机具名称牌

①使用范围：机具设备；

②规格：宽 40 cm×高 30 cm；

③内容：机具定位，有照片、名称和型号，机具名称牌标识示例如图 11-18 所示；

④制作方法：PVC 板＋户外写真；

⑤贴放位置：贴放于机具正上方墙面同一水平处。

(3)机具状态目视化管理标识

机具状态目视化管理标识如图 11-19 所示。红牌为待检、绿牌为正常，通过对机具状态进行颜色标识，表达机具状态是否良好，达到目视管理目的。

①使用范围：机具设备；

②规格：外壳宽 15 cm×高 12 cm；显示牌：宽 9 cm×高 7.5 cm，一面绿色，一面红色；

③内容：机具数量编号；

④制作方法：亚克力底板＋水晶盒＋双色板雕刻；

⑤贴放位置：贴放于机具正上方墙面同一水平处。

B 区		
实物图	名称	发电机
	型号	6 kW
	数量	

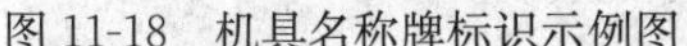

图 11-18　机具名称牌标识示例图

图 11-19　机具状态目视化管理标识示例图

(4)物品分类颜色区分标识

通过对工具材料进行颜色标识，清晰可见、取用快捷，如图 11-20 所示。

①使用范围：料库内的规格、型号、用途等不同的工具材料；

②规格：根据现场实际尺寸自定；

③内容：不同颜色和形状的标志；

④制作方法：油漆或相应颜色胶纸；

⑤贴放位置：粘贴至物品定置区域显眼位置。

物品分类颜色区分标识示例图

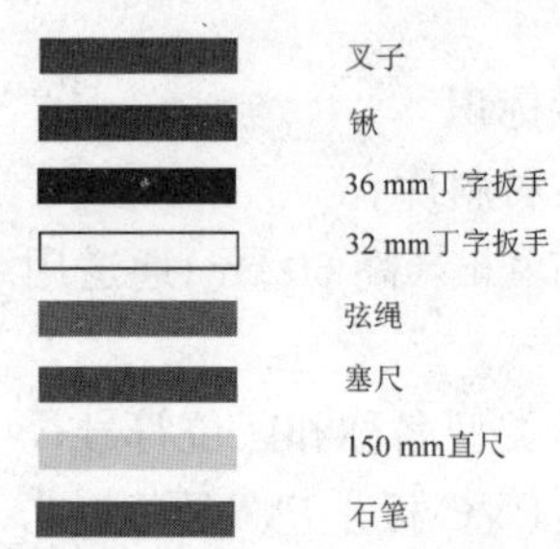

图 11-20　物品分类颜色区分标识示例图

(5)小工具定位线

进行小工具定位线标识，对小工具进行痕迹管理，方便拿到自己需要使用的工具，如图 11-21 所示。

图 11-21　小工具定位线标识示例图

①使用范围：扳手、螺丝刀等小工具；

②规格：白色或黑色；

③内容：工具轮廓形状；

④制作方法：将各类小工具固定，并在物品放置处画出轮廓形状。

(6)区域定位线标识

进行区域定位线标识，划分料库区域，贴画料架定位线，使料库整齐划一，工具、材料取用方便，如图 11-22 所示。

图 11-22　通道线、区域定位线标识示例图

①使用范围：多个料架或多个区域的料库；

②规格：线宽 5 cm；货架与货架距离不小于 80 cm；

③内容：不同颜色（例如：黄色、正色）线条划分料库区域；

④制作方法与位置：用黄油漆或胶纸粘贴至物品前 2 cm 处。

(7)可移动式物品定位标识

①使用范围：有走行轮的可移动式物品；

②规格：线宽 5 cm；箭头长 20 cm，宽 10 cm；出口横线宽 15 cm；

③内容：用黄色线条、箭头表示，并标注进出方向；

④制作方法与位置：黄色油漆或胶纸粘贴至物品前 2 cm 处。

(8)料架材料标识

①使用范围：料架上各类物品：

②规格：宽 10 cm×高 4 cm；蓝色，黑体字，字号根据物品名称设置；

③内容：名称、数量，料架材料标识示例如图 11-23 所示；

④制作方法与贴放位置：打印后齐边沿剪好过塑，用双面胶粘贴或用磁铁式卡盒直接贴放在对应物品正下方料架横梁上。

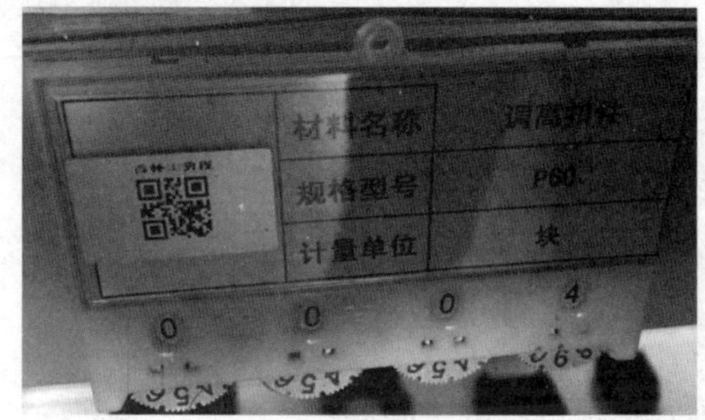

图 11-23　料架材料标识示例图

4)颜色、线形的使用标准

颜色、线形的使用标准见表 11-4。

颜色、线形的使用标准表

表 11-4　颜色、线形的使用标准表

序　号	名　称	图　例	宽　度	用　途
1	红色实线		5 cm	危险区域定位线、不良品、废品区域线
2	黄色实线		10 cm	室内外区域通道线
			5 cm	一般物品的地面定位线
3	蓝色实线		1 cm	文件柜内部、料架上等一般物品的定位、分隔线
4	绿色实线		1 cm	文件柜内部、料架上等一般物品的定位、分隔线（物品颜色较深时使用）
5	黄黑相间		5 cm (45°)	提醒注意（地面突起物、台阶、坑道、易碰撞处），黄黑相间的线框标示一般用品前方或下方区域禁止堆放
6	红色斜线框		5 cm (45°)	对消防器材或危险品定位，前方区域禁止摆放物品警示，宽度等于设备宽度，红线间距 65 mm

(三)3S——清扫

清扫是在整理、整顿的基础上实施,实施要点见表 11-5。

表 11-5　清扫实施要点表

项　目	清　扫
定义	清除现场脏污,并防止污染的发生,设备异常时马上修理,使之恢复正常,创建一个清洁、舒畅的工作环境
目的	使质量保持稳定 维持仪器及设备的精度 维持机械设备的稳定性,减少故障发生 创造清洁工作环境
主要活动	对区域、设备进行彻底的清扫(责任到人) 实施无垃圾、无污物化 强化对发生源的对策和处置
实施要点	彻底贯彻清扫及点检原则

清扫具体步骤如下。

第一步:准备工具;

第二步:从工作岗位扫除一切垃圾灰尘;

第三步:清扫点检机具设备;

第四步:整理在清扫中发现有问题的地方;

第五步:查明污染发生源(跑、冒、滴、漏等),从根本上解决问题;

第六步:实施区域责任制;

第七步:制订相关清扫标准并实施。

1. 决定清扫对象

物品样式各异,清扫对象分为物品放置场所、机具设备、空间三类,见表 11-6。

表 11-6　清扫对象表

类　别	举例说明
物品放置场所	料库、食堂、会议室、料架、文件柜、抽屉、看板揭挂等
设备	各种机具设备、电器设施等
空间	通道、地面、窗户、墙面等

2. 决定清扫人

(1)编制责任区域划分图,以平面图的形式,把现场责任区划分到各个工区或个人;

(2)以看板的形式,将责任区划分到个人,自已的责任区域每天进行清扫和点检,个人使用的设备自己保管,保持清洁、性能状态良好,个人包保的机具每周进行点检。

3. 决定清扫方法

(1)每天坚持进行 10 min 的清扫活动,对室内外地面、墙面、窗户、桌面、看板等进行整理、整顿、清扫,保持环境干净整洁;

(2)每周对机具设备、办公设施进行清扫和点检,发现损坏或故障时及时进行维修保养,保持设备状态良好。

4. 制订清扫标准

制订责任区域清扫标准,负责人每天对责任区进行检查,结果在看板上公示,督促责任人整改。

5. 实施清扫

6. 清扫的具体执行标准

(1)宿舍区域要求

宿舍个人物品收拾整齐,环境干净整洁。

(2)公共区域场地要求

①室内外地面、过道、安全通道、楼梯扶手和看板等:要求保持干净通畅,无明显垃圾杂物,地面砖见本色;

②场地周围墙面、屋顶和各类储物区:要求干净整洁无明显蜘蛛网、污迹,无卫生死角存在,隐藏的角落保持干净整洁。

(3)办公设施要求

①电脑、打印机、电话、饮水机等电器设施:要求外表干净整洁,无灰尘,状态良好;

②文件柜、办公桌椅、沙发及其他办公设施:要求干净整洁、无乱摆乱放,个人办公区域干净整洁,只放置当天使用物品;

③管理看板,宣传栏及其他宣传文化设施:要求干净醒目,内容及时更新;

④门窗、玻璃、窗帘、吊扇、空调及照明设施:要求干净整洁无明显灰尘、蜘蛛网及污迹;

⑤公用器具、消防器材、护栏等安全消防设施:要求干净整洁无明显灰尘、状态良好;

⑥设施内部,如空调过滤网、饮水机、电脑主机等:要求清洁无明显灰尘;

⑦无卫生死角存在,隐藏的地方如柜顶/底/内/侧、角落、灯管等保持干净整洁。

(4)机具设备要求

①工机具及其辅助设备:要求表面无明显灰尘、蜘蛛网及污迹,设备见本色,状态良好;

②机具内部:要求清扫与设备检修同步进行,检修清扫时一次性达到无积灰、积垢,设备见本色,性能状态良好;

③清扫有危险的设备部位:要求停电后清扫,清扫部位无明显灰尘、蜘蛛网及污垢;

④电缆槽、电线槽:要求无明显灰尘,状态良好。

(四)4S——清洁

清洁是对整理、整顿、清扫三项活动的坚持与深入,实施要点见表 11-7。

表 11-7　清洁实施表

项　目	清　洁
定义	维持以上“3S”(整理、整顿、清扫)取得的成果,保持工作场所及设备的干净整洁
目的	保持场所、设备等的清洁,使异常现象容易显现和发现,并做到异常时的对策办法可视化,创造舒适工作环境
主要活动	彻底实施整理、整顿、清洁工作,并做到责任到人,保证无清扫盲区,将异常状况及其对策进行标识
实施要点	活动标准化

在清洁实施的同时,员工自身也要做到清洁(如工作服要清洁,仪表要整洁,及时理发、刮须、

修指甲、洗澡等)，待人要讲礼貌、要尊重别人，既做到形体上的清洁，又做到精神上的“清洁”。

(五)5S——素养

在持续开展整理、整顿、清扫、清洁的基础上，最终实现提高员工素养的目的，素养实施要点见表 11-8。

表 11-8 素养实施表

项 目	素 养
定义	让每个员工都养成自觉遵守各项规章制度，人人按规定行事的良好的生活和工作习惯，工作积极主动
目的	营造团队精神 强化人与人(内外)之间相互信赖的关系 提高客户及员工满意度，提高企业形象
主要活动	强化对员工的教育培训 创造良好的工作环境和工作氛围 加强员工之间的沟通 对员工的努力给予恰当评价
实施要点	制作培训教材，加强对员工的教育

四、5S 管理的检查与奖惩

1. 检查人员

组建 5S 检查组对所管辖区域进行检查，段检查人员可由 5S 推行办公室相关人员和车间 5S 主管人员(5S 督导师)组成，车间工区检查人员由车间、工区自定，检查小组成员原则上应为 3 人以上的单数。

2. 检查频次

段每月对车间抽样检查一次，车间每周对各工区检查评比一次，工区每天对责任区巡查一次。

3. 检查要求

坚持公平、公正、公开原则和鼓励先进、鞭策后进原则，坚持与专业管理相结合的原则，发挥各专业管理部门的专业管理优势，使 5S 管理与专业管理有机结合。

4. 检查方式与流程

检查方式为：在员工自查与互查，班组日常巡查的基础上，5S 检查组组织定期与不定期的全面检查或抽查(抽查举例：科室抽查 2 个场所，车间抽查 3 个场所，工区抽查 5 个场所)。

检查组定期下达检查通报，指出不达标事项，提出整改措施，限期整改，表彰优秀，检查流程如图 11-24 所示。

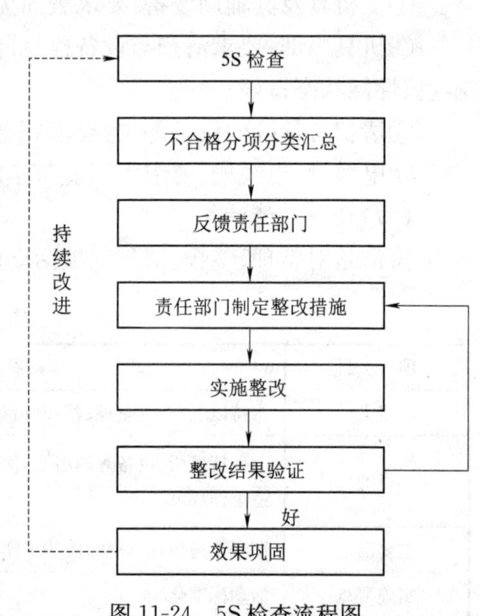

图 11-24 5S 检查流程图

5. 5S管理检查标准

结合铁路工务5S管理实施实际情况，从制度管理、办公室、单身宿舍、活动室(会议室)、料库、食堂、卫生间、公共区域(庭院)、作业现场、施工工地等方面制订5S检查标准，并根据实际情况定期进行更新和完善。

6. 奖惩办法

检查发现制度管理存在的问题纳入“经济责任制考核”之中。

车间、工区5S奖惩办法由车间、工区自定，纳入车间、工区考核体系中。

(1)不达标整改与处罚

检查各个场所发现任意两项标准未达到，即判定该场所为不达标场所(自身不能解决的除外，需上级解决的以提前报告为准)，不达标场所责任人进行处罚，能当场整改的，检查者有权勒令其立即改正，不能当场整改的下达5S整改通知书，明确检查区域内不合格事项并做出详细说明，限期整改，并跟踪监督，到期检查整改效果，整改不力将进行处罚和通报批评。

(2)优秀表彰与奖励

检查各个场所达标的不奖不罚。各个场所在达标的基础上，发现1处及以上亮点即评为星级场所(亮点指本车间或工区特有，方便职工生产生活的改善、创新等)。现场抽查评为星级场所的部门进行表彰和奖励。

第三节 铁道工务5S管理常用工具

铁道工务5S管理常用工具包括：定点摄影、行迹管理、抽屉原理、蟑螂法、可视化管理、红牌作战等。

一、定点摄影

(一)定点摄影的概念

定点摄影是指用同一部相机，站在同一个位置、同样的高度、同样的方向、同样的方法，对同样的场景、物品、状态等进行连续摄影，将现场的死角、不符合5S管理原则之处拍摄下来并张贴在大家都能看到的地方，激发大家改善，并将改善后的结果再拍摄公布，使大家对改善成果一目了然。

(二)定点摄影的目的、意义

将实施5S管理前的情形与实施5S管理后的改善效果进行定点摄影，制作海报并将亮点、效果进行展示对比，鼓励其他人去效法，增强自豪感。

5S管理定点摄影方法简便，容易使用、便于宣传，便于集体讨论改善措施，改善的实施效果直观、明显，按照改善进展状况的时间顺序，员工看到改善前后的效果对比，鼓励员工积极改善。定点摄影法的应用可以贯穿5S管理的各个阶段，作为活动推行的一个前后对比和阶段对比。

(三)定点摄影的具体做法

1. 事前开会学习讨论

以自己的工作现场为中心展开讨论，对现场的死角、不符合5S管理原则之处进行总结，提出定点摄影的原因和优势，取得全体人员同意，鼓励员工改善的决心和勇气，讨论确定摄影对象和改善主题。

2. 定点拍摄

在现场定点拍摄一些需改善的现象(例如需区分要与不要的物品),具体做法为:在地板上做一个标记(例如画一个点),作为定点摄影的站位参照点,摄影者站在参照点上;所拍物体的中心位置也做一个标记(例如画一个点),摄影时照相机集中焦点对准所拍物体中心位置上的标记点。

3. 看板公告

(1)将拍摄好的图片集制作成定点摄影挂图,并以此为依据开会讨论,制订改进措施。

(2)将定点摄影挂图制作成看板进行张贴,让所有人员均能了解改善主题、完成时限。

(3)确定下次的定点摄影日期,持续改进。

4. 后续确认

在5S管理改善完成或改善至某一阶段,可再针对主题做定点拍摄,公布于看板上,让所有人员均能确实明了当前改善进度和效果。

(四)5S定点摄影的执行要点

1. 三同原则

即同一相机、同一角度、同一地点。要以相同的照相机(或摄影机),相同的位置、方向、角度对准存在问题的场所进行拍摄,否则,照片会造成事实记录有所误差;

2. 记录日期

定点摄影的图片要标记好日期,以利于日后建档。

3. 彩色化

用彩色照片的效果比黑白照片更为有效。

4. 板报公告

将选定的照片制成板报公告,让工作人员均能了解现场的改善进度和改善前后的效果,并由点到面,扩大影响,使所有员工见贤思齐,自觉进行各自责任区域的整理、整顿、清扫等工作。

二、形迹管理

(一)形迹管理的概念

形迹管理是根据物品或工具的"形"来管理归位的一种方法。就是将零部件、工具、夹具等物品,在其地面上、墙壁上、桌子上、机器旁等地方,将物品的投影形状在保管器具或墙上描画出来,按其投影形状绘图或采用嵌入凹模等方式进行定位标识,使其易于取用和归位的一种管理方法。

(二)形迹管理的目的、意义

行迹管理表面上看起来是硬件改造,但实际上是行为规范的改变。通过对物品的管理,来提升个人的规范化作业和操作的习惯。通过行迹管理将物品根据其形状进行归位,由于每个物品都有自己固定的行迹图案,且摆放规范、整齐,所以易于取拿;物品对号入座、一目了然,易于归位和管理,减少物品寻找和清点时间,提高物品管理工作效率。

(三)形迹管理的方法

1. 投影绘图标识

在存放物品的载体上,用不同的颜色依照工具形状进行涂画直接标记,或规划好各物品的放置位置后,使用广告纸或油画布等材料,按物品投影之形状绘图标识,然后将投影形状部分用壁纸刀或其他工具裁切下来,将裁切好的材料粘贴在待存放物品的载体上。

2. 嵌入凹模标识

采用嵌入凹模的方法,使工具、零部件等物品易于取用和归位。如没有可用的现成凹模,可以自己动手，利用海绵、泡沫或厚质的台垫等，刻划出物品形状后，镂空处理即可。

3. 展示板标识

做成看板展示式或多层推拉式的展示板，所有的工具、零件都有固定的位置和标识，查找起来非常方便。

(四)实施形迹管理的载体和材料

1. 可利用的材料：广告纸、橡胶(或硅胶)台垫、海绵、泡沫等；

2. 实施形迹管理的载体：工具箱、工具车、工具(零件)柜或工具(零件)架等。

三、抽屉原理

(一)抽屉原理的概念

抽屉原理是指整理抽屉时把抽屉所有物品清空，然后从清理出来的所有物品中寻找有用的物品放在合适的抽屉、合适的位置。抽屉原理的基础是零基思考，零基思考指在业务改善过程中，忽略现有业务模式的存在，而从所期望达到的目标出发，重新思考并设计业务模式。

(二)抽屉原理的目的

在企业生产现场的 5S 管理整理阶段当中，主要工作是区分整理必需品和非必需品，零基思考，也就是抽屉原理，是最基本的思考方式之一。

抽屉原理可以在清理现场的过程中，同时也厘清自己的思路，不断对必需品和非必需品进行区分整理，维持劳动成果。

(三)抽屉原理的方法

5S 管理整理阶段将所有物品清零，列出一定时期内需要的物品的清单(表 11-9)定为必需品，其余的定为非必需品进行彻底整理、整顿和清扫。

1. 列出需要物品大类：设备、工具、办公桌、活动看板、公告内容、物料等。

2. 列出每个大类物品的具体规格及其最低需求数量，并陈述理由，防止多留用。

3. 在生产现场，找出必需品，其余的全部清理出去。

表 11-9　5S 材料需求计划表

车间(工区)：			填表人：			填表日期：	
序号	材料名称	型号	单位	数量	单价	总价	用途(使用处所)
			申报人：		审核确认：		

四、蟑螂法

蟑螂法是指在推行 5S 管理过程中，就像在家庭中寻找蟑螂的过程一样，搬开椅子、挪走设备、柜子等，进行彻底的整理、整顿和清扫。

蟑螂法目的是消除现场所有的卫生死角，做到表里一致、干净整洁。

五、可视化管理

(一)可视化管理的概念

可视化管理也称为目视管理、一目了然管理、一眼即知的管理、看得见的管理等，是指整理、整顿、清扫活动结束以后，将需管理的对象通过直观易于理解的信息和方法清晰体现，员工通过感官能够感知现场当前状态的方法。可视化管理是用眼睛观察的管理，体现了主动性和有意识性。

（二）可视化管理的目的

可视化管理是一种传达所有可能信息（例如：期望，性能，标准和警告等）的方法，从根本上讲就是交流。可视化管理的目的：迅速快捷地传递信号，想要管理的任何地方都清晰可见，一目了然；统一标准和认识，形象、直观地将潜在问题、异常情况和浪费显现出来，消除各类隐患和浪费，任何人使用都同样方便，任何人都容易遵守；把工作场所变得整洁明亮，创造安全愉快的工作环境并始终维持正常状态。

（三）可视化管理的方法

1. 视觉化：标示、标识齐全，将同类物品用不同颜色进行区分或用颜色反映工机具状态是否良好，实施分色管理；

2. 透明化：将被遮隐的地方显露出来，如拆除柜门或改造成玻璃门；

3. 界限化：即定量，用容器、5 或 10 的倍数堆码等方法将材料进行定量，材料数量清晰，保证生产需求。

（四）可视化管理的步骤

1. 明确可视化管理的目的；

2. 确定实现目的的管理要点部位；

3. 准备管理部位的可视化管理的模拟道具和材料；

4. 制作并设置；

5. 做成正式道具并维护管理；

6. 持续改善。

六、红牌作战

（一）红牌作战的概念

红牌作战是指在现场寻找问题并在对象物上悬挂红牌，问题所在一目了然，并且有警示和醒目作用，提高全体干部职工的自觉性和改进意识，红牌上面同时应有整改措施和期限，让责任人明确问题出在哪里、怎么去整改、什么时候完成，并积极去实施，从而达到整理整顿的目的。

（二）红牌作战的步骤和要求

1. 红牌作战实施步骤

（1）检查过程中要有当事人或负责人在场陪同检查；

（2）检查过程中发现问题要向当事人或负责人当场指出，并说明原因；

（3）将发现问题、整改措施和整改期限记入红牌；

（4）将红牌贴放至问题发生处明显的地方，一目了然；

（5）整改期限到后及时进行回检，并回收红牌和签认。

2. 红牌要求

（1）发现区域、问题内容、理由、责任人等记录齐全；

（2）字迹清晰，问题说明明细，任何人一看就能明了；

（3）检查人要公平、公正、客观，不能有报复心理和好人思想；

（4）整改期限之内当事人或负责人不得自行将红牌回收，待检查人回检达标并签认后由检查人回收。

（三）红牌作战的注意事项

1. 首先要向现场员工说明挂红牌是为了把 5S 工作做得更好，向所有的员工说明红牌作战的具体过程和挂牌标准，什么样是合格的，什么样是需要挂红牌的，要每个员工都可以正确地判断。

2. 同时要让员工以正确的态度来对待红牌作战，既不可以置之不理，不重视检查；也不应过分敏感，认为被挂红牌是一种奇耻大辱。

3. 挂红牌时，理由一定要充分，事实一定要确凿，而且要区分严重的程度，对那些比较严重的问题进行挂牌，把问题暴露出来；对于马上就可以更改的，就不挂牌，只进行问题指出。

4. 红牌作战在 5S 管理初始阶段不进行，避免满地是红牌。要在 5S 管理中期进行，而且频率不宜太多，一般一个月一次，后期可以一个季度一次。

第四节　铁道工务 5S 管理实施案例

一、工区 5S 管理实践案例

（一）人员培训和动员

1. 车间（工区）5S 督导师对职工进行一次 5S 标准和实战技能培训；

2. 工区对责任区域进行划分，将工区人员分组，每组指定一名负责人。

（二）制订 5S 推进计划

1. 各小组负责人对现状进行调查，拍照记录所有问题点并填写 5S 管理推行计划表（表 11-10）；

2. 根据推进计划，填写 5S 材料需求计划表。

表 11-10　5S 管理推行计划表

单位：			填表日期：				
序号	问题点（必须附照片）	改善内容	责任人	完成时间	跟进确认		
					已安排	实施中	已完成
申报人：		审核确认：					

（三）实施整理

1. 利用抽屉法、蟑螂法、红牌作战等方法对所有生产、生活物品进行清理；

2. 根据物品使用价值确定要与不要物品，填写不要物处理记录表（表 11-11）；

3. 根据物品使用频率确定必需品存储数量和存放位置。

表 11-11　不要物品处理计划表

车间（工区）：		填表人：			填表日期：	
序号	物品名称	规格型号	数量	不要原因说明	处理意见	备注
申报人：		审核确认：				

（四）实施整顿

1. 对各个场所进行区域划分；

2. 测量料库等区域平面尺寸，确定料架尺寸和摆放方式(可先在纸上进行模拟设计)；

3. 按照设计的区域划分和平面图分类、分区放置物品(完成后经一段时间试用，征求使用者意见，发现问题及时调整，以保证各区域物品在实用的基础上兼顾美观)；

4. 物品放置位置确定后，最后对区域和物品进行标识(明确区域、名称、数量等)。

(五)实施清扫

1. 各区域划分责任人，明确清扫标准、周期和检查人，填写区域清扫责任表(表 11-12)；

2. 定期对机具设备进行点检、保养；

3. 查找各类安全风险点，制订整改措施。

表 11-12　区域清扫责任表

序　号	责任人	责任区域(设备)
1	* * *	宿舍 201、会议室
2	* * *	宿舍 202、1 号文件柜

(六)实施清洁

1. 利用红牌作战等方式，寻找问题并积极改善；

2. 制订工区 5S 管理制度，明确检查及考核标准；

3. 发动全员设计改善工区管理看板，对工区安全生产目标、进度、问题等进行可视化管理，提高班组管理透明度。

(七)实施素养

1. 工区提炼工作理念词条并宣传贯彻；

2. 严格执行班前会和班后会总结制度；

3. 职工对规对标作业，无违章违纪发生；

4. 工区每天组织 5S 巡查、每月评比，存在问题纳入考核并督促整改。

二、5S 管理制度实例

(一)车间 5S 管理制度

1. 管理职责

(1)认真贯彻落实上级有关 5S 管理的各项规章制度及标准，结合车间实际，制订 5S 管理实施方案、推进计划并组织工区实施。

(2)定期组织干部、职工进行 5S 知识及技能培训。

(3)定期对各工区 5S 管理进行检查、评比、通报、考核。

(4)组织工区开展持续改善活动。

2. 管理规定

(1)车间及工区办公室、宿舍、食堂、活动室、料库等生产、生活场所均按定置图管理，做到环境整洁，无乱堆乱放，无非必需品。临时性物品必须放在指定位置，堆码整齐并及时处理。

(2)文件柜内、办公桌抽屉、储物箱内物品分类存放，定置管理且标识清楚。共用物品明确责任人，私人物品单独存放。

(3)料库做到规划科学，标识清楚，工具架、材料架设计合理，工具、材料分区、分类，机具定期保养。

(4)车间、工区各单独区域由使用人负责管理,公共区域责任到人,由责任人按期进行整理,责任区划分见表 11-12。

(5)职工离开生产、生活场所或使用完相关物品后,必须对相应物品进行整理归位。

(6)车间、工区每日开展一次 10 min 5S 活动,对环境进行清洁、点检、公示,每周组织全员进行一次彻底清扫整理。

(7)车间每月组织对各工区 5S 推进情况进行一次专项检查评比并下发考核通报。

(8)车间 5S 主管干部每月组织一次 5S 教育培训。

(9)各工区应严格落实各项标准和流程,组织开展改善活动,持续推进 5S 管理。

3. 检查评比

(1)日常检查

车间 5S 主管干部每天组织人员对车间所在区域进行全面检查。

(2)月度检查

①车间每月组织 5S 主管人员、5S 督导师对管内各工区所有区域进行全面检查。

②车间每月定期下发 5S 检查通报。

③工区每天点名前由工长组织对单身宿舍、更衣室、食堂、卫生间、庭院进行一次巡视,每天下班后组织对料库进行一次巡视,发现的问题和考核结果记录在工区 5S 巡查记录表中(表 11-13),并在 5S 看板上公示。

表 11-13　××工区 5S 巡查记录表

年　月　日至　月　日											
责任区域	责任人	星期一		星期二		星期三		星期四		星期五	
		问题	问题	问题	考核	问题	考核	问题	考核	问题	考核
* * *	* * *										
* * *	* * *										
* * *											
* * *	* * *										
注:为落实日常 5S 巡查制度,参照段 5S 检查标准,对责任区域检查符合段 5S 检查标准的打"√",发现问题将问题内容及考核情况记录在表。											

4. 考核奖惩

(1)车间日常检查发现问题纳入车间经济责任制考核。

(2)车间月度检查发现工区存在问题纳入车间经济责任制考核。

(3)车间月度检查评为星级场所的每个奖励××元,不达标的每个场所处罚××元,达标的不奖不罚。

(4)检查标准:参考段 5S 检查标准。

5. 车间 5S 检查通报模板

车间 5S 检查通报模板见表 11-14。

表 11-14　××车间 5S 月度检查通报表(第×期　签发)

主办	××车间	拟稿	* * *	审核	* * *	编号	* * * *

根据《5S 推行办法》文件要求,车间于 * * 月 * * 日至 * * 月 * * 日组织对各工区 5S 建设情况进行了检查,现将检查情况通报如下,请各工区查找不足,做好问题整改落实:

1)好的方面

××工区职工利用业余时间对对讲机存放台进行了改造,电池是否进行了充电一目了然,既实用又提高了安全保障。(附图片)

××工区每月组织职工进行一次练功比武,通过现场实操经验交流学习,不但巩固了业务知识,而且还提升了班组凝聚力。

2)存在问题

(1)共性问题

①5S 管理制度没有完善,责任区域划分不清晰,没有履行日点检,存在临时抱佛脚的现象。

②单身宿舍管理滞后,没有形成统一的标准,脏乱差现象依然存在。

(2)现场存在的具体问题

现场存在的具体问题可拍照并配详细文字说明。

(3)检查评比结果

检查评比结果见表 11-15。

表 11-15　检查评比结果表

工区	责任区域	检查结果	奖惩明细	
			奖励	处罚
××	料库	星际场所	××元	
××	食堂	达标		
××	宿舍 201	不达标		××元

(4)要求及下一步重点工作

①从本次检查的结果来看,各工区的 5S 推进情况不尽如人意,由于施工增多等原因,部分工区降低了 5S 管理要求,导致工区整体环境卫生下滑严重,现施工已接近尾声,各工区要加大 5S 的推进力度,按要求每周制订 5S 推进计划,努力提升 5S 管理水平。

②针对车间本次检查出的问题各工区要及时进行整改消号,下月车间 5S 月度检查时将进行问题复查,对整改不力和 5S 工作推进缓慢的工区,车间将严格进行考核。

③××工区××月××日前完成料库标识工作,××工区××月××日前完成庭院整理和走廊揭挂工作……

××车间

××年××月××日

(二)工区 5S 管理制度

1. 管理职责

(1)认真贯彻落实上级和车间有关 5S 管理的各项规章制度及标准,制订 5S 推行计划并组织实施。

(2)定期组织 5S 教育培训。

(3)及时开展 5S 检查、评比、考核。

(4)组织全员开展持续改善活动。

2. 管理规定

(1)办公室、宿舍、食堂、活动室、料库等生产生活场所均按定置图管理,做到环境整洁,无乱堆乱放,无非必需品。临时性物品必须放在指定位置,堆码整齐并及时处理。

(2)文件柜内、办公桌抽屉、储物箱内物品分类存放,定置管理且标识清楚。共用物品明确责任人,私人物品单独存放。

(3)料库规划科学,标识清楚,工具架、材料架设计合理,工具、材料分区、分类,机具定期保养。

(4)各单独区域由使用人负责管理,综合区域由责任人进行整理。

(5)职工离开生产生活场所或使用完相关物品后,必须对相应物品进行整理归位。

(6)工区每天开展一次 10 min 5S 活动,即工区利用点名前 10 min 时间对环境进行整理清扫;每周组织全员进行一次彻底整理清扫。

(7)工区所有职工必须严格执行各项管理制度及作业标准。

3. 检查评比

(1)工长每天点名前要组织对单身宿舍、更衣室、食堂、卫生间、庭院进行一次巡视,每天下班后也要对料库进行一次巡视,发现的问题和考核结果记录在工区 5S 巡查记录表中,并在工区 5S 看板上公示。

(2)工区每月组织一次检查评比(检查标准参考段检查标准)。

4. 考核奖惩(建议纳入工区考核办法)

(1)工区日常巡查发现问题根据工区考核办法对责任人进行考核。

(2)月度检查评比评为星级场所的每个奖励××元,不达标的每个场所处罚××元,达标的不奖不罚。

(三)科室周晨会制度

1. 周晨会目的

(1)提升人员士气,培养团队精神。

(2)相互交流,增进内部沟通。

(3)明确工作目标,掌握重点工作。

2. 周晨会程序

全体集中、整理仪容、点名报数、整齐列队,科室科长站在队列前面保持服装整洁,党员要佩戴相应标识、双手背后站立、目视科长,科长站在队伍前面,周晨会开始。

3. 周晨会内容

①上周工作简要总结和问题点评;

②通报段指示精神;

③对当天(本周)工作进行简要传达;

④征求成员意见并解释;

⑤科室科长宣布:开始工作。

⑥注意事项:全体成员都应坦诚提出意见和建议。

(四)工区班前会制度

1. 班前会目的

(1)使工作有计划、具体分工明确,促进全体职工对工作的理解。

(2)相互交流,增进内部的沟通,提升团队合作精神。

(3)使每位职工精神面貌朝气蓬勃,每个人的行动充满活力,工作目标明确。

(4)进行安全风险提示,提升安全意识。

2. 班前会程序

(1)全体集中,整齐列队,工班长站在队列前面。

(2)注意服装整洁,党员和安全监督员要佩戴相应标识,双手背后站立,目视工班长;工班长站在队伍前面,班前会开始。

3. 班前会内容

(1)工长对照花名册进行点名,做好考勤记录。

(2)认真及时传达上级的有关指示、指令和有关规定要求(需记名式传达的班前会后组织职工签阅)。

(3)对前一天作业的安全情况进行点评小结。

(4)对前一天作业的生产任务完成情况进行点评小结。

(5)对前一天或当天 5S 检查情况进行点评小结。

(6)就当日工作安排进行安全教育。

(7)根据申报的次日作业计划进行分工,明确带班人、作业人员、工作量、机具使用、防护设置、技术标准及质量要求、安全关键环节等。

(8)工长下发"驻站防护员派工单"及"作业派工单"后,现场带班人员简要复述分工情况。

(9)按照作业班及防护员小组分开进行指差确认;带班人手执 KYT 记录表,口述危险因素和行动目标。

(10)指差确认内容简洁明了,能够反映当日防护作业、单独作业、汽车驾驶中存在的风险点。

(11)防护员在"驻站防护员派工单"上签认,核对时间,检查防护备品是否齐全、有效。

4. 注意事项

(1)危险因素查找有针对性。

(2)对策措施要可实施。

(3)指差确认有记录、有签认。

(五)班前班后 10 min 5S 活动规定

1. 班前 10 min 5S 活动

(1)所有人员必须按时出勤,依规定着装。

(2)清扫整理各自责任区卫生。

(3)严格执行班前会制度。

(4)检查机具设备,确保机具设备运行正常。

(5)清点工具材料及防护备品。

2. 班后 10 min 5S 活动

(1)施工作业现场工完料尽。

(2)清点工具材料。

(3)工机具及时归位,无非必需品,料库点检登记,严重问题做好标识,列入送检计划。

(4)巡视各自责任区域,及时清理非必需品,保持场所干净整洁。

(5)严格执行班后小结会制度。

(6)防护通信、照明设备及时充电。

(7)个人工作服、鞋帽依规定放入更衣柜,摆放整齐。

(8)办公用品及时归位,资料分类归档,桌椅摆放整齐。

(9)值班人员下班前需检查水电安全隐患,确保无误后方可离开。

第五节　正确认识5S

一、5S是员工品性的标志

在55活动得到彻底推进的企业,通常可以看到以下的现象。

1. 员工主动遵守各类约定。
2. 员工能够响亮地互致问候,彬彬有礼。
3. 员工守时,在会议或公司活动时能够准时集合。
4. 富于沟通和协调,工作快捷高效。
5. 上下级之间、员工之间能互相关心,互相帮助。
6. 通过持续有效地推进5S活动,企业可以培养出具备优良品性的员工。

二、5S精神

1. 5S精神在员工的品性方面具体化为:关爱之心、明辨是非之心、爱物之心、惜时之心、协调之心、自律之心、道德之心。

2. 5S精神在员工工作意识方面的体现:效率意识、成本意识、品质意识、安全意识。

三、5S意识的培养

1. 整理、整顿的意识:这是关爱心、惜时心的具体表现。
2. 清扫的意识:清扫可以帮助我们形成明辨是非之心、爱护公物之心。
3. 素养的水平:协调心、自律心、道德心的具体表现。

四、5S是企业品位的标志

5S是所有现场管理和改善活动的基础,是判定管理水平的重要依据。我们可以从以下几个方面来快速判断企业管理的好坏:

1. 是否推进5S,现场是否整洁有序。
2. 是否推进目视管理,标识是否清晰,管理状态是否一目了然。
3. 设备是否得到有效维护。
4. 生活现场是否有物品或零部件的堆积。
5. 员工的作业速度是否快捷,动作是否麻利,是否紧张有序、充满干劲。
6. 员工精神面貌是否良好,是否彬彬有礼。

五、5S活动中领导的作用

(一)5S和管理者权威的建立

有效推进5S活动是领导者、主管获取对员工号召力和领导地位的有效方法之一。

在推进5S活动的过程中或者5S做得不好的企业里,时常能听到企业高层或主管抱怨以下情况:

1. 员工对5S不感兴趣。
2. 员工不配合5S活动。

3. 员工不听吩咐,做主管太辛苦。

4. 员工素质太差,没有办法实施5S等。

意思是说本人努力了,但还是不能获得足够的支持,号召力或权威不够。走在这样的工厂里,只要留意就会发现,企业员工懒洋洋地,对周边的事物心不在焉,对领导的出现不在意也不问候。有时甚至可以看见员工对上司的要求、指示充耳不闻,我行我素的现象。

相反,5S推进得好的工厂或车间,绝大多数领导都具有强大的号召力和领导地位。在这些企业里能看到彬彬有礼的员工,他们看到上司和客人会主动问候打招呼。上司的指示或意见会得到及时的回应和积极的配合。

(二)最高管理者的意志是成功的关键

管理者把5S活动目标仅限于把现场搞干净,5S活动水平将很难得到提高。提出一些超越员工所想的目标,对激励员工做好5S活动很有好处。

(三)领导经常性的现场巡视

上层领导的关注程度是5S活动能否坚持下来的决定性因素。领导具体表达关心的方法之一就是经常性地在现场进行巡视。领导不光是指企业的最高层,也包括那些并没有直接参与5S评比或现场诊断活动的管理者及各个部门的负责人。

1. 从大局出发看问题

通常有组织的巡视活动是根据5S检查清单上的要求事项进行的。领导在现场进行巡视的时候,不要受检查表的局限,可以不拘泥于形式,从公司的大局出发,提出5S要求,督促现场部门进行改善。

2. 及时为5S活动提供支持

领导在巡视现场5S的时候,不能只停留在指出问题的层面上,应该对有关安全、公害、废弃物以及废旧设备处理等问题提供必要的指导和帮助,在具体执行5S整改过程中提供必要的(人力、物力、财力)资源支持。

3. 注意在现场与员工进行沟通

为了培养员工的5S意识,领导在巡视过程中适时地与员工进行沟通是很有必要的。

(四)适时提出新要求、新目标

企业领导在激活5S活动的过程中,适时提出新要求和新目标是十分重要的环节。企业的管理者要提升5S活动的水平,要不失时机地提出新要求,设置新目标,否则5S活动的水平将停留在低水平上。

一个企业的5S活动水平高低的一个决定因素就是全员参与程度。5S活动重要的不是理论而是实践,实践越多效果越好,而参加5S实践的人数越多,就越容易达到5S的目的。5S活动的开展还能为企业改善革新活动打下良好现场管理基础,提高员工参与改善革新活动的自主性和积极性。

六、全员参与是实现5S目标的关键

(一)促进全员参与

1. 每一个人都要有明确的5S职责

在整理、整顿、清扫、清洁的各个步骤,必须向每一个人分配明确的任务和职责,由员工自主下功夫想办法落实5S职责和完成5S任务。

2. 全员参与实施,共同创造变化

5S活动的重点是现场的实施。在全员参与整理、整顿、清扫、清洁的过程中,不仅能够创造舒适漂亮的现场环境，5S 活动的参与者的意识也会发生改变，并能体会到现场改变的成就感。

(二)激活 5S 活动

要激活 5S 活动，促进全员参与，就需要追求各种各样丰富多彩的活动，来激发员工的参与热情。

1. 开展多种形式的活动

(1)召开 5S 活动动员会和报告会；

(2)开展 5S 宣传画、标语、口号等征集、表彰活动；

(3)开展 5S 竞赛和检查评比活动。

2. 运用各种宣传工具(图 11-25、图 11-26)

图 11-25　文化宣传墙

图 11-26　现场 5S 看板

3. 开展员工提案活动

①建立一套提案奖励制度，鼓励员工关注身边的问题并积极提出改善方案；

②培养员工的问题意识和解决问题的能力。

七、5S 的认识误区

对 5S 活动的错误认识客观上阻碍了活动的开展，突破对 5S 的错误认识、正确理解 5S 是推进这项活动之前要解决的问题，见表 11-16。

表 11-16　认识的误区及正确认识

误　区	问题说明	正确认识
1. 我们这个行业不可能做好 5S	这些人会以他的经验告诉你站段就是这样脏乱不堪(有特定的发生源)，无法做好 5S，事实上，所有的发生源都是可以治理的	5S 适用于所有行业，正因为有各种各样使得现场变得脏污的原因(发生源)，才需要持续不断的 5S 活动来解决这些问题
2. 我们员工素质差，搞不好 5S	认为员工素质差，做不好 5S	事实上，做不好 5S 的根本原因不是员工的素质差，而是管理者自身出了问题
3. 我们段这么小，搞 5S 没什么用	认为企业小，管理者有足够的时间和精力，用不着做 5S 活动也能把现场管理做得很好	做不做 5S 活动和企业的规模并没有关系，再小的企业，让员工养成良好的 5S 习惯总是十分有益的

续上表

误　区	问题说明	正确认识
4. 工作太忙，没有时间做5S	这是把5S与工作对立起来的错误认识，这种认识危害性极大	5S是工作的一部分，必须像对待工作一样对待5S
5. 5S活动太形式化了，看不到什么实质内容	认为5S活动太多形式上的东西，看不到实质内容	只有形式上(标准上)把5S活动的内容固化下来，并要求员工长期按要求重复这些活动，才能真正让员工养成5S习惯
6. 开展5S活动一定要从生产现场开始	5S是现场管理的基础，误以为5S活动就必须从现场开始	5S活动并不一定非从生产现场开始不可，有时候从与员工生活密切相关的其他区域开始能够收到更好的效果
7. 开展5S活动主要靠员工自发的行动	这种认识混淆了全员参与和自发行动的含义，认为强调全员参与就是要员工自觉参与	5S是全员参与的活动，但并不是可以放任不管的活动，要有效推进这项活动，从企业高层自上而下的推动力是十分必要的
8. 5S就是把现场搞干净	抱有这种认识的人并不了解5S活动的真正意义，混淆了5S和大扫除之间的关系	5S和大扫除是有根本区别的，5S活动不仅要把现场搞干净，最重要的是通过持续不断的活动能够使得现场5S水平达到一定的高度，并且让员工养成良好的习惯
9. 5S只是工厂现场的事情	管理者所在的办公室5S水平低下，到了现场却大谈5S的重要性，要求员工做好5S； 认为5S活动只是现场的事；这些企业的管理特点是以罚代管	5S是所有人的事情，只有全员参与，只有领导身先士卒，5S活动才能取得良好的效果
10. 我们是搞技术的，做5S是浪费时间	抱这种认识的人首先是缺少平等意识，在他看来清扫之类的粗活理应由清洁工和员工来完成；没有认识到5S对自身工作效率提升的作用	5S是所有人工作的一部分，必须像对待工作一样对待5S
11. 5S活动看不到经济效益	企业高层：做5S到底能够给我们哪些好处？ 普通员工：既然5S并不能带来什么经济效益，不参与也罢	尽管5S活动并不能带来效益上立竿见影的效果，但可以肯定，只要长期坚持这项活动，作用是可以期待的
12. 认为5S活动推进就是5S检查	误认为推进5S就是定期对各部门现场进行5S检查评比，没有其他有效的活动，光靠检查评比是很难持续提升5S水平的，长此下去，员工对5S的热情将受到损害，活动也将持续低迷	5S活动应循序渐进地推进，必须在活动过程中注入具体的内容，而评比检查只是活动内容的一部分
13. 我们企业已经做过5S了	所谓做过了，有两种可能性或者以为5S是一个阶段性的项目，做完了事；或者做过但失败了	5S是一项持续推进的工作，只有进行时，没有过去时和完成时的概念

第二篇　工务施工组织管理

第十二章

铁路营业线施工安全管理

第一节　营业线施工基本知识

铁路营业线施工是指影响营业线设备稳定、使用和行车安全的各种施工作业，为了确保行车、人身和施工安全，应加强对国家铁路、国家铁路控股的合资铁路（委托铁路局调度指挥）以及国家铁路非控股但委托铁路局调度指挥的合资铁路的营业线施工安全管理，同时邻近营业线施工纳入营业线施工安全管理范畴。

铁路营业线施工必须把确保安全放在首位，坚持"安全第一、预防为主、综合治理"的方针，建设、设计、施工、监理、行车组织、设备管理等单位和部门必须严格遵守施工管理的各项有关规定，认真执行，做到运输、施工兼顾。

为加强铁路营业线施工管理，国铁集团组织修订了《国铁集团铁路营业线施工管理办法》（TG/QT 102—2021），自 2021 年 12 月 1 日起施行。

一、铁路营业线施工与邻近营业线施工的概念及分类

（一）铁路营业线施工

铁路营业线施工是指影响营业线设备稳定、使用和行车安全的各种施工作业，按组织方式、影响程度分为施工和维修两类。

（二）邻近营业线施工

邻近营业线施工是指在营业线两侧一定范围内、营业线设备安全限界外影响或可能影响铁路营业线设备稳定、使用和行车安全的作业。

营业线两侧一定范围即为营业线设备安全限界。

1. 高速铁路。路基地段线路防护栅栏（桥梁地段为桥面最外侧）为营业线设备安全限界。当接触网支柱在线路防护栅栏以外（桥梁地段为桥面最外侧）时，接触网支柱外侧 2 m（接触网支柱外侧附加悬挂外 2 m，有下锚拉线地段时在下锚拉线外 2 m）为营业线设备安全限界。

2. 普速铁路。电气化铁路接触网支柱外侧 2 m（接触网支柱外侧附加悬挂外 2 m，有下锚拉线地段时在下锚拉线外 2 m）、非电气化铁路信号机立柱外侧 1 m 为营业线设备安全限界。

二、营业线施工项目与维修项目类别

(一)施工项目

1. 线路及站场设备技术改造,增建线路、新线引入、电气化改造等施工。

2. 跨越、穿越铁路线路或站场的桥梁、隧道、涵洞、管道、渡槽和电力线路、通信线路、油气(燃气、蒸汽)管线,以及铺设道口、平过道等设备设施的施工。

3. 在铁路安全保护区内架设、铺设、拆除管道、渡槽和电力线路、通信线路、杆塔、油气(燃气、蒸汽)管线等设施的施工。

4. 在规定的安全区域内实施爆破作业,在线路隐蔽工程(含通信、信号、电力电缆径路,给水管路)上作业,影响路基和桥隧涵稳定的各种施工。

5. 信号、联锁、闭塞、CTC/TDCS、列控等行车设备大中修、改造施工。

6. 影响营业线正常运营的铁路重要信息系统运行环境改造、基础设施更新、应用系统变更等施工。

7. 设置在线路上的安全检测、监控设备的新建、技术改造、大中修及 TPDS 设备标定施工。

8. 影响营业线正常运营的通信网络施工和中断行车通信业务的通信设备施工。本细则中行车通信业务是指列车调度电话、站间行车电话、调度命令信息无线传送、无线车次号校核信息传送业务以及承载列车运行控制、CTC/TDCS、信号闭塞、信号安全数据网、信号逻辑检查、车辆红外轴温探测(THDS)、牵引供电远动、地震灾害和异物侵限监测等系统的网络通道。

9. 线路大中修,路基、桥隧涵大修施工及大型养路机械作业。

10. 成段破底清筛,成组更换道岔(含钢轨伸缩调节器)及轨件,成段更换扣件,更换轨道板(道床板),更换无砟道床,无缝线路应力放散。

11. 普速铁路成段更换钢轨或轨枕,使用冻害垫板一次总厚度大于等于 40 mm 的冻害整治等施工;高速铁路使用冻害垫板一次总厚度大于等于 10 mm 的冻害整治,更换钢轨或轨枕,更换道岔(含钢轨伸缩调节器)主要部件等施工。

12. 牵引供电变配电设备、远动设备、电力、接触网技术改造及大修,高速铁路接触网三级修等施工。

13. 车站站台、雨棚、天桥等建筑物及客运上水和吸污设备、站场供水设施技术改造及大中修施工。

14. 工程质量缺陷和高速铁路线路、路基、桥隧涵病害整治等施工。

15. 整锚段更换接触线、承力索、附加线索,更换接触网支柱(吊柱),隧道内接触网预埋件整治等施工。

16. 在线间距不足 6.5 m 地段(两线间已有站台、栅栏等设施的除外)一线作业邻线行车时,单个防护单元内(防护单元长度原则上不超过 100 m)使用小型养路机械(包括捣固机、捣固镐、道岔打磨机、仿形打磨机、内燃扳手、切轨机)总数 10 台及以上的作业和线路允许速度 120 km/h 以上区段使用接触网车梯、梯子的作业(施工计划中施工项目栏分别按“10 台以上小型养路机械作业”和“接触网车梯作业”填写)。

17. 其他影响营业线设备稳定、使用和行车安全的施工。

（二）维修项目

维修项目是指作业开始前不需对行车条件进行限制，结束后须达到正常放行列车条件，并且在维修天窗时间内能完成的项目（高速铁路维修项目及普速铁路维修项目详见营业线工务维修作业项目及等级划分）。

三、营业线施工项目等级划分

营业线施工根据线路等级、封锁时长、影响范围等标准，对营业线施工进行等级划分和管理。

（一）高速铁路施工等级

1. Ⅰ级施工。

（1）超出图定天窗时间且需要调整图定跨局旅客列车开行（含确认列车）的大型站场改造、新线引入、全站信联闭改造、CTC 中心系统设备及列控系统设备改造、换梁、上跨铁路结构物等施工。

（2）中断跨局行车通信业务且影响范围内有图定列车运行的 GSM-R 核心网络设备施工。

2. Ⅱ级施工。

（1）不需要调整图定跨局旅客列车开行（含确认列车）的站场改造、新线引入、全站信联闭改造、CTC 中心系统设备及列控系统设备改造、整锚段更换接触线或承力索、换梁、上跨铁路结构物施工。

（2）中断跨局行车通信业务且影响范围内没有图定列车运行以及中断本铁路局集团公司行车通信业务且影响范围内有图定列车运行的通信网络设备施工。

3. Ⅲ级施工。

除Ⅰ级、Ⅱ级施工以外的各类施工。

（二）普速铁路施工等级

1. Ⅰ级施工

（1）繁忙干线封锁 5 h 及以上、干线封锁 6 h 及以上或繁忙干线和干线影响信联闭 8 h 及以上的大型站场改造、新线引入、信联闭改造、电气化改造、CTC 中心系统设备改造施工。

（2）繁忙干线和干线大型换梁施工。

（3）繁忙干线和干线封锁 2 h 以上的大型上跨铁路结构物施工。

（4）中断繁忙干线 6 h 及以上或干线 7 h 及以上且同时中断两站以上行车通信业务的通信网络设备施工。

2. Ⅱ级施工

（1）繁忙干线封锁正线 3 h 以上或影响全站（全场）信联闭 4 h 及以上、干线封锁正线 4 h 及以上或影响全站（全场）信联闭 6 h 及以上的施工（大型养路机械作业、道床清筛、处理路基基床、成段更换钢轨和轨枕以及不影响邻线正线行车的更换道岔施工除外）。

（2）繁忙干线和干线其他换梁施工。

（3）繁忙干线和干线封锁 2 h 及以内的大型上跨铁路结构物施工。

（4）中断繁忙干线 4 h 以上或干线 5 h 以上且同时中断两站以上行车通信业务的通信网络设备施工。

3. Ⅲ级施工

除Ⅰ级、Ⅱ级施工以外的各类施工。

四、营业线工务维修作业项目及等级划分

按照作业复杂程度和设备影响范围，高速铁路和普速铁路维修项目分为Ⅰ级维修项目和Ⅱ级维修项目

(一)高速铁路工务维修作业项目及等级划分

1.Ⅰ级维修项目

(1)开行路用列车运送作业人员、装卸机具路料。

2.Ⅱ级维修项目。

(1)钢轨、道岔小型养路机械打磨。

(2)工务设备上线检查、检测。

(3)轨道精调。

(4)采用改道、垫板方式处理零小线路病害。

(5)整理外观及修理、油刷线路标志。

(6)螺栓扣件涂油。

(7)防护栅栏内各种排水设备、加固设备的整修及清淤。

(8)整修声屏障、进入防护栅栏门内整修防护栅栏。

(9)使用冻害垫板一次总厚度小于 10 mm 的冻害整治。

(10)路基封闭层、排水系统以及防护栅栏内的路基边坡防护设施和支挡结构的检查、整修。

(11)桥梁栏杆、桥面防水层、桥面上排水系统的检查、整修。

(12)进入隧道内的检查整修，隧道洞门、缓冲结构及防护栅栏内边坡仰坡的检查整修。

(13)自然灾害及异物侵限监测系统的维修与更换。

(14)可能影响行车安全的危石清理。

(15)无砟轨道结构及封闭层修补作业。

(16)箱梁支座脱空、翻浆整治。

(17)在天窗内可以完成的其他作业项目。

(二)普速铁路工务维修作业项目及等级划分

1.Ⅰ级维修项目

(1)更换道岔尖轨、辙叉、护轨、基本轨；更换道岔扳道器下长岔枕、可动心轨道岔钢枕及两侧相邻岔枕或辙叉短心轨转向轴处轨枕。

(2)开行路用列车运送作业人员、装卸机具路料。

(3)利用小型爆破开挖侧沟或基坑(限于不影响路基稳定的范围)。

(4)更换和整正桥梁梁缝挡砟板。

2.Ⅱ级维修项目。

(1)利用小型养路机械整治线路病害，对轨道(道岔)伤损零部件进行更换或修理。

(2)胶接、焊接钢轨、非成段更换钢轨。

(3)一次起道量、拨道量不超过 40 mm 的起道、拨道作业。

(4)螺栓扣件涂油。

(5)桥梁施工进行试顶需要起动梁身并回落原位。拨正支座，支座垫砂浆厚度在 50 mm 及以下时。

(6)更换桥梁护轨,钢梁明桥面单根抽换桥枕、更换护木。

(7)隧道漏水整治、衬砌裂损修补。

(8)整修道口铺面。

(9)不破底处理道床翻浆冒泥,清筛道床。破底清筛道床以及更换、方正轨枕连续不超过2根。

(10)可能影响行车安全的清理危石、砍伐危树及隧道内刨冰作业。

(11)更换桥梁挡砟块、作业通道步行板。

(12)箱梁支座脱空、翻浆整治。

(13)工电联合维修作业。

(14)在天窗内可以完成的其他作业项目。

五、天窗、慢行和邻线限速规定

(一)天窗

1. 天窗的概念

天窗是指列车运行图中不铺画列车运行线或调整、抽减列车运行线为施工和维修作业预留的时间,按用途分为施工天窗和维修天窗。各条线路天窗时间和位置在编制列车运行图时确定,施工维修时应按照列车运行图预留的天窗条件、满足安全生产、作业标准和质量要求进行安排。

铁路局集团公司因施工维修需临时调整高速铁路、繁忙干线和影响跨集团公司运输的干线天窗时,需报国铁集团运输调度指挥中心(以下简称调度中心)批准,其中涉及调整跨局施工维修天窗和编制施工分号列车运行图时,由国铁集团运输部负责协调。

2. 施工和维修作业时天窗时间安排的原则

(1)高速铁路天窗原则上不应少于240 min。

(2)普速铁路施工天窗:技改工程、线桥大中修及大型养路机械作业、接触网大修及改造时,不应少于180 min。

(3)普速铁路维修天窗:双线不应少于120 min,单线不应少于90 min。

3. 施工天窗和维修天窗安排的规定

(1)施工天窗安排

①高速铁路、繁忙干线和干线集中修、图定货物列车对数小于12对的普速铁路施工时可连续安排施工天窗。

②其余各线周六、周日不安排施工天窗。

(2)维修天窗安排

①高速铁路:每日安排维修天窗。

②普速铁路:国铁集团组织集中修的区段集中修时间外,周一至周四安排维修天窗,周五、周六、周日不安排维修天窗;其他区段周一至周五安排维修天窗,周六、周日不安排维修天窗。

维修天窗在时间安排上应与施工天窗重叠套用,除春运、节假日及国铁集团调度命令停止外,原则上每月每区间应不少于20次(双线为单方向)。维修单位确不需要时,经主管业务部室主任或副主任批准,可不申请或减少天窗次数、时间,不计入天窗修考核。

春运、节假日停止天窗期间，可根据旅客列车开行方案和设备检修需求适当安排维修天窗，具体在春运文件和月度施工计划中明确。

不影响跨局运输的干线和其他线路，根据施工和维修需要，铁路局集团公司可适当增加天窗时间和次数或对天窗时段进行调整。

（二）慢行

各项施工、维修作业应采用平行作业的方式，综合利用天窗，提高天窗的利用率。严格按照运行图预留的慢行附加时分控制线路慢行处所。

1. 繁忙干线和干线原则上单线1个区段慢行处所不超过2处，双线1个区段每个方向慢行处所不超过2处，同一区间内慢行处所不超过1处（包括施工慢行处所）。各项施工应按规定控制慢行速度和慢行距离。

2. 针对施工需要编制施工分号列车运行图时，可依据慢行附加时分，适当增加施工慢行处所。滚动施工阶梯提速，按1处慢行处所掌握。施工后产生的慢行在12 h以内恢复常速以及施工涉及的邻线限速可不统计慢行处所。

3. 各项施工作业，施工点前不得安排慢行。大机清筛、换轨、更换道岔、换枕施工时，在运行图条件允许的情况下，应适当增加天窗时间。增加天窗时间影响图定跨局旅客列车开行时，需报国铁集团调度中心批准。

（三）邻线限速

在线间距不足6.5 m地段（两线间已有站台、栅栏等设施的除外）一线施工邻线行车时，邻线限速在执行《铁路技术管理规程》规定基础上并作以下规定：

1. 限速范围

施工作业（大机线岔打磨、铣磨，开行路用列车运送人员、装卸机具路料，使用检查检测车进行动态检测以及人员不上道的施工除外）。

2. 限速标准

限速标准应为60～100 km/h，瞭望困难地段可按45 km/h。铁路局集团公司工务部组织相关专业部门，逐条线路、逐个区间（区段）调查写实，根据天窗时间，结合昼夜通视条件、平纵断面情况、司机瞭望视距、分相位置等因素，逐段确定邻线限速值并以集团公司文电公布。邻线限速长度不应小于实际作业范围。

3. 限速措施

施工邻线限速应纳入施工计划，按运行揭示调度命令流程管理，发布运行揭示调度命令。临时封锁要点的施工需要邻线限速时，设备管理单位需在“行车设备检查登记簿”内登记邻线限速的起止里程及限速值，调度所下达邻线临时限速调度命令。

某铁路局集团公司的具体限速措施如下：

施工邻线限速应纳入施工计划，起止时间原则上按照施工前增加30 min，施工后增加30 min提报，但开始时间增加不得提前至施工日的0:00前，不满足施工前增加30 min要求的，邻线限速开始时间统一为0:00。施工邻线限速按运行揭示调度命令流程管理，发布运行揭示调度命令。临时封锁要点的施工需要邻线限速时，设备管理单位需在“行车设备检查登记簿”（故障登记）内登记邻线限速的起止里程及限速值，调度所根据登记下达邻线临时限速调度命令。

原则上不安排邻线与本线限速重叠的施工。确需安排的，邻线限速不得低于本线限速值。

六、临时施工

对突发性设备故障和灾害的紧急抢修及设备状态超过临时补修标准和重伤设备处理等需临时封锁要点的施工，按下列程序办理：

1. 需临时封锁要点时，由设备管理单位向集团公司主管业务部室提出申请，主管业务部室审查，经分管运输副总经理(总调度长)批准后，由调度所安排。

2. 危及行车安全需立即抢修时，设备管理单位按规定采取措施，在"行车设备检查登记簿"(故障登记)内登记，在车站登记的还需在"行车设备施工登记簿"(计划施工)登记要点，车站值班员报告列车调度员(CTC 中心控制车站由设备管理单位直接报告列车调度员)，高速铁路经调度所值班主任(高铁值班副主任)批准，普速铁路经调度所值班主任批准，发布调度命令进行抢修，设备管理单位同时通知配合单位和集团公司主管业务部室。

七、邻近营业线施工管理

(一)邻近营业线施工分类

邻近营业线施工分为 A、B、C 三类。

1. A 类施工

邻近铁路营业线进行以下影响营业线设备稳定、使用和行车安全的工程施工，列为 A 类施工，必须纳入集团公司月度施工计划。

(1)吊装作业时侵入营业线设备安全限界的施工。

(2)架设或拆除各类铁塔、支柱及接触网杆等在作业过程中侵入营业线设备安全限界的施工。

(3)开挖路基、路基注浆、桩基施工等影响路基稳定的施工。

(4)需要对邻近的营业线进行限速的施工。

(5)经集团公司施工协调小组研究确定的其他安全影响较大的邻近营业线施工。

2. B 类施工

邻近营业线进行以下可能因翻塌、坠落等意外而危及营业线行车安全的工程施工，列为 B 类施工。

B 类施工应设置防护设施并经集团公司有关部门审批，不能设置防护设施时纳入集团公司月度施工计划。影响营业线设备稳定、使用和行车安全的防护设施设置必须纳入集团公司月度施工计划。

(1)使用高度或作业半径大于吊车至营业线设备安全限界之间距离的吊车吊装作业。

(2)影响铁路通信杆塔、通信基站、信号中继站、箱式机房及供电铁塔、支柱等基础稳定的各类施工。

(3)邻近营业线进行现浇梁、钢板桩、钢管桩、搭设脚手架、膺架等施工的设备和材料翻落后侵入营业线设备安全限界的施工。

(4)营业线路堑地段有可能发生物体坠落，翻落侵入营业线设备安全限界的施工。

3. C 类施工

邻近营业线进行以下可能影响铁路路基稳定、行车设备使用安全的施工，列为 C 类施工。

(1)铲车、挖掘机、推土机等施工机械作业。

(2)开挖基坑、降水和桩基施工。

(3)邻近供电、通信、信号电(光)缆沟槽及供电支柱、油气及水电管路、通信信号杆塔(箱盒、通话柱)10 m 范围内的挖沟、取土、路基碾压等施工。

(4)绑扎钢筋、安装拆除模板等未侵入营业线设备安全限界的施工。

(5)路基填筑或弃土等施工。

其他影响或可能影响营业线设备稳定、使用和行车安全的邻近营业线施工,由铁路局集团公司按上述原则界定类别。

(二)临近营业线施工防护

A类及B类纳入铁路局集团公司施工计划的施工,必须按照营业线施工管理有关规定进行施工防护,B类不纳入月度施工计划的施工及C类施工,施工单位必须设驻站联络员和现场防护员,其他施工必须设现场防护员。B类不纳入月度施工计划的施工,驻站联络员在列车开出前方站前,必须确认现场已停止作业并确认机械材料未侵入限界;C类施工驻站联络员在邻站列车开出前,必须与现场防护员联系,确认现场防护措施有效。驻站联络员与现场防护员要保持不间断联系。

八、工务部门天窗点外上线作业规定

(一)天窗点外上线作业项目

下列维修作业可在天窗点外进行,但严禁利用速度 160 km/h 及以上的列车与前一趟列车之间的间隔时间作业。其他维修项目必须纳入天窗,严禁利用列车间隔时间作业。

1. 使用轨道检查仪、钢轨探伤仪(双轨探伤仪除外)等随时能撤出线路的便携设备进行上线检查、检测作业;预卸路料的加固;标志涂刷;整理道床;栏杆油漆;不移动桥枕进行钢梁上盖板涂装;不影响行车安全的隧道除冰;清理垃圾或弃物;其他在道床坡脚以外不影响线桥设备正常使用的作业。

2. 本线施工限速小于等于 60 km/h 的地段或除正线外允许速度小于等于 60 km/h 的站内线路,允许使用单人能随时撤出线路的轻便小型机具进行螺栓涂油、捣固、改道、补充或紧固轨道联结零件、垫入或撤出垫板作业,但严禁利用旅客列车与前一趟列车之间的间隔时间作业。

3. 因冻害、水害、设备病害引起的限速以及施工期间限速,在速度小于等于 45 km/h 的区段,可使用一操一单人使用的小型工具进行捣固整修作业。以上作业严禁利用旅客列车与前一趟列车之间的间隔时间进行。

(二)天窗点外上线作业流程

作业前,驻站联络员应携带车间批准的“天窗点外维修作业计划表”并在车站“行车设备检查登记簿”(点外上线)内登记(××工电大修段、××大型养路机械运用检修段天窗点外作业计划还需由设备管理单位的管辖车间负责审核签认后,由施工单位进行登记,设备管理单位负责现场监护,设备管理单位监护人员未到,严禁上线作业),车站值班员签认。设备管理单位应按规定设置驻站联络员、现场防护员,联系中断时必须停止作业。信号部门进行不影响电务设备正常使用的道岔转换试验,按规定登记“行车设备施工登记簿”(维修天窗)后由车站安排。车、工、电务部门道岔联合整治时道岔转换试验,由电务部门申请登记,车站安排。

各设备管理单位应加强天窗点外维修作业的计划管理和现场控制，细化制定符合实际、行之有效的安全控制措施，确保点外维修作业安全。

第二节　营业线施工组织领导

铁路局集团公司成立营业线施工领导小组，组长由分管运输副总经理担任，副组长由分管工电、建设副总经理担任，成员由施工办、运输、客运、货运、安监、机务、车辆、工务、电务、供电、建设、科信（总工室）、房建、调度等部门负责人组成，全面领导营业线施工管理工作。营业线施工领导小组主要负责研究制定营业线施工管理有关制度办法，批准年度轮廓施工计划和月度施工计划，研究制定施工和运输组织方案，组织营业线施工考核，协调解决营业线施工管理重大问题和结合部问题等。

一、营业线施工管理机构职责及相关要求

1. 铁路局集团公司施工办负责营业线施工领导小组日常工作，主要承担营业线施工管理、施工与运输组织协调等职责。

2. 铁路局集团公司应优化施工办机构设置和专业结构，配齐配强工作人员。施工办计划管理人员应选配熟悉运输业务和设备养护规律、综合协调能力强的人员，原则上应具有列车调度员工作经历。施工办应配备业务熟练、综合能力强的工务、电务、供电专业技术人员。

3. 施工办应优化业务分工、建立健全工作流程。施工办编制施工计划时应根据运输能力和施工需求，对铁路局集团公司整体施工安排进行协调。具体实施时应按照月日计划统一、分线分区域的原则进行，同一区域的施工计划管理人员应相对固定，不同区域间的结合部应指定专人进行协调。

4. 施工办应建立施工现场踏勘调研制度，编制Ⅰ、Ⅱ级施工计划前应组织进行施工现场踏勘调研。

5. 铁路局集团公司业务部室是营业线施工的专业管理部门，主要承担营业线施工方案审查、计划审核以及组织、实施、安全等管理职责。铁路局集团公司应明确各相关部门在营业线施工管理中承担的主要职责。

例如某铁路局集团公司工务部门的职责：负责本部门施工、维修的专业管理和组织，制定并落实本部门施工（维修）作业的管理制度、作业标准和安全措施；参加施工行车办法的制定；对工务施工方案、计划进行审核、平衡、签认；检查本系统施工人员及机具设备等的准备情况；监控并杜绝超量、超范围的施工准备；检查各岗点人员盯岗及责任落实情况；掌握施工进度，指导施工、维修单位按规定、按标准作业。按规定组织协调施工，参加现场监督、指导。

6. 为加强施工组织领导，集团公司、站段成立施工协调小组。

（1）Ⅰ级施工由集团公司分管运输副总经理、有关分管副总经理担任施工协调小组正、副组长，成员由行车组织、设备管理、建设、设计、施工、监理、安监等有关部门和单位负责人组成。

（2）Ⅱ级施工由集团公司施工办主任（副主任）、施工主体项目业务部室主任（副主任）担任施工协调小组正、副组长，成员由行车组织、设备管理、建设、设计、施工、监理、安监等有关部门和单位主管人员组成。

（3）Ⅲ级施工。

①在车站和车务负责行车组织的段管线登记的Ⅲ级施工，由车务站段（包括车务段、直属

站以下简称车务站段)分管副段长(直属站副站长)担任施工协调小组组长、施工主体项目专业的设备管理单位分管副段长担任施工协调小组副组长(建设项目由建设项目管理机构分管负责人担任施工协调小组副组长),成员由行车组织、设备管理、建设、施工等有关单位成员组成。

②在调度所登记的Ⅲ级施工,由施工主体项目专业的设备管理单位分管副段长担任施工协调小组组长(建设项目由建设项目管理机构分管负责人担任施工协调小组组长、施工主体项目专业的设备管理单位分管副段长担任施工协调小组副组长),成员由行车组织、设备管理、建设、施工等有关单位成员组成。

③在非车务负责行车组织的段管线内登记的Ⅲ级施工,由段管线管理单位分管副段长担任施工协调小组组长、施工主体项目专业的设备管理单位分管副段长担任施工协调小组副组长(建设项目由建设项目管理机构分管负责人担任施工协调小组副组长),成员由行车组织、设备管理、建设、施工等有关单位成员组成。

④施工协调小组组长、副组长因Ⅲ级施工较多等原因不能亲自到现场组织时,可提前办理委托手续委托胜任人员。委托人与受委托人应在施工预备会前办理好委托手续,受委托人持委托书参加施工预备会、总结会并按规定进行盯控。委托期限不得超过 30 天。胜任人员按以下原则安排。

ⅰ车务站段:施工期间需无联锁接发列车的施工,只允许委托其他副段长(直属站副站长);其他情况可委托安全、技术科长(副科长),中间站站长(副站长),运转车间主任(副主任)及以上级别专业人员。委托中间站、车间负责现场组织时,车务站段应安排安全技术人员进行现场检查指导。

ⅱ设备管理单位:引起工务类 LKJ 基础数据变化、引起信号联锁或列控数据变化启用新版本软件的施工,只允许委托其他副段长;其他情况可委托车间副主任及以上级别专业人员。委托车间负责现场组织时,设备管理单位应安排安全技术人员进行现场检查指导。

ⅲ负责多个项目的建设项目管理机构:引起工务类 LKJ 基础数据变化、引起信号联锁或列控数据变化启用新版本软件的施工,只允许委托项目管理机构其他负责人;其他情况可委托质量、安全、工程部负责人及其以上级别专业人员。

二、施工协调小组的主要职责:

1. 负责组织相关部门和单位协调解决营业线施工、运输、安全等问题,做到运输、施工统筹兼顾,确保行车、人身和施工安全。

2. 负责并参加施工现场的组织协调工作。检查施工前的准备工作,检查各项安全措施的落实,掌握施工进度,维护施工期间的运输秩序,协调解决施工有关部门临时发生的问题。

3. 负责施工现场的安全监控工作。按专业分工对施工期间运输、施工进行安全监控,协调解决影响安全的相关问题。

4. 负责组织召开施工预备会和总结会。

5. Ⅰ、Ⅱ级施工协调小组负责审定相应施工等级的施工方案、施工过渡方案、施工安全措施等。

6. 需要由施工协调小组讨论决定的其他情形。

下穿线路等施工时间超过 24 h 的Ⅲ级施工,施工协调小组正、副组长和成员应参加施工开始、结束和关键节点的现场组织协调和安全监控等工作。其他时段由设备管理单位和建设项目管理机构人员进行现场监控。

三、施工、施工配合及维修负责人的确定标准

施工负责人由施工单位按照施工等级安排相应人员担当。施工负责人不得临时更换，遇特殊情况必须更换时，需安排同级别及以上且掌握该施工方案的专业人员担任。施工单位在提报施工日计划前提出申请，主管业务部室审批同意后报施工办。

1. 建设项目、工程单位承担的技术改造项目：Ⅰ级施工由标段项目负责人担当，Ⅱ级施工由标段副职担当，Ⅲ级施工由项目分部负责人(副)担当。

2. 技术改造项目(工程单位承担的除外)、大中修项目：Ⅰ级施工由施工单位负责人担当，Ⅱ级施工由施工单位分管副职担当，Ⅲ级施工由施工单位段领导或车间主任(副主任)担当。

3. 施工配合负责人：Ⅰ级施工由配合单位负责人或分管副职担当，Ⅱ级施工由配合单位分管副职或车间主任担当，Ⅲ级施工由配合单位车间主任(副主任)担当(Ⅲ级施工较多时，车间主任(副)可委托胜任干部担当)。

4. 维修的组织领导工作由设备管理单位负责。Ⅰ级维修负责人由车间主任(副)担当(Ⅰ级维修较多时，车间主任可委托车间胜任干部担当)，Ⅱ级维修负责人由工(班)长担当。

四、施工(维修)负责人的主要职责

1. 负责施工(维修)现场的组织指挥工作。检查施工(维修)和开通前的各项准备工作，指挥现场施工(维修)，安排施工(维修)防护，确认放行列车条件等。

2. 负责协调解决施工(维修)中发生的问题，协调各单位施工(维修)作业，掌握施工(维修)进度，反馈现场信息，施工负责人还应及时向施工协调小组汇报施工情况。

3. 负责总结分析施工(维修)组织、进度和安全等情况，对施工(维修)现场的安全负责。

4. 施工(维修)现场为两个及以上施工单位综合利用天窗在同一区间或站内作业时，施工(维修)主体的确认及负责人的职责

(1)施工(维修)现场为两个及以上施工单位综合利用天窗在同一区间或站内作业时，施工和高速铁路维修由施工办在日计划中指定施工(维修)主体单位，普速铁路维修及车务站段审批的施工在周计划中指定施工(维修)主体单位，合并提报计划时排在首位的为施工(维修)主体单位。主体施工(维修)负责人负责协调各单位施工组织，各单位必须服从主体施工(维修)负责人指挥，按时完成施工和维修任务，确保达到规定的放行列车条件。

(2)两个及以上单位作业车进入同一个区间移动作业时，由主体施工(维修)负责人统一划分各单位作业车作业范围及分界点。

(3)同一区间或站内施工和维修综合利用天窗时，维修组织由主体施工负责人统一指挥，维修单位参加施工预备会和总结会。

五、施工(维修)主体单位的确定办法

1. 高速铁路有路用列车运行的以路用列车承担单位为施工(维修)主体，无路用列车运行的以工务为主体。普速铁路 CTC 区段施工(维修)主体单位划分比照高速铁路办理。

2. 普速铁路施工天窗，以天窗内大修施工项目承担单位为主体；维修天窗电气化区段接触网为主体，无接触网作业时及非电气化区段工务为主体。

六、综合天窗的利用

1. 多个单位综合利用天窗在同一站内或区间作业时，主体施工(维修)负责人负责协调各

单位天窗使用和施工组织，对施工现场的施工安全负责。各单位服从主体施工（维修）负责人指挥，制定安全控制及沟通联系措施，按时完成施工和维修任务，确保达到规定的列车放行条件。

2. 多个单位作业车进入同一个区间移动作业时，由主体施工（维修）单位负责人统一划分各单位作业车作业范围及分界点（两个单位作业车间隔，不得小于 500 m）；作业单位必须按规定分别进行防护。

3. 同一区间或站内发生不同工种的作业矛盾时，由其他单位与施工（维修）主体单位协商解决，施工（维修）主体单位确定各自作业时间、地段与防护距离，施工（维修）单位负责各自的作业及人身安全。需配合作业时，施工（维修）主体单位应确保配合单位必要的调试整细时间，纳入施工方案，并在施工协调会上明确。

第三节　上线作业安全防护

本节内容是按照普速铁路上线作业安全防护标准进行编写的。《铁路技术管理规程》（普速铁路部分）第 387 条规定：在区间或站内线路、道岔上封锁施工作业时，施工单位在车站行车室设驻站联络员，施工地点设现场防护人员。

设立防护员是营业线施工作业方法和形式不断变化的需要，是切实提高现场作业人员安全的需要。严禁未设置防护员和安全防护措施上线作业。

一、防护员的种类

1. 防护员按照岗位职责分为驻站联络员和现场防护员，现场防护员包含远端防护员、中间联络员。

2. 防护员按照等级分为两类。一级防护员：驻站联络员；二级防护员：现场防护员。

二、防护员的任职条件

防护作为人身安全的第一道关卡，只有责任心强和具有一定业务素质的人员才能担任。

1. 具备本工种中级及以上技能等级，连续从事本岗位工作满两年，安全责任心强，身体健康，语言思维表达能力清晰，经安全培训考试合格的正式路工。

2. 必须经过路局统一组织的营业线施工安全专项培训，取得资格性培训合格证。

3. 驻站联络员必须熟知站场线路及信联闭设备知识、安全防护设置标准、常用的行车术语、信号显示意义、防护备品用途、防护方法、各种作业的程序和特殊情况下的应急处理知识等。

三、工务系统防护员作业范围

维修、施工（准备）及线路抢修，设备检查巡检、测量探伤，线上除草、除雪、除冰等上线作业，以及电务设备应急上线故障处理配合。

四、防护员岗位职责

防护员要清楚和掌握本岗位的职责，规范自己的行为，切实做好安全防护工作。

(一)驻站联络员的岗位职责

1. 负责收集施工作业期间列车运行情况,并及时向现场防护员及作业人员传达,督促现场作业人员按规定下道避车。

2. 协助施工、维修作业负责人做好安全防护工作,落实各项安全防护制度。

3. 负责施工、维修作业点的登记、签销手续。

4. 负责设备故障处理的登记、签销手续。

(二)现场防护员的岗位职责

1. 负责防护范围内作业过程中作业人员的人身安全。与驻站联络员按规定进行联络,掌握通过作业地点列车情况,不间断瞭望,来车时及时组织作业人员下道,按规定避车。对作业过程中违反劳动纪律、作业纪律的行为及时制止。

2. 负责防护范围内作业过程中的行车安全。按规定距离组织作业人员、机具下道避车。

3. 根据施工作业的性质、内容、地点,以及驻站联络员、施工负责人的指令,正确设置、撤除和使用各种防护信号。

4. 迅速、准确传达各种列车信息和指令,坚守岗位,精力集中,加强瞭望,严格纪律。

五、着装及备品

加强对防护员着装、携带各种防护用品的管理,清楚了解各种备品的用途和使用方法,并保证齐全、良好使用。严禁使用安全性能不良的防护装备、通信工具和有安全缺陷的劳动防护用品用具。

(一)驻站联络员携带的防护备品及着装

必须穿着带有反光标志的工作服,进入行车室必须佩戴胸卡[“施工驻站(调度所)联络员证”],携带防护员上岗证、岗位安全风险控制卡、无线对讲机(不具备录音功能的须携带录音笔)、“防护员通知记录本”(在确保录音良好的前提下,可取消“防护员通知记录本”)等,天窗点外作业需携带“天窗点外维修作业计划表”;高速铁路驻站(调)联络员在携带无线对讲机外还应配备 GMSR 手机和上线作业登记簿。

(二)现场防护员携带的防护备品及着装

必须穿着带有反光标志的工作服(防护坎肩),穿在所有衣物的最外层,并不得被其他衣物遮盖,佩戴防护员帽、防护员袖标,携带防护员上岗证、无线对讲机、本区段列车时刻表、岗位安全风险控制卡、防护信号、防护喇叭(口笛)、列车接近报警接收机等防护备品。

防护袖标:防护员袖标按系统分颜色管理,具体颜色按本系统规定,如图 12-1 所示。

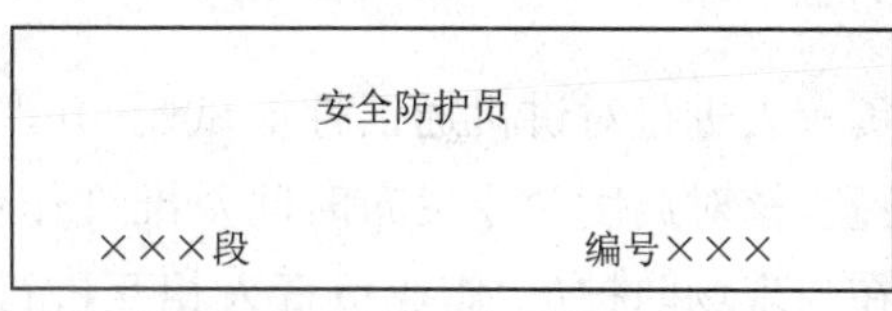

图 12-1　防护袖标

注:袖标宽不小于 150 mm。字体取中,字体颜色与袖标颜色按要求采用红黄(工务)、黄红(电务、供电)、蓝红(路外单位)。

防护帽:防护帽须标明单位名称,颜色样式由各专业处确定。

六、安全防护十条禁令

1. 严禁无资格人员担任防护员。

2. 严禁未设置防护员和安全防护措施上线作业。

3. 严禁使用安全性能不良的防护装备、通信工具和有安全缺陷的劳动防护用品用具。

4. 严禁没有调度命令(点外上线作业除外)提前上线作业。

5. 严禁作业过程中随意更换驻站联络员、现场防护员。

6. 严禁防护员做与防护无关的工作。

7. 严禁上道作业单人远离群体。

8. 严禁作业人员在线路上接打手机。

9. 严禁防护员离岗。

10. 严禁天窗点外违章上线作业。

七、驻站联络员作业标准

(一)作业前的准备工作

了解掌握施工作业安全注意事项,提前做好作业前的各项准备工作,确保防护作业有的放矢。

1. 驻站联络员必须参加班组班前预想会,认真听取施工作业负责人的工作部署,针对作业项目、作业时间、作业地点、影响范围、作业环境、作业人员、作业机具预想可能出现的安全隐患,提出安全注意事项。

2. 前往行车室前要对携带防护备品进行检查,与现场防护人员、施工负责人核对无线对讲机频道,确保无误。

(二)作业标准

驻站联络员要严格落实作业标准,认真填写各种台账,及时传递列车运行情况和各种信息,了解和掌握应急处置方法,同时加强与车站行车人员的联系。

1. 前往车站行车室(所)或返回

按照规定时间(提前 60 min)、固定路线或指定通道前往车站行车室(所)或返回。

2. 做好作业前各项准备工作

(1)到达车站行车室,办理到岗登记(到岗时间具体到月、日、时、分),并由车站值班员核实签认。

(2)与现场防护员、作业负责人进行对讲机通话性能试验,并严格落实“三核对”制度,即:核对到达作业地点的时间、位置,核对调度命令发布时间及准许作业项目的内容,核对线上列车运行情况等。驻站联络员在与现场防护员、作业负责人相互进行确认安全防护措施到位后方准安排上线作业。

3. 按规定填记“行车设备检查(施工)登记簿”

需填记的登记簿的种类、内容按各铁路局集团公司规定标准执行。

4.“行车设备检查(施工)登记簿”登记、签认要求

“行车设备检查(施工)登记簿”的登记签认,一律使用蓝色或黑色签字笔填写,各种印章均

使用红色印油，做到字迹清楚、内容准确、格式对齐、由上及下、由前往后、不留空格、依次填写，登记内容不得涂改。“行车设备检查（施工）登记簿”填写错误时，在备注栏注明“作废”字样（未设备注栏的登记错误行整行划一条横线抹消），另起一行重新登记。填记错误、不标准、不清楚，车站值班员（列车调度员）可拒绝签认，驻站（调度所）联络员未持证上岗，车站值班员（列车调度员）可拒绝登记。延误检修、施工由设备管理单位或施工单位负责。

针对各种现场具体情况的填写要求按各铁路局集团公司规定标准执行。

5. 与现场保持联系，及时通报各种信息

（1）驻站联络员必须认真观察控制台上的信号显示，准确掌握列车、机车、车列运行情况，并及时准确依次将列车、机车、车列运行动态情况，向现场防护员发出通知，并须得到现场已停止作业和下道的报告。

（2）作业中每隔 3～5 min 与现场防护员联系一次，以确认无线对讲机状态。

（3）驻站联络员预报来车时，要逐作业点通知到具体现场防护人员，并落实好呼唤应答制度。

（4）落实上道请示制度，作业人员在作业上道前、转移作业地点和列车通过后再次上道前，在确认无列车通过后，及时与现场防护员联系，通知现场防护员可以上道。

（5）要同车站行车室人员加强协作，言行举止得当，严格按照标准用语与现场联系，禁止做与防护工作无关的事项。

6. 离岗登记

上线作业结束，驻站联络员在接到作业负责人和现场防护员现场人员设备、机具、料具等全部撤出线路、清点完毕等情况的报告，在“驻站联络员到离岗登记本”上登记后方可离开车站。

7. 作业后返回

作业后要及时返回班组，向施工作业负责人汇报当日工作情况，作业中存在的不安全因素及加强措施，参与对不安全因素的分析及整改措施的制订。

（三）关键卡控重点

1. 每日上班前要对各种防护用品和证件进行检查，确保齐全有效。

2. 按规定提前上岗，不擅离职守，严禁脱岗、离岗。

3. 作业前检查通信设备，确保电量充足，通信设备良好使用，并携带备用电池。

4. 作业中认真观察控制台（显示屏）上的信号显示，准确了解掌握列车运行情况，及时向现场预报、确报列车运行情况，并将通知情况做好记录，严禁不按规定通报列车运行情况。

5. 掌握施工信息，到岗后与现场核对并正确传递施工命令，按规定做好施工登记消点，避免错误传递施工命令和作业信息。

八、现场防护员作业标准

现场防护员要严格落实作业标准，及时传递和反馈列车运行情况和各种信息，了解和掌握应急处置方法，同时协助施工负责人做好现场安全工作。

（一）作业前的准备工作

1. 上岗前必须确保精神状态良好、头脑清醒，上岗时间内不得从事与施工作业联络、防护无关的任何工作，并严禁接打手机(不含高速铁路防护员使用的GSMR手机)。

2. 参加班前会。认真听取施工作业负责人的工作部署和提出的安全注意事项，做到"六明确"，即明确作业项目、作业时间、作业地点、作业机具、重点列车通过时刻、安全注意事项。针对班组作业项目、时间、地点、环境、人员、机具等进行全面预想，并向工班长提出预防和控制的建议。防护员感觉身体不适，精神状态不好时应在班前会上主动向作业负责人提出更换。

3. 现场防护员上岗前，要对携带备品、佩戴标志及对讲机等进行检查试验，按规定着装，各种备品性能良好后方可上岗。

(二)作业标准

1. 上线作业防护原则。

凡上线作业必须设置好防护，未设置防护严禁上线。

2. 上下工往返作业地点。

(1)上下工步行往返作业现场时要同去同归；沿线路行走时，严禁走道心、枕木头和侵入限界；区间应在路肩或路旁集中走行；在双线区间应面向列车方向行走；通过桥梁、隧道有列车开来时，要进入避车台或避车洞避车；通过道口或横越线路时，应"手比、眼看、口呼"，做到"一站、二看、三通过"，严禁来车时抢越。

(2)进入护网前，现场防护员要与驻站联络员进行联系，确认无列车开来情况下，从固定的作业通道进入，防护员要首先进入护网，严禁攀爬、跳跃或破坏护网。

(3)站场内走行固定的走行路线，遇必须走道心时，应设专人防护，进路信号辨认不清时，应及时下道避车。

3. 到达作业现场后。

(1)施工负责人驻站联络员、远端防护员、现场防护员要相互核对时间，时间以行车室时钟为准，并进行无线对讲机通话试验。

(2)上线作业前严格落实"三核对"制度，即：核对到达作业地点的时间、位置，核对调度命令发布时间及准许作业项目的内容，核对线上列车运行情况等。驻站联络员在与现场防护员、作业负责人相互进行确认安全防护措施到位后方准安排上线作业。

4. 防护作业中。

(1)现场防护员(远端防护员)应站在作业(施工)附近，线路来车方向瞭望条件较好的地点进行防护，具体位置距离由各系统单位确定。作业中保持与驻站联络员不间断联络，认真监听和观察列车、车列运行动态，监督现场施工作业情况，不间断瞭望，当接到驻站联络员通知后，应及时通知现场施工作业负责人和作业人员下道，并确认作业人员和机具完全下道并按规定堆码整齐后(撤出限界以外)，向驻站联络员报告。

(2)现场防护员只承担一处的防护任务(现场防护员防护位置和负责的防护区域范围，按各系统规定执行)，中间联络员只承担一处防护联络任务。

(3)施工作业现场噪声较大、环境复杂时，防护员应采取加戴耳机等措施，确保及时准确掌握来车情况。

(4)在线路上进行人员密集的大型施工作业时，必须实行拉绳防护、安设扩音器广播等安全措施。

(5)作业中，现场防护员与驻站联络员要保持3～5 min联络一次。

(6)施工中，迅速传达施工负责人指令，用视、听信号显示各种施工防护命令，并及时向施工负责人反馈信息。

(7)瞭望不良地段、联络不畅地段、封闭施工以及工务探伤等施工作业需增设远端防护员或中间联络员。远端防护员、中间联络员要确保与驻站联络员、现场防护员保持联络通畅，运用电台联络和瞭望方法进行防护。

5. 涉及两个及以上单位需要相互配合或在同一封锁区段进行的作业，应签订安全防护协议，明确防护主体及各自的安全职责和安全防范措施。凡未签订安全防护协议或未明确防护主体责任的，由施工维修作业单位各自进行防护。

6. 现场防护员作业中严格做到"四不准"，即不准擅自离岗；不准与他人闲谈；不准以蹲、坐、卧姿进行防护；不准使用手机、参与作业等与防护无关的事情。

7. 作业结束

现场防护员要检查确认现场人员、设备、机具、料具等全部撤出限界，向驻站联络员报告后，与作业人员一同返回。

8. 班后总结

现场防护员要向作业负责人汇报当日工作情况，提出作业中存在的不安全因素及加强措施，参与对不安全因素的分析及整改措施的制订。

九、现场施工防护分类

(一)现场防护员防护信号

1. 听觉信号：号角、口笛，长声为 3 s，短声为 1 s，音响间隔为 1 s，重复鸣示时，需间隔 5 s 以上。

视觉信号：红色、黄色、绿色。红色——停车，黄色——注意或降低速度，绿色——按规定速度运行

2. 信号显示方法及含义。

(1)列车接近通报信号：号角(口笛)吹上行二长声，下行一长声，表示列车已经接近。防护员发出此信号时，人员机具必须立即下道避车。

(2)取消信号：号角(口笛)吹两长一短声，表示刚刚发过的预告信号取消。一般由驻站防护员告知现场防护员，现场防护员向工地发出此信号。

(3)停车信号：号角(口笛)吹连续短声或红色信号。无停车信号时，昼间两臂高举向两侧急剧摇动，夜间用灯光或火光上下急剧摇动，是要求列车紧急停车的信号。

(4)减速信号：号角(口笛)吹连续两短声或昼间一展开的黄色信号旗，夜间一黄色灯光；昼间无黄色信号旗时，用绿色信号旗下压数次，夜间无黄色灯光时，用白色或绿色灯光下压数次。一般由看守慢行的防护员使用此信号。

3. 作业过程中，现场防护员接到驻站联络员发出的"预报""确报"通知后，均应通知到作业负责人。

(1)预报：车站对作业区间办理闭塞时，驻站联络员应立即向现场防护员发出预报；如系通过列车，则应提前一个车站(即邻站向本站发车时)发出预报。

(2)确报：车站向作业区间发车时，驻站联络员应立即向现场防护员发出确报。

作业地点距离车站较近或作业条件较复杂，需提前进行预报、确报时，作业负责人应事先与驻站联络员商定明确并告知全体防护员及作业人员。

(3)变更通知:预报、确报有变化时,驻站联络员应向现场防护员发出变更通知。

现场防护员接到驻站联络员发出的预报、确报、变更通知后均应立即通知到作业负责人。同时应加强警戒,注意瞭望,监视来车与作业情况。如设置有中间联络防护员时,应以上述相同方式准确及时地将信息传达给对方。

(二)施工防护信号设置

1. 区间施工时,使用移动停车信号防护措施如下:

(1)单线区间封锁施工时,如图 12-2 所示。

(2)双线区间一条线路封锁施工时,如图 12-3 所示。

(3)双线区间两条线路同时封锁施工时,如图 12-4 所示。

(4)封锁施工地点在站外,距离进站信号机(反方向进站信号机)小于 820 m 时,如图 12-5 所示。

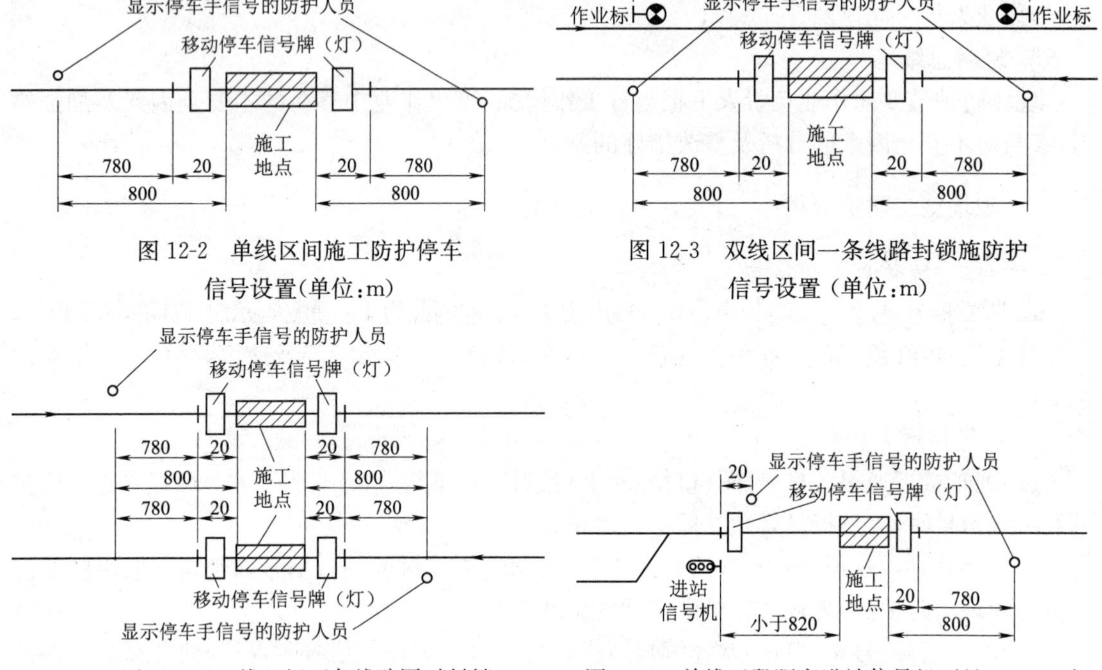

图 12-2　单线区间施工防护停车信号设置(单位:m)

图 12-3　双线区间一条线路封锁施防护信号设置(单位:m)

图 12-4　双线区间两条线路同时封锁施工防护信号设置(单位:m)

图 12-5　单线区段距离进站信号机不足 820 m 时防护信号设置(单位:m)

现场防护人员应站在距施工地点 800 m 附近,且瞭望条件较好的地点显示停车手信号;施工作业地点在站外,距离进站信号机(反方向进站信号机)小于 820 m 时,现场防护人员应站在距进站信号机(反方向进站信号机)20 m 附近;在尽头线上施工,施工负责人经与车站值班员联系确认尽头一端无列车、轨道车时,则尽头一端可不设防护。施工地点与防护人员间瞭望条件不良又无电话联系时,应增设中间防护人员。

凡用停车信号防护的施工地点,在停车信号撤除后,列车需减低速度通过施工地点时,应按减速信号防护办法防护。

2. 站内线路上施工时,使用移动停车信号防护措施如下:

(1)将施工线路两端道岔扳向不能通往施工地点的位置,并加锁或紧固,可不设置移动停车信号牌(灯)。当施工线路两端道岔只能通往施工地点的位置时,在施工地点两端各 50 m 处线路上,设置移动停车信号牌(灯)防护,如图 12-6 所示。如施工地点距离道岔小于 50 m 时,在该端警冲标相对处线路上,设置移动停车信号牌(灯)防护,如图 12-7 所示。

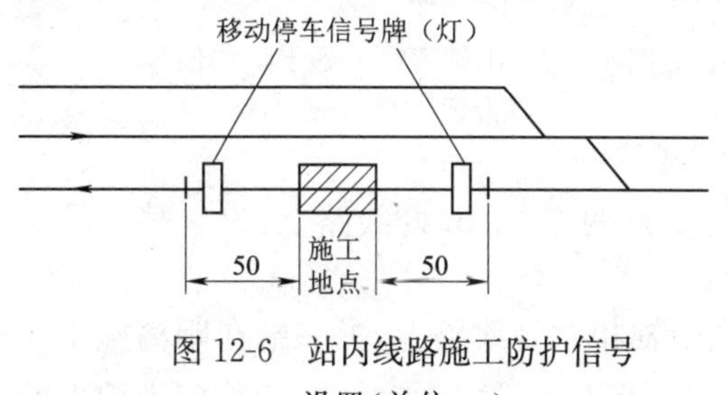

图 12-6　站内线路施工防护信号设置(单位:m)

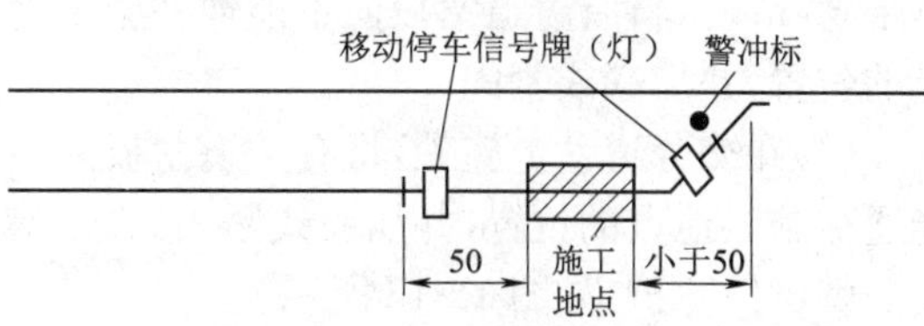

图 12-7　站内施工地点距道岔不足 50 m 时施工防护信号设置(单位:m)

(2)在进站道岔外方线路上封锁施工,对区间方面,以关闭的进站信号机防护;对车站方面,在进站道岔外方基本轨接头处(顺向道岔在警冲标相对处)线路中心,设置移动停车信号牌(灯),如图 12-8 所示。

(3)双线区段,在反方向进站信号机至出站道岔的线路上施工,对区间方向,以关闭的反方向进站信号机防护。对车站方向,在出站道岔外方基本轨接头处(对向道岔在警冲标相对处)线路上,设置移动停车信号牌(灯)防护,如图 12-9 所示。

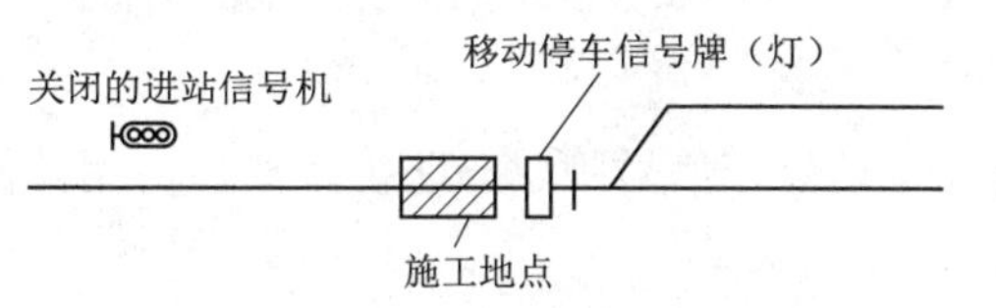

图 12-8　进站道岔外方施工防护信号设置 (单位:m)

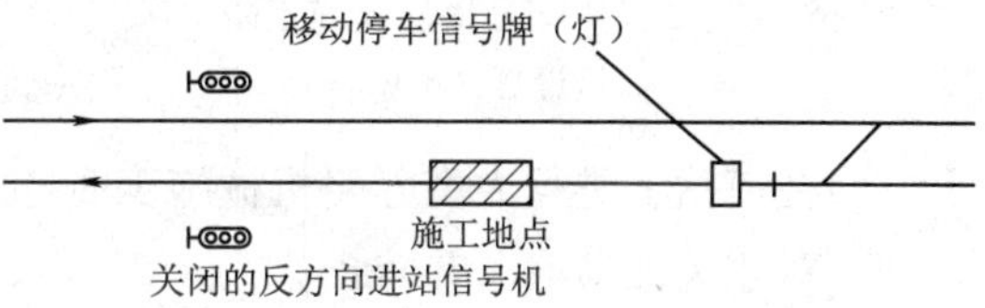

图 12-9　站界标至出站道岔线路上施工防护信号设置(单位:m)

3. 站内道岔(含警冲标至道岔尾部线路、道岔间线路)施工时,使用移动停车信号防护措施如下:

(1)站内道岔上施工,一端距离施工地点 50 m,另一端两条线路距离施工地点 50 m(距出站信号机不足 50 m 时,为出站信号机处),分别在线路上设置移动停车信号牌(灯)防护,如图 12-10 所示;如一端距离外方道岔小于 50 m 时,将有关道岔扳向不能通往施工地点的位置,并加锁或紧固。

(2)在进站道岔上施工,对区间方向,以关闭的进站信号机防护;对车站方向,在距离施工地点 50 m 线路上,设置移动停车信号牌(灯)防护;距邻近道岔不足 50 m 时,在邻近道岔基本轨接头处设置移动停车信号牌(灯)防护,将有关道岔扳向不能通往施工地点的位置,并加锁或紧固,如图 12-11 所示。

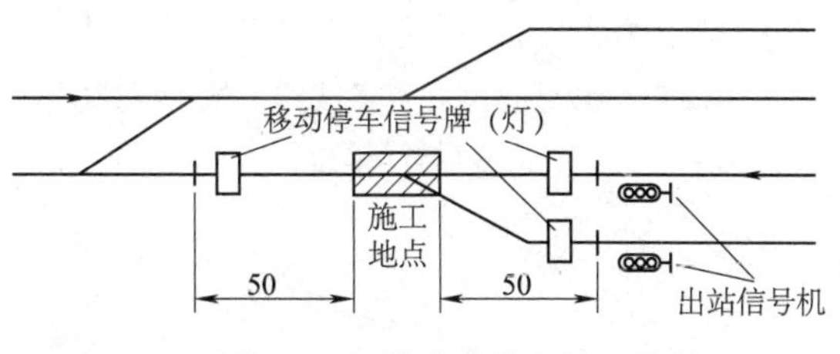

图 12-10　站内道岔上施工防护信号设置(单位:m)

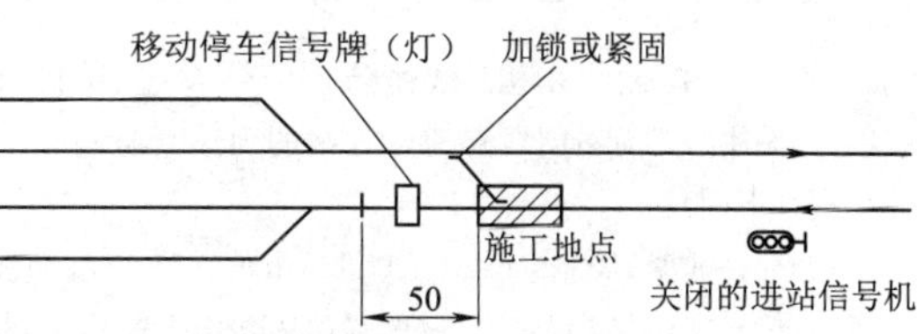

图 12-11　进站道岔上施工防护信号设置 (单位:m)

(3)在出站道岔上施工,对区间方向,以关闭的反方向进站信号机防护;对车站方向,在距离施工地段不少于 50 m 线路上,设置移动停车信号牌(灯)防护,如图 12-12 所示;距邻近道岔不足 50 m 时,将有关道岔扳向不能通往施工地点的位置,并加锁或紧固。

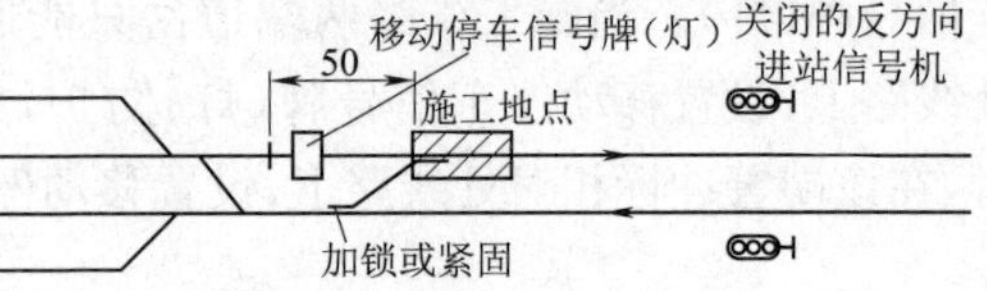

图 12-12　出站道岔上施工防护信号设置(单位:m)

(4)在交分道岔上施工,将有关道岔扳向不能通往施工地点的位置,并加锁或紧固,在距离施工地点两端 50 m 处线路上,设置移动停车信号牌(灯)防护,如图 12-13 所示。

(5)在交叉渡线的一组道岔上施工,一端在菱形中轴相对处线路上,另一端在距离施工地点 50 m 处线路上,分别设置移动停车信号牌(灯)防护,将有关道岔扳向不能通往施工地点的位置,并加锁或紧固,如图 12-14 所示。

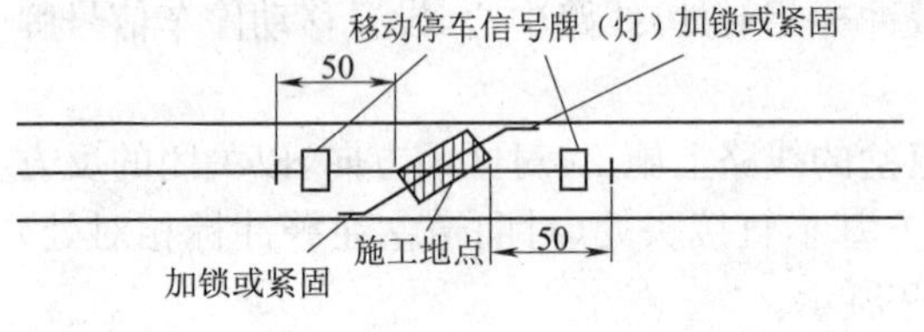

图 12-13　交分道岔上施工防护信号设置(单位:m)

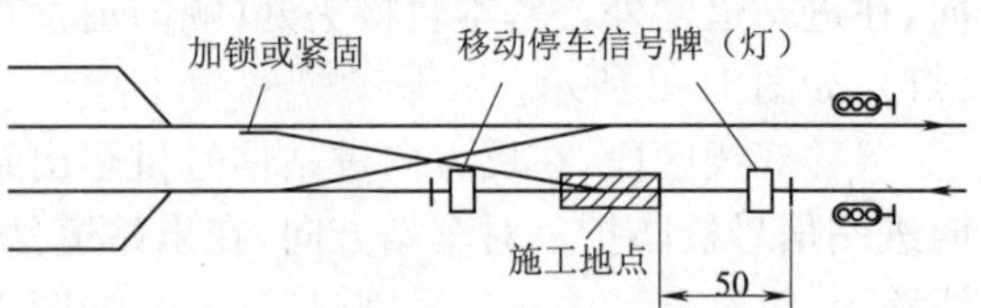

图 12-14　交叉渡线一组道岔上施工防护信号设置(单位:m)

(6)在道岔上进行大型养路机械施工时,如延长移动停车信号牌(灯)防护距离后占用其他道岔时,对相关道岔应一并防护。

4. 根据线路速度等级,使用移动减速信号的防护办法如下:

(1)区间施工

①单线区间施工时,设立位置如图 12-15 所示。

②双线区间在一条线路上施工时,设立位置如图 12-16 所示。

③双线区间两条线路同时施工时,设置位置如图 12-17 所示。

④施工地点距离进站信号机(或站界标)小于 800 m 时,设立位置如图 12-18 所示。

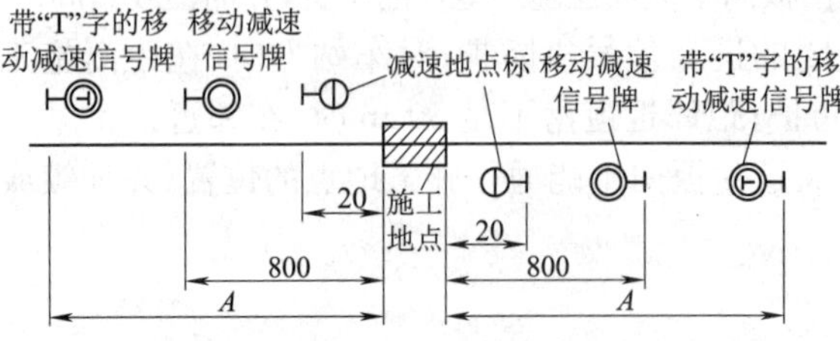

图 12-15　单线区间施工减速防护信号设置(单位:m)

注:(1)图中“A”为不同线路速度等级的列车紧急制动距离(下同);

(2)允许速度 120 km/h$<v<$200 km/h 的线路,在移动减速信号牌外方增设带“T”字的移动减速信号牌,以下同。

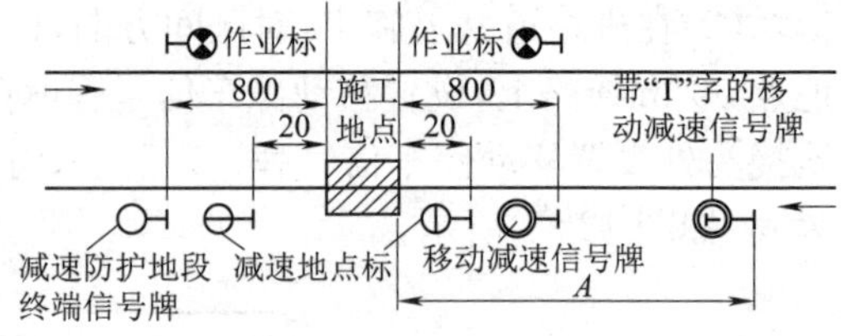

图 12-16　双线区间在一条线路上施工减速防护信号设置(单位:m)

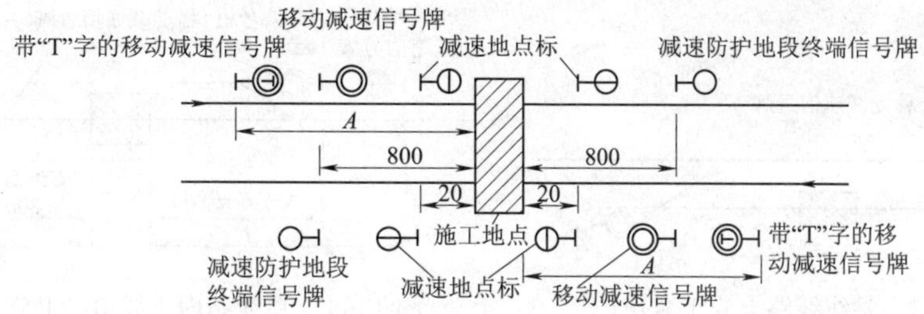

图 12-17　双线同时施工减速防护信号设置（单位：m）

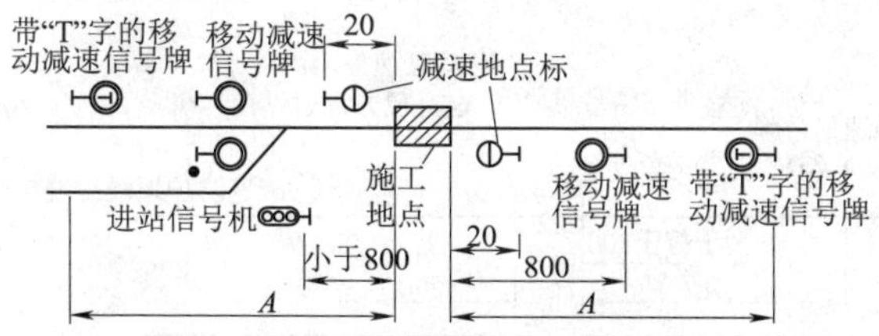

图 12-18　距进站信号机小于 800 m 时减速防护信号设置（单位：m）

注：(1)当站内正线警冲标距离施工地点小于 800 m 时，按 800 m 设置移动减速信号牌；

(2)当站内正线警冲标距离施工地点大于或等于 A 时，不设置带“T”字的特殊移动减速信号牌。

(2)站内线路施工

①在站内正线线路上施工，当施工地点距进站信号机大于或等于 800 m 时，单线设立位置如图 12-19 所示，双线设立位置如图 12-20 所示。

②在站线线路上施工，设立位置如图 12-21 所示。

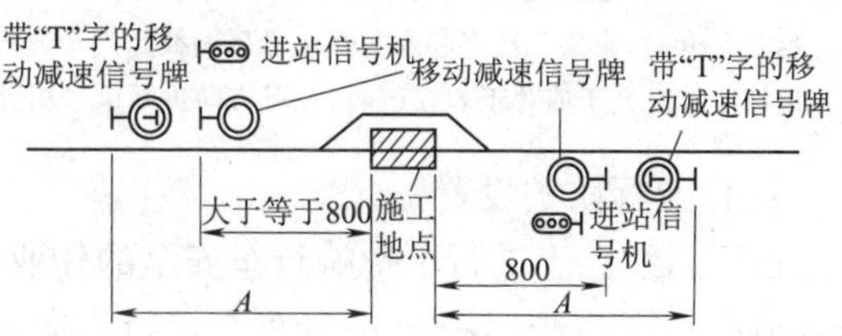

图 12-19　单线站内正线施工减速防护信号设置（单位：m）

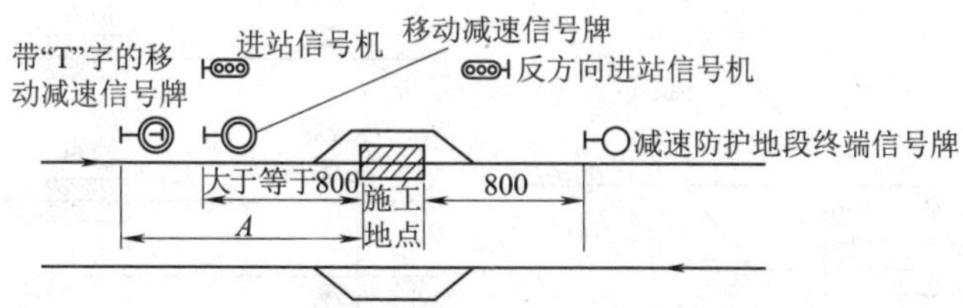

图 12-20　双线站内正线减速防护信号设置（单位：m）

注：(1)施工地点距进站信号机不足 800 m 时，自施工地点起至 800 m 处区间线路列车运行方左侧，设移动减速信号牌防护；

(2)施工地点距进站信号机大于或等于 A 时，不设置带“T”字的移动减速信号牌；施工地点距反方向进站信号机不足 800 m时，自施工地点起至 800 m 处区间线路列车运行方左侧，设减速防护地段终端信号牌；施工地点距反方向进站信号机大于或等于 800 m 时，在反方向进站信号机处，设减速防护地段终端信号牌。

(3)站内道岔施工

①当施工地点距进站信号机大于或等于 800 m 时，单线设立位置如图 12-22 所示，双线设立位置如图 12-23 所示。

②在站线道岔上施工，该道岔中部线路旁，设置两面黄色的移动减速信号，设立位置如图 12-24 所示。凡线间距离不足规定时，应设置矮型（1 m 高）移动减速信号。

在移动减速信号牌上应注明规定的慢行速度。已纳入 LKJ 基础数据的长期限制慢行地段不设置减速信号牌。

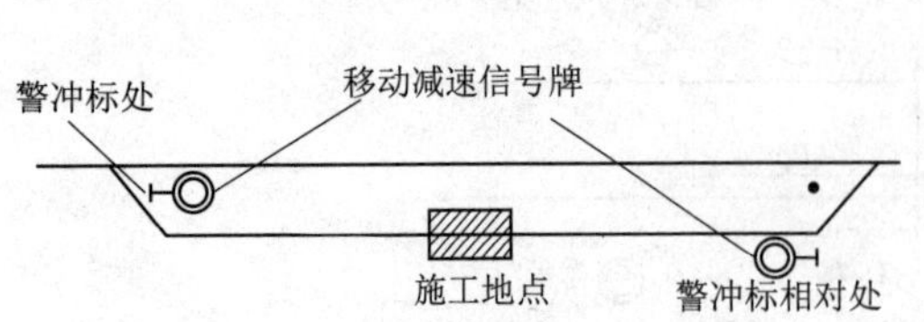

图 12-21　站线线路上施工减速护信号设置（单位：m）

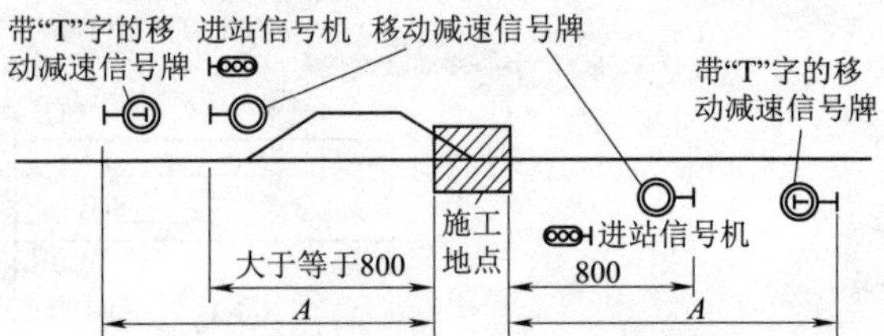

图 12-22　单线站内正线道岔上施工减速防护信号设置（单位：m）

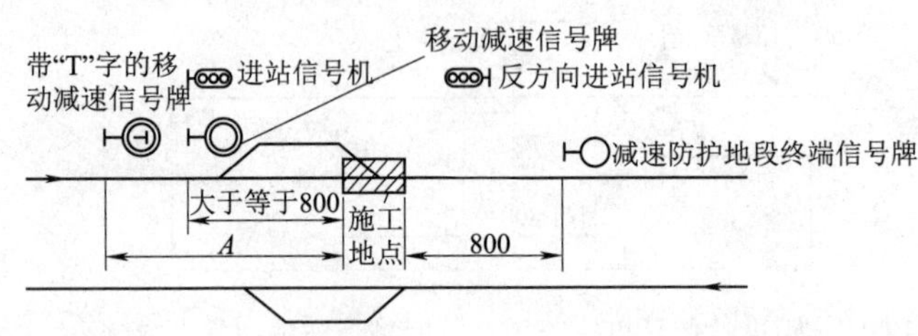

图 12-23　双线站内正线上道岔施工减速防护信号设置（单位：m）

注：当施工地点距进站信号机不足 800 m 时，自施工地点起至 800 m 处区间线路列车运行方左侧，设移动减速信号牌防护；当施工地点距进站信号机大于或等于 A 时，不设置带"T"字的移动减速信号牌；当施工地点距反方向进站信号机不足 800 m 时，自施工地点起至 800 m 处区间线路列车运行方左侧，设减速防护地段终端信号牌；当施工地点距反方向进站信号机大于或等于 800 m 时，在反方向进站信号机处，设减速防护地段终端信号牌

5. 作业标防护设置

在区间线路上进行不影响行车安全的作业，不需要以停车信号或移动减速信号防护，应在作业地段两端 500～1 000 m 处列车运行方向左侧（双线在线路外侧）的路肩上设置作业标，设置位置如图 12-25 所示，列车接近该作业标时，司机必须长声鸣笛，注意瞭望。

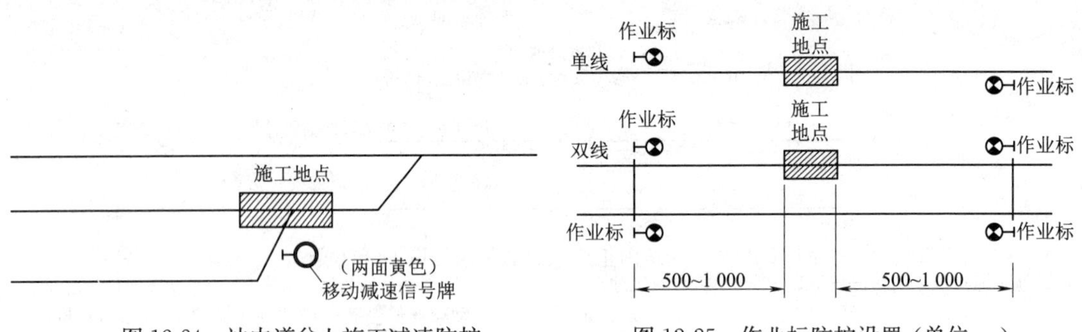

图 12-24　站内道岔上施工减速防护信号设置（单位：m）

图 12-25　作业标防护设置（单位：m）

（三）安全卡控重点

做好上线作业安全防护工作，在认真落实安全防护措施的同时，还应严格卡控各项安全风险关键项点，遵守规定，消除各种安全隐患。

1. 班组要建立防护员台账，日常作业严格按规定指派具有防护资格的人员担当防护，严禁无防护员证人员担当防护员。

2. 作业前对携带、佩戴的防护用品、用具进行检查实验，确保齐全有效，状态良好。

3. 上道作业前，现场防护员要与驻站联络员进行联络，进行对表、登记、掌握列车运行状况，并保证联络畅通，严禁不按规定办理相关手续或未设好安全防护擅自上道作业。

4. 作业中按规定站位，及时与驻站联络员联络，来车时按规定发出或显示音响、视觉信号，督促作业人员下道避车，禁止做与防护无关的事情。

5. 现场防护员作业中必须保持精力高度集中，以瞭望和电台联络并重进行防护，列车接近报警接收机等其他防护手段为辅，防止漏报、错报列车。

6. 严格控制作业距离，任何人员不得超出防护范围，重点控制工班长、干部设备检查、单人往返作业现场等关键。

第四节　营业线施工安全管理责任及专项安全措施

一、营业线施工安全管理责任

1. 确保施工安全是建设、设计、施工、监理、行车组织、设备管理等单位和部门的共同责任。各单位应牢固树立安全意识，严格执行各项规章制度，建立健全安全责任制，落实安全措施和责任，正确处理施工与行车安全的关系，严格遵循"安全第一"的原则，服从行车安全的需要，做到分工明确、责任清楚、措施具体、管理到位。

2. 建设单位应按照国家及国铁集团有关规定负责审核设计、施工、监理单位的资质，审查施工单位的工程技术人员、机械设备、施工组织设计、安全生产保障措施等。按规定做好勘察、设计、工程招投标、施工方案审批、项目经理和有关人员的安全培训、法制教育、工程质量和安全的日常监督检查、工程竣工验收等工作，落实施工安全管理主体责任，确保行车安全。

3. 设计单位在设计文件中，应明确施工期间营业线的行车安全条件，施工影响范围内各种行车设备的状况，对所涉及的行车设备的防护措施，以及为确保行车安全必须采取的施工工艺和指导性施工安全方案、施工过渡方案等。

4. 监理单位应认真履行监理合同，按监理规范规程要求监督施工单位按设计标准和有关规范、规定施工，重点监督路基稳定、轨道结构、隐蔽工程和加固防护等施工项目，及时防范施工中的安全隐患，彻底消除因施工质量不良给行车安全留下的隐患。

5. 施工单位应建立健全施工安全保证体系，按规定设置安全生产管理机构，配备安全生产管理人员，履行施工安全管理和日常检查的职责；负责对全体施工人员进行施工安全教育，建立完善的施工安全责任制；严格执行营业线施工的各项规章制度，科学制定施工方案，对Ⅰ、Ⅱ级施工还应制定施工方案示意图、施工作业流程计划图、安全关键卡控表，并严格按审定的方案、范围和批准的封锁慢行计划组织施工。

6. 施工（维修）负责人对施工项目的安全工作全面负责。因施工（维修）原因发生的铁路交通事故，首先要追究施工（维修）负责人的责任。

施工（维修）负责人和施工项目经理、副经理，安全、技术、质量等主要负责人应经过铁路局集团公司有关部门或指定单位营业线施工安全培训，未经培训或培训不合格的人员不得担任上述工作。

7. 施工单位的安全员、防护员、联络员、带班人员和工班长应经过铁路局集团公司有关部门或指定单位培训，未经培训或培训不合格的人员担任上述工作，追究施工单位领导的责任；未严格履行培训考试程序发放培训合格证书的，追究培训部门的责任。

8. 施工单位在施工前，应做好充分准备，根据需要组织好施工前的联合调查，并提前向设备管理和使用单位进行技术交底，特别是影响行车安全的工程和隐蔽工程。技术交底内容、标准和流程由铁路局集团公司规定。

施工单位在施工业中应严格执行技术标准、工作标准、工艺流程和卡控措施，严禁无计划、超范围、无命令作业，确保施工质量；施工完成后，必须达到放行列车条件并经设备管理单位确认后，方可申请开通线路。轨道车、施工机械等自轮运转特种设备上线运行应符合国铁集团的有关规定。施工单位接受运输、设备管理单位和部门安全检查人员的监督检查，对检查出的问题应立即整改。

9. 封锁施工开通后，施工单位和设备管理单位应加强检查和整修，设备管理单位严格把关；开通后列车运行速度应按速度阶梯逐步提高(高速铁路各项施工作业放行列车条件及普速铁路各项施工作业放行列车条件执行)；线路慢行应按规定恢复正常速度并办理交接。

10. 施工单位至少在正式施工 72 h 前向设备管理单位提出施工计划、施工地点及影响范围。设备管理单位接到施工单位的施工请求后，应对施工方案和计划及影响范围进行认真核对，并在施工开始前派员进行施工安全监督。

11. 设备管理部门和单位应建立施工安全监督体系，加强对施工安全和工程质量的监督检查。设备管理部门和单位应根据工程规模和专业性质，委派熟悉业务的人员对各种施工涉及行车安全的各方面实行全程监督检查，对施工单位违章作业、安全措施不落实以及危及行车安全的施工，有权停止作业；对封锁施工应根据施工质量，最终确认满足线路放行列车条件后，方可开通线路。线路开通后，需要慢行的地段还应对慢行的速度、距离和时间进行检查，直到列车恢复常速、线路质量稳定。

设备管理单位应加强对施工的点前准备、点中控制、点后开通、逐步提速等情况的监护工作，实行开通、提速检查签认制度(开通和提速的标准按高速铁路各项施工作业放行列车条件及普速铁路各项施工作业放行列车条件执行执行)。

12. 设备管理单位应积极协助设计和施工单位核查既有设备情况，提供地下管、线、光电缆等隐蔽设施的准确位置。无法提供准确位置时，由设计单位会同施工、设备管理单位(对行车安全影响较大的还应有集团公司参加)共同探查、核实，划定防护范围，并在签订安全协议时，明确各方安全责任。

13. 设计和施工单位对既有设施应有可靠的防护措施，防止施工中造成损坏。由于设备管理单位提供的设施位置错误造成损坏的，设备管理单位应承担责任并及时修复。因设计单位提供的设施位置不准确或遗漏造成损坏的，设计单位应负主要责任；提供的设施位置准确，因施工造成的损坏，施工单位应负主要责任。施工单位和设备管理单位应经常监视既有设备，发现异常必须立即停工处理，确认对既有设备无影响后，方可继续施工。因施工造成既有设备发生损坏时，施工单位应及时组织抢修，设备管理单位应积极配合，尽快恢复正常使用。

二、营业线施工专项安全措施

施工单位应严格执行铁路安全生产各项规章制度。对于施工前超范围准备、施工中挖断光电缆、爆破损坏行车设备、作业车辆溜逸、轨道车辆违章行驶、施工后线路未达到放行列车条件违章放行列车、开通后整修线路不及时、机械和料具侵限、使用封连线和违章使用手摇把等危及行车安全的问题，应制定管理制度，坚决杜绝此类问题发生。施工料具应集中管理，必要时派人看守。对影响行车的各个环节，应加强管理、落实措施、严密防范、确保行车安全。

(一)营业线施工用工要求

参加营业线施工的劳务派遣工和业务外包用工应由具有带班资格的正式职工(即带班人

员)带领,不准上述劳务人员单独上道作业。劳务派遣工由劳务派遣单位进行必要的安全生产教育和培训,用工单位进行岗位安全操作规程和施工安全培训;业务外包用工由业务承包单位负责施工安全培训,设备管理单位可提供师资支持,并对培训情况进行监管。上述劳务人员应先培训,培训合格后方可上岗。对营业线施工的轨道、桥隧、通信信号、接触网等技术复杂、可能危及行车安全的作业项目,严禁分包、转包。上述劳务人员不准担任营业线施工的施工安全防护员和带班人员等工作,不准单独使用各类作业车辆。

(二)切实加强雨季施工安全工作

1. 营业线施工应认真执行铁路防洪工作管理相关规定,落实防洪措施。施工中应保持营业线排水系统的畅通,对可能影响营业线路基、桥涵、隧道等设施设备稳定的任何作业,应有足够可靠的安全防护措施,制定汛期防洪专项预案,有效应对突发事件。

2. 建设单位应及时组织设计、施工、监理及设备管理等单位和部门,对施工地段联合进行汛前防洪检查,发现问题由设计、施工单位及时处理。

3. 凡可能影响安全度汛的施工地段,施工单位应认真接受防洪部门的防洪检查和指导,按要求认真落实责任,并制定防洪预案。

(三)加强高速铁路栅栏门管理

1. 高速铁路防护栅栏门和桥梁救援疏散通道门以关闭加锁为定位,具体按高速铁路防护栅栏管理相关规定执行。

2. 普速铁路和高速铁路并行时,普速铁路施工和维修作业应与高速铁路做好物理隔离,进出防护栅栏门和桥梁救援疏散通道门应严格执行相关规定。

(四)加强施工和维修作业安全防护

1. 施工和维修作业前应按规定设置驻站(驻调度所)联络员、现场防护员,驻站(驻调度所)联络员和现场防护员施工维修期间不得临时调换。驻站联络员在工作时应使用录音笔(或带有录音功能的对讲机),并应配电台接听耳机。

2. 现场防护员应根据施工作业现场地形条件、列车运行特点、施工人员和机具布置等情况确定站位和移动路径,并做好自身防护。

3. 作业过程中,驻站(驻调度所)联络员与现场防护员必须保持通信畅通并定时联系,确认通信良好。一旦联控通信中断,施工(维修)负责人应立即命令所有作业人员下道。V形天窗驻站(驻调度所)联络员、现场防护员及施工(维修)负责人之间可用GSM-R手机和无线对讲机进行联控,每3～5 min联系一次;垂停天窗驻站(驻调度所)联络员与现场防护员及施工(维修)负责人之间可用GSM-R手机、无线对讲机等通讯设备进行联控。联控内容、联控标准用语及复诵确认由各单位结合实际制定。

4. 在线间距不足6.5 m地段(两线间已有站台、栅栏等设施的除外)施工维修而邻线行车时,更换道岔、道岔清筛等人员集中的作业应根据作业风险、作业面条件等因素设置软硬隔离,大型养路机械移动作业(钢轨、道岔打磨及钢轨铣磨除外)时应设置移动的软隔离对大型养路机械前后的集中作业人员进行防护,软硬隔离标准由铁路局集团公司规定。

例如某铁路局集团公司的软硬隔离方法和标准是:

软隔离采用钢钎固定,警戒带防护绳连接,或人工拉绳;硬隔离采用强度不低于PVC的线型材料组成框架,立柱固定牢固、横杆平直,并涂刷醒目标记。软硬隔离设置在两线间中心位置,距未封锁线路轨面高度不高于600 mm。单个防护单元内连续作业2天及以上且人员20人及以上的施工作业地段设置硬隔离,其他需设置隔离的施工作业设置软隔离。

(五)施工期间临时道口设置规定

施工期间需设置临时道口时,应依照铁路道口管理规定办理相关的手续。施工单位在临时道口设置期间应设人看守,并按规定日期拆除。施工单位在施工中应保证道口(含临时道口)设备、标识符合标准,并按铁路道口管理有关规定进行管理。

(六)加强路料管理

1. 对上线待换的轨料要集中存放,按标准堆码整齐,必要时加固或捆绑,派专人看守。

2. 预铺的道岔、轨排必须放置稳固,预铺地点要远离和低于正线。

(1)受场地限制必须在相邻正线地点预铺时,预铺轨面高度要低于正线轨面高度,严禁垫滑轨小车。如受场地限制预铺高度不能低于正线轨面时,应采取有效加固措施,同时派人看守巡视。

(2)对预铺的道岔、轨排允许在施工封锁点前 1 h 抬起,但要做好防滑、防溜措施,给点后方可垫入滑轨小车。

3. 对换下的旧料要及时清理,原则上一日一清、工完料净、场地达标,对大型施工当日无法清除回收的轨料要在一周内清理回收达标。在清理回收之前要堆码牢固,设专人看守。施工单位无力回收清理的轨料需委托设备管理单位回收清理,但要提前签定相关协议。

(七)加强卸车管理

1. 对集团公司外施工单位卸车的要求:

(1)卸车前 24 h 必须通知工务段并汇报卸车方案,准备足够的卸车人员,由项目经理组织实施。工务段要派足够的人员监护卸车,卸车后道沿、残留料、车门等达不到开通条件时,要果断采取措施进行处理。

(2)工务段负责从卸车地点返回相邻车站过程和车内残留料相关的行车安全,工务段监护负责人重点对车内残留料及偏载情况进行确认并负责通知车站,列车到站后,由施工单位对车内残留料及时进行清理,货运检查人员检查确认良好后通知车站发车。

(3)原则上不用风动卸砟车卸砟,必须使用时需经工务部审批。

2. 对集团公司内施工单位卸车的要求:

(1)整车到达在区间卸车的轨枕、山皮土、石砟、片石等由副段长(或车间主任)负责组织卸车。

(2)卸车前要对卸车地段进行详细调查,确保卸料数量与地段相符。

(3)要备足卸车人员,加强卸车过程的控制,加强道沿清除和残留料的清理,对重点部位及电务、供电设备结合部要派人看守,防止砸碰,必要时请有关单位进行监护,确保行车安全。

(八)加强施工结合部管理

1. 加强施工方案协调。对两个及以上单位参加的施工,在施工方案中要明确各单位的相应范围和标准,严格按标准执行。对经常性的配合性施工(如接触网吸上线信号箱拆移),各部门、单位之间要制定配合标准,明确责任和注意事项等,纳入施工管理,并在施工协调会上确认,落实施工协调会的各项事宜。

2. 各部门、各单位都要树立整体意识,主动超前预想、跨前一步,提前发现问题、解决问题。施工主体单位在首日施工前,应与各配合单位进行联系,落实配合事宜。配合单位在首日施工前也要与施工单位进行电话联系确认首日施工地点、时间和配合具体工作。

3. 加强施工过程的协调,施工主体单位要加强施工过程中可能发生情况的预测,提前研究解决。

遇有不良天气，施工主体单位可继续施工时，在取得配合单位同意后可继续施工，但主体施工作业不得引起其他相关设备技术状态的变化（如大型养路机械作业应维持接触网拉出值、导高在允许范围内，施工、供电双方应在施工前后进行检查确认）；恶劣天气等不能施工时要停止施工。施工中如需再次临时要点处理等情况（接触网临时停电等）要严格履行登记手续，按规定登记要点办理。

4. 对施工结合部的工作要加强领导，纳入考核，发生问题认真分析，对组织不力或配合不到位的相关单位及负责人，追究责任，进行处罚。

（九）营业线施工委外作业管理。

营业线施工委外作业，是指集团公司所属基层单位（简称委托方）施工时，将全部或部分委托给集团公司外部单位（简称受托方）来完成的作业。主管业务部室应加强委外作业管理，对施工质量、安全保障、专业管理等提出明确要求，安监部门应加大对委外作业的监督检查。

1. 施工方案审核。委外作业由委托方作为施工单位，负责组织编制专项施工方案，委托方与受托方共同审查、签认，并加盖公章。

主管业务部室应加强施工方案的审核，对方案中委外作业内容、分工协作情况、联系确认制度、现场防护要求、安全责任划分等关键内容进行把关，审核通过后应加盖公章。

2. 施工计划提报。委托方在提报施工计划时，需同时提报“营业线施工委外作业确认单”，并在计划备注栏内注明“委外”字样。“营业线施工委外作业确认单”应加盖委托方、受托方及主管业务部室公章。

3. 作业组织实施。

(1)施工前委托方应向受托方进行技术交底，并组织施工培训，确保所有参加施工作业的人员清楚施工内容、作业程序、安全措施等重点事项。

(2)施工中委托方和受托方应分别安排监护人员，负责施工安全和质量的监督检查；委托方应掌握受托方施工进度，发现问题及时纠正。

(3)施工完毕后委托方应组织受托方施工验收，按规定填写验收记录，确认施工质量，双方进行签认。对存在的质量问题，受托方应按要求进行整改。

（十）营业线施工考核和安全奖惩制度

1. 铁路局集团公司应加强营业线施工考核工作，建立经济考核制度和奖惩办法，对施工计划质量和施工、维修天窗兑现率、利用率进行考核，运输部门考核兑现率，兑现率是指运输组织部门实际给点时间、次数与计划时间、次数之比，主管业务部室考核利用率，利用率是指施工单位实际作业时间、次数、工作量完成与计划时间、次数、工作量之比，铁路局集团公司应根据实际情况，确定“两率”基数，严格按月考核，对超过“两率”基数的给予奖励，对达不到“两率”基数的给予处罚。

铁路局集团公司应根据管内设备状态和大型机械配备情况，制定单位天窗时间施工项目的工作量参考标准。

2. 铁路局集团公司应建立施工安全奖惩制度（具体办法由铁路局集团公司制定）：

对在营业线施工保证行车安全中做出贡献的人员和单位给予奖励。对不遵守铁路施工安全规定，影响铁路行车安全及运输设施安全的施工单位，按照《铁路安全管理条例》有关规定进行处理。对发生铁路交通责任事故的建设、设计、施工、监理等单位，根据事故性质，按《铁路安全管理条例》《铁路交通事故调查处理规则》和国铁集团营业线工程施工招标工作的有关规定进行处理。处理方式可采用停工整顿、责令改正、赔偿经济损失、辞退责任施工单位等；铁路运输企业在一定期限内不再委托责任单位承担铁路营业线工程项目，或在招投标时对其进行扣分。特别重大事故按照国家和国铁集团有关规定办理。

3. 铁路局集团公司安监室每月将铁路局集团公司管内上月有关施工单位发生事故调查处理和责任情况，上报国铁集团安监局，国铁集团建设部根据安监局的事故统计报告按有关规定及时进行处理。铁路工程项目资格审查时，招标人应将事故责任情况作为重要的评审条件。

4. 发生事故按照《铁路交通事故调查处理规则》对事故进行认真分析、查明原因。铁路局集团公司安监室应将施工的责任事故调查处理和定责情况及时通知建设、设计、施工、监理等有关单位，责成其对事故责任者、责任单位及有关领导进行严肃处理，追究其责任。

5. 铁路局集团公司应建立施工延点考核制度。国铁集团根据需要建立施工延点差异化考核制度。

铁路局集团公司施工办每日对施工天窗兑现情况进行分析，对于未能按施工计划完成施工任务，特别是施工延点造成较大影响的，施工办应督促施工单位查找原因，制定整改措施，并书面报告国铁集团调中心。

第十三章

线路设备大修施工组织及安全措施

第一节　线路设备大修基本知识

线路设备大修是恢复或提高轨道结构强度的修理作业，根据运输需要及线路设备变化规律，及时对线路设备进行更新和修理，恢复和提高线路设备强度。线路设备大修项目原则上应按周期安排，并可根据设备状态评价结果合理调整。

一、线路设备大修的概念及原则

线路设备大修是为全面恢复和提高线路设备固有可靠度而对线路进行的大规模修理。

线路设备大修应按照"运营条件匹配、轨道结构等强、修理周期合理、线路质量均衡"和"全面规划、适度超前、区段配套"原则，根据运输需要及线路设备变化规律，及时对线路设备进行更新和修理，恢复和提高线路设备强度。

二、线路设备大修分类

线路设备大修是恢复或提高轨道结构强度的修理作业，根据线路设备各部件状态变化规律的不同，线路设备大修可分为：钢轨大修、道岔大修、轨枕大修、道床大修、线路中修、扣件大修、道口大修、其他大修(以上未涵盖的线路设备大修项目列其他大修)。

大修项目原则上应按周期安排，并可根据设备状态评价结果合理调整。铺设无缝线路时，应做好无缝线路前期工程，道床、轨枕等应满足无缝线路铺设条件。因线路设备大修引起其他设备变动时，应由铁路局集团公司在相应的大修计划中统一安排。

三、线路设备大修工作内容

(一)钢轨大修主要内容

1. 无缝线路或普通线路更换新轨、再用轨。

(1)铺设新轨无缝线路：焊接、铺设新钢轨，全面更换新扣件、钢轨伸缩调节器(以下简称调节器)、胶接绝缘钢轨(接头)，更换或改造不符合规定的护轨(不含钢梁明桥面护轨，下同)，按设计锁定轨温锁定线路，埋设位移观测桩，设置观测标尺或标记。

(2)铺设新轨普通线路：铺设新钢轨，全面更换新扣件、调节器、接头联结零件、绝缘接头(胶接绝缘接头)及钢轨接续线，更换或改造不符合规定的护轨。

(3)铺设再用轨无缝线路时：焊接、铺设再用轨，更换扣件、胶接绝缘钢轨(接头)，更换或改造不符合规定的护轨，按设计锁定轨温锁定线路，埋设位移观测桩，设置观测标尺或标记。

(4)铺设再用轨普通线路:铺设再用轨,更换扣件、接头联结零件、绝缘接头(胶接绝缘接头)及钢轨接续线,更换或改造不符合规定的护轨。

2. 更换失效轨枕、严重伤损混凝土枕。

3. 扣件涂油,混凝土枕螺旋道钉改锚。

4. 补充道砟,整修线路,恢复、安装轨道加强设备。

5. 整修道口。

6. 抬高因线路换轨大修需要抬高的道岔、桥上线路,加高挡砟墙(块)。

7. 补充、修理位移观测桩、观测标尺,刷新钢轨标记。

8. 回收旧料,清理场地,设置常备材料。

(二)道岔大修主要内容

1. 成组更换新道岔和新岔枕(含道岔道床清筛、更换道砟),成组更换道岔钢轨及联结零件,道岔无缝化改造。铺设无缝道岔时,含焊接或冻结钢轨、更换胶接绝缘钢轨(接头),按设计锁定轨温锁定道岔,埋设位移观测桩,设置观测标尺或标记。

2. 同步更换道岔前后引轨(含岔后连接曲线、道岔前后夹直线钢轨)、过渡轨枕。

3. 同步清筛道岔前后夹直线道床。

4. 整修道岔及其前后线路。

5. 补充、修理并刷新标志、标记。

6. 回收旧料,清理场地,设置常备材料。

(三)轨枕大修主要内容

1. 成段更换轨枕及扣件,成段增加轨枕配置及扣件,成段更换再用轨枕及扣件。

2. 清筛道床,补充道砟,整治道床翻浆冒泥和超过 15 mm 的冻害。

3. 整修线路,安装轨道加强设备。

4. 整修道口。

5. 回收旧料,清理场地,设置常备材料。

(四)道床大修主要内容

1. 成段道床全断面清筛,补充道砟,改善道床断面,整治道床翻浆冒泥和超过 15 mm 的冻害,更换一级道砟。

2. 校正、改善线路纵断面和平面。

3. 更换失效轨枕、严重伤损混凝土枕。

4. 整修或更换螺旋道钉和失效的联结零件。

5. 整修道口及其排水设备。

6. 抬高因道床大修需要抬高的道岔、桥上线路,加高挡砟墙(块)。

7. 补充、修理并刷新标志、标记。

8. 回收旧料,清理场地。

(五)线路中修主要内容

1. 道床边坡清筛,补充道砟。

2. 道岔及其夹直线道床全断面清筛或更换道砟。

3. 站线道床清筛或更换道砟。

4. 校正、改善线路纵断面和平面。

5. 整治道床翻浆冒泥。

6. 更换失效轨枕和严重伤损混凝土枕。

7. 更换失效联结零件。

8. 整修、补充轨道加强设备。

9. 整修道口及排水设备。

10. 补充、修理并刷新标志、标记。

11. 回收旧料，清理场地。

(六)扣件大修

1. 成段更换状态不良、锈蚀伤损严重的扣件，扣件涂油等。

2. 成段混凝土枕螺旋道钉改锚。

3. 调整线路几何尺寸。

(七)道口大修主要内容

1. 整修道口平台。

2. 更换道口铺面、护轨。

3. 清筛道床或更换道砟，更换失效及严重伤损轨枕、扣件，整修线路及排水设备。

4. 补充、更新、修理、刷新防护设施。

5. 回收旧料，清理场地。

四、线路设备大修周期现行规定

1. 钢轨大修周期(直线或曲线半径 2 000 m 及以上)原则上应按照表 13-1 规定的线路累计通过总重确定。

表 13-1　线路设备大修周期表

轨道条件			周期(通过总重，Mt)	
轨型	轨枕	道床	钢轨	道岔、道床大修
75 kg/m 无缝线路	混凝土枕	碎石	1 500	900
75 kg/m 普通线路	混凝土枕	碎石	700	700
60 kg/m 无缝线路	混凝土枕	碎石	1 000	700
60 kg/m 普通线路	混凝土枕或木枕	碎石	600	600
50 kg/m 无缝线路	混凝土枕或木枕	碎石	550	550
50 kg/m 普通线路	混凝土枕或木枕	碎石	450	450
43 kg/m 及以下钢轨普通线路	混凝土枕或木枕	碎石	250	250

累计通过总重虽未达到规定大修周期的成段钢轨，但 60 kg/m 及以下钢轨每公里重伤数量达到(2～4)处/km(含焊接和胶接绝缘接头伤损)、75 kg/m 钢轨每公里重伤数量达到(4～6)处/km(不含焊接和胶接绝缘接头伤损)，应及时更换钢轨。对出现严重锈蚀、严重滚动接触疲劳以及其他影响钢轨安全使用的情况时，应及时更换钢轨。

曲线半径 2 000 m 以下地段，钢轨应在侧磨达到重伤前及时换轨，更换周期参见表 13-2。

表 13-2　曲线钢轨更换周期

曲线半径(m)	周期(通过总重 Mt)	轨道结构	备　注
$R \leqslant 400$	100～200	60 kg/m 钢轨、无缝线路、混凝土枕	其他轨道结构根据实际条件进行调整
$400 < R \leqslant 800$	200～400		
$800 < R \leqslant 1\,200$	400～700		
$1\,200 < R \leqslant 2\,000$	700～1 000		
$2\,000 < R$ 或直线	1 000		

2. 道岔大修周期原则上应按照表 13-1 规定的线路累计通过总重确定，根据对道岔设备状态评价结果，周期可做适当调整。道岔尖轨、辙叉应达到规定的使用寿命，并根据道岔尖轨、辙叉磨耗、伤损情况确定更换周期。

3. 道床大修周期原则上应按照表 13-1 规定的线路累计通过总重确定，根据对道床状态评价结果，周期可做适当调整。

4. 扣件大修周期根据对状态评价结果确定，扣件达到以下伤损标准，应成段更换大修。

(1)弹条折断、锈蚀或失效严重。

(2)螺旋道钉折断或锈蚀严重。

(3)轨下垫板压溃、严重变形或丧失作用。

(4)其他零部件状态不良、锈蚀或伤损严重。

5. 道口大修根据道口铺面、护轨、栏杆(栏门)、护桩、标志、平台、排水设施等工务设备状态综合评价结果确定。

6. 线路中修根据对道床状态评价结果合理确定。

五、线路大修平纵断面技术条件

(一)线路平面设计技术条件

线路大修平面设计应按照铁路线路修理规则要求，原则上在不低于原技术标准的前提下，全面校正线路平面。

(二)线路纵断面设计技术条件

线路大修时，应改善线路坡度。如既有线路超过限制坡度且改善困难时，可保持原状。

第二节　线路设备大修施工组织管理

线路设备大修施工必须要有上级主管单位审查批准的施工组织设计和施工安全措施才能正式施工。施工单位单位应依据设计文件进行现场调查和施工测量，研究制订施工方案；按工程件名及批准的施工计划编制施工组织和安全技术措施。

一、线路设备大修施工组织设计

(一)线路设备大修施工组织设计组成内容

1. 编制依据及设备现状。

2. 施工技术条件和技术标准。

3. 施工计划和施工进度安排。

4. 工程数量及材料供应。

5. 施工方法、劳动组织、机具使用和施工配合。

6. 施工作业程序。

7. 施工安全、质量和进度控制措施。

8. 施工临时设施。

(二)线路设备大修施工组织设计编制

1. 施工调查

施工调查的关键在于认真地进行实地勘查。勘查的目的不仅是摸清现场情况,正确编制计划,而且还应该注意设计有无错误,能于事先得到纠正。

勘查的内容主要有道床厚度,坡度衔接,起道量与桥面坡度和道口坡度的配合,对电务信号设备、行车设备、机务设备和旅客设备等的影响及解决办法、道口、桥隧及绝缘接头位置等轨道构造状态,路基断面及排水情况,道岔类型及轨道与道岔的连接形式,起落道量对路基断面及站场排水的影响,曲线轨道拨道量对路基的影响,石料的来源、数量和运距,以及施工时占用车站股道、宿营地的确定,车辆停站条件和职工生活条件等。

通过施工调查,掌握了情况,明确了工作量,摸清了用料量,并对可能发生的问题预先给予极大注意及提出处置措施,并在此基础上审核预算,以期完满地完成生产任务。

2. 编制步骤

根据设计文件的要求,以及施工调查研究资料,便可按下列步骤编制施工组织设计。

(1)计算工作量

根据年度大修施工任务,施工里程及位置,工期安排与要求,以及施工方法、工作项目,按月任务计算工作量,对于经常不变的工作项目(如拆铺轨排,清筛道床,起道捣固等),一般都已专业化,施工方法与施工组织变化不大,可按每公里定额计算,对于变化较大的工作项目(如开挖水沟,大拨道等),可按实际工作量计算,对于个别零星项目(如砌片石盲沟,处理路基病害等)应分别按其工作量计算。

(2)选择施工方法确定施工顺序

(3)编制劳动力计划

劳动力计划系按各项工作量,依据查定的实际先进定额(大修单项劳动定额),按公里计算月使用直接工和辅助工的工数,并在此基础上编制每月每公里的劳动力计划表。这里应注意到劳动组织、机具使用、施工程序和方法,以及各工序间的衔接等。

4. 编制用料计划

用料计划除了主要定额材料(如每公里的钢轨、轨枕及联结零件等)外,最主要的是石料计划。大修每公里用石料较多,计划准确,才能既保证任务的完成,又可避免不足或积压。此外,还应考虑消耗材料、机具需要量,以及材料供应运输等。

5. 编制施工进度

施工作业的组织方法一般有顺序作业法、平行作业法、流水作业法和平行流水作业法。线路大修施工一般多采用流水作业法和平行作业法。在计算了每月每公里的工作量、用料量及劳动力后,即可编制施工进度指示图表。这里,应特别注意各项工作之间的有机配合与衔接,也就是必须进行平衡工作。特别是各个项目工作之间的进度平衡,任何脱节或重叠,均会造成工作上的混乱。反复平衡是非常重要的措施。

施工进度指示图表除了表现各项工作量外,还应表示出线路设备的具体情况,以便全面考虑问题。施工进度指示图表还应规定各项工作的进度、材料供应数量、交验日期等，使计划与实际工作都能一目了然，易于发现问题、及时解决。

6. 制订施工技术措施

为了能指导施工，保证质量，提高效率，应根据具体情况分别制订保证完成任务的施工技术措施。

(1)建立主要材料的检查制度，质量规格不符合标准或出厂证件不符合要求的不得使用。

(2)建立施工三检制。在每次开工前、施工中、线路开通及收工前，施工负责人应组织有关人员分别按施工地段，对工作准备、操作方法和设备情况进行检查。

(3)建立工序交接制。前一工序要给下一工序打好基础，前一工序完成并经验收合格后方准进行交接。

(4)加强隐蔽工程的检查验收，确认符合规范要求后方可继续施工。

7. 制订安全措施

(1)加强对职工的安全教育，贯彻“安全第一”的思想。

(2)建立安全检查分析制。

(3)利用事故树分析方法，对事故进行事前控制，对易发生事故的控制点进行分析、预控，并采取防范措施等。

二、线路设备大修施工管理

线路设备大修施工必须认真贯彻执行“安全第一、预防为主”的方针，严格执行各项施工作业标准，科学组织施工，确保施工安全、质量和进度。

1. 施工单位应按照设计文件、有关技术标准和施工工艺流程组织施工，合理控制施工和慢行长度。

2. 施工负责人应加强施工管理，落实安全责任制。

3. 线路设备大修施工实行安全监督制度。负责设备管理的工务段，必须派人常驻施工工地，加强与施工单位的联系，相互配合，密切协作，协助检查施工安全和施工质量。工务段应对施工全过程进行监督，发现施工安全隐患及质量问题时应责令施工单位立即纠正，危及行车安全时有权责令其停止施工。

4. 施工单位必须建立以下制度。

(1)施工三检制——在每次开工前、施工中和线路开通前，施工负责人应组织有关人员分别按分工地段对施工准备、施工作业方法、线路设备状态和线路开通条件进行检查。

(2)巡查养护制——施工现场应设置巡养人员，对施工地段进行巡查和养护，发现并及时消除危及行车安全的处所。

(3)工序交接制——前一工序应给后一工序打好基础，在前一工序完成后，应由施工负责人组织工序负责人进行交接。

(4)隐蔽工程分阶段施工制度——每阶段完成后，施工单位应会同接管单位共同检查，并填写记录，确认符合设计要求，方准开始下一阶段施工。

(5)岗前培训制度——职工上岗前必须经过安全教育和技能培训，经考试考核合格，并取得岗位培训合格证书后，方可上岗；采用新工艺、使用新设备时，必须首先制订安全保证措施和操作规程，并对职工培训后方准进行操作和调试。

(6)安全检查分析制度——施工安全工作应抓早、抓小、抓苗头、抓薄弱环节，应定期加强检查，重点加强季节性、节假日和工地转移前后的检查，及时消除隐患；应组织开展事故预想活动，预防事故的发生；对事故苗头和事故应及时分析、处理，吸取教训。

三、线路设备大修施工机械管理

施工单位应建立健全各种施工、运输和装卸机械的管理制度，加强设备台账和技术档案的管理，实行岗位责任制，严格执行设备检修保养制度，保证配件储备，提高设备完好率。

四、线路设备大修材料管理

1. 施工单位应建立健全材料管理制度，不得使用质量、规格不符合标准或出厂证件不符合要求的材料。

2. 材料应及时清点，堆码整齐，采取必要措施防止丢失或损坏。

3. 下道旧料应及时回收，做到工完料净。

4. 应按规定办理材料的收发、运送、使用和交接手续。

五、线路设备大修验收标准

线路大修施工完毕，铁路局集团公司应配备专职验收人员，对主要大修工程的安全、质量进行监督检查，并组织验收工作。

线路设备大修包含的内容较多，在本章第一节中已经做了讲解。对应于每一项大修内容，《普速铁路线路修理规则》中都确定了其验收标准，为了和本章第三节道岔大修施工实例相呼应，在此仅介绍线路大、中修验收标准和道岔大修验收标准。

(一)线路设备大修验收单位

1. 线路大修正线为千米(始终点不是整千米时，可按实际长度合并验收)，站线为一股道。

2. 铺设无缝线路为一个区间(包括相衔接的普通线路)，特殊情况为一段。

3. 其他各项线路设备大修由铁路局集团公司规定。

(二)线路大、中修验收标准

线路大、中修验收主要项目有轨道几何尺寸、线路锁定、道床清筛、捣固质量，一次达到标准，可评为“优良”。如有主要项目不符合标准，次要项目漏项或不合格，经整修后复验达到标准，评为“合格”，具体标准见表 13-3。

表 13-3　线路大、中修验收标准

序号	项目	质量标准
1	轨距	1. 符合作业验收标准 2. 轨距变化率(不含规定的递减率)允许速度大于 120 km/h 正线不得大于 1‰，允许速度不大于 120 km/h正线及到发线不得大于 2‰，其他站线不得大于 3‰
2	水平	符合作业验收标准
3	轨向	1. 直线目视顺直，符合作业验收标准 2. 曲线方向圆顺，曲线正矢符合作业验收标准 3. 曲线始、终端不得有反弯或“鹅头”

续上表

序号	项目	质量标准
4	高低	1. 目视平顺,符合作业验收标准 2. 轨面标高与设计标高误差不得大于 20 mm
5	三角坑	符合作业验收标准
6	捣固	1. 捣固、夯拍均匀 2. 空吊板:无连续空吊板;连续检查 50 头,正线、到发线不得超过 8%,其他站线不得超过 12%
7	路肩及排水	1. 路肩平整,无大草,并有向外流水横坡 2. 符合设计要求
8	道床	1. 清筛清洁,道砟中粒径小于 25 mm 的颗粒质量不得超过 5% 2. 清筛深度达到设计要求 3. 道床密实、符合设计断面,边坡整齐
9	轨枕	1. 位置方正、均匀,间距和偏斜误差不得大于 40 mm 2. 无失效,无严重伤损 3. 混凝土宽枕间距和偏斜误差均不得大于 30 mm
10	扣件	1. 混凝土枕 (1)扣件齐全 (2)螺旋道钉无损坏,丝扣及螺杆全面涂油 (3)弹条安装正确,符合要求,不符合标准的不超过 8%(连续检查 100 头),且无连续失效 (4)轨距挡板和挡板座顶严、密靠、压紧,不密贴(缝隙大于 2 mm)的数量不超过 6%(连续检查 100 头),且无连续失效 (5)轨下垫板无缺损,歪斜大于 5 mm 者不超过 8%(连续检查 100 头) 2. 木枕 (1)垫板歪斜及不密贴者不得超过 6%(连续检查 100 头) (2)道钉浮离或螺纹道钉未拧紧不得超过 8%(连续检查 100 头)
11	新钢轨及配件	1. 钢轨无硬弯,接头轨面及内侧错牙不得大于 1 mm 2. 接头相错:直线不得大于 20 mm,曲线不得大于 20 mm 加缩短轨缩短量的一半 3. 轨缝每千米总误差:25 m 钢轨不得大于 80 mm 4. 接头螺栓涂油,扭矩达到标准
12	再用轨及配件	1. 钢轨无硬弯,接头轨面及内侧错牙不得大于 1 mm 2. 接头相错:直线不得大于 40 mm,曲线不得大于 40 mm 加缩短轨缩短量的一半 3. 轨缝每千米总误差:25 m 钢轨不得大于 80 mm,12.5 m 钢轨不得大于 160 mm 4. 接头螺栓涂油,扭矩达到标准
13	无缝线路钢轨及配件	1. 轨条端头位移不得大于 20 mm,固定区位移不得大于 5mm 2. 缓冲区接头相错量不得大于 40 mm 3. 焊接质量符合《钢轨焊接》(TB/T 1632.1~TB/T 1632.4)的要求 4. 现场焊接接头位置符合第 3.10.10 条的规定 5. 在设计锁定轨温上、下限范围内,缓冲区接头轨缝与设计轨缝相比,误差不得大于 2 mm 6. 锁定轨温应符合设计要求 7. 缓冲区接头扣件涂油,采用 10.9 级螺栓,螺栓扭矩 900~1100 N·m

续上表

序　号	项　目	质量标准
14	护轨	1. 符合桥面布置图规定 2. 轨底悬空大于 5 mm 处所不超过 8% 3. 护轨与基本轨间距离符合规定 4. 护轨顶面高于基本轨顶面不大于 5 mm，低于基本轨顶面不大于 25 mm 5. 梭头各部联结牢固，尖端悬空小于 5 mm 6. 接头靠基本轨一侧左右错牙不大于 5 mm 7. 护轨道钉或扣件齐全完好，道钉浮离 2 mm 或扭矩不符合规定者不超过 5%
15	防爬设备	1. 安装齐全，无失效 2. 普通线路爬行量不得大于 20 mm
16	道口	1. 铺面平整牢固，轮缘槽符合标准 2. 两侧平台平整 3. 排水设施良好 4. 道口防护设施齐全有效
17	线路外观	1. 标志齐全、正确、清晰 2. 钢轨上的标记齐全、正确、清晰 3. 弃土清除干净 4. 无散落道砟 5. 施工拆除及临时拆开的防护栅栏按标准恢复，无开口及破损
18	旧料回收	旧料如数回收，运至指定地点，堆码整齐，并按规定移交

（三）道岔大修验收标准

道岔大修验收主要项目有轨道几何尺寸，道床清筛和捣固质量，尖轨、可动心轨、辙叉与护轨状态，道岔锁定轨温，一次达到标准，可评为“优良”。如有主要项目不符合标准，次要项目漏项或不合格，经整修后复验达到标准，评为“合格”，道岔大修验收标准见表 13-4。

表 13-4　道岔大修验收标准

序　号	项　目	质量标准
1	轨距	1. 符合作业验收标准 2. 轨距变化率（不含构造轨距加宽顺坡）允许速度大于 120 km/h 正线不得大于 1‰，允许速度不大于 120 km/h 正线及到发线不得大于 2‰，其他站线不得大于 3‰
2	水平	符合作业验收标准，导曲线内股不得高于外股
3	轨向	1. 直线目视直顺，符合作业验收标准 2. 导曲线支距符合作业验收标准 3. 连接曲线用 10 m 弦量，连续正矢差不得超过 2 mm
4	高低	符合作业验收标准
5	三角坑	符合作业验收标准

续上表

序号	项目	质量标准
6	岔枕	1. 间距误差不得超过 20 mm,配置符合要求 2. 无失效,无失修 3. 无连续空吊板;连续检查 50 头,空吊板不得超过 6% 4. 混凝土岔枕符合标准
7	基本轨、导轨	钢轨无硬弯,钢轨接头轨面及内侧错牙不得超过 1 mm
8	尖轨	1. 尖轨竖切部分与基本轨密贴 2. 尖轨动程符合设计要求
9	轨缝	平均轨缝误差不得大于 3 mm,绝缘接头不得小于 6 mm
10	转辙联结零件	1. 连接杆不得脱节、松动,销子齐全、有效 2. 滑床板平直并与尖轨密贴,每侧不密贴的不得超过 1 块 3. 轨撑与钢轨不密贴的,每侧不得超过 1 个 4. 在尖轨密贴状态下,辊轮与尖轨轨底的间隙应为 1～2 mm;在尖轨斥离状态下,滑床台上表面与尖轨轨底的间隙应为 1～3 mm
11	辙叉与护轨	1. 查照间隔在有客车运行的线路上不得小于 1 391 mm,在仅运行货车的线路上不得小于1 388 mm 2. 护背距离不得大于 1 348 mm 3. 可动心轨竖切部分与翼轨密贴 4. 可动心轨动程符合设计要求 5. 可动心轨辙叉尖趾距离误差在容许误差范围内
12	其他联结零件	1. 螺栓齐全,无松动,扭矩符合要求,涂油 2. 道钉浮离不得超过 8% 3. 铁垫板及橡胶垫板、橡胶垫片齐全,歪斜者不得超过 6% 4. 扣件齐全、密靠,离缝不得超过 6%
13	防爬设备	齐全、有效,尖轨与基本轨、尖轨与尖轨间的相错量不得超过 10 mm
14	焊接接头	位置符合设计要求,焊接质量符合《钢轨焊接》(TB/T1632.1～TB/T1632.4)的要求
15	无缝道岔	锁定轨温准确、并在设计规定的锁定轨温范围内;位移观测桩埋设齐全、牢靠,观测标记清楚,位移不得大于 5 mm;锁定要求及侧线和渡线锁定长度符合第 4.2.4 条的规定;左右两股尖轨方正,相错量不超过 10 mm
16	钢轨胶接绝缘接头	钢轨胶接绝缘接头质量符合要求。铺设位置左右对齐、方正,并居于两轨枕正中,绝缘接头轨缝绝缘端板距离轨枕边缘不宜小于 100 mm
17	道床	1. 道床清洁,道砟中粒径小于 25 mm 的颗粒质量不得大于 5% 2. 清筛深度达到设计要求 3. 道床密实、符合设计断面要求,边坡整齐

续上表

序　号	项　目	质量标准
18	外观	1. 标志齐全、正确、清晰 2. 道岔钢轨编号，各部尺寸标记齐全、正确、清晰 3. 旧料收集干净 4. 弃土清理干净 5. 施工拆除及临时拆开的防护栅栏按标准恢复，无开口及破损

第三节　道岔大修施工技术组织及安全措施实例

本实例是根据中国铁路××局集团公司2020年道岔大修总体安排，××月份将××场共计12组道岔[11组TB399.1-75型道岔更换为SC390型道岔、1组菱形道岔更换为60-9号—6.5 m混凝土枕SC(07)394-CZ583]。为确保更换道岔施工安全、顺利完成，特制订联合施工组织措施。

本措施具体内容依据《普速铁路线路修理规则》(铁总工电〔2019〕34号)、《普速铁路安全管理规则》《铁路营业线施工安全管理实施细则》《××局工务上线关键作业安全管理相关规定》《工务安全关键风险防控体系实施办法》《××铁路局普速铁路接触网运行维修规则》《普速铁路信号维护规则》等技术规章、文件规定进行编制。

本实例的整体内容构成如下：

第1章:工程概况

一、既有设备概况;二、主要作业项目及工程数量。

第2章:施工组织

一、施工组织机构;二、劳动力组织;三、机力组织。

第3章:施工流程及质量控制

一、现场调查;二、点前准备;三、岔枕、轨料运卸;四、道岔预铺;五、现场测量放线;六、道岔及线路清筛;七、更换道岔;八、捣固整修;九、站内排水整治;十、路料回收;十一、道岔大修施工后达到的目标。

第4章:职责分工

一、工务部门主要职责;二、电务部门主要职责;三、供电部门主要职责;四、车务部门主要职责。

第5章:运输调整方案及行车组

一、运调整方案;二、行车组织措施。

第6章:施工方案重点

一、每日施工重点;二、施工质量及标准。

第7章:验收办法

一、工务部门验收办法;二、电务部门验收办法;三、供电部门验收办法。

第8章:施工安全措施

一、工务部门安全措施;二、电务部门安全措施;三、供电部门安全措施。

第9章:应急预案

恶劣天气应急预案;断轨应急预案;液压起道机故障应急预案;施工延点应急预案;自轮运

转设备应急抢险起复预案；挖掘机故障应急预案；汽车吊装应急预案；现场人身伤害应急预案；新型冠状病毒肺炎应急预案；电缆故障应急预案；接触网应急预案

第 10 章：附件

附件 1、道岔大修施工安全关键风险防控体系表；附件 2、电务段安全关键卡控表；附件 3、供电段安全关键卡控表；附件 4、更换道岔施工流程图；附件 5、9 号道岔起落机具、换岔料具布置图表；附件 6、施工小车走行示意图。

结合本书的特点，本节内容重点介绍该实例中的工务部门所涉及的施工质量及标准、工务部门验收办法、工务部门施工安全措施、应急预案等内容，加深读者对道岔大修施工过程组织及安全防控的认知。

第 1 章　工程概况

一、既有设备概况

既有道岔分别为 43 kg/m 钢轨、木枕、电气化区段，既有道岔型号：276、274、272、278、270、268、262、264、266、260、250 为 TB399.1-75 型道岔更换为 SC390 型道岔；菱-25 道岔更换为 60-9 号—6.5 m 混凝土枕 SC(07)394-CZ583 型道岔；线路允许速度 30 km/h。

二、主要作业项目及工程数量

（一）主要作业项目

1. 工务

(1)施工点外作业项目：施工现场前期工作量调查、施工方案制订与选择、道岔预铺地点设置、预铺道岔、道岔平纵断面的测量设计，线下配轨、线路检查巡视、外观整理、信号设备倒伏和障碍物清理准备等。

(2)施工点内作业项目：道岔岔枕、钢轨、零配件的预卸，道岔清筛、换枕、换轨，道岔出旧及挖掘机清挖道床，架设走行轨及走行入位，道岔入新及更换前后钢轨、轨枕，回填石砟，道岔起道、拨道、改道及人工小机捣固等。

2. 电务

(1)施工点前作业项目：

①根据国铁集团(工务部门)提供的更换道岔大修计划，提前联系设计单位及相关设备厂家提供设计图、道岔转辙设备，安排新转辙设备入所检测，对既有设备进行室内外图实核对并加挂标识。

②调查道岔转辙机安装位置、出杆方向，电缆用途及标记、电机配线制作，道岔安装装置及电机连接，道岔初期的机械调整及油路、电气试验。

③对预铺道岔内的苏式勾线和道岔跳线提前会同工务打孔、按标准安装完毕。对新道岔各部绝缘进行检测。监护工务部门对道岔横纵移径路上的信号设备下落防护及使用挖掘机前电缆探沟的挖掘、确认电缆位置。

(2)施工点内作业项目：拆除旧道岔、监护信号设备、按照配线图进行电缆盒配线连接，轨道电路连通，道岔调试并联锁试验。

(3)施工后作业项目：更换道岔后，车间干部盯控 24 h，组织跟随工务整修作业，对新换道岔设备进行复查、调整，保持设备状态达标。

3. 供电

(1)施工前作业项目

①施工前,供电段与工务段对所更换道岔处接触网线岔数据联合进行测量,并均在测量单上签字确认。

②供电段提前拆除接触网连接在道岔钢轨上的接地线/靴。

③施工前三天,工务段将施工日计划传至供电段相关配合车间/工区(供电段天窗点无配合工作量,但也需要传计划)。

(2)确认是否进行天窗点内配合工务更换道岔作业

根据工务段、供电段双方现场对接触网线岔的测量数据,且工务段确认其更换道岔时可以保证岔心纵横向、水平向位移均不变,且道岔整体保持水平,则根据铁路局文件:《中国铁路××局工务、供电结合部设备联合管理办法》(××供〔2018〕148 号)的相关规定,接触网不需要调整,供电段天窗点内不配合工务更换道岔作业。

(3)施工后作业项目

①工务更换完毕道岔后,及时恢复前期拆除接触网连接在道岔钢轨上的接地线/靴。

②工务更换道岔后一周内,供电段对接触网线岔数据进行测量。若发现接触网数据超标立即上报供电段接触网技术科/安全生产调度指挥中心,并准备调整作业。同时要求工务段重新审查更换道岔方案。

(二)工程数量

1. 工务

(1)清筛、更换道岔 12 组:××场:276、274、272、278、270、268、262、264、266、260、250、菱-25。更换前后钢轨:12 组道岔前后更换 60kg 钢轨 25m50 根。

(2)捣固整修 22 组道岔。

2. 电务

道岔设备:××场 12 组道岔更换后的标准整治(276、274、272、278、270、268、262、264、266、260、250、菱-25.),点前预安装并调试新道岔;点内连接、调整新道岔,对道岔及轨道电路设备进行联锁试验、轨道电路分路感度试验;对现场影响施工的信号设备,配合监护工务进行下落防护及按标准恢复。换道岔跳线 230 根,接续线 150 根,扼流箱线若干。

3. 供电

对××场 12 组道岔处线岔进行施工前/施工后测量作业,并拆除/恢复接地线/靴。

(三)既有道岔及拟更换道岔技术资料

本文略。

(四)施工日期及推进计划

1. 材料发运:12 组道岔的所有的材料计划在 8 月下旬前到达全部到达。

2. 道岔测量设计:计划 9 月 20 日前完成对道岔横纵断面的测量及设计工作,道岔大修施工全部结束后两周内工务再次组织人员对新道岔及线路纵断面进行测量、对比。对于两次测量数值出现较大差值时,工务要优化纵断面,并对道岔及线路纵断面进行改善。

3. ××供电段负责对所更换道岔的导高及拉出值进行测量。

(1)道岔预铺:根据道岔大修料到位情况,计划在 9 月 25 日前完成所有道岔的预铺、验收及探伤工作。

(2)××电务段负责对预铺好的道岔辙叉提前安装道岔跳线。

(3)施工预备会:将更换道岔方案,道岔前后换轨、换枕数量与相关科室及车间进行交底。确定影响道岔纵横移径路的障碍物,由设备车间负责通知相关设备站段的车间当日点内进行挪移。

(五)电务段

①根据工务段提供的大修更换道岔的计划,提前联系设计单位及相关设备厂家提供设计图,进行室内外图实核对并加挂标识。

②道岔预铺完毕后,对道岔新辙叉轨道跳线进行安装,保证达标良好。

(六)供电段

(1)施工前,供电段与工务段对所更换道岔处接触网线岔数据联合进行测量,并均在测量单上签字确认。

(2)供电段提前拆除接触网连接在道岔钢轨上的接地线/靴。

(3)根据工务段、供电段双方现场对接触网线岔的测量数据,且工务段确认其更换道岔时可以保证岔心纵横向、水平向位移均不变,且道岔整体保持水平,则根据路局文件:《中国铁路××局工务、供电结合部设备联合管理办法》(××供〔2018〕148号)相关规定,本次工务更换道岔时,接触网不需要调整。供电段天窗点内不配合工务更换道岔作业。

(4)工务更换完毕道岔后,及时恢复前期拆除接触网连接在道岔钢轨上的接地线/靴。

(5)工务更换道岔后一周内,供电段对接触网线岔数据进行测量。若发现接触网数据超标立即上报供电段接触网技术科/安全生产调度指挥中心,并准备调整作业。同时要求工务段重新审查更换道岔方案。

三、道岔清筛、更换道岔钢轨、轨枕及更换道岔施工方法

更换道岔施工采取“两步法”,第一日清筛道岔并换枕,第二日更换道岔。更换道岔采取封线和线下结合方式整组预铺。人工配合挖掘机清挖道床。道岔采用整体或分体纵横移就位的方式。

第2章 施工组织

一、施工组织机构

(一)施工人员组织

1. 施工领导小组

组长:××工务段副段长。

副组长:××电务段副段长,××供电段副段长。

组员:工务段成员8人;电务段成员8人;供电段成员8人。

2. 现场指挥组

(1)工务段现场指挥组

组长1人:副段长担任;组员:4人。

职责:按施工方案要求做好具体的施工安排,严格落实岗位责任制度,落实安全、质量控制措施及相关技术标准,施工期间协调各配合单位按时间完成配合工作,确保施工安全正点。

(2)电务段现场指挥组

组长:1人;组员:3人。

职责:负责对施工地点旧电机、装置、轨道电路连线进行拆除,监护工务段对施工现场的轨道变压器箱、扼流变压器箱及信号机进行放倒及恢复。对新道岔设备调整、联锁试验。

3. 施工技术组

(1)工务段:2人。

职责:施工现场作业过程控制、质量、安全、验收、放行列车条件等把关,并全过程盯控。安排道岔上线前探伤、制订施工方案、现场技术交底、工作安排、提报施工计划、施工要点,提报道岔坐标定位、清筛深度、石砟回填质量、标高控制、前后配轨等数据;协调施工中的配合联系等工作。

(2)电务段:3人。

职责:施工现场作业质量、安全、联锁过程控制等把关,并全过程盯控。协调施工中的配合联系等工作。

4. 施工安全组

组长:工务段1人。

组员:工务段1人,电务段2人。

职责:施工中各项安全规章制度的落实。制订保证施工安全的组织措施,对施工中安全规章制度和措施的执行情况进行监督落实。协助施工现场负责人检查与核对现场防护设置是否符合标准、现场避车情况以及安排拉绳进行防护等。现场安排安全人员全过程盯控。

5. 物资保障组

组长:工务段1人。

组员:工务段1人。

职责:施工所需料具于施工前一周运送到位;对施工现场轨枕、轨料、配件的清点、回收;制订施工现场的旧道岔轨件的回收计划;轨道车配合大修施工的添乘、检查、盯控。

(二)劳动力组织

1. 工务段:清筛道岔65人/组;更换道岔180人/组;小机捣固整修55人。其中重点维修车间200人,4个线路车间80人,设备车间20人。

2. 电务段:配合更换道岔施工12人/组,现场防护2人,室内配合试验3人,驻站联络员1人,现场负责人1人。

二、机力组织

计划1组轨道车收卸旧料。

第3章　施工流程及质量控制

一、现场调查

对所需更换道岔的现场情况进行调查,重点对预铺位置、卸料位置、道岔行走路径、配轨情况、排水设施及出旧入新方式等进行调查,确定施工方案。

选择预铺场地。采取整体预铺法。应尽可能减少新道岔移动距离,同时留出旧道岔出旧通道,同一天更换的道岔还应考虑道岔移动径路的重叠。

轨排行走路径中的所有线路附属设备及障碍物,至少提前1天做好移设准备,影响行车的设备点内进行移设。

二、点前准备

1. 道岔测量准备。通过对既有道岔现场情况进行测量,对道岔进行重新定位,按照新道岔位置对道岔前后进行配轨。确定道岔前后长短岔枕、过渡轨及施工所需要的配件，推运至施工现场，要求进行点外作业登记，并按要求设置好防护。

2. 物料准备：道岔前后长短岔枕、过渡轨、过渡枕，由属地车间人工推运至施工现场，备足石砟并装袋，并按标准深度进行预埋控制桩(天窗点内进行)。

3. 施工前A重点维修车间对道岔纵横移机械(平车、液压起落缸、泵站、走行轮、走行轨、卷扬机)进行编号，每一台重点机具落实到专人负责。

4. 施工前由线路技术科、安全科、属地车间、电务部门共同调查现场，电务部门确认连接线连接位置，属地车间用白铅油标注。

5. 召开更换道岔施工预备会。将更换道岔方案，道岔前后换轨、换枕数量与相关科室及车间进行交底。确定影响道岔纵横移径路的障碍物，由设备车间负责通知相关设备站段的车间当日点内进行挪移。

6. 由施工负责人指定专人盯控挖掘机作业；全过程盯控施工。

7. ××场道岔大修施工使用挖掘机，施工前15天，属地车间联系电务、供电、通信等设备单位配合，对挖掘机作业范围进行挖探。

施工前1日，挖掘机停靠在××场施工地段外侧，给点后由专职现场防护员联系驻站员确认无车，在车间主任或副主任带领进入施工场地。挖掘机走行径路要有枕木、大胶皮对工务和电务设备进行保护。道岔更换完成后点内撤出现场。

对挖掘机司机进行培训，在疫情期间对司机进行深入调查，包括详细个人信息、住址、接触人员等进行摸排调查。确认隔离观察无异常，身体健康方可参加施工。

三、岔枕、轨料运卸

与××工务器材厂、××轨枕厂等厂家联系，确保××场道岔料在更换前30日到达。根据到料情况，安排轨道车对道岔轨件、岔枕、零配件、配轨等道岔料进行倒运，由重点维修车间和设备车间组织人员进行卸车。

在点前做好轨道车预卸岔枕、轨料，安排1组轨道车利用专门为此申请的15个天窗点来完成。该轨道车在车场的行驶路径是××场道岔214—218—220—264—262—268—272—8道。

××场：214至218至220至264至262至268至272至8道进行卸岔枕、轨料施工作业。

四、道岔预铺

(一)道岔预铺

1. 预铺平台必须牢固、平稳，枕木垛需搭成井字形。

2. 道岔预铺时，检查岔枕垫板下部位轨枕面平顺性，如发现凹凸不平，进行磨平处理。

3. 道岔预铺时，应清理岔枕尼龙套内杂物，如有水应抽出并烘干。

4. 道岔预铺时，岔枕螺栓孔涂油应适量，不得使油浸胶垫和外溢。

5. ×月×日前完成所有道岔预铺，预铺车间要规定登记和设置防护，在道岔预铺范围内全部拉绳防护，所有人员在防护范围内作业。

6. 道岔预铺时，检查尖轨变截面、道岔咽喉弯折点、辙叉心轨降低值等结构情况，对存在问题处所安排小机线下打磨处理。

7. 在预铺过程中，因既有线型问题，道岔岔后个别长岔枕需从中间截断，在中间两塞栓孔位中间切除 30 mm，在道岔走行过程中切除部位用 T 形连板连接走行。

8. ×月×日前完成所有道岔预铺。预铺质量标准见表 13-5。

表 13-5　道岔预铺质量标准

序　号	项　目	标　准
1	轨距(每根轨枕检测)	+3～−2 mm，轨距变化率≤1‰
2	曲尖轨尖端至第一牵引点间与直基本轨密贴	缝隙≤0.2 mm
3	曲尖轨其余部分与基本轨密贴	缝隙≤1.0 mm
4	曲尖轨与顶铁缝隙	≤1.0 mm
5	曲尖轨牵引点前后各一块台板与轨底缝隙	≤0.5 mm
6	曲尖轨其余台版与轨底缝隙	≤1.0 mm
7	直股查照间隔	≥1 391 mm
8	直股护背距离	≤1 348 mm
9	曲股查照间隔	≥1 391 mm
10	曲股护背距离	≤1 348 mm
11	道岔左侧全长(不含两端轨缝)	29 569 mm，+10～−10 mm
12	道岔右侧全长(不含两端轨缝)	29 569 mm，+10～−10 mm
13	岔枕间距	误差不大于 10 mm
14	轨枕大胶垫无偏斜、挤出、油污	
15	螺栓无松动、无缺油	
16	连接配件齐全、有效，“正、紧、靠”	
17	顶铁螺栓采取防脱措施	
18	转换设备前后岔枕安装岔枕纵移控制器作用良好	
19	尖轨方正	不大于 3 mm
20	标记正确齐全	

(二)电务段

1. 根据工务段提供的大修更换道岔的数量、型号及计划，将所需电机的型号及数量计划好，提前联系厂家订货并安排入所检测，视工务道岔预铺情况适时组织运至施工现场。

2. 道岔预铺完毕后，对新道岔转辙设备进行预安装，并在线下提前连机挂载试验、预调试，保证预装调整良好。

(三)供电段

1. 施工前，供电段与工务段对所更换道岔处接触网线岔数据联合进行测量，并均在测量单上签字确认。

2. 供电段提前拆除接触网连接在道岔钢轨上的接地线/靴。

3. 根据工务段、供电段双方现场对接触网线岔的测量数据，且工务段确认其更换道岔时可以保证岔心纵横向、水平向位移均不变，且道岔整体保持水平，则根据路局文件：《中国铁路××局工务、供电结合部设备联合管理办法》的相关规定，本次工务更换道岔时，接触网不需要调整，供电段天窗点内不配合工务更换道岔作业。

五、现场测量放线

所有道岔在更换前进行平纵断面测量，综合分析道岔情况，为后期更换提供数据支持。道岔放线测量在线下将新道岔各部位尺寸测量完毕并记录下来，对既有道岔放线确定道岔中心，采用经纬仪拨角测量和大尺测量两种方法相结合将新道岔数据放射在既有道岔上。

在不影响施工情况下，设立定位桩。一组道岔设立4～5个定位桩，确保道岔平纵断面良好。

六、道岔和线路清筛

1. 作业人员提前1 h到达施工现场，但不准上道，按照施工负责人指定地点待命，在线下布置工作、检查确认工料具准备情况。机具准备、人员走行等，要统一行动。所有作业人员要戴好口罩防护。现场防护员在跨线前必须与驻站联络员进行联系，确认邻线无车后，方准由车间副主任及以上干部组织进行跨线。

2. 施工现场负责人接到驻站联络员施工封锁命令并复诵无误后，要求设备车间按规定设置停车牌。作业人员开始清出轨枕空及枕底石砟，清挖深度至枕底下200～250 mm，清挖出的渣土全部用皮斗抬运出站场，不得撒在站场内、路肩或排水沟内。经过现场负责人检查验收合格后，将干净的石砟回填，石砟回填要充足。

3. 清筛过程中，对道岔前后钢轨进行更换。对既有道岔所有连接零配件进行试松试紧，处理锈死螺栓，割除相应地锚桩，为更换道岔施工做好充分准备工作。

4. 一遍捣固后进行线路方向、高低拨道、起道整细和修正，做好道岔两端的线路顺坡（不大于2‰），并对新更换岔枕螺栓、接头螺栓复紧（扭力矩达标）。

5. 在清筛道岔过程中，电务进行道岔调试，同时也可进行新道岔挂机试验及调试。为更换道岔施工做好充分准备工作。

6. 开通前工务、电务、对设备进行检查整修，发现问题及时整修。确认达到开通条件后，办理开通手续，轨道几何尺寸满足开通条件的标准见表13-6。

表13-6　轨道几何尺寸标准

项　目	轨　距	水　平(mm)	高　低(mm)	轨　向(mm)	三角坑(mm)
道岔	+3～−2	6	6	6	6
线路	+4～−2	5	5	5	5

七、更换道岔

1. 作业人员提前1.5 h到达施工现场，按照施工负责人指定地点待命，线下布置工作：召开点前预备会，就当日施工影响范围、封锁时间、作业项目进行详细的讲解。落实分工会要求，按照标准施工，卡控时间节点，确保施工紧密有序正点完成。落实疫情防控要求。介绍轨道车本日施工编组连挂方式、顺序、明确进场径路和运行方向、是否需要解体作业、如何卡控间隔和距离，挖掘机进出场、作业注意事项、走行径路，氧气乙炔的摆放、乙炔瓶的直立放置，切割、拆解准确位置，工料具准备情况，人员走行等要统一行动。

2. 施工现场负责人接到驻站联络员施工封锁命令并核对复诵无误后，要求属地车间按照规定设置停车牌、连接回流线，确认无误后，方可下达允许施工指令。连接回流线人员要穿戴检验合格的绝缘鞋、绝缘手套，按规定连接回流线。

3. 施工命令下达同时，重点维修车间将道岔通过横移或纵移方式运行到指定位置待命并盯控道岔动态情况，新道岔走行前再次确认道岔的纵横移径路、障碍物是否按要求落下。

4. 封闭命令下达后施工车间更换道岔前后钢轨，换前由测量组对钢轨尺寸进行复核确认，更换后按照轨型码放零配件，调整轨距，紧固零配件。

5. 施工开始后各施工车间拆解零配件，按照提前标注在钢轨上的位置进行切割、拆解钢轨，不得随意截断钢轨。在线上拆解过程中使用氧气乙炔切割时，注意防火，出现明火及时扑灭。

6. 在拆解零配件同时电务配合拆除所属设备，抬出至线下不侵限位置，点毕前将设备收走。

7. 零配件拆解后，轨道车车组按照负责人指示进入施工地段，将线上既有道岔钢轨吊装上车，每根钢轨不得超过 25 m，尽量减少装车次数，提高出旧效率，其中长轨需要两个液压吊共同吊装上车，短轨在吊装时采用双头卡子进行作业。作业时由专人指挥，同上同下、码放整齐牢固、确认安全后才可按照轨料长度将轨料装轨道车，同时在车上安排专业钩子手，在车下安排专人负责挂钩。

8. 钢轨吊装完毕后，施工人员将木枕抬出至指定地点，不得随意乱扔，影响后续施工。物资科安排专人对旧枕进行回收。

9. 木枕全部清理后挖掘机进场，走行过程中注意铁路设备设施。挖掘机跨越线路时需安装履带胶块，不得碾压道岔转辙部和护轨。挖掘机到达施工地点，轨道车组中负责装载污土的平板车对位，挖掘机将污土装载至平板车上。作业时注意挥臂，作业半径下严禁站人。测量组付晓辉、崔勇、高阔、徐涛负责盯控，统一管理使用电台。挖掘机不要单点挖坑，按照层次一层一层的下挖。在装载污土时做到“挖掘机动，轨道车不动；轨道车动，挖掘机不动”。

10. 挖掘机清挖道床后在专人盯控下撤出现场。对轨道车进行清扫，防止污土在运行时遗撒在线岔设备上，清扫完成后轨道车组按照施工负责人指示运行到指定地点。后一组装载石砟的轨道车在远处等待。

11. 作业人员平整道床后，线路技术科利用水准仪对清挖深度和宽度进行检查确认。未达到深度、宽度要求进行返工。清挖石砟按照设计要求，深度至既有轨枕下 200 mm，现场盯控人员对清挖深度和宽度进行检查确认。作业人员在清挖道床过程中将边坡一同清筛，保证道岔自然排水。

12. 施工车间搭设横移或纵移滑轨，保证滑道轨方向、水平良好，且滑道轨接头下方垫枕木墩。坡度设置为水平(使用道尺测量)，上坡最大不能超过 2‰，不允许下坡。设置专人盯控小轮卡阻、大平车掉道。确认符合条件后，由重点维修车间主任指挥，将道岔平稳运行到指定位置，严格执行作业标准，避免人身伤害。

13. 道岔到位后，液压道岔铺设机组支起道岔，在滑轨纵向侧向相对位置搭设“井”字形枕木垛，撤除滑轨，支撑道岔枕木垛逐层撤除。

14. 道岔落地后，首先调整道岔横向位置。根据道岔与导轨间预留轨缝，使用横纵移轮对道岔进行调整，确保位置准确，前后轨缝均匀。根据横纵断面设计及测量数据，对线间距进行拨道作业。线间距符合要求后，重点维修车间统一起道。道岔平纵断面符合要求后回填石砟。连接道岔前后线路。拆除并倒运液压道岔铺设机组等料具，推运机具占用股道与驻站联络员联系，联系彻底、确认无误后推运到次日使用地点，派人看守，最后一个施工点后装车运走。

回填的石砟分两部分：一是轨道车上两平板车石砟。二是线下备用石砟。确认现场运行径路上无人后，听从负责人指示，安排轨道车组进入施工地段对位，挖掘机辅助人工卸砟，挖掘机将平板车上石砟卸至新道岔内，人工清理平板车上零星石砟。卸车完毕后，再次确认现场符合动车条件后方可运行出作业地段。施工人员利用线下备用石砟进行回填。

15. 回填石砟同时采用一操二捣固机进行起道捣固，起道时要预留回落量，一般不大于10 mm。线路捣固顺序从转辙部依次向岔后接头方向进行，边捣固边补充石砟。回填石砟要饱满，砟肩堆高及宽度符合《修规》要求，枕盒内石砟与轨枕顶面平。保证电务调试时间。外观清理干净，无杂物，保证积水顺利排出。

16. 待电务连接好轨道扼流线和钢轨接续线后，统一听施工负责人指令撤除回流线，现场负责人通知电务部门进行设备调试，先进行尖轨搬动及密贴性试验，完毕后进行联锁试验。

17. 对新道岔进行清扫，并将立柱螺栓和接头螺栓复紧。整理外观，做到工完料净场地清。将下一组需要更换的新道岔纵移至股道两端，为下一施工点节省纵横移时间。

18. 工务、电务、车务等进行联合平推检查，确保轨道电路良好、现场机具材料无侵限，达到放行列车条件后，现场负责人联系驻站联络员申请开通线路，开通命令下达后及时撤除停车牌。列车通过后根据设备变化组织整修。对歪斜的胶垫进行整正、螺栓进行复紧，严格执行国铁集团相关文件规定，禁止超范围施工。

19. 道岔更换施工后，设备车间安排天窗进行全面整修，直至达到标准。

20. 关键环节控制。

加强对施工过程中关键环节的盯控，保证每个施工难点都由段、车间干部进行盯控、卡控，保证施工顺利进行。

点前严禁各车间上线对既有旧道岔进行施工准备，要求现场段安全科盯控干部及各车间干部进行盯控。如发现有准备的情况，则对相关责任人进行考核。

在准备道岔过程中，要求现场技术科盯控干部及维修车间主任对道岔横、纵移滑道的设置、大平车的设置、枕木墩的摆放、道岔移动路径的障碍物进行全过程盯控，保证按照规定的要求进行作业，避免出现趴架现象。

在拆除旧道岔过程中，要求现场材料科盯控干部及各线路车间对拆除的旧钢轨、轨枕码放位置进行盯控，保证旧料按照规定的位置码放。严禁侵限或影响道岔的移动。

在清筛石砟、平整场地过程中，要求现场段施工科、技术科盯控干部及各线路车间主任对清筛深度及宽度进行盯控，保证道岔入位后高低良好。

八、整修捣固

1. 开通前施工负责人确保轨道电路良好、现场机具材料无侵限，盯控列车轧道，并根据轧道后设备变化组织整修。

2. 由当地设备车间按照设计线路标高及横距，组织不少于20人的整修队伍，利用便携式小型机具对线路设备进行捣固和加强，严格执行相关文件的规定，禁止超范围施工。

九、站内排水整治

清挖石砟按照设计要求，深度至既有轨枕下200 mm，现场盯控人员对清挖深度和宽度进行检查确认，未达到深度要求进行返工。平整道床后均匀撒一层碎石硝。作业人员在清挖道床过程中将边坡一同清筛，保证道岔自然排水。

十、路料回收

旧料回收：12组道岔大修施工后旧料按指定地点码放整齐不侵限。点内利用轨道车平车将弃土运卸在××场直联A外侧与Ⅱ-Ⅲ场联线；施工结束后线路技术科和物资科安排轨道车将旧轨拉回小车线进行回收；旧枕现场直接由物资科收走。

十一、道岔大修施工后达到的目标

(一)工务

1. 消除存在的道岔病害，道岔各部几何尺寸达标，整体框架结构加强，设备质量大大提高。

2. 道岔平面、纵断面良好。

3. 岔区内各种标志、标记齐全有效。

4. 排水设施良好。

(二)电务

1. 消除存在的道岔病害，道岔各部几何尺寸达标，道岔竖切良好，4 mm 不锁闭，溢流压力(摩擦电流)达标，道岔动作电流曲线平顺。解决道岔安装装置老化强度不足的隐患。

2. 消除跳线防混隐患，道岔跳线全部更换为免维护跳线，过钢轨处安装固定卡子或粘板卡具固定。

3. 绝缘全部更新，杜绝破损混电的隐患。

(三)供电

接触网线岔参数符合《普速铁路接触网运行维修规则》(铁总运〔2017〕9号)相关要求，满足安全行车条件。

第4章　职责分工

一、工务部门主要职责

施工主体单位为工务段。

(一)设备车间职责

1. 依据月度施工计划，提前4日向段调度提报施工日计划。根据局集团公司相关文件要求，负责提报、办理维修天窗、点外上线作业手续。

2. 更换道岔相关工机物料的提前准备；通知电务、供电、通信等设备管理单位配合施工，点前将影响横纵移道岔的障碍物(信号机)放倒并点后恢复；施工前安全科、线路技术科、属地车间和电务部门共同确认连接线连接位置和连接方式，并在线路上用白油漆标示。

3. 按照《普速铁路工务安全规则》《普速铁路线路修理规则》相关规定，安排驻站联络员按照批复的施工日计划提前60 min到车站进行登记、要点，安排施工现场防护员、停车牌的设置和撤除，轧道后设备的整修和加强，确保行车安全和设备安全。

4. 参加车站组织的施工预备会、总结会。预备会上提出需要车站、电务等单位配合的工作及完成的时间节点；总结会上汇报施工完成情况。

5. 施工后的巡视检查，并做好记录。

6. 施工后新设备的强制保养。

7. 与线路技术科、重点维修车间做好预铺道岔验收工作。

8. 道岔大修料卸车至施工结束期间路料看守。

9. 属地车间每日绘制施工防护示意图，包括防护牌设置数量和位置，注明设置人和盯控干部。

（二）综合机修车间职责

施工现场锯轨打眼；机具故障修理以及调试并确保正常使用，满足道岔大修施工需要。

（三）A 重点维修车间职责

负责道岔预铺；纵横移入位，并全过程盯控；安排施工现场液压顶镐机具使用事宜，并确保施工过程中状态良好；施工现场机具故障修理以及调试并确保正常使用；混凝土枕的锯断，油锯、云石机使用等工作；负责机械使用过程中的安全盯控；与属地车间完成对预铺道岔的验收工作；道岔施工后捣固整修作业。

（四）动力设备车间职责

根据施工推进计划，安排轨道车对新道岔岔枕、轨料、Ⅲ型枕、石砟等施工用料的运输。安排旧料运输，并确保施工用车辆运输状态的良好。

（五）参加施工的线路车间主任

职责：协同施工总指挥、现场负责人对施工作业的安全、质量、进度等项全面负责，并全过程盯控施工。

二、电务部门主要职责

1. 施工前对新道岔设备进行安装并调试，天窗挂机试验。

2. 配合、监护工务段对道岔移动路径的信号设备点前放倒防护及点后按标准恢复，电务测量建筑限界达标。

3. 施工中落实设计方案，检查测试设备达标，保证正点开通线路。

4. 施工中对电务设备进行拆除、更换、联锁关系试验(换复式交分道岔时，必须使用模拟推车按照排列进路推行，核对确认进路正确。)。对施工道岔进行 4 mm 不锁闭的密贴调整试验，然后进行转辙机密贴和表示调整的完整测试，保证道岔机械强度、机械特性符合《维规》技术标准。施工轨道区段进行分路残压测试。

5. 封闭点前对道岔的密贴力量、几何尺寸、各种连接线、动过的设备进行全面检查，测量设备限界并对安装螺丝进行紧固；对杆件连接处、尖轨基本轨间及滑床板进行清扫、注油；对轨道绝缘扣件进行检查。机械室配合人员测量有关轨道区段施工前后电压，对施工区段内电缆绝缘摇测，对比数据和原始数据记录有无变化。室内值台人员随时观察控制台显示有无异常。及时对轨道分路不良区段按规定登记。

6. 施工后配合工务进行捣固、整修。

三、供电部门主要职责

（一）施工前作业项目：

1. 施工前，供电段与工务段对所更换道岔处接触网线岔数据联合进行测量，并均在测量单上签字确认。

2. 供电段提前拆除接触网连接在道岔钢轨上的接地线/靴。

3. 施工前三天，工务段将施工日计划传至供电段相关配合车间/工区(不论供电段天窗点内配合与否，均需传计划)。

（二）根据工务段、供电段双方现场对接触网线岔的测量数据，且工务段确认其更换道岔时可以保证岔心纵横向、水平向位移均不变，且道岔整体保持水平，则根据路局文件:《中国铁路××局工务、供电结合部设备联合管理办法》的相关规定，本次工务更换道岔时，接触网不需要调整，供电段天窗点内不配合工务更换道岔作业。

（三）施工后作业项目：

1. 工务更换完毕道岔后，及时恢复前期拆除接触网连接在道岔钢轨上的接地线/靴。

2. 工务更换道岔后一周内，供电段对接触网线岔数据进行测量。若发现接触网数据超标立即上报供电段接触网技术科/安全生产调度指挥中心，并准备调整作业。同时要求工务段重新审查更换道岔方案。

四、车务部门主要职责

1. 车站值班员负责核对运统-46、调度命令，信号操作终端揭挂安全帽、表示牌，准备接发车进路，车机联控。上岗干部负责盯控车站值班员作业并填记非正常行车控制卡”。

2. 助理值班员负责核对调度命令、按规定填记揭示板、做好互控，按车站值班员指示显示通过手信号、接发列车。上岗干部负责盯控外勤作业。

3. 扳道员按车站值班员指示对相关道岔加解锁、检查进路良好、并确认工务紧固道岔、撤除道岔紧固无误。上岗干部负责盯控扳道员作业，检查确认进路。

4. 引导员按车站值班员指示显示特定引导手信号引导接车。上岗干部负责盯控并汇报列车接近。

第5章　运输调整方案及行车组织

一、施工计划以月计划、日计划下达为准。

二、行车组织

1. 加强领导，落实责任，制订安全措施及应急预案，确保施工安全、人身安全和运输安全。

2. 认真落实铁运〔2012〕280 号等文件要求，做好施工组织、调度命令发布、机车交路调整等工作。

3. 旅客列车调整运行时刻，客运部门做好公告和宣传解释工作。

第6章　施工方案重点

具体方案本文略。

一、施工卡控重点

1. 所有作业人员戴好口罩进行防护。人员机具按照施工预备会中指定的路径进出作业现场，要求各车间由车间干部带队行走，在现场防护员与驻站联络员联系完毕后方可行走。一个施工点内多处作业地段要增加盯控干部。驻站员与现场防护员加强联系。

2. 施工现场的停车牌均由××段 B 线路车间负责设置及撤除，由××段 B 线路车间主任或副主任负责盯控。

3. 现场由××段 B 线路车间负责设置一名主防护员与驻站联络员进行联系。

4. 落实施工巡检制度

巡检内容包含线路几何尺寸、路料状态、接头夹板等，各检查巡视人员要清楚当日检查巡视重点处所。

二、施工流程图

(一)清筛道岔施工流程图如图 13-1 所示。

(二)更换道岔施工流程图(封闭时间 210 min)如图 13-2 所示。

(三)××场岔施工流程图(封闭时间 240 min)如图 13-3 所示。

序　号	作业时间	施工时间	点前时间						封闭时间（计划时间180 min完成）																	
			10	20	30	40	50	60	10	20	30	40	50	60	70	80	90	100	110	120	130	140	150	160	170	180
1	点前预备会	20																								
2	现场设置防护	10																								
3	准备机具、材料	35																								
4	接受命令	10																								
5	清筛道岔、更换枕木	120																								
6	捣固整修作业地段	60																								
7	现场整细	30																								
8	电务调试	20																								

图 13-1　清筛道岔施工流程图

序　号	作业项目	施工时间	点前时间						封闭时间（计划时间210 min完成）																				
			10	20	30	40	50	60	10	20	30	40	50	60	70	80	90	100	110	120	130	140	150	160	170	180	190	200	210
1	点前预备会	20																											
2	现场设置防护	10																											
3	准备机具、材料	35																											
4	接受命令、连接大线	5																											
5	拆解联接零件	30																											
6	拆除电务设备	30																											
7	出旧钢轨	30																											
8	出旧岔枕	35																											
9	挖掘机清挖道床	45																											
10	轨道车配合清挖道床	40																											
11	架设走行轨	20																											
12	纵（横）移道岔对位	20																											
13	撤除走行轨、落架、测量定位	20																											
14	起、拨道、回填石砟	20																											
15	更换道岔岔前轨	120																											
16	更换道岔岔后轨	30																											
17	工电联合区段捣固	40																											
18	其他区段捣固	70																											
19	找细整理外观、收集旧料	35																											
20	电务调试道岔	30																											

图 13-2　更换道岔施工流程图(封闭时间 210 min)

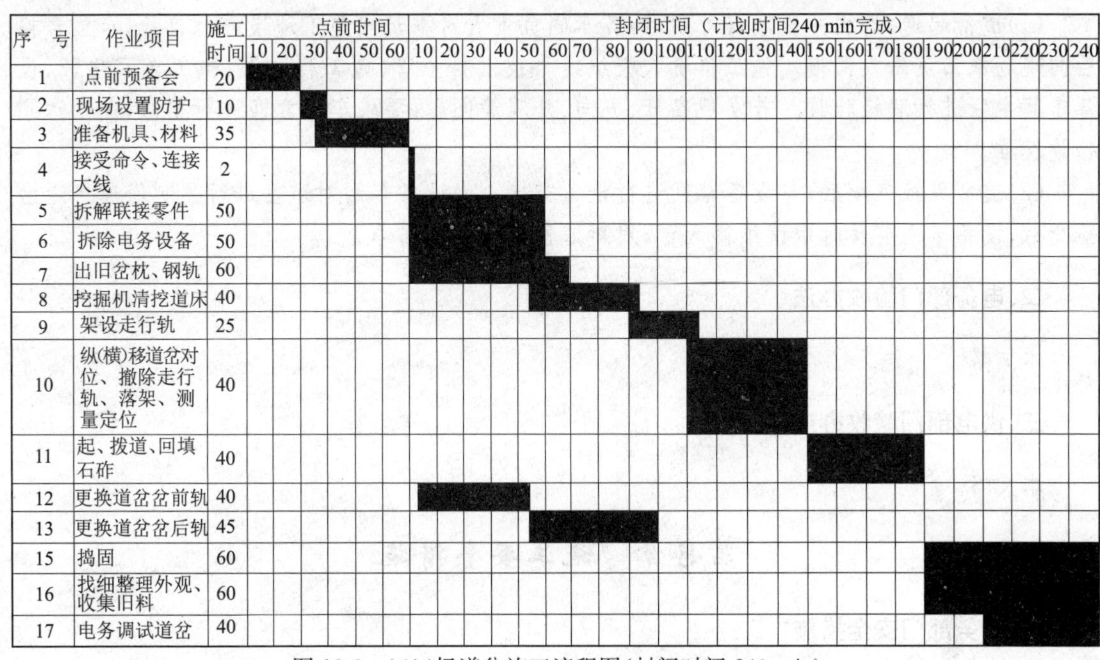

序　号	作业项目	施工时间
1	点前预备会	20
2	现场设置防护	10
3	准备机具、材料	35
4	接受命令、连接大线	2
5	拆解联接零件	50
6	拆除电务设备	50
7	出旧岔枕、钢轨	60
8	挖掘机清挖道床	40
9	架设走行轨	25
10	纵(横)移道岔对位、撤除走行轨、落架、测量定位	40
11	起、拨道、回填石砟	40
12	更换道岔岔前轨	40
13	更换道岔岔后轨	45
15	捣固	60
16	找细整理外观、收集旧料	60
17	电务调试道岔	40

（表头：点前时间 10、20、30、40、50、60；封闭时间（计划时间240 min完成）10、20、30、40、50、60、70、80、90、100、110、120、130、140、150、160、170、180、190、200、210、220、230、240）

图 13-3　××场道岔施工流程图(封闭时间 240 min)

第 7 章　验收办法

一、工务部门验收办法

应符合《普速铁路线路修理规则》(铁总工电〔2019〕34 号)规定,《普速铁路接触网运行维修规则》(铁总运〔2017〕9 号)规定以及《普速铁路信号维护规则技术标准》(铁总运〔2015〕238 号)中第 3 章道岔转换与锁闭设备、第 4 章轨道电路的要求。

1. 预铺道岔验收:预铺完成后预铺车间向设备车间提出验收申请,双方共同验收,验收项目要齐全,验收后填写验收记录,发现缺陷上线前整修完毕。验收工作须在施工前 3 日内完成。

2. 更换道岔验收:

点内对石砟的清挖深度,清筛洁度严格控制、达到标准。换岔后,设备车间利用天窗点进行强制保养,达到《修规》规定的更换新道岔验收标准后(不超过一周),向段提出验收申请。由主管大修副段长组织,线路技术科主管、施工质检科主任领工员、施工车间主任、设备车间主任参加,进行验收,填写验收记录,对缺陷处所进行整修,并按规定进行考核。

3. 施工前对道岔进行测量并做设计文件,施工时严格按照设计文件进行作业。

4. 道岔前后更换钢轨、轨枕技术标准按《修规》第 6.4.1 条相关规定执行,具体见第二节表 13-3。

5. 作业后混凝土枕下清砟深度保证 200 mm 以上。

6. 道岔前后失效轨枕全部更换。

7. 道岔前后应同步更换新钢轨。

8. 钢轨轨面及作用边错口不大于 1 mm。

9. 更换道岔技术标准应符合《修规》6.4.2 条相关规定,具体见第二节表 13-4。

10. 验收安排及强制保养:

(1)道岔起道、捣固并整理好外观后,各车间负责人对本车间施工地段进行自验,自验合格后向现场施工负责人汇报。施工负责人组织线路技术科主管、施工科主领、施工车间主任、设备车间主任进行联检验收。若发现高低、方向、外观等问题,要求车间立即进行整修,保证达到验收标准。

(2)道岔更换完毕后,与设备车间进行设备交接。由设备车间对道岔进行强制保养。道岔验交后,设备车间要及时申请维修天窗,对新道岔进行强制保养。

二、电务部门验收办法

本文略。

三、供电部门验收办法

本文略。

第8章　施工安全措施

一、工务部门安全措施

(一)人身安全措施

1. 封闭点内严格按照《普速铁路工务安全规则》第 2.2.7 条的规定设置防护,横纵移道岔过程中也要按规定设置停车信号牌进行防护。防护员、驻站联络员必须由责任心强、思维敏捷、经过培训、考核合格的路工担任,防护员、驻站联络员必须严格执行我段相关文件中对防护的要求。安全科安全主管负责审核防护员资格。上线作业必须设置驻站联络员和现场防护员,并根据具体情况确定驻站联络员和现场防护员人数,必要时设置中间联络员;明确各防护员间的联络程序及职责分工,确保施工防护全覆盖,联络畅通及时。

2. 防护人员必须按规定穿戴防护服并带齐防护用品。对讲机只能用于传达与施工和行车有关的话语,不准闲聊。现场防护员必须掌握施工作业区段列车运行时刻及施工现场涉及的线路基本状况。现场防护员保持和驻站联络员 3～5 min 联络一次。严禁防护员离岗、脱岗、精力旁顾。

3. 施工期间由设备车间安排驻站员一名,负责施工登记、联系施工起止时间;同值班员沟通联系掌握列车及调车计划;观察调车信号显示及列车具体运行位置;发现施工范围发生信号故障立即同现场联系并同值班员进行沟通处理。驻站联络员在进行施工点签销过程中需中断驻站联络时,驻站联络员通知值班员对列车进行扣停,现场全体作业人员必须按本线来车进行下道避车,任何人员不得于线上停留或侵入限界。现场防护员除掌握驻站联络员通报信息外,应以瞭望防护为主;如联系不畅或联系中断,现场防护员应立即通知作业负责人停止作业,限界以外避车,必要时将线路恢复到准许放行列车的状态。

4. 现场防护员设置情况:每处作业地点设一名主防护员,负责复诵驻站联络员通知内容及吹喇叭通知下道避车。各施工车间按现场实际需要设置现场防护员,通报列车情况及配合拉绳防护。防护员必须防护信号备品齐全(施工前防护通信工具做好调试;配备备用电池;定期检测、更新),站位正确,及时与驻站防护联系确认、用语标准、呼唤应答,现场未设好防护前不准上道。施工两端防护员和远端防护员负责慢行标志的设置和撤除。防护员不得兼做与防护无关的工作。施工中不得擅自撤换防护员。上岗前各车间对防护员精神状态进行评估,保证防护员精神饱满、精力集中。

5. 封锁点内施工，按作业组采取拉绳防护措施，严禁作业人员跨越防护绳进入邻线，具体拉绳防护的作业组每日由现场指挥组确定。施工现场掌握通信信号不畅及盲区，使用符合现场实际的通信设备，根据现场实际增设中间联络员。重点维修车间预铺道岔时作业范围内全部拉绳防护，作业人员不得随意跨出防护绳范围。

6. ××场道岔大修施工时，要求所有防护员对列车径路及来车情况熟悉，并加强与驻站员的联系，对本车间作业人员避车位置、机具摆放地点及旧料存放的位置进行提前明确，在走行过程中加强瞭望，避免施工中出现车辆剐蹭和人身伤害问题。有跨线作业时要专人防护。跨线执行“一站、二看、三通过”和“手比、眼看、口呼”联控制度。车间负责人要明确本车间作业范围，不得侵入限界。

7. 夜间作业时防护员要提前休息好，驻站联络员连续上岗不超 5 h。作业人员按规定穿戴防护用品，保持精神状态良好。

8. 避车后再次上道前现场防护员必须与驻站员联系、确认无车后再上道。干部上线前必须先设置好防护。

9. 所有作业人员必须按规定穿戴和使用劳动保护用品。回流线由设备车间负责安装，作业时必须按规定穿戴绝缘鞋、绝缘手套。

10. 各级干部和施工车间负责人要加强现场盯控，发现远离作业群体人员及时提醒。作业负责人不得随意安排单人远离群体进行作业。小范围作业群体(测量人员、取送工具人员等零散作业均不得少于三人)远离作业现场时，必须设置专职防护并在施工预备会中明确。作业人员应集中在封锁地段，严禁单人远离群体。

11. 施工中各级干部和车间负责人严格盯控“三新”人员及劳务工作业。现场要佩戴“三新”人员及劳务工标志。严禁从事单人单岗作业。

12. 所有施工人员必须严格遵守关于手机使用管理的规定。

(1)任何人员上道禁止接打、把玩手机等各种情况。

(2)现场防护员上线作业禁止严禁接打手机。

(3)作业负责人上线作业只可携带安全生产调度指挥中心发放的定位手机。

(4)其他作业人员上线作业不携带手机或将手机关机，并交由现场防护员放在工具袋保管(包括跟随作业人员去往现场的汽车驾驶员手机)，同时利用定位手机拍照，上传至安全生产调度指挥中心备案。施工作业完毕，作业人员撤出护网后，方可由现场防护员将手机发回各人手中。

(5)机动车驾驶员行驶中禁止使用手机，遇有应急事件确需接打手机时，应将机动车停放在安全地点后，方可使用手机。

(6)段、车间所有干部严禁在线路上接打手机，遇到应急等特殊情况必须接打时，必须下道到路肩上或护网以外接打，确保人身安全。上线作业人员遇有家庭紧急情况必须接打电话联系时，应下道到路肩上或护网以外接打，并由现场带班人或者现场防护员监督、防护。

13. 所有业人员一律在封锁范围内作业。现场防护员和车间负责人要防止作业人员、工具侵入邻线。

14. 垫小轮或大平车时注意人身安全，防止挤手碰脚。

15. 使用齿条压机时，要统一指挥，步调一致，任何情况下，压机不得放炮，防止塌架、压机把飞起伤人。撤纵移小车和纵横向滑道轨前必须支好保护墩。撤纵移小车，必须使用专用工具，人员严禁进入轨排下。铺、撤滑道轨、纵横移道岔要注意脚下，防止踩空摔伤。

16. 横纵移道岔时无关人员不准站在轨排移动路径上，且作业人员要与轨排必须保持1 m以上的距离。

17. 避车时一律集中到指定地点避车，面向列车。封闭点内邻线来车时各车间防护人员必须集中对施工人员进行拉绳防护。

18. 施工人员抬运物料时禁止踩踏钢轨面，以免滑倒摔伤。

19. 所有施工人员点前严禁饮酒，一经发现严格考核。

20. 施工时作业人员如取送物料、撤离现场需现场防护员进行专门防护保证撤离到线下安全地段。

21. 钢轨切割人员按照规定佩戴头盔，其他作业人员切轨时远离切轨机前方。

22. 道岔清筛、更换施工作业时必须设置警戒绳专人防护。

23. 人员上线安全卡控：点前 1 h 驻站联络员到岗，掌握列车运行情况；点前半小时施工作业人员到达现场，在护网或路肩以外指定地点待命，待现场防护体系建立完毕后，施工负责人组织带班人员划分工作量；待最后一趟列车通过施工地段，经驻站联络员与现场防护员确认无车后，主体作业人员在带班人员的带领下有序进入护网在路肩上待命，下达施工命令后，开始上道作业。点前上线按点外作业程序办理。

24. 人员下线安全卡控：开通前，主体作业人员、机具撤离施工现场，整修人员、机具在路肩上指定地点集中待命，线上检查、验收人员按规定防护。当通过两趟列车，施工负责人或指定胜任人员确认线路质量达标后，组织人员、机具撤离施工现场；点后设备检查及设备整修，执行点外作业规定。

25. 跨线作业安全卡控：严禁跨越邻线搬运机具、路料，必须跨线时，当本线封锁后，采取干部盯控、专人防护、集中跨线措施，最大限度减少跨线。一是现场调查时，根据现场环境，确定跨线作业地点；二是施工预备会上明确跨线地点、时间段、人员和机具数量、防护员、带班人、盯控干部等事项；三是跨线前现场防护员必须与驻站联络员进行联系，确认邻线无车后方准跨线，并严格执行“手比、眼看、口呼”制度；四是跨线机具、路料较多或跨越多条股道时，必须由车间副主任及以上干部组织。

26. 施工负责人应指派职工到达施工现场，防止未下达指令前上线。

27. 施工前作业人员要充足休息，确保施工作业时精神饱满。

28. 作业人员严禁倚靠接触网杆、调车信号机休息。

29. ××场更换道岔是连续施工，段、车间干部要做好盯控分工，确保施工安全和施工质量。

30. 各车间要加强对干部职工、劳务工的安全教育，做好用电、消防、防盗等工作。加强对劳务工作业、消防用电、交通等各方面安全教育。

31. 绕行停留车辆时其距离应不小于 10 m，严禁抢越线路、钻车、跳车、扒车和从车钩上下传递工具材料。

（二）点外作业安全措施

1. 点外作业流程

(1)天窗点外作业项目纳入施工措施，严禁点外超项目作业。点外作业计划由设备车间统一编制，副主任及以上人员审批，提前 1 d 报段调度；段调度在点外作业前一日对各车间的点外作业项目进行核对，并由相关专业科室进行审核。

(2)每日点外上线作业前，驻站联络员提前 1 h 携带“天窗点外上线作业计划表”到相关车站按要求在“行车设备检查登记簿”(点外上线)内登记，车站值班员签认。作业完毕，驻站联络员在运统-46(点外上线)右页相应处销记,车站值班员确认后予以签认。

2. 点外作业要安排在客车较少时段进行,并履行点外作业计划审批和登记制度,严禁点外作业无计划、超范围。按照防护办法建立防护体系,4人及以上作业班(不含防护员)严格执行下道避车拉绳防护制度。

3. 天窗点外上线作业由相关车间指派专人负责,一个班组作业由班组长担任施工负责人,二个及以上班组作业由车间副主任及以上干部担任施工负责人。

4. 道岔清筛及更换施工后要加强点内整修,确保开通后行车安全。

5. 上下线作业安全措施

(1)上线作业必须制订作业计划,严格执行作业计划的审查、审批、登记制度,严禁无计划、未登记上线作业,严禁随意变更作业计划。凡上线作业必须设置专职防护,未设置防护严禁上线。

(2)人员上线安全卡控:点前1 h驻站联络员到岗,掌握列车运行情况;点前半小时施工作业人员到达现场,在路肩以外指定地点待命,待现场防护体系建立完毕后,施工负责人组织带班人员划分工作量;待最后一趟列车通过施工地段,经驻站联络员与现场防护员确认无车后,主体作业人员在带班人员的带领下有序在路肩上待命,下达施工命令后,开始上道作业。点前上线按点外作业程序办理。

(3)人员下线安全卡控:开通前,主体作业人员、机具撤离施工现场,整修人员、机具在路肩上指定地点集中待命,线上检查、验收人员按规定防护。当两趟列车通过,施工负责人确认线路质量达标后,组织人员、机具撤离施工现场;点后设备检查及设备整修,按点外作业程序办理。

(三)施工安全措施

1. 施工要按程序进行作业,杜绝违章蛮干、违反作业程序和标准。施工前各车间、班组要做好充分的预想、提示。

2. 支垫道岔滑道轨要由专人负责,设置时要保证滑道轨位置正确、作用良好,坡度设置为水平,最大不能超过2‰。

3. 轨排下枕木墩搭“井”字垛,随起随垫,随落随撤,不得悬空。轨排停留时必须支好保护墩,防止发生意外。

4. 横纵移道岔轨排过程中邻线来车时,必须停止作业,盯控干部负责进行邻线限界检查确认,防止轨排或工具侵入邻线限界。同时防护人员对施工人员进行临时拉绳防护。

5. 装卸机具、路料作业必须由车间干部盯控。使用汽车吊吊装作业,作业人员必须佩戴安全帽,吊臂下严禁站人。

6. 严禁使用自制冲子或道钉锤打钢轨接续线,必须使用专业工具。

7. 开通前现场盯控干部必须对施工涉及的限界、放行列车条件、移动停车信号牌撤除、移动减速信号牌的更换等情况进行确认,防止路料侵限、冒险放行列车、列车撞轧停车牌的问题发生。

8. 各施工车间点前、点毕后及时向段调度指挥中心上传照片,并汇报施工情况。

9. 各参加施工车间要制订本车间详细的安全技术组织措施。施组经车间主任审核、签字后上报安全科、线路技术科审查备案。

10. 严禁将衣物搭挂在调车信号机和接触网拉线上。

11. 机具使用安全措施:

(1)各车间必须按段任务分工要求，对重点机具进行全面检查，发现问题及时修理，车间编制。

安全措施时，对重点机具要明确专人负责、专人使用，并根据具体机具提出安全要求（比如：内燃扳手、齿条压机、眼镜蛇捣固机、氧气、乙炔、发电机、用电安全等）。

(2)现场使用中机具要明确分工，专人负责。工机具放置要稳固并不得侵限。电动工具确保绝缘良好，要有接地装置。雨雪天气要做好漏电保护措施。

(3)卷扬机钢丝绳要加强检查，发现断股及时更换，挂钩应使用自锁挂钩，钢丝绳与轨底接触处应使用大胶垫防护。

(4)使用氧气乙炔过程中，要采取防倒措施，氧气瓶与乙炔瓶保持不小于5m的距离，切割头不准对着人或易燃物。

(5)重点维修车间要提前对道岔起落机具状态进行检查，确保状态良好。

(6)遇雨、大风等恶劣天气时做好机具保护工作。

(7)作业人员使用锯轨机锯轨时做好防火措施，四周杂草清理干净，备有铁锹，在锯轨后处理干净现场，确保安全。

(8)施工机具应由专人负责使用、检修、保养、登记建档。车间要对重点机具使用进行安全教育，要进行一次使用演练。各车间使用压机起落道岔轨排时，班组负责人要盯控，防止压机齿伤手，防止压机把飞出伤人。

(9)作业中机具突发故障需紧急处理时，应先停机、切断电路、动力油路等，并撤离至线路限界以外的安全处所进行处理，在未排除故障前，不得继续使用。

(10)综合机修车间发电机操作人员进行作业时，上下车辆要注意观察，防止摔伤；同时要加强对运转过程中发电机组的经常检查。

(11)作业人员要随时携带工机具下道撤出限界并检查确认。

(12)施工车间上、下线清点确认工具、人员并拍照上传指挥中心联控。

(13)所有施工工机具粘贴反光标识。

(14)施工卸料后要检查确认。出旧轨料要在指定地点码放整齐不侵限，属地车间要安排检查巡视，做好记录。

(15)道岔大修施工后不能及时回收的物料要集中码放不侵限，做好检查巡视，必要时派人看守。

(16)属地车间对防护牌要按命令设撤，设置人员需携带防护牌设置示意图，设置后由安全科安全主管、车间主任(副主任)核对，反馈给施工负责人。

(17)清筛、更换、整修施工结束后检查出的病害问题做好分析工作，及时通知到属地车间。属地车间申请天窗进行整修。

(18)执行《××铁路局工务上线关键作业安全管理相关规定》文件规定，落实干部盯控制度，检查风险控制措施落实情况。

(19)严格落实点前预备会和点后总结会制度，明确结合部风险源和控制措施，并对落实情况进行分析总结。

12. 小车使用安全措施：

(1)严格执行集团公司、段对小车使用相关规定，履行上线审批、专人负责、干部盯控、下线清点制度。

小车必须在施工封闭点内使用，严禁封闭点外任何时段使用，点外作业使用线下小车走行。小车使用由施工负责人指派工班长安排胜任人员进行操作，禁止“三新”人员操作使用小车，工班长为小车使用负责人，由不低于车间副主任人员全程盯控。制订小车径路图，小车在运行过程中需足够人员跟随。

(2)所有小车上线必须向段调度登记申请计划，值班段领导审批，统一编号，必要时要和小车使用负责人对话确认。领导审批后段调度回传相关车间。

(3)使用小车必须设好现场防护员和驻站联络员。封闭点内超出防护区段使用小车时必须设专人进行跟随防护，距离不超过50 m，防护员应按规定带齐防护用品，必须掌握该区段作业车辆运行情况，所有小车必须经过防护员确认并联控后方可上道使用。

(4)小车装载材料机具必须控制装载重量及数量，确保装载牢固，并配齐足够的推送人员，推送的小车要保证能够随时停车和撤出线路，严禁过快、严禁载人，防止堆码过高倾倒伤人。作业中注意观察小车运行情况，发现小车状态不良应立即停止作业，撤出线路限界以外进行修理。遇有特殊情况不能按规定时间下道时，必须按“先防护，后处理”原则设好防护，并通知车站扣停列车，确保行车安全。

(5)所有小车推送在通过岔区、咽喉区时必须控制速度，严防掉道、联电、损坏线路设备，明确专人盯控检查。

(6)遇有大雾、沙尘、暴雨、大风等恶劣天气及其他原因防护困难时，一般不得使用小车，必须使用时，需向主管副段长单独申请批准，加强防范措施，增设防护，增加推送人员，确保使用安全。

(7)线路开通前，作业负责人须对本作业区段小车和机具进行现场清点、确认，经现场防护员与驻站联络员联控报告，施工负责人向段调度报告登记销号后，方可开通线路，撤离现场。上下线前要拍照上传指挥中心联控。

13. 交通安全措施

(1)施工前对机动车驾驶员进行一次安全教育，驾驶员出车前加强车况检查，尤其是刹车制动系统、照明装置。要确保驾驶员充分休息，谨慎驾驶、不准超速行驶。

(2)驾驶员必须遵守交通法规，所装载工具材料，要装载牢固，动车前进行检查确认，不得超速、超载、超高、超宽、超长、人货混装。

(3)客车严禁超员，乘坐汽车人员扶牢坐稳，禁止把肢体伸出车窗外，车内禁止吸烟，防止火灾发生，车辆副驾驶位只能乘坐车间安全监督员，督促司机遵守交通法规。

(4)加强对机动车驾驶员交通安全法规宣传教育，禁止无证、酒后、睡眠不好时驾驶车辆。夜间连续驾车超过3 h停车休息。往返施工现场，汽车中速行驶，各车间使用的每辆车上要安排一名车间干部担任安全监督员进行监控，监督司机严格遵守交通法规，行驶途中严禁司机聊天和接打手机，防止交通事故的发生。每次开车前司机要对车况进行检查，严禁带病上路。

(5)严格遵守交通规则，司机精神集中，安全监督员及时提示。若发生交通事故应及时报警并通知现场施工负责人。

(6)租用的车辆必须有资质、手续齐全，方可租用，同时签订租车安全协议。指定专人加强对租用汽车司机及车况检查。

(7)不良天气、夜间行驶应降低车速，加强瞭望，按规定打开相应车灯进行防护。出车前加强车辆检查，严禁带病车辆上道运行。

(8)严禁驾驶私人机动车辆往返现场。

(四)其他安全措施

1. 作业人员要牢固树立防火意识，备齐各类消防器具，氧气、乙炔瓶分别存放，消除各类隐患，发生火灾及时救助报警。尤其是在施工中锯轨过程中，要时刻注意周围环境，防止现场引燃杂草出现火灾。

2. 作业人员吸烟后，要将烟头立即熄灭，杜绝随意乱扔。

3. 遇有大风、大雨等恶劣天气，影响施工时，严禁上道作业。

4. 由于交通堵塞影响，不能到达施工现场时，应及时通知施工负责人，根据人员到达现场时间调整当日工作量，时间不满足施工需求时，可取消施工。

5. 涉及路用列车运行径路上相关作业人员时刻掌握路用列车动态；作业车上司乘人员掌握作业车前后人员动态，动车前准确掌握地面作业人员位置，运行中加强瞭望，控制运行速度。

6. 新型作业车上线前进行各种工况下的起复试验，其他作业车按有关规定进行起复试验。

7. 工务机械车要严格执行GYK运用有关规定，正确选择控车模式，严禁只监不控、不监不控，联系不畅、情况不明时，应立即停车。

8. 道岔大修施工前、中、后测量轨温并做好记录。

9. 护网开口安全措施

施工需要护网开口后应及时封闭，设备车间派专人看守巡视，施工完毕需及时封堵。严禁看守期间饮酒、闲聊。

看守人员保持对讲机状态良好，对于突发情况及时上报，及时组织抢救。

10. 消防安全，在施工中使用氧气乙炔切割钢轨、零配件等作业中，时刻注意切割后场地不得留明火，在线上线下配轨、锯口时注意打火，在邻线不封闭的情况下，来车时不准打火，在线下施工配轨时，注意路肩物品，不要引燃树枝、干草等物品。在现场准备好沙土、净水等，出现明火时及时扑灭。

11. 在施工过程中由设备车间携带消防器具(灭火器带到现场)。在配轨等施工过程中由综合机修车间携带消防器具(灭火器带到现场)。

(五)自轮运转设备安全措施

1. 轨道车运行

轨道车配合××场道岔大修施工，必须听从现场负责人指挥。

(1)轨道车司机提前1 h到岗(出乘前严禁饮酒)。由轨道车工班长负责点名。点名时，轨道车司机应穿着防护服，着装需整洁，按规定使用劳保用品、佩戴标志、携带工作证、驾驶证、上岗证上岗。

(2)轨道车工班长组织召开小组安全预想会，根据当日担当的任务、时间、地点、气候等实际情况，订出具体措施，进行提示并做好记录。

(3)轨道车司机在运行中必须精力集中，谨慎驾驶，做到“彻底瞭望、确认信号、准确呼唤、手比眼看”，认真执行车机联控及呼唤应答制度，双人确认行车凭证、发车信号，严禁超速行驶。

(4)随时观察风压、仪表显示及制动系统、发动机、传动装置、走行部等关键部件的工作状态。通过车站、道口、桥梁、隧道、曲线、鸣笛标、减速、注意信号、引导信号、施工地段及天气不良、视线不清、前方线路有行人的情况下，应加强瞭望，按规定鸣笛，必要时打开前照灯。下坡道运行时，不得停止发动机工作或采用空档溜放。

(5)中间站停车停留超过5 min，值乘人员按分工，在安排防护后检查走行部、制动系统和轴箱温度，同时注意邻线机车车辆移动状态，严禁在列车通过一侧下车检查。停留超过20 min，司机在开车前必须进行整列制动试验，列车管压应不低于500 kPa。

(6)轨道车推进运行时需先试拉，速度不得超过30 km/h，须指定胜任人员携带列车无线调度手持通信设备(GSM-R区段携带GSM-R手持终端、非GSM-R区段携带无线列调手持电台)及手持信号在推行车辆运行前端引导；司机应时刻注意引导人员的信号，遇信号显示不明、显示不正确或无显示时，应立即采取减速或停车措施。严禁跨越区间推进运行。

(7)引导接车时，轨道车凭引导信号或引导手信号(特定引导手信号除外)，以不超过 20 km/h 的速度进站或通过接车进路，并做好随时停车的准备。

(8)轨道车到达驻地采取防溜措施后，值乘司机按《保养检查项目》检查和保养车辆。对不能处理的故障应及时上报。

(9)动车前认真检查车辆，保证车辆状态正常，车上装载物料稳固。地面信号开放好，司机、副司机及联挂车列的补机乘务人员彻底瞭望车前方及两侧无侵限，保证车上人员齐全和车下无障碍物，车上人员(含司机)任何身体部位不得伸出车外关好车门方可鸣笛开车。车辆启动前要听从现场大修主任闫××指挥，确认挖掘机已停止作业，作业人员已避开车辆。司乘人员必须对车辆进行检查，平车上的渣土要夯拍平整，对槽帮处的渣土必须清理干净，防止遗撒。

2. 自轮运转调车作业

(1)轨道车出(入)库或由车站进入停留线时，应认真确认信号，按规定动车，并严格遵守限制速度。停留时，全部车辆须停在警冲标内方；设有调车信号时须停在该信号机前方，不得压轨道绝缘；并按规定设置防溜。

(2)轨道车进行转线、进出库、连挂车辆以及在车站、专用线等移动时按调车作业办理，须正确设置 GYK 控制模式，严格执行调车作业规定。在段管线移动时，执行段管线管理规定。

(3)非集中区调车作业时，须认真执行要道还道制度，确认扳道员信号、道岔标志、股道信号、道岔开通信号、调车指挥人的起动信号后，方可动车；调车信号未开放，联控不彻底时不得动车。

(4)调车作业时，调车指挥人员白天使用信号旗，夜间使用信号灯；提示注意、相互联系应使用通信设备方式；遇联系不通或危及行车人身安全时，应采用鸣笛方式。

(5)调车作业应准确掌握速度及安全距离。在空线上牵引运行时，不得超过 40 km/h；推进运行时，不得超过 30 km/h；调动有乘坐人员或装载爆炸品、气体类危险货物、超限货物的车辆时，不得超过 15 km/h；连挂时严格按照十、五、三车距离控制速度，距被挂车 10 m 前、2 m 处两度停车，接近被连挂车辆时不得超过 5 km/h；遇有天气不良等情况，应再降低速度；在尽头线上调车时，距线路终端应有 10 m 的安全距离；遇特殊情况，必须近于 10 m 时，严格控制速度。

(6)调车作业摘车时，必须停妥，按规定采取好防溜措施，方可摘开车钩；挂车时，没有连挂妥当，不得撤除防溜措施。摘挂作业由运用单位指定专人负责指挥。摘车作业须严格执行一关前后折角塞门、二摘风管、三提钩的作业程序。挂车作业需严格执行一试拉、二接风管，三开前后折角塞门，四试风，五撤防溜(松人力制动机)的作业程序。

(7)调整大钩间隙位置时，轨道车必须在连挂车辆 2 m 前停车。

3. 路料装载加固安全措施

(1)物料装载关

在现场进行装卸作业前，由当日的值乘工班长负责按平车载重和集重有关要求进行装载，不得偏载，不得超限。

装载货物应稳固。未达到装载加固要求，不得动车。跨装长大物件应使用货物转向架。运送散装物料的平车应有侧板和端板，插销、锁件应齐全有效。

(2)物料加固关

①现场装卸作业完毕后，由当日的值乘工班长对参加捆绑加固的作业人员进行明确分工，

并负责统一指挥。

②捆绑加固均按照车辆上装载路料进行加固。

③出乘司机负责对货物装载插杠、侧板、端板、插销、紧线器及捆绑进行检查,发现不良时立即进行纠正。

④货物装载检查实行签认制度,值乘司机在确认装载良好后,并按规定填写“轨道车正副司机出乘风险控制手册”。

(3)物料加固办法

①运送钢轨加固

ⅰ 区间不停车超过 10 站列运送长轨条(15~25 m)加固按规定使用货车转向架,装钢轨不超过两层,不偏载、不超吨。

ⅰ.1 装钢轨时摆放要平稳、牢固、整齐、轨端一头齐。

ⅰ.2 装第一层钢轨按数量摆放好后,第二层扣入第一层槽中合为一层。

ⅰ.3 在装第二层前 25 m 钢轨垫入 6 根防滑草绳或垫木。

ⅰ.4 两侧外边不准许放置短轨。

ⅰ.5 钢轨装完后车帮两侧插入每侧不少于 6 根固定插杠。

ⅰ.6 在装好的轨排上,前后台车转向架处用紧线器固定好。

ⅱ 站内装车后中途钢轨卸车加固办法。

ⅱ.1 钢轨装好后临时要点区间卸车。

ⅱ.2 装钢轨时摆放要平稳、牢固、整齐。

ⅱ.3 装第一层钢轨按数量摆放好后,第二层扣入第一层槽中合为一层。

ⅱ.4 钢轨装完后车帮两侧插入每侧不少于 6 根固定插杠。

ⅲ 区间封闭点中装钢轨回站内股道卸车加固办法。

ⅲ.1 装钢轨时,要在轨道平车边缘 100~150 mm 内摆放钢轨要平稳、牢固。

ⅲ.2 装第一层钢轨按数量摆放好后,第二层扣入第一层槽中合为一层。

ⅲ.3 钢轨装完后车帮两侧插入每侧不少于 6 根固定插杠。

ⅲ.4 重车返回进站到岔区,司机要按规定限制速度进站进入岔区股道。密切注意车上钢轨的装载情况,随时掌握减速停车时机。

②运送短轨加固办法

ⅰ 区间不停车超过 10 站列运送短轨条(12.5 m 以下)加固办法。装钢轨不超过两层,不超吨。

ⅰ.1 按规定装钢轨

ⅰ.2 在连接轨道平板车装 12.5 m 以下钢轨,各车要按规定摆放要平稳、牢固、整齐。

ⅰ.3 各车装第一层钢轨按数量摆放好后,第二层扣入第一层槽中合为一层。

ⅰ.4 在装第二层前 12.5 m 钢轨垫入 3 根防滑草绳或垫木。

ⅰ.5 钢轨装完后各车帮两侧插入每侧不少于 3 根立向固定插杠。

ⅰ.6 在装好的轨排上,各车前后台车转向架处用紧线器固定好。

ⅱ 站内装车后中途钢轨卸车加固办法。

ⅱ.1 钢轨装好后临时要点区间卸车。

ⅱ.2 在连接轨道平板车装 12.5 m 以下钢轨,各车要按规定摆放要平稳、牢固、整齐。

ⅱ.3 钢轨装完后各车帮两侧插入每侧不少于 3 根固定插杠。

ⅲ 区间封闭点中装钢轨回站内股道卸车加固办法。

ⅲ.1 钢轨装好后临时要点区间卸车。

ⅲ.2 在连接轨道平板车装 12.5 m 以下钢轨，各车要按规定摆放要平稳、牢固。

ⅲ.3 钢轨装完后各车帮两侧插入每侧不少于 3 根固定插杠。

③轨道车运送混凝土枕装载加固办法

ⅰ 装车时，应在车底板纵中心线两侧 700 mm 处各垫宽 120 mm 高 60 mm 的纵垫木或直径为 120 mm 的荆条把。各层轨枕上下对齐，每层间应铺垫宽与高规格为 40 mm×40 mm 的纵隔木两根，放置在承轨槽内。

ⅱ 混凝土轨枕装车靠平车两端的轨枕应成梯形装载，梯面部分的上下、左右两根轨枕应用 10 号铁线 2 股捆绑 2 道，并相互绕联。

ⅲ 最上层用轨枕延纵中心线单根顺装压顶。并用铁线与下层横向轨枕捆绑 2—3 道。轨枕间要密贴，垛与垛间距离不得大于 50 mm。

4. 轨道车设备发生故障时应急处置

(1)轨道车无线调度通信及机车设备故障时作业

①机车无线调度电话不能使用时，司机必须在前方站停车，取得调度命令后方可继续运行。

②调度命令内容的填写字样“××次机车电台故障，各站监视运行”。

③车站值班员必须在信息卡里注明“××次电台故障，调度命令××号”，不统计失控信息。

④司机要将电台故障情况填记在信息卡内，退勤时将信息卡与调度命令一并交段车机联控专职人员，段车机联控专职要将信息卡与调度命令单独封存并做好记录。

⑤运行途中，遇机车信号、轨道车运行控制设备发生故障时，司机应立即使用列车无线调度通信设备报告车站值班员或列车调度员，并根据实际情况掌握速度运行；遇机车信号、轨道车运行控制设备发生故障时，司机应控制列车运行至前方站停车处理，在自动闭塞区间，列车运行速度不超过 20 km/h；遇列车无线调度通信设备发生故障时，司机应在前方站停车报告。

⑥轨道车运行中发生问题要及时处理，尽量减少对运输的干扰和影响。

⑦司机听从指挥，确认信号、道岔正确，随车人员、施工人员处于安全位置，挖掘机停止作业后，方可鸣笛动车。

(2)轨道车 GYK 装置发生故障时作业

运行中，当 GYK 发生故障无法正常使用时，司机应立即使用列车无线调度通信设备报告车站值班员(列车调度员)，在“轨道车工作日志”上做好记录，方可关闭 GYK；同时，根据实际情况掌握运行速度，在自动闭塞区间，以不超过 20 km/h 的速度运行至前方站停车；在确认本务机 GYK 正常后方可继续运行。遇列车无线调度通信设备故障时，司机应在前方站停车报告。

5. 轨道车在中间站及驻地停驻防火、用电安全措施

(1)各车组带班工班长每日要做好防火安全预想，按要求对轨道车消防箱内灭火器(水型和干粉)进行检查，确认压力符合要求，并处在合格有效日期内。

(2)由当日值乘正司机负责检查轨道车电器配电箱、电气线路、熔断器、蓄电池及电线连接处各部是否紧固，及时消除接地、虚接、短路，严禁私自加设电气明线。

(3)在驻地及中间间停驻时，检修保养车辆及擦洗引擎时，严格操作规程，切断电源。严禁用明火预热油箱、油管及不熄火时擦洗引擎及电器部分，加油、清洗配件远离火种，车内存油桶要封闭严密。

(4)轨道车司机在运行中及在车站停驻时，严禁将烟头、火种向车外抛掷。司机室无人时，必须断开一切电器开关。

(六)挖掘机使用安全措施

1. 作业高度

挖掘机最大装载高度3.5 m。作业高度控制：停电状态下作业高度≤4.0 m，不停电状态下作业高度≤3.0 m。

2. 施工影响范围

挖掘机作业范围：长度为新道岔预铺的轨排及当日换枕地段长度之和，宽度为两侧道床坡脚间或一侧坡脚至道袖间，深度一般为200～300 mm。预铺地段抬、移岔枕，平整场地。

3. 停电时间要求

按铁路局批复。

4. 安全限位措施

(1)提前做好小型挖掘机司机安全、技术培训和实作操练，做到司机持证上岗、操作熟练；同时应将挖掘机作业范围、高度控制、进出路径、作业方案及电缆箱盒等重点要向司机进行技术交底。

(2)机械启动前应将离合器分离或将变速杆放在空挡位置。确认机械周围无人和障碍物时，方可作业。

(3)施工作业时，有专人指挥作业，双方应该配合默契，司机服从指挥。

(4)作业前司机掌握了解地下管线的埋深和走向，加以防护，设置明显的防护标志。施工中发现可疑的地下管线，应暂停作业、请示有关人员，不得自行处理。造成意外破坏的，立即停止施工作业，并及时如实通知队和工区进行处理。

(5)在场地狭窄、施工机械有可能侵入邻线未封闭地段作业时，禁止挖掘机的臂杆、铲斗向临线一侧作圆周形转动。向邻线外侧摆动作业时，也应注意防止机械尾部侵入限界造成事故。

(6)如施工机械发生意外侵入限界，影响行车安全而无法移动时，现场指挥立即用电台通知车站，并安排人员拦车。

(7)电化区段应保证挖掘机上线至撤离时间段内接触网停电；更换单开道岔应使用2台小型挖掘机配合，由岔头岔尾分别向中间作业，挖掘时间控制在不超过40 min，回填石砟不超过20 min。抬运岔枕、平整场地1台小型挖掘机，利用封闭点进入现场，现场、驻站设防护员。

(8)电缆挖探。施工前进行挖探，探沟共5～6条(单开道岔5条、交分道岔6条)，其中纵向探沟2条，位置为两侧道床坡脚处，横向探沟3～4条(单开道岔3条、交分道岔4条)，位置为挖掘长度起终点及转辙机拉杆间，探沟深度应大于实际挖掘深度100 mm以上。对于探出的电缆等设施，提前做好处理并在现场做好标记。施工前，施工单位用白石灰画好作业范围，不能处理的电缆应设置明显标识，采用人工清筛，并在点内安排人员盯控。

(9)设备防护。对挖掘机进出路径及作业范围内的设备(线路设备、接触网杆及拉线、信号机及箱盒、车辆检测设备等)应采取有效防护措施。

(10)施工点内卡控重点：

①挖掘机进出场。封锁前将挖掘机按指定路径开到施工地点附近的指定位置，调试好机械，备足配件和抢修工具。

②挖掘作业注意事项。应先清除影响挖掘机进场的旧轨料，以便挖掘机进场平行作业，缩短作业时间。挖掘机应从指定地点进入施工场地并在画线范围内挖砟作业，点前未处理的电

缆前后1m范围内不应使用挖掘机作业。挖砟时，必须顺着线路方向作业，操作手均匀控制挖砟深度，在本线一侧出砟，地面及车上分别安排专人盯控和指挥，严禁转向没有封锁的邻线方向作业。应安排专人检查盯控挖掘机挖掘装置高度，与接触网保持一定安全距离，并有效采取限高措施。

③回填石砟。石砟存放位置不应过远，挖掘机每次回填后应安排地面人员及时配合，做好防护；挖掘机回填时，严禁碾压新道岔。

④施工防护。挖掘机应按一机一人设置专职防护，邻线列车接近前应停止作业。挖掘范围两侧信号机、箱盒、接触网杆等应重点防护。

5. 挖掘机作业注意事项

(1)挖掘机工作时，应停置在平坦的地面上，并应刹住行走机构。

(2)挖掘机工作范围内，禁止任何人停留。

(3)挖掘机作业中，如发现地下电缆、管道或其他地下设备时，应立刻停止工作，并立即通知有关单位处理。

(4)挖掘机在工作时，应等轨道侧制动停稳后方可向车厢回转倒土，卸土时铲斗应尽量放低，并注意不得撞击车辆任何部位。

(5)在操作中，进铲不应过深，提斗不宜过猛。一次挖土高度不能高于4 m。

(6)正铲作业时，禁止任何人在悬空铲斗下面停留或工作。

(7)挖掘机停止工作时铲斗不得悬空吊着。司机的脚不得离开脚踏板。

(8)铲斗满载时，不得变换动臂的倾斜度。

(9)在挖掘工作过程中，应做到"四禁止"即：①禁止铲斗未离开工作面时，进行回转。②禁止进行急剧的转动。③禁止用铲斗的侧面刮平土堆。④禁止用铲斗对工作面进行侧面冲击。

(10)挖掘机动臂转动范围，应控制在45°～60°，倾斜角控制在30°～45°。

(11)挖掘机走行上坡时，主动轮应在后面，下坡时主动轮在前面，动臂在后面。大臂与轮平行。回转机构应该处于制动状态，铲斗离地面不得超过1 m。上下坡不得超过20°，下坡应低速，禁止变速滑行。

(12)如在松软地面移动时，需在行走装置下垫方木。

(13)在既有线铁路边四米范围内作业时，必须有专人指挥方可作业，双方应该配合默契，司机服从指挥；机械臂不得往铁路侧旋转，不得侵限，注意上方的高压线，严防触电。

(14)作业前掌握了解地下管线(特别是铁路的电缆光缆)的埋深和走向，加以防护，设置明显的防护标志。施工中发现可疑的地下管线，应暂停作业、请示有关人员，不得自行处理。造成意外破坏的，立即停止施工作业，并及时如实通知队和工区进行处理。

(15)进行作业的挖掘机司机必须服从指挥人员的指挥，不得违章违规作业。

(16)在场地狭窄、施工机械有可能侵入邻线地段作业时，禁止挖掘机等机械的臂杆、铲斗向既有线一侧作圆周形转动。向邻线外侧摆动作业时，也应注意防止机械尾部侵入限界造成事故。

(17)为防止机械侵限，在与营业线接近等高地段，靠近营业线一侧据轨外侧2 m外设置明显的界桩和防护员，每隔7 m设置一根，为防止机械转头或交汇侵限，应设置调车平台或选择地形开阔地点作为会车和转头地点，并由专人指挥和防护。

(18)如施工机械发生意外侵入限界，影响行车安全时，立即用步话机向700 m外防护员发出紧急通知，同时向就近车站报告，并尽快组织排除，恢复通车。在施工机械未撤出限界以外，行车安全未恢复前，不得撤除停车防护。

(七)预防新型冠状病毒肺炎安全措施

1. 传播途径

主要传播方式是经飞沫传播、接触传播(包括手污染导致的自我接种)以及不同大小的呼吸道气溶胶近距离传播。

2. 预防新型冠状病毒感染的肺炎

(1)保持手卫生。咳嗽、饭前便后、接触或处理动物排泄物后,要正确、及时洗手,或者使用含酒精成分的免洗洗手液。

(2)保持室内空气的流通。避免到封闭、空气不流通的公众场所和人多集中地方,必要时请佩戴口罩。咳嗽和打喷嚏时使用纸巾或屈肘遮掩口鼻,防止飞沫传播。

(3)医院就诊或陪护就医时,一定要佩戴好合适的口罩。

(4)良好安全饮食习惯,处理生食和熟食的切菜板及刀具要分开,做饭时彻底煮熟肉类和蛋类。

(5)尽量避免在未加防护的情况下接触野生或养殖动物。

(6)每天早晚各测量1次体温,做好记录。

(7)尽量少去人多且封闭的场所,加强锻炼、规律作息,提高自身免疫力是避免被感染的最重要手段。

(8)施工负责人对所有施工人员进行疫情防护教育,施工前对所有作业工具进行彻底消毒处理。

3. 做好驻地消毒

(1)指派专人到驻地进行消杀。各铁路疾控所要指派专人到各地区车辆库,指导库内保洁人员,对入库的所有旅客列车做好消毒工作,并对消毒流程、消毒步骤随时进行监督检查。

(2)确保消毒效果。各铁路疾控所在指导列车消毒过程中,安排专人到相关房屋内,认真指导保洁人员按要求对室内的重点部位、区域进行消毒,要切实指导到位,确保消毒效果。

(3)要做好公共区域、屋内的通风换气,确保空气流通、卫生。做好日常消毒,公共交通工具应做好通风换气,对于环境物体表面,可定时进行清洁消毒处理,并及时清理垃圾。实施消毒前,消毒人员应按标准预防措施佩戴个人防护用品,如一次性医用外科口罩、乳胶手套、帽子、工作服,注意手卫生。

二、电务部门安全措施

本文略。

三、供电部门安全措施

本文略。

第9章　应急预案

应急预案包含项目有以下所列各项,具体内容本文略:

1. 恶劣天气应急预案。

2. 断轨 应急预案。

3. 液压起道机故障应急预案。

4. 施工延点应急预案。

5. 自轮运转设备应急抢险起复预案。

6. 挖掘机故障应急预案。
7. 汽车吊装应急预案。
8. 现场人身伤害应急预案。
9. 新型冠状病毒肺炎应急预案。
10. 电缆故障应急预案。
11. 接触网应急预案。

第10章　附件

附件1、道岔大修施工安全关键风险防控体系表(表13-7)
附件2、电务段安全关键卡控表(本文略)
附件3、供电段安全关键卡控表(本文略)
附件4、更换道岔施工流程图(图13-1～图13-3)
附件5、9号道岔起落机具、换岔料具布置图表(本文略)
附件6、施工小车走行示意图(本文略)

表13-7　道岔大修施工安全关键风险防控体系表

项　目	项　点	风险源	控制措施	主控岗位	备　注
作业防护(通用)	防护失效	防护员(驻站、远方、中间、现场)离岗、脱岗,精力旁顾	3～5 min联络一次	防护员	
			录音回放分析	车间干部、安全科干部	
			监督互控	作业负责人	
		现场防护员兼做其他工作	保持防护距离	现场防护员	
			班前预想承诺不违章指挥	带班人	
			监督互控	安全员	
		未按规定设齐防护员	按规定配备齐全防护员,困难地段增设	工(班)长	
			作业班防护设置审核	车间干部	
			控制防护员资格	安全生产指挥中心	
			不擅自变更防护员,必须更换时报指挥中心批准	工(班)长	
		防护通信工具失效	配备备用电池	防护员	
			作业前试验	防护员	
			定期检测、更新	段主管干部	
		通信信号不畅及盲区	掌握通信信号不畅及盲区(班组管理细则)	工(班)长	
			积极配置新型适用通信工具	主管段长	
			根据现场实际增设中间联络员	工(班)长	
	人身撞轧	单人远离作业群体	加强现场盯控,发现远离作业群体人员及时提醒	现场防护员	
			不得随意安排单人远离作业群体作业	作业负责人	
		夜间作业精神状态不良	防护员提前休息好,驻站联络员连续上岗不超5 h	工(班)长	
			注意控制一个作业班连续进行两个夜间天窗作业	车间主任(副主任)	

续上表

项　目	项　点	风险源	控制措施	主控岗位	备　注
作业防护（通用）	人身撞轧	夜间作业精神状态不良	夜间天窗作业后不安排或尽量少安排天窗点外作业	工(班)长	
			夜间连续作业超过 5 h 或超计划时段的作业班进行联控	指挥中心	
		避车时二次上道	拉绳防护	带班人、安全员	
		盲目上道	上道前联络确认	现场防护员	
		“三新”人员及劳务工失控	现场佩戴“三新”人员及劳务工人员标志	段主管科室	
			严禁从事单人单岗作业	带班人	
			专人盯控，严禁分离	师傅、工(班)长	
		线上使用手机	严禁携带手机上线，班组集中保管	工(班)长	
		单人单岗作业	上、下岗途中明确走行路线，严禁线上行走	工(班)长	
			跨线执行“一站、二看、三通过”“手比、眼看、口呼”、联控制度	单人单岗作业人员	
			明确具体岗位活动范围，不得侵入限界	工(班)长	
			不得安排身体情况不好、情绪不稳定人员从事单人单岗作业	工(班)长	
			干部上线检查必须设置防护	干部本人	
		往返现场	同去同归，集中行走	工(班)长、安全员	
		大站场作业	明确避车地点	工(班)长	
			熟悉站场行车径路设备	防护员	
			通报行车径路	驻站员	
			峰下作业执行停轮修或股道修	车间	
			跨线专人防护	工(班)长	
	工机料具撞轧	违规使用小车	必须封闭点内使用且经批准	指挥中心	
			控制超范围使用	作业负责人	
			禁止“三新”人员操作使用小车	作业负责人	
			确认并联控后方可上道使用	指挥中心、带班人	
			离场拍照上传指挥中心并联控	带班人、指挥中心	
		工机具侵限、遗漏	明确分工，专人负责	工(班)长	
			随身携带下道撤出限界并检查确认	使用人、现场防护员	
			上、下线清点确认并拍照上传指挥中心联控	带班人、指挥中心	
			粘贴反光标识	工(班)长	
		路材路料侵限	卸料后回检确认	作业负责人	
			长轨条按规定捆绑加固并安排巡视、记录	车间干部	
			工完料净场地清	作业负责人	
			不能及时回收时集中存放，做好巡视检查，必要时派人看守	车间干部	
			本线封锁不侵入邻线限界	作业负责人、现场防护员	
		停车牌设撤错误	制订防护设置示意图	车间业务指导	
			按命令设撤，并核对反馈	施工负责人、防护员	
			撤除联控确认	指挥中心、施工负责人	

续上表

项　目	项　点	风险源	控制措施	主控岗位	备　注
人身安全(通用)	交通安全	疲劳驾驶	保证精力充沛	汽车司机	
			夜间连续驾车超过3 h停车休息	汽车司机、监督岗	
		未对车辆状态检查	落实三检制，加强互控	带班人、汽车司机	
		违反交通规则	司机精神集中，安全监督岗及时提示	汽车司机、监督岗	
		上下班途中发生交通事故	严禁驾驶私人机动车辆往返现场	驾驶人	
			遵守交通规则	驾驶人	
			建立私人机动车台账，确保证照齐全，发生问题及时汇报	车间干部	
		恶劣天气驾驶	非应急情况不得出车	车间干部	
			冰雪天气加装防滑链	汽车司机、监督岗	
	作业人身伤害	砸碰、击伤	班前预想提示	工(班)长	
			统一指挥，统一动作，互相提醒	带班人	
			作业前对机具状态进行检查	操作人员	
			提醒管控“三新”人员	师傅或带班人	
			按规定穿戴劳动保护用品	工(班)长、操作人员	
		违规使用特种设备电伤	电动工具确保绝缘良好	操作人员	
			设置接地线		
			雨雪天气做好漏电保护措施		
		大风、大雪、大雨、雾霾等恶劣天气作业影响	减少作业，必须进行的作业项目安排干部盯控	车间	
			天窗作业制作现场防护图，明确防护人员数量、现场避车地点及防护人员站立位置	车间	
			原则上停止点外作业	车间、指挥中心	
			雨中巡视检查设好防护	工(班)长	
			加强添乘检查、手机定位控制	指挥中心	
更换道岔	行车撞轧	人员、料具侵限	来车时拉绳防护	拉绳人员	
			来车前检查确认人员、料具	项目负责人	
			重点机具贴反光标识	工班长	
			邻线来车时一侧停止作业，卸后及时清理出限界，放置牢固并确认	项目负责人	
			拆下的铁丝、垫木及时收集，不得随意丢弃	项目负责人	
			邻线过车时、轨道吊停止作业	项目负责人	
	车列冒进	轨道车冒进	按施工命令进行入封锁地段，进入前联系，动车鸣笛	轨道车负责人	
			对操作人员进行培训	施工负责人	
		卸枕人员车上滑落	着装整齐，防止衣服挂落车上人员	作业人员	
			车辆运行时，车上人员在指定安全位置坐稳扶牢，不得走动、上下人，不得动车卸枕	作业人员	
			卸枕时呼唤应答、动作一致	作业人员	
		卸枕伤及地面人员	车上、车下人员呼唤应答，确认后方可卸下轨枕	作业人员	

续上表

项　目	项　点	风险源	控制措施	主控岗位	备　注
更换道岔		砂轮碎片伤人	操作人员佩戴安全防护用品	作业人员	
			锯轨时使用挡隔板，非操作人员远离锯轨点	作业人员	
		气体爆炸	乙炔瓶与氧气瓶间隔 5 m 以上，与明火距离 10 m 以上	作业人员	
			压力表检定合格，在有效期内	工班长	
		触电	人员、工具距接触网不小于 2 m 安全距离	作业人员	
			卸轨解锁人员在安全防护网下方作业	作业人员	
		抽穿轨枕	联系电务确认回流线连接位置	项目负责人	
		抽穿轨枕	确认回流线搭接良好后，方可作业	施工负责人	
			连接回流线人员正确穿戴劳动防护用品	作业人员	
			正确使用发电机等带电设备	作业人员	
			对周边有可能刮碰的设备做好防护	项目负责人	
			严格按新道岔尺寸核实检查纵横移径路设备	项目负责人	
	损坏行车设备	移动轨排	提前调查设备情况，对行车设备做好防护	项目负责人	
		卸料	避开行车设备卸枕	项目负责人	
		绝缘不良	卸枕后，清理行车设备附近的轨枕	项目负责人	
			连接时务必保证绝缘接头轨缝正确	技术人员	
			按标准安装绝缘	作业人员	
	信号不良	尖轨不密贴	安装后联系电务人员对绝缘进行测试	工班长	
			加强转辙位置捣固，确保捣实、捣全	项目负责人	
			专人配合调试道岔	项目负责人	
		超温作业	不得超温作业	施工负责人	
			补充石砟要及时，确保石砟充足	施工负责人	
	胀轨、断轨	严重缺砟	尖轨、基本轨上线前全面探伤	施工负责人	
		轨件伤损	严格卡控轨距及方向	施工负责人	
		几何尺寸不良	留够捣固时间，开通前全部捣固	施工负责人	
	晃车脱线	盲目开通	开通前质量检查达到标准	施工负责人	
			按设计图纸进行预铺；组织预铺验收并记录；	项目负责人	
		部件安装错误	绘制防护示意图，专人审核	项目负责人	
		设置错误	按时正确设置、更换防护信号牌	防护员	
	防护信号失效	倾倒、丢失	检查核实现场设置、更换防护信号牌情况	盯控干部	
			放置妥当，搬运时注意防止误导司机	防护员	
			安排专人巡视检查	工长	

参考文献

[1] 向群,贾艳红.铁路施工组织管理与概预算[M].北京:中国铁道出版社,2019.

[2] 杨晓东.铁路线路工工班长读本[M].北京:中国铁道出版社,2018.

[3] 铁路班组管理教程编委会.铁路班组管理教程[M].北京:中国铁道出版社,2017.

[4] 沈阳铁路局教材编审委员会.铁路班组管理[M].北京:中国铁道出版社,2015.

[5] 李超雄.工务工班长必知必会[M].北京:中国铁道出版社,2015.

[6] 工务工班长必读编委会.工务工班长必读[M].北京:中国铁道出版社,2014.

[7] 北京铁路局.铁路路班组长培训实践篇[M].北京:中国铁道出版社,2014.

[8] 中国铁路总公司.普速铁路线路修理规则:TG/GW 102—2019[S].北京:中国铁道出版社,2019.

[9] 中国铁路总公司.普速铁路工务安全规则:TG/GW 101—2014[S].北京:中国铁道出版社,2014.

[10] 中国铁路总公司.高速铁路工务安全规则(试行):TG/GW 121—2014[S].北京:中国铁道出版社,2014.

[11] 张启云,刘俊,丁建设,等.铁道工务5S管理手册[M].北京:中国铁道出版社,2015.

[12] 武汉高速铁路职业技能训练段.高速铁路线路维修岗位[M].北京:中国铁道出版社,2016.

[13] 郭伏,钱省三.人因工程学[M].北京:机械工业出版社,2007.

[14] 徐高磊.人体姿势评估与解剖学分析[M].郑州:郑州大学出版社,2018.